Teorias da Comunicação de Massa

Melvin L. DeFleur
Sandra Ball-Rokeach

Teorias da Comunicação de Massa

Tradução:
Octavio Alves Velho
Profissional de Relações Públicas
Publicitário

ZAHAR

Título original:
Theories of Mass Communication

Tradução autorizada da quinta edição norte-americana revista e atualizada, publicada em 1989 por Longman Publishing, de Nova York, EUA.

Jorge Zahar Editor Ltda.
rua Marquês de S. Vicente 99 – 1º
22451-041 Rio de Janeiro, RJ
tel (21) 2529-4750 / fax (21) 2529-4787
editora@zahar.com.br
www.zahar.com.br

Grafia atualizada respeitando o novo
Acordo Ortográfico da Língua Portuguesa

Capa: Gustavo Meyer

CIP-Brasil. Catalogação na fonte
Sindicato Nacional dos Editores de Livros, RJ

D359t DeFleur, Melvin L. (Melvin Lawrence), 1923-
Teorias da comunicação de massa / Melvin L. DeFleur e Sandra Ball-Rokeach; tradução da 5.ed. norte-americana, Octavio Alves Velho. — Rio de Janeiro: Zahar, 1993.

Tradução de: Theories of mass communication.
Apêndices.
ISBN: 978-85-7110-202-6

1. Comunicação de massa. I. Bal-Rokeach, Sandra. II. Título.

CDD: 302.23
93-0669 CDU: 659.3

Sumário

Prefácio

A presente quinta edição de *Teorias da Comunicação de Massa* é uma edição bastante revista. Embora os capítulos tratando da evolução histórica dos diversos veículos que integram a mídia tenham sido mantidos relativamente inalterados, os demais foram significativamente modificados ou são completamente novos.

Diversas perspectivas teóricas inteiramente inéditas são apresentadas como pano de fundo para se interpretar a influência das comunicações sobre os indivíduos, a sociedade e a cultura. Por exemplo, o primeiro capítulo contém uma teoria sobre as transições na comunicação humana. Visa reduzir o hiato entre o estudo da comunicação humana como processo genérico e o estudo específico da comunicação de massa. Focaliza de maneira bastante ampla o que ocorre com as pessoas e a sociedade quando são introduzidas formas inteiramente novas de comunicação. Outras perspectivas inéditas são incluídas a seguir.

Nos Capítulos 2, 3 e 4 foram atualizados dados numéricos acerca da adoção, difusão e utilização dos vários veículos tradicionais que compõem a mídia. Informações adicionais foram acrescidas a fim de descrever as origens e a evolução dos veículos mais recentes, tais como a televisão por cabo e o gravador de videocassete, hoje importantes componentes de nossos sistemas de mídia.

O Capítulo 5 continua a focalizar os veículos de massa como sistemas sociais. Vincula a estrutura e as funções deles com as perspectivas teóricas apresentadas no Capítulo 1 e revela que a comunicação de massa, assim como a diversificada mídia hoje funcionando nos Estados Unidos, constituem um sistema profundamente institucionalizado, fortemente integrado na sociedade norte-americana como um todo. Particularmente, a análise revela por que é improvável que a mídia interrompa, em futuro próximo, sua produção de cultura popular e o destaque atribuído em seu conteúdo de nível relativamente simplista.

O Capítulo 6 foi de certa forma revisto. Propicia importante pano de fundo para se entender o tipo de sociedade em que surgiram os diversos veículos da mídia e por que as interpretações iniciais de suas influências e efeitos adotaram a direção tomada. A ideia de uma sociedade "de massa" continua desempenhando seu papel em muito do que se pensa a respeito dos veículos, mas as primitivas perspectivas teóricas originaram-se de considerações que ficaram menos relevantes para a análise moderna. Não obstante, este capítulo proporciona importante ponto de partida para a compreensão da evolução em curso da teoria da comunicação de massa nas ciências sociais fundamentais e na própria disciplina da Comunicação.

O Capítulo 7 oferece uma perspectiva renovada de três importantes conceitos: (1) O estudo das diferenças individuais, resultante de uma ênfase inicial dada à aprendizagem na Psicologia; (2) diferenças de características sociais entre várias categorias de pessoas, originadas de estudos sociológicos sobre a composição heterogênea das sociedades industriais urbanas contemporâneas; e (3) a influência de relacionamentos sociais ficou evidente nos primeiros dias de pesquisa do próprio processo da comunicação de massa. Cada um deles — diferenças individuais, diferenciação social e relacionamentos sociais — continua a desempenhar papel destacado na compreensão da influência seletiva a curto prazo das comunicações de massa.

O Capítulo 8 concentra-se no papel das comunicações de massa no processo de socialização a longo prazo. Em sua discussão da teoria de modelagem da Psicologia, recorda a forma pela qual as comunicações de massa servem como fonte para a aquisição de modelos de comportamento, demonstrada por apresentações dos diversos veículos. As pessoas podem adotá-los como meios de fazer face a seu ambiente pessoal. O capítulo também expõe uma nova perspectiva teórica, a teoria das expectativas sociais, que ressalta a relevância das comunicações de massa como fonte de informação a respeito de normas, papéis, hierarquia e controles sociais. São estes aspectos psicológicos e sociológicos do conteúdo da mídia que se encontram no cerne das funções de socialização indireta da comunicação de massa.

Uma perspectiva inteiramente nova da construção de significado é apresentada no Capítulo 9. Revela que apesar de uma ênfase na construção social do significado ser relativamente nova para muitos estudiosos da mídia, trata-se de uma das mais antigas preocupações intelectuais da sociedade ocidental. Desde Platão até hoje, filósofos, teorizadores e pesquisadores de vários campos de atividade têm sondado a natureza da realidade, como a conhecemos, e como nossas concepções subjetivas do mundo objetivo têm influído em nosso comportamento. Teorias voltadas para a compreensão do papel da mídia na construção social do indivíduo e de significados compartilhados estão atualmente se pondo à testa da pesquisa sobre comunicação de massa.

O Capítulo 10 reúne as perspectivas teóricas apresentadas nos Capítulos 7, 8 e 9 com uma reapreciação do papel das teorias básicas, ao expor estratégias aplicadas à mudança de comportamento das audiências. Este é um dos problemas menos compreendidos no estudo da comunicação e talvez seja, de longe, o mais árduo para entender no contexto dos veículos de massa. São despendidas quantias enormes diariamente no mundo em campanhas publicitárias e políticas e nos esforços para persuadir o público. No entanto, no sentido de se estabelecer normas confiáveis de orientação pouco surgiu da pesquisa acadêmica e da teoria da comunicação de massa, a fim de predizer quando determinada estratégia de persuasão terá ou não sucesso. Esta continua a ser uma fronteira ainda não mapeada.

O Capítulo 11 é novo e expõe o que veio a ser chamado teoria de dependência do sistema de mídia. Enuncia os conceitos, suposições e hipóteses dessa teoria ecológica, bem como suas raízes nos paradigmas teóricos básicos expostos no Capítulo 1. A discussão da natureza especial do sistema de mídia, como sistema informativo acerca do controle de recursos de que indivíduos, grupos, organizações e sociedades carecem para alcançar as respectivas metas, estabelece os fundamentos para um exame dos macro e microprocessos de efeitos da mídia. Acima de tudo, mostra por que os recursos controlados pela mídia geram relações de dependência em todos os níveis da sociedade moderna, relações essas que explicam os papéis centrais do sistema de mídia na organização da vida pessoal, grupal e social. Esta afirmativa leva a teoria de dependência do sistema de mídia para além de sua aplicação como uma teoria de efeitos da mídia, convertendo-a em uma teoria de comunicação de massa. Permite-nos compreender por que a comunicação de massa se tornou tão necessária para a nossa luta e a de nossa sociedade, para entender, agir e até competir em nosso complexo e permanentemente mutável mundo moderno. Em certo sentido, essa teoria visa proporcionar a mesma espécie de discernimento que poderia ser conseguido caso acordássemos uma certa manhã e constatássemos que a mídia, por alguma misteriosa razão, sumira, deixando-nos, e à nossa sociedade, com o problema de organizar a vida cotidiana, para não falar em sobrevivência, sem a comunicação de massa.

O Capítulo 12 é forçosamente um capítulo novo, por tratar de algumas das mais importantes evoluções de tecnologias que já alteraram a natureza da comunicação de massa e, provavelmente, continuarão a fazê-lo no futuro. São discutidas as implicações atuais e futuras das tecnologias de comunicação via computador, cabo e comunicação interativa. Vários esforços bem-sucedidos, e alguns não tanto, para adaptar tais tecnologias ao emprego nos sistemas de mídia são examinados, abrangendo sistemas de satélites para retransmissão, sistemas interativos baseados em telefone ou televisão, e videotexto. Também é debatida a importância do exame de sistemas de mídia que rapidamente vão surgindo em nossa mutável economia de serviços de divulgação, e como tais acontecimentos podem obrigar os sistemas de comunicação dominantes hoje em dia a se adaptarem a esses ambientes em mutação, a fim de assegurarem sua própria sobrevivência. Essa discussão faz-nos dar a volta completa na história da evolução da comunicação de massa e de como sistemas antigos, tais como os de hoje, têm de modificar-se, não apenas quanto ao modo de se realizarem tecnologicamente, mas também alterando o que fazem ao desempenhar seus papéis de comunicação de massa na organização da vida pessoal e social.

Sandra Ball-Rokeach
Los Angeles, Califórnia

Melvin L. DeFleur
Syracuse, Nova York

PARTE I
As Origens da Comunicação de Massa

CAPÍTULO 1

Etapas da evolução da comunicação humana

Nossa impressionante capacidade atual de enviar mensagens instantaneamente a distâncias imensas, e para suscitar significados semelhantes em milhões de pessoas ao mesmo tempo, é tão familiar para todos nós que é fácil encará-la com indiferença. Na perspectiva da vida humana como o foi em épocas anteriores, contudo, o que fazemos hoje ao abrirmos nosso jornal, ligarmos nosso rádio, irmos a um cinema, ou assistirmos à televisão, representa uma mudança no comportamento da comunicação humana de grandeza verdadeiramente extraordinária.

A despeito de pesquisa incansável, e dos melhores esforços de análise de estudiosos da comunicação, neste último meio século, não temos certeza do que essa mudança significa, como influi em nós individual e coletivamente, ou como forjará nosso futuro. Por outras palavras, as implicações, influências e consequências do crescimento extraordinário de nossos veículos de massa ainda se acham incompletamente compreendidas. Todavia, parece claro a esta altura que nossos veículos de massa influenciam *mesmo* suas audiências, e, deveras, a sociedade como um todo. O que não entendemos plenamente é *como* e *até que ponto* isso ocorre. A tarefa principal deste livro é apresentar uma visão de conjunto das principais formulações até agora surgidas, tentando fornecer respostas a esses dois problemas. Por outras palavras, visamos entender: (1) como a comunicação de massa ocorre e (2) que consequências isso tem para os indivíduos assim como para a ordem social.

Uma forma de começar tal tarefa é propiciar, de início, uma perspectiva ampla, através do tempo, dentro da qual o rápido aparecimento de nossos atuais veículos de massa possa ser compreendido como um entre vários progressos ocorridos na capacidade de se comunicar do *Homo sapiens*. Conforme veremos, mudanças revolucionárias anteriores exerceram influências verdadeiramente poderosas no desenvolvimento do pensamento, comportamento e cultura. Entender essas mudanças e suas consequências facilitará apreciar um importante aspecto de nossos veículos de massa contemporâneos: apesar de só terem chegado recentemente, já são tão fundamentais em nossa vida cotidiana que poderão ajudar a modelar o destino de nossa espécie no futuro.

Conquanto a experiência anterior não seja um guia seguro para o futuro, há certo valor em examinar o passado para ver o que ocorreu em diversos momentos importantes, quando as pessoas se tornaram capazes de comunicar-se de maneiras drasticamente diferentes. Parece apropriado, portanto, começar pelo princípio e esboçar, em uma visão ampla, onde e quando começou a comunicação humana, como se aperfeiçoou de repente em várias ocasiões no decorrer do desenvolvimento pré-histórico e histórico, e como essas alterações tiveram profundas implicações para a vida das pessoas comuns.

O COMEÇO

Segundo registros fósseis penosamente acumulados por paleoantropólogos durante mais de um século, o processo evolutivo que acabou resultando na humanidade contemporânea data de uns 70 milhões de anos. Eles identificaram uma criatura pequena, parecida com um rato (*proconsul*) que viveu no período dos dinossauros, como nosso remoto ancestral. Foi desse início pouco auspicioso que a ordem *Primata* — mamíferos com mãos e pés flexíveis, cada um com cinco dedos — acabou evoluindo. Todavia, milhões de anos se passariam antes dos primeiros animais parecidos com macacos habitarem a África subsaariana, provável lugar de origem da família humana.

Várias formas primatas evoluíram durante sucessivas eras. A maioria era bem pequena e vivia nas árvores. Após mais eras, uma espécie aproximadamente do tamanho de um gato doméstico de hoje começou a adaptar-se a viver no chão assim como na floresta. Não era a única capaz de mover-se no solo, mas tinha uma característica importante: a relação do cérebro dela para com o corpo era um tanto superior à da maioria dos contemporâneos. Esse tipo de capacidade cerebral, que, *grosso modo*, se relaciona com a capacidade de aprendizagem, seria um fator crítico na evolução de seres humanos.

Muitas antigas formas de primatas sobreviveram algum tempo, mas acabaram perdendo na competição por comida ou território e extinguiram-se. A certa altura, contudo, seres humanos contemporâneos e primatas modernos — tais como chimpanzés e gorilas — compartilharam um ancestral comum (*dryopithecus*). O animal não era maior do que um cachorro comum, mas possuía braços, pernas, mãos e pés, todos análogos aos das famílias do macaco e do chimpanzé de hoje.

Em algum ponto entre 14 e 5 milhões de anos atrás, um animal parecido com um chimpanzé (*ramapithecus*) vivia no que agora chamamos África e Europa. Dessa época restam apenas indícios fragmentários, e há controvérsia entre os especialistas referente à aparência dele e a seu comportamento. Não temos certeza sequer se caminhava erecto, mas pode ter sido o primeiro membro da família *Hominidae* (criatura com aparência humana).

Menos debates cercam uma criatura um tanto posterior (*Australopithecus africanus*) cujos restos foram recentemente encontrados no desfiladeiro Olduvai, na África. O australopiteco viveu entre 5,5 milhões e um milhão de anos atrás e geralmente é aceito como o primeiro primata que pode ser verdadeiramente classificado como hominídeo — dentro da família humana. O termo "australo" significa "do Sul" (África) e nada tem a ver com Austrália (que tira seu nome, contudo, da mesma fonte).

Pouco se sabe acerca do modo de vida do australopiteco. Caminhava erecto, ocupava abrigos nas rochas e vivia em unidades familiares. Provavelmente tinha menos de um metro de altura em média, mas sua aparência geral era ainda bastante simiesca. Não era um caçador agressivo, e provavelmente vivia de carniça. Embora possa ter usado pedras afiadas ou ossos pontiagudos para tirar carne de animais mortos, não existem provas dele ter feito ferramentas assim.

Superpondo-se um tanto ao australopiteco houve uma série de criaturas bípedes proto-humanas que caminhavam erectas, ocupando várias partes da Europa, África e Oriente Médio durante mais de um milhão de anos. Sua maneira de comunicar-se, se houve, é totalmente desconhecida. Todavia, a capacidade do cérebro cresceu entre esses vários hominídeos com o passar do tempo.

Afinal, cerca de dois milhões de anos atrás, apareceu um de nossos primitivos ancestrais (*Homo habilis*). Foi importante na evolução humana. Não era muito grande. Restos de uma fêmea adulta recentemente descoberta indicam que tinha aproximadamente um metro de altura. Também seus braços iam até os joelhos, indicando que ainda poderia balançar por entre as árvores tal como macacos e chimpanzés fazem hoje em dia. Contudo, havia uma diferença verdadeiramente importante entre esses seres e outras espécies: tinham começado a fazer ferramentas! Cerca de um milhão de anos mais ou menos depois, seguiu-se o domínio do fogo; nosso primeiro indício de lareiras vem da China. Esta evolução foi importante porque distinções entre as técnicas de sobrevivência dos primeiros seres humanos e as de outros primatas agora começaram a ficar mais acentuadas. Estas primitivas inovações — ferramentas de pedra lascada e aproveitamento do fogo — poderiam ser interpretadas como os primeiros passos hesitantes no desenvolvimento da cultura humana. Podemos experimentar definir cultura, de forma muito ampla, como soluções para problemas da vida transmitidos a gerações seguintes. A confecção de ferramentas e o uso do fogo por nossos primitivos ancestrais definitivamente separaram-nos de outros animais da época. Um dia, a civilização humana como a conhecemos brotaria dessa base elementar.

Aperfeiçoamentos e acréscimos à cultura de ferramentas chegaram muito devagar, mas por volta de 1,6 milhão de anos atrás ainda um outro hominídeo (*Homo erectus*) usava enxós de duplo corte e outras ferramentas de corte feitas de pedra e, posteriormente, de sílex. Esses primitivos seres humanos eram maiores — quase de nosso tamanho — e tinham braços mais curtos, como nós, com dedos retos nas mãos e nos pés. Não poderiam ter se balançado com facilidade de uma árvore para outra. Outrossim, a relação entre o cérebro e o corpo aumentara. O *Homo erectus* tinha um volume de cérebro em média de 600 cc; nós temos uns 1.500 cc. Não obstante, estavam se desenvolvendo e transmitindo maneiras de sobrevivência que nenhuma outra espécie dominara. Eram caçadores e apanhadores muito competentes, mas pouco sabemos além disso.

Mais tarde ainda, quiçá um milhão de anos atrás, a cadeia ancestral partiu-se em duas linhas separadas. Uma resultou em criaturas muito corpulentas e musculosas, bem mais fortes do que hoje somos, se bem que não tão altas em média. Tinham dentes grandes e possantes para mastigar bem a carne dura, cérebro relativamente volumoso, sobrancelhas espessas, pouca ou nenhuma testa, e queixo encolhido. Foi dessa linha que descenderam as pessoas do Neanderthal (*Homo sapiens neanderthalensis*).[1] Começaram a ocupar a área europeia e partes do Oriente Médio há uns 150 a 125 mil anos, e dali disseminaram-se largamente pela África e Ásia. Os neandertalenses eram consideravelmente mais adiantados que qualquer das espécies anteriores. Não só eram excelentes caçadores, como enterravam os mortos cerimonialmente e cuidavam dos velhos e dos doentes. Duraram até cerca de 35 mil anos atrás e aí, misteriosamente — ninguém sabe porquê — extinguiram-se! Não há indícios de guerra, praga ou qualquer outra coisa que causasse tal extinção em tempo relativamente curto. Simplesmente, desvaneceram-se.

A outra linha evidentemente desenvolveu-se um tanto mais tarde. Ninguém sabe direito como isso ocorreu, mas uma nova espécie de seres humanos espalhou-se pela área que havia sido ocupada pelos homens de Neanderthal e substituiu-os. Esses foram os Cro-Magnon (*Homo sapiens, sapiens*), que apareceram primeiro em partes da Europa e do Oriente Médio, em algum momento entre cerca de 90.000 e 40.000 anos atrás.

Acabaram ocupando virtualmente todas as partes do Velho Mundo e da Ásia. Existe uma hipótese de cerca de 10.000 anos atrás seus descendentes terem atravessado pontes terrestres então existentes dispersando-se pelo que hoje é a América. Podem ter sido mais de um tipo de gente, mas os seres humanos contemporâneos são seus descendentes diretos. Os Cro-Magnon, que viviam tanto em cavernas como em abrigos temporários, eram caçadores e apanhadores extraordinariamente bem-sucedidos. Faziam ferramentas razoáveis e tinham uma organização social relativamente complexa. Por fazerem roupa adequada e aprenderem a conservar alimentos, foram capazes de sobreviver em um ambiente áspero, até perto das grandes geleiras da última Idade do Gelo, em locais onde o tempo parecia muito com o da atual Sibéria setentrional. Bem no início de sua existência, os Cro-Magnon estabeleceram uma tradição artística com entalhes e pinturas nas cavernas. Acabaram domesticando animais, começaram a utilizar metais, adotaram a agricultura e estabeleceram comunidades fixas.

Eles eram virtualmente idênticos na aparência e capacidade cerebral aos seres humanos de hoje. Tendiam a ser um pouco mais musculosos e robustos, mas isso foi provavelmente por causa do estilo vigoroso de vida e dieta mais sadia. Eram o produto final de um processo evolutivo de 70 milhões de anos.

UMA TEORIA DE TRANSIÇÕES

Todas estas considerações acerca da evolução da espécie humana são um prelúdio para certas questões críticas que constituem a preocupação deste livro. Conforme observamos anteriormente, nossa meta global é tentar apreender as consequências das grandes mudanças em comunicação ocorridas em épocas recentes como resultado da invenção e difusão dos veículos de massa. Conforme também observamos acima, uma das maneiras pela qual as implicações da revolução atual das comunicações podem ser apreciadas é encarar o que ocorreu anteriormente com a humanidade, quando modificações igualmente amplas ocorreram na capacidade de compartilhar significados.

A experiência inicial da espécie humana em nosso planeta é amiúde descrita por arqueólogos e outros eruditos em termos de *eras* ou *idades*. Exemplos são as Idades da Pedra Antiga, Média e Nova, ou as Idades do Bronze e do Ferro. Estes nomes referem-se a períodos — alguns mais ou menos curtos e outros multisseculares — durante os quais os primitivos homens faziam ferramentas com diferentes materiais ou criavam diferentes tecnologias para resolver seus problemas na produção de comida ou construção de armas. Esses intervalos e suas numerosas subdivisões (Paleolítico, Mesolítico, Neolítico etc.) são indiscutivelmente úteis para traçar a evolução da confecção de ferramentas e da tecnologia, mas falham totalmente sob um aspecto bem mais fundamental da existência humana — a capacidade de *comunicar-se*.

Uma forma bem mais significativa de encarar o desenvolvimento humano é definir uma série de ''idades'' em que nossos ancestrais, tanto primitivos como modernos, fizeram avanços sucessivos em sua capacidade de trocar, registrar e difundir informações. Afinal, foram exatamente essas capacidades que habilitaram a sucessão de formas hominídeas, surgidas durante eras de evolução, a cada vez mais meditar, inventar, acumular e transmitir aos demais soluções originais para o problema de viver.

Encarar a evolução da humanidade sob o ponto de vista de eras crescentemente mais sofisticadas de comunicação não implica outras questões serem sem importância. É valioso identificar as eras durante as quais um ou outro tipo de gente marcava animais com pedra ou com sílex, ou batiam-se uns aos outros com machados feitos de bronze ou de ferro. Todavia, os significativos e cada vez mais acelerados avanços da civilização alcançados pelo *Homo sapiens sapiens* durante os últimos 40.000 anos dependeram mais de seu domínio dos sistemas de comunicação do que dos materiais com que fabricaram ferramentas. Se bem que não seja fácil inferir acerca da condição cultural humana através de velhos ossos e artefatos físicos, é imensamente mais difícil reconstruir como a gente se comunicava e o que isso significava para seu estilo de vida. Não obstante, é o domínio dos sistemas de comunicação usados para armazenagem, troca e difusão que representa os pontos de mudança críticos da história humana e até da pré-história. Foi a crescente capacidade para comunicar-se cabal e perfeitamente que levou ao desenvolvimento crescente de complexa tecnologia, e a mitos, lendas, explicações, lógica, hábitos, e às regras complexas para o comportamento que possibilitaram a civilização.

A história da existência humana, pois, deve ser mais adequadamente explicada por uma teoria de transições — isto é, explicada em função *de etapas distintas no desenvolvimento da comunicação humana*, cada uma das quais teve profundas consequências tanto para a vida individual quanto para a coletiva e social. Em suma, essas eras foram associadas ao desenvolvimento da sinalização, da fala, da escrita, da impressão e da comunicação com os veículos de massa conforme os conhecemos hoje. Compreender as consequências de como se fizeram as transições de etapas anteriores para as seguintes proporcionará um importante pano de fundo para se criar uma apreciação do significado e das consequências da etapa em que a humanidade ingressou no início deste século.

Olhando globalmente, a primeira dessas etapas foi provavelmente a *Era dos Símbolos e Sinais*, começando bem cedo na progressão da vida pré-hominídea e proto-humana, muito antes de nossos ancestrais primitivos caminharem erectos. A princípio, tais seres pré-humanos se comunicavam como o fazem outros mamíferos. Respostas herdadas ou instintivas exerceram papel significativo em tal comunicação, e o comportamento adquirido através de comunicação era mínimo. À medida que a capacidade cerebral lentamente aumentou, essa importância foi invertida. Literalmente passaram-se milhões e milhões de anos antes de se tornar possível adotar pelo menos alguns gestos, sons e outros tipos de sinais padronizados — isto é, aprendidos e compartilhados — que pudessem ser utilizados por gerações sucessivas para se dedicarem às trocas básicas necessárias a uma vida social. Mas isso não era fala. Muitos animais utilizam gritos, berros e posturas corporais a fim de assinalar perigo, a presença de comida, disposição para acasalar e caçada coordenada. Conforme a capacidade de aprendizagem foi crescendo ao longo de milhões de anos de evolução pré-humana, sistemas de comunicação baseados em símbolos e sinais sem dúvida foram ficando cada vez mais elaborados, convencionados, e, de fato, efetivados.

Uma mudança radical ocorreu, provavelmente um tanto subitamente (em termos do lapso de tempo que estamos considerando), quando seres humanos ingressaram na Idade da Fala e da Linguagem. Existem agora provas irrefutáveis de tal era ter se iniciado muito recentemente com o súbito aparecimento do Cro-Magnon, uma nova forma de *Homo sapiens*. Embora esta conclusão não seja universalmente aceita, parece que esses nossos ancestrais mais imediatos começaram a falar algures entre 90 e 40 mil anos atrás. Por volta de uns 55 mil anos atrás, a linguagem se achava em uso. As implicações de viver em uma sociedade onde o processo fundamental de comunicação é a fala não constituem mistério para nós. Ainda hoje existem sociedades não alfabetizadas e que permanecem na tradição oral. Evidentemente, todas as pessoas vivem atualmente em uma sociedade oral, mas a maioria ultrapassou as limitações dessa etapa ao acrescentar escrita, imprensa e os veículos modernos da mídia.

Em termos mais recentes, o ritmo acelerou-se espetacularmente. Foi apenas há uns 5 mil anos que os seres humanos fizeram a transição para a *Era da Escrita*. Essa grande ferramenta para o desenvolvimento das capacidades humanas foi inventada independentemente em mais de uma parte do mundo. Os chineses e os maias, especificamente, criaram a escrita de forma totalmente independente, mas a mais antiga transição ocorreu entre os sumérios e os egípcios no antigo Crescente Fértil, no que hoje são partes da Turquia, Iraque, Irã e Egito.

Bem mais recentemente, ingressamos na *Idade da Imprensa*. Podemos fixar um tempo exato (1455, na cidade alemã de Mainz). Embora aproximações grosseiras da imprensa possam ser encontradas em épocas mais recuadas da história, o primeiro livro foi produzido por uma prensa que usava tipos móveis fundidos em metal, apenas poucas décadas antes de Colombo realizar sua famosa viagem. Quase da noite para o dia a tecnologia disseminara-se pela Europa toda. De lá partiu para outras partes do mundo e revolucionou a maneira pela qual desenvolvemos e preservamos nossa cultura.

Finalmente, ingressamos na *Era da Comunicação de Massa*. Esta foi uma transição que de certa forma se iniciou no começo do século XIX, com o surto de jornais para a pessoa comum e mídia elétrica tais como o telégrafo e o telefone. Todavia, o jornal foi um prolongamento da era da impressão, e os outros veículos nunca foram utilizados por vastos números de pessoas. Mais realisticamente, a Era da Comunicação de Massa teve início no começo do século XX com a invenção e adoção ampla do filme, do rádio e da televisão para populações grandes. Foram esses veículos que iniciaram a grande transição por nós continuada hoje em dia.

A natureza e as implicações dessas mais recentes alterações nos processos de comunicação humana são o tema principal deste livro. Mas a evolução e a acumulação cultural humanas prosseguem. Recentemente infletimos, assaz despreparados, para a *Era dos Computadores*. Ninguém está seguro quanto ao que essa era subentende para a comunicação, mas os computadores já estão nos transformando no que veio a ser chamado uma ''sociedade informatizada''. Outrossim, os computadores e as tecnologias correlatas estão remodelando e prolongando nossos veículos de massa. Sem sombra de dúvida, continuarão a alterar virtualmente todos os nossos processos de comunicação nos anos vindouros. Conquanto as implicações de tais alterações de forma alguma estejam claras presentemente, nós nos referiremos a elas aqui da melhor forma possível.

Deve-se ter em mente que esta teoria das transições é uma de *acumulação*, antes de que um relato de períodos dispostos em série porém distintos. Isto é, nossos ancestrais primitivos aprenderam a usar símbolos e sinais muito cedo, e ainda os usamos muito amplamente. A fala e a linguagem foram-lhes acrescidas. A seguir, a escrita adicionou-se, seguida pelas comunicações impressas e de massa. O uso do computador agora está se disseminando. Assim, a história da comunicação humana tem sido de combinação de sistemas de comunicação antes do que de simples passagem de um para outro.

Para conseguir melhor compreensão dos profundos impactos que esses sistemas de comunicação tiveram sobre a existência humana durante as respectivas eras, cada um deles precisa ser discutido com mais pormenores. Conforme se tornará claro, as atividades cotidianas das pessoas, durante cada era, foram profundamente influenciadas pelos sistemas de comunicação em vigor durante a existência delas. Assim, um princípio importante de se compreender é que *a natureza dos processos de comunicação de uma sociedade está significativamente relacionada com praticamente todos os aspectos da vida diária de sua gente.* Esse princípio é tão verdadeiro em uma era da televisão quanto o foi no tempo em que nossos antecessores pré-históricos caçavam mamutes peludos com lanças, à beira de grandes geleiras.

Evidentemente, admitimos que à medida que os seres humanos evoluíram, sua capacidade de se comunicarem também evoluiu. Quanto mais aperfeiçoada ela ficou, tanto mais fácil lhes foi inventar, emprestar soluções de outros, e acumular certa massa de conhecimentos e sabedoria que os ajudou a sobreviver. Por outro lado, *não* admitimos que os processos de evolução da comunicação tenham sido tranquilos e gradativos, iniciados com um sistema elementar de grunhidos e gestos e resultando em milhões observando a Copa do Mundo pela televisão, via satélites. Tal como houve momentos em que formas biológicas diferentes surgiram, houve também súbitos adiantamentos na capacidade de comunicação.

Antes de tentarmos descrever essas transições, cabe aqui uma palavra de alerta. Provas concretas das deduções que tiraremos acerca das implicações psicológicas e sociológicas das eras de comunicação variam de nada a bem pouco, nos períodos primitivos, para consideravelmente mais abundantes nos períodos subsequentes. Por conseguinte, muito de nossas análises é forçosamente obtido por extrapolação de uma variedade de fontes e disciplinas acadêmicas. Seria difícil verificar com certeza algumas de nossas conclusões, especialmente as referentes aos mais primitivos hominídeos. No entanto, sempre que possível, essas conclusões foram alicerçadas em provas reveladas por fósseis, nas conclusões de bioquímicos, físicos e outros especialistas, parte das quais bastante recentes. Por outro lado, nossa finalidade não é prover meticulosa cronologia dos sistemas de comunicação humana que sirva para todo o sempre. É meramente oferecer uma ampla síntese — uma teoria de transições que contraste com aquilo de que dispomos hoje em dia como formas primitivas de comunicação e as limitações que elas impuseram à condição humana.

A Era dos Símbolos e Sinais

Sugerimos anteriormente que as mais antigas espécies hominídeas, antes mesmo dos primeiros fabricantes de ferramentas, provavelmente se comunicavam de formas similares às dos animais complexos de hoje, isto é, com ruídos e movimentos corpóreos que constituíam símbolos e sinais mutuamente entendidos. A certa altura, a aprendizagem começou sem dúvida a desempenhar papel cada vez mais expressivo na aquisição por eles da capacidade de entender e de participar dos sistemas locais de símbolos e sinais criados pelas diversas famílias e bandos. A capacidade de aprendizagem cresceu à medida que aumentou a relação da massa cerebral com a do corpo, mas quaisquer que fossem suas limitações de inventividade e acumulação cultural, há razões adequadas para concluir que nossos remotos ancestrais não usavam linguagens faladas exigindo a formação de sutis combinações de sons.[2]

O que parece mais plausível, dos exíguos indícios de que dispomos, é que as primeiras formas humanas se comunicavam através de um número limitado de sons que eram fisicamente capazes de produzir, tais como rosnados, roncos e guinchos, além de linguagem corporal, provavelmente incluindo gestos com mãos ou braços, e movimentos e posturas de maior amplitude. Aí, após eternidades, essas capacidades foram desenvolvidas favoravelmente para se tornarem cada vez mais complexas e eficientes formas de comunicação baseadas em regras de interpretação comuns. Essas formas, contudo, não progrediram para sistemas de linguagem ou fala do tipo com que estamos familiarizados. Outrossim, se estivermos corretos em nossas inferências, não permitiam comunicação rápida ou evolução cultural requintada. A complexidade das mensagens que esses primitivos seres humanos podiam se transmitir interpessoalmente era restrita. Quiçá mais importante ainda, essas pessoas estavam limitadas em vista da maneira pela qual um tal sistema poderia ser usado para comunicação *interna* — isto é, conceitualização e pensamento.

Para esclarecer, é evidentemente possível comunicar-se com sinais de mão e braço sem depender de palavras faladas. Vemos isso sendo feito o tempo todo na televisão quando o juiz de partidas desportivas faz gestos com o braço indicando faltas. Pode-se facilmente imaginar gente pré-histórica usando gestos semelhantes para coordenar uma caçada, ou para indicar seus planos, conclusões e opiniões.

Mas por que, tem-se de perguntar, eles simplesmente não falavam? Podiam, afinal de contas, produzir sons. A resposta a essa indagação só veio à luz recentemente, na obra de paleonto-antropólogos que estudam os crânios e outros restos de gente pré-histórica. O que foi descoberto, basicamente, é que aqueles primitivos hominídeos compartilhavam certos traços anatômicos com outros primatas; a sua laringe era virtualmente idêntica à dos chimpanzés, macacos e outros primatas que hoje conhecemos. Medições exatas dos crânios dos hominídeos primitivos, a par de modelos traçados por computador do comprimento da língua e da configuração dos tecidos moles a ela ligados, revelaram que a localização da laringe e da caixa de ressonância não lhes permitia alcançar a incrível extensão de sons necessária para a fala humana.[3] Por outras palavras, não falavam por *serem fisicamente incapazes de fazê-lo.* O mesmo se aplica aos primatas de hoje. Macacos e chimpanzés não podem ser ensinados a imitar a fala humana. Sua natureza neurológica e anatômica não se presta a esta tarefa.

Isso não quer dizer que símios não possam comunicar-se, ou que os primitivos hominídeos fossem incapazes disso em sua época. Ambos se aplicam (ou aplicavam) a um relativamente complicado comportamento de comunicação. Mais provavelmente, os primeiros seres humanos *ultrapassavam* consideravelmente os limites de comunicabilidade que caracterizam os primatas de hoje. Podiam produzir sons e podiam usar sinais manuais, expressões faciais, movimentos corporais e várias posturas para codificar ideias segundo regras compartilhadas de significado e interpretação. Todavia, mesmo na melhor hipótese, esse era um modo lento e primitivo de comunicação comparado com a fala humana baseada em linguagem. Outrossim, provavelmente não era possível comunicação complexa e extensa, por motivos que explicaremos.

Para esclarecer algumas das ligações de um sistema de comunicação baseado em símbolos e sinais, podemos facilmente imaginar dois tipos de seres humanos primitivos tentando comunicar o mesmo conteúdo através de mensagens — um grupo capaz de usar fala e linguagem, e outro apto apenas a usar sons e gesticulação corporal. Uma pessoa do primeiro grupo, com pleno domínio da fala e da linguagem, poderia codificar e dizer o seguinte em cerca de oito segundos:

> Vi um jovem caçador ontem;
> ele usava uma capa com capuz e levava uma lança comprida;
> ele corria para um veado junto do poço de água.

Um ouvinte familiarizado com as palavras, sintaxe e gramática do que falava não teria dificuldade para apreender o significado codificado dessa mensagem em um instante. Seria compreendida sem atraso apreciável, mesmo ao ser falada; isto é, recepção e compreensão seriam praticamente simultâneas ao relato do que falava.

Em contraste com isso, um comunicador dum grupo ainda na Era de Símbolos e Sinais teria de codificar a mensagem acima de maneira bem mais complicada. Usando gestos, caretas e barulhos como sinais para cada uma das ideias, essa pessoa teria de decompor o conteúdo em trechos cautelosamente. A transmissão da mensagem seria parecida com a maneira pela qual se comunicam pessoas ao brincar de charadas, modernamente. Receber a mensagem também teria de ser feito em passadas cautelosas.

O processo provavelmente decorreria como o que segue, com ruídos e movimentos separados de cada lado, e com uma pausa ao terminar cada segmento para certificar-se de ter sido entendido:

Vi um caçador
Vi-o ontem
Era jovem
Usava uma capa com capuz
Carregava uma comprida lança
O caçador corria
Corria na direção de um veado
O veado estava no poço dágua.

Não há dúvida quanto a um sistema bem desenvolvido de símbolos e sinais poder transmitir essa mensagem. Todavia, note-se que levaria muito mais tempo para codificar e decodificar, um trecho de cada vez, tornando o ritmo final de transmissão e recepção significativamente mais vagaroso. Isso não seria problema numa mensagem como a acima citada por ser bastante breve. Contudo, relatos extensos e complicados, narrativas ou estórias, seriam particularmente encrencados para um sistema de comunicação assim segmentado. Especificamente, o problema seria a *memória a curto prazo*. Os psicólogos sabem hoje que as pessoas têm dificuldade (e presumivelmente tinham igual dificuldade em períodos mais remotos quando o cérebro era menor) para lembrar os elementos iniciais de uma mensagem longa e transmitida vagarosamente. Quando a última parte fosse transmitida, teriam dificuldade em lembrar-se das partes iniciais. Quanto mais comprida a mensagem, maior seria a dificuldade.

Geralmente, pois, pessoas desprovidas de fala teriam uma séria limitação da capacidade para transmitir e receber conjuntos extensos e complicados de significados. Esta é uma inferência muito importante por ser justamente dessas mensagens que se formam lendas, mitos, instruções complicadas, interpretações do mundo físico, e assim sucessivamente. O que isso subentende, pois, é que a formação de uma cultura relativamente complexa não era realmente possível na era dos símbolos e sinais.

Podemos pôr de lado a ideia de que sistemas de sinais com as mãos e os dedos, como os empregados por surdos hoje em dia, estivessem disponíveis para os primitivos hominídeos, como sucedâneo para a linguagem falada. Os sistemas de sinais são adaptações contemporâneas baseadas em alfabetos, vocabulários extensos, regras de sintaxe e configurações gramaticais extraídas de línguas estabelecidas. A fala e a linguagem vieram antes, e os sucedâneos de sinais vieram depois para ajudar pessoas incapazes de falar ou ouvir as palavras.

O que tudo isso significa é que as pessoas na Era de Símbolos e Sinais tinham de manter suas mensagens simples, e tinham de transmiti-las vagarosamente. Assim, tal como suas ferramentas eram primitivas, seus meios de comunicação eram ineficientes e complicados em comparação com sistemas de linguagem. Essa limitação tem importantes implicações para a natureza de sua vida social (que não podia ser requintada) e particularmente para seus processos de *pensar*. Está bastante comprovado que as técnicas que empregamos para nos comunicar com os outros são as mesmas com que nos comunicamos conosco, intimamente. Por outras palavras, *as regras de pensamento correspondem às regras de conversação*. Pensamento e raciocínio são manipulações internas da linguagem.[4]

Parece inelutável, pois, que pessoas não capazes de empregar comunicação de fala/linguagem para intercâmbio interpessoal também eram incapazes de guardar e recordar os tipos de ideias necessárias para comunicação intrapessoal — os processos interiores de abstração, classificação, síntese, indução do geral a partir do particular, e raciocínio a partir de premissas para chegar a conclusões. Portanto, a vida mental delas deve ter se restringido a conceituações elementares, baseadas em seus sistemas de símbolos e sinais. Essa foi uma realmente grave limitação e importante deixa sobre o porquê de sua cultura evoluir tão vagarosamente. Assim, houve um enorme lapso de tempo, quiçá vários milhões de anos, durante os quais diversos hominídeos que existiram antes do *Homo sapiens* ficaram trancados dentro de sistemas de símbolos e sinais. Durante esse extenso período, elementos de cultura humana de fato surgiram, mas eram banais segundo padrões posteriores, e chegaram em um ritmo glacial.

Contudo, mesmo os mais primitivos hominídeos tinham superioridades diante dos outros animais. Por um lado, tinham a mão, com seu polegar oposto aos demais dedos, além de um cérebro que propiciava um nível de capacidade de aprendizagem sempre crescente, pelo menos comparado ao de outros animais. Pouco a pouco, ferramentas e tecnologias foram inventadas e essas soluções transmitidas à geração seguinte e adotadas por grupos vizinhos. No entanto, foram precisos literalmente milhões de anos para ocorrerem mudanças expressivas.

Vemos aqui, pois, um dos mais remotos "efeitos" da comunicação. Malgrado as crescentes diferenças ocorridas entre as formas humanas e outras formas animais, processos de comunicação que não passavam de rudimentares sons, gestos, linguagem corporal e coisas assim, estabeleciam limites significativos e inescapáveis à capacidade das pessoas primitivas para pensar e inovar. O resultado foi o ritmo e a amplitude do progresso terem sido de fato limitados.

A Era da Fala e da Linguagem

Sabe-se muito mais acerca do Cro-Magnon do que sobre qualquer outro dos seres primitivos que examinamos. Em seu período inicial faziam ferramentas muito bem acabadas de sílex e pedra. Pela primeira vez, a cultura humana começou a incluir arte. Gravavam representações primorosas de animais e seres humanos em osso, pedra, marfim e outros materiais. Quiçá mais importante, deixaram lindas pinturas nas paredes de numerosas cavernas nas áreas onde viveram. Centenas foram encontradas na Espanha e no Sul da França; algumas são verdadeiras obras-primas de composição e cor, comparáveis favoravelmente com as melhores produções de artistas contemporâneos. Aquelas pessoas representaram bisões, renas e outros animais que caçavam. Faziam roupas com couro e descobriram a técnica para endurecer o barro ao fogo. Pinturas do Cro-Magnon bem podem ter sido as primeiras tentativas para armazenar informações — precursoras da escrita.

Mais importante, o Cro-Magnon tinha uma estrutura craniana, assim como da língua e da laringe, exatamente como a nossa, hoje em dia. Evidentemente, tinham capacidade para falar e parece escassa a dúvida de o haverem feito. Assim, a fala e a linguagem parecem ter se originado algures entre 35 e 40 mil anos atrás, entre pessoas que fisicamente se pareciam com os seres humanos de hoje.

Quais foram algumas das consequências dessa transição para a Era da Fala e da Linguagem? Para começar, observamos anteriormente que quando o Cro-Magnon apareceu pela primeira vez na região, grupos do Neanderthal já se achavam bem instalados na mesma região. Fisicamente, os Neanderthal eram mais robustos, e portanto deviam ter boa margem na competição pela sobrevivência. Há pouca dúvida quanto a eles serem inteligentes e caçadores competentes; produziram ferramentas muito eficientes; enterravam seus mortos com artefatos (sugerindo crença em vida após a morte). Em suma, estavam bem adiantados no caminho da corrente evolutiva e poderiam facilmente ter se tornado nossos ancestrais. Mas o povo Neanderthal extinguiu-se.

A pergunta é: por que o Cro-Magnon floresceu e o Neanderthal extinguiu-se? Alguns sugeriram que eles se tenham cruzado, mas são poucos os indícios de isso ter ocorrido. É também improvável ter havido guerra sistemática entre ambos; não sobreviveu nenhuma prova alvitrando uma tal situação. Uma inferência assaz melhor é a de que quando o povo Cro-Magnon criou fala e linguagem, isso lhe deu uma enorme vantagem sobre os vizinhos. Por poderem raciocinar com a linguagem, os Cro-Magnon puderam planejar e conceber, caçar de forma mais coordenada, defender-se mais eficazmente, e explorar melhor as regiões de caça que os de Neanderthal haviam feito anteriormente. Entrementes, os Neanderthal permaneceram na Era dos Símbolos e dos Sinais, com suas consequentes limitações. Aí, quando o clima mudou drasticamente, no final da Era do Gelo, os Neanderthal não se adaptaram à nova situação.

Os Cro-Magnon continuaram a prosperar com o passar dos séculos. A região onde moravam originalmente ficou cada vez mais seca, e a caça e coleta como estilo de vida tornou-se mais árdua. Retiraram-se para o Crescente Fértil, ao longo dos rios Tigre e Eufrates, para Oeste nas praias do Mediterrâneo, e para o Sul até o Nilo. A princípio colhiam grãos silvestres e sobreviveram saqueando, como sempre haviam feito. Mas novas mudanças climáticas tornaram cada vez mais difícil esse estilo de vida. Então, lentamente, começando em torno de 10.000 a.C. inventaram os vários elementos de que precisavam para sobreviver como agricultores. A princípio foi uma simples questão de aproveitar o cultivo agrícola — espalhando sementes e voltando mais tarde para colher o que quer que tivesse crescido. A domesticação de animais ocorreu durante esse mesmo período. Isso também era um processo a esmo. Primeiro foram cães, depois cavalos, carneiros, cabritos, e subsequentemente aves domésticas. Durante a fase inicial do período, alternaram-se entre agricultura e vida nômade. Depois, a partir de aproximadamente 6500 a.C., teve início agricultura permanente e vida fixa em aldeias. A existência humana foi se tornando cada vez mais estável, previsível e segura. As pessoas viviam mais e as populações aumentaram.

A evolução cultural ocorreu em ritmo crescente. Cidades antigas e os remanescentes de civilizações pré-históricas abundam na região do Crescente Fértil. Os seres humanos não só aprenderam a trabalhar a terra, criar animais e adorar deuses, como também desenvolveram uma tecnologia crescentemente aperfeiçoada, incluindo a utilização de metais, tecelagem, a roda, roldanas e cerâmica. Tinham tempo para lazer e para contemplação. Contudo, não sabiam ainda escrever. A própria linguagem foi se diversificando cada vez mais. Novas maneiras de falar foram constantemente criadas, à medida que a humanidade se espalhava por novas regiões onde enfrentavam e resolviam novos problemas. As línguas mais antigas foram modificadas pelas gerações sucessivas. Linguistas modernos, contudo, identificaram grande número de palavras em uns cinquenta vocabulários e em numerosas línguas modernas que podem remontar até cerca de 5000 a.C. (uns 7.000 anos atrás), a uma "fonte comum" proto-indo-europeia.[5] Pode-se argumentar que esta fonte comum acaba levando mais para trás, até a língua originariamente criada pelo povo Cro-Magnon. De qualquer maneira, porém, não há dúvidas quanto à formação da fala e da linguagem ter possibilitado grandes saltos para diante no desenvolvimento humano.

Em suma, a lição significativa a ser aprendida de nossa rápida espiada na evolução da fala e da linguagem é que esta forma de comportamento humano teve consequências profundas, tanto para os indivíduos quanto para a sociedade. A capacidade de utilizar a linguagem não *provocou* grandes mudanças, mas certamente possibilitou à existência humana dar gigantescos saltos para a frente. Palavras, números e outros símbolos, além das regras da linguagem e da lógica, habilitaram os seres humanos a fazer face a seus ambientes social e físico de maneiras completamente inatingíveis durante a anterior era de símbolos e sinais. Dominando sistemas simbólicos, os indivíduos puderam classificar, abstrair, analisar, sintetizar e especular. Puderam lembrar, transmitir, receber e entender mensagens bem mais extensas, complexas e sutis do que era possível com o emprego de formas anteriores de comunicação. Em resumo, a mudança para a fala e a comunicação através de linguagem possibilitou modificações empolgantes da existência humana na medida em que sociedades em várias partes do mundo realizaram a transição de um estilo de vida de caça e coleta para a criação das grandes civilizações clássicas. Conquanto a linguagem não tenha acarretado isso por si só, tais mudanças teriam sido impossíveis sem ela.

A Era da Escrita

Levou milhões de anos para nossa espécie adquirir a capacidade de usar a linguagem. Levou muitos séculos para que o ato de escrever se tornasse uma realidade, mas este foi um período de tempo relativamente curto. A história da escrita é a passagem da representação pictórica para sistemas fonéticos, da representação de ideias complexas com imagens ou desenhos estilizados para a utilização de simples letras dando a entender determinados sons. As mais antigas tentativas para registrar informações de maneira a poderem ser recuperadas mais tarde foram complicadas representações de animais e cenas de caçada em pedra, que foi o primeiro veículo. Observamos anteriormente que o povo Cro-Magnon produziu lindas pinturas nas paredes de cavernas. Podem ter usado outros veículos, mas se o fizeram, seus trabalhos não sobreviveram.

Pictografias Convencionais. Mesmo imagens de acontecimentos representam um avanço em relação à recordação sem ajuda, desde que os que as prepararam ou as usaram pudessem decodificar os significados que pretenderam suscitar. Isto foi uma ideia que não surgiu facilmente. Se as imagens não tiverem interpretações ou significados de entendimento comum, serão de escasso valor como ajuda à comunicação. A saída, claro, foi criar significados padronizados para as representações pictóricas.

A padronização de significados de imagens, pois, foi o primeiro passo na criação da escrita, mas não se iniciou antes de a agricultura estar bem instaurada. Importante estímulo para a criação de tais sistemas foi as pessoas precisarem de meios para registrar limites e direitos de propriedade da terra. Também, com o crescimento da atividade comercial aumentaram contatos entre pessoas diferentes, sendo preciso registros de compra e venda. Houve muitas outras necessidades a serem atendidas em uma economia agrícola. Por exemplo, era importante manter um registro da subida e descida de rios (como no caso do Nilo) e dos movimentos dos corpos celestes, que determinavam as estações de plantio e de colheita. Não é de surpreender, por conseguinte, que a escrita tenha se iniciado na antiga Suméria e no Egito, regiões onde a agricultura foi inicialmente praticada.

Aproximadamente em 4000 a.C. parecem ter surgido inscrições associadas a significados em locais antigos da Mesopotâmia e do Egito. Eram sobretudo imagens toscas, desenhadas ou rabiscadas nas paredes de prédios ou outras superfícies análogas. Dentro de relativamente pouco tempo, a padronização dos significados tornou-se realidade. Um nascer do sol singelamente desenhado podia indicar um dia, um arco e flecha uma caçada, uma forma humana um homem, uma linha ondulada um lago ou rio. Todos eram símbolos gráficos de onde podia surgir a escrita. Reunidos, podiam contar uma estória; por exemplo, certa manhã um homem foi caçar junto a um rio. A chave era que as regras eram inventadas e *convencionadas* de sorte a tais representações suscitarem determinados significados. Essas regras permitiam o armazenamento de informações. Representações de ideias podiam ser preparadas por uma pessoa e entendidas por outra. Com a padronização das pictografias, tornou-se possível decifrar as mensagens de pessoas distantes ou até de pessoas que já haviam morrido! Mesmo a distância e o tempo podiam ser conquistados. Não é de espantar que a escrita passasse a ser encarada com especial reverência.

Os egípcios tornaram-se inovadores na criação de sistemas complicados de *hieróglifos*, ou caracteres simbólicos. A princípio eram gravados na pedra, mas com o tempo foram desenhados e pintados. Os hieróglifos egípcios eram associados a regras para mobilizar complexos significados convencionados. Seu sistema *pictográfico* era como o chinês contemporâneo. Cada símbolo representava uma determinada ideia, coisa ou conceito. Para comunicar isso de forma requintada, tanto a pessoa que escrevia quanto a que lia a mensagem tinha de dominar um enorme número de tais modelos. No início, por conseguinte, a alfabetização restringia-se a especialistas. Os antigos escribas estudavam durante anos para dominar os milhares de símbolos necessários para transpor as mensagens para hieróglifos, ou para decifrá-las para os ricos e poderosos.

Escrita Fonética. Outro povo, os sumérios, que viveram logo ao norte do Golfo Pérsico, criou outra forma de escrita. Começaram usando pequenos desenhos traçados em almofadas de barro mole como representações de ideias. Então, como era difícil desenhar as imagens com pormenores realistas, foram cada vez mais estilizando suas representações. Não demorou para lançarem mão da ponta de uma vareta, que havia sido afiada, para fazer marcas no barro. Não era possível produzir imagens identificáveis com um sistema assim, mas era tanto rápido como simples produzir caracteres distinguíveis com significados determinados. Não era realmente necessário imagens exatas dos objetos. As representações resultantes, em forma de cunhas, são hoje denominadas escrita *cuneiforme.* Muitos exemplos sobreviveram por ser possível conservá-los cozinhando o barro e convertendo-o em cerâmica.

O que tornou o sistema sumério tão diferente é que por volta de 1700 a.C. os sumérios tiveram a ideia de fazer cada pequeno símbolo estilizado representar um determinado *som* em vez de uma ideia. A vantagem foi enorme. Em lugar de milhares de símbolos separados — um para cada coisa ou ideia — número bem menor era necessário para representar os sons das sílabas que compunham as palavras. (Nossa escrita alfabética, em que cada vogal e consoante possui seu próprio símbolo, é ainda mais simples.) Não obstante, o uso de caracteres para representar sílabas foi o primeiro passo na criação da escrita *fonética* e foi um grande avanço na comunicação humana. Particularmente, tornou imensamente mais fácil a alfabetização. A pessoa tinha apenas de lembrar mais ou menos uma centena de símbolos para as várias sílabas da língua.

A escrita alfabética surgiu dentro de menos de mil anos e ''pegou'' relativamente depressa. Disseminou-se pelo mundo antigo e, após alguns séculos, chegou à Grécia. A essa altura, a ideia de usar letras como símbolos para as consoantes, e depois para vogais, em vez de para as sílabas, estabeleceu-se totalmente. Foi um grande adiantamento por serem necessários menos de uma centena de caracteres. Hoje, por exemplo, damo-nos bem em inglês com apenas vinte e seis.

Algumas sociedades saíram perdendo por fazer as escolhas erradas durante aquele período. Por exemplo, os egípcios amavam seus lindos hieróglifos e relutaram em usar um alfabeto. Com o tempo, usaram caracteres apenas para as consoantes, mas tinha-se de conhecer as palavras para recuperar os sons sem letras para as vogais. Por exemplo, em inglês se escreve ''bldg'' e diz-se ''building'' (prédio, edifício). Se fizéssemos isto para todas as palavras, tornar-se-ia difícil. Foi por este motivo que a escrita egípcia permaneceu incômoda e não pôde competir com formas mais eficientes. Afinal, os egípcios acabaram criando uma escrita fonética, mas a essa altura foi tarde demais.

Depois de muitas variações entre muitos povos, foram os gregos que mais eficientemente padronizaram e simplificaram o sistema. Por volta de 500 a.C. tinham um alfabeto amplamente utilizado. Oportunamente o alfabeto grego foi passado para Roma, onde foi modificado e melhorado ainda mais. Hoje usamos os letras *maiúsculas* e *minúsculas* dos romanos. Séculos depois denominâmo-las letras de caixa "alta" e "baixa", devido a suas posições nas bandejas do compositor na tipografia.

A par das ferramentas, do fogo, e da própria língua, a escrita alfabética foi uma das mais significativas realizações dos seres humanos. Sem ela, a grande maioria das populações do mundo de hoje ainda seria analfabeta. Grandes movimentos da ciência, das artes, da administração e da religião foram possibilitados pelo fato de as pessoas saberem ler. A própria História iniciou-se com registros escritos, mas isso foi há apenas 250 gerações! Na perspectiva de 70 milhões de anos, é bem pouco tempo.

O Significado da Mídia Portátil. O grande problema com os hieróglifos, e até certo ponto com as tabuletas da escrita cuneiforme, foi o da portabilidade. Em particular, a pedra como veículo tinha a capacidade de durar através do tempo mas não podia ser facilmente transportada através do espaço. À medida que as sociedades antigas se tornaram mais elaboradas, buscaram veículos com os quais a escrita pudesse ser transportada mais facilmente.

Cerca de 2500 a. C., os egípcios descobriram um método de fazer uma espécie de papel duradouro usando o papiro. Comparado com a pedra, o papiro era extremamente leve. Outrossim, era muito mais fácil escrever no papiro com escova e tinta do que talhar laboriosamente hieróglifos na pedra. O papiro originalmente era encontrado somente no delta do Nilo. Verdes hastes frescas do junco eram cortadas e descascadas, partidas em tiras finas, dispostas em cruz umas sobre as outras, e malhadas até virar uma única massa, que era a seguir comprimida e secada. Rolos compridos de considerável comprimento podiam ser preparados juntando uma folha a outra. O escriba usava dois tipos de tinta (preta e vermelha) e uma escova feita com outra espécie de planta. Os hieróglifos começaram a ser simplificados à medida que os escribas exigiram tipos mais lisos e fáceis para escrever depressa.

Entre os maias, ocorreu uma transformação semelhante da mídia. Haviam descoberto que longas tiras de cortiça de cor clara podiam ser arrancadas dos pés de ficus. Compridas tiras, limpas daquela casca interna, com quinze a vinte centímetros de largura e comprimento de até seis metros, eram retiradas das árvores. A tira era encharcada na água e batida até ficar com grossura uniforme e maleável. A casca era então dobrada num comprido, franzido e muito bem aparado livro, com páginas finais de madeira para fechá-lo como um acordeão. A escrita hieroglífica era pintada em ambos os lados e muitas vezes lindamente enfeitada. Os conquistadores ficaram estupefactos ao encontrar gente no Novo Mundo que morava em complicadas residências de pedra completas com bibliotecas e livros. Durante a conquista, lamentavelmente, milhares daqueles livros foram queimados pelos militares espanhóis num esforço para reduzir o poder dos sacerdotes e líderes sobre sua própria gente. Só restam poucos exemplares.

O mais importante nessa mudança da pedra pesada para veículos leves e portáteis é ter aberto a possibilidade para uma significativa mudança da organização social e cultural da sociedade. A aquisição de uma tecnologia de comunicação baseada num veículo leve e portátil, a par de um sistema de símbolos escritos que podiam ser produzidos rapidamente e lidos por escribas, contribuiu com as condições necessárias para grandes mudanças sociais e culturais.[6] A estrutura institucional inteira foi influenciada. Por exemplo, no Egito em 2000 a.C. o papiro era amplamente utilizado para transmitir ordens escritas e registrar informações de vários tipos. A administração central empregava um exército de escribas. Alfabetização era uma habilidade valiosa, proporcionando uma porta de entrada para a prosperidade e a elevação social. Os escribas tornaram-se uma classe privilegiada sob o controle da elite. Grandes mudanças nas instituições políticas e religiosas ocorreram devido à capacidade para escrever e registrar. Abriram-se bibliotecas. Doutrinas e escrituras religiosas foram registradas. Foram criadas escolas para ensinar aos escribas. Até as artes e ciências começaram a desenvolver-se. Tratamentos bem-sucedidos para doenças puderam ser anotados por escrito. Observações de numerosos aspectos da natureza e suas interpretações puderam ser registradas. A mente humana ficou liberada da pesada tarefa de ter de recordar-se de culturas inteiras e reproduzi-las nas mentes e memórias de cada nova geração. As ideias puderam ser armazenadas, acumuladas e consultadas por gerações subsequentes. Este foi o grande passo para a frente quando os seres humanos penetraram na Era da Escrita.

A Era da Impressão

Com exceção de escrever, um dos grandes feitos humanos de todos os tempos foi a criação da impressão. Anteriormente ao século XV, as pessoas reproduziam livros na Europa preparando *manu scripti*, cópias de livros existentes, laboriosamente reproduzidas à mão. Embora seja verdade que muitos fossem belas obras de arte, o processo amiúde introduzia erros. Mais importante ainda, o número de livros disponíveis ficava severamente restrito e só podiam ser adquiridos por pessoas de consideráveis recursos. A impressão trouxe uma modificação fantástica. Centenas ou mesmo milhares de cópias de um determinado livro podiam ser reproduzidas com grande precisão. Foi uma invenção fabulosa que espantou o mundo alfabetizado da época.

Um ponto crítico do eventual surto da impressão no mundo ocidental foi quando o papel começou a substituir o pergaminho no mundo islâmico durante o século VIII. (O papel surgira muito antes, na China.) A partir daí, lentamente difundiu-se pela Europa cristã, particularmente quando os mouros ocuparam a Espanha. Já antes da invenção da prensa impressora no século XV, contudo, os padres, elites políticas, eruditos e escribas começaram a perder seu monopólio de ler e escrever. Ao disseminar-se a alfabetização, poucos puderam prever que isso afetaria profundamente as direções da história humana.

A Prensa e o Tipo Móvel. A ideia de fazer uma impressão com um sinete, ou de usar um aparelho parecido com um rolo de pastel com símbolos gravados para imprimir uma imagem em barro mole, era antiga. Até o processo de imprimir uma página inteira de letras, pacientemente cavando-as em um bloco de madeira lisa, com a imagem invertida, e depois passar tinta e apertar em cima de um papel ou de outra superfície lisa, fora compreendido havia muito tempo. Os chineses haviam feito isso e imprimido o *Sutra do Diamante*, o primeiro livro do mundo, por volta do ano de 800 d.C., séculos antes de a impressão surgir na sociedade ocidental. Todavia, estava longe do sistema de utilizar letras individuais moldadas em metal.

A impressão como a conhecemos não foi possível até um obscuro ourives de Mainz, na Alemanha, um Johann Gutenberg, conceber um meio original de fazer tipos. Após muita experimentação, desenvolveu a ideia de fazer um molde de aço para cada letra, laboriosamente entalhado duma determinada forma. Então, ele poderia perfurar a imagem em um pequeno quadrado de metal mais mole, como o bronze. Fez um pequeno molde de barro em torno do caracter, de modo que o chumbo quente pudesse ser despejado dentro para fazer um molde da letra. Esse molde poderia ser usado repetidamente, para moldar quantas letras individuais o impressor quisesse. Uma vez isso feito, as letras poderiam ser alinhadas em uma bandeja para formar palavras e frases. Bem firmes, poderiam ser molhadas com tinta, e um pedaço de pergaminho ou papel podia ser comprimido sobre elas. Daí resultaria uma imagem bem nítida. O chumbo mostrou-se mole demais, mas Gutenberg acabou descobrindo um meio de misturar chumbo com outros metais numa espécie de liga que funcionou muito bem mesmo.

O único problema restante era a impressão. O princípio de uma prensa do tipo parafuso era antigo. Prensas haviam sido utilizadas havia séculos para espremer azeite das azeitonas e vinho das uvas. Gutenberg arranjou uma grande prensa de uvas e modificou-a consideravelmente, arrumando uma plataforma para a bandeja de tipos e uma superfície plana sobre a qual comprimir o pergaminho ou papel. Como tudo tinha de ser perfeitamente alinhado até uma fração mínima de polegada, era necessário um bocado de experimentação. Finalmente, após passar tinta nos tipos e colocar em cima de uma folha de pergaminho, e com anteparos adequados dos lados para manter a página certinha, cuidadosamente aparafusou no lugar a prensa e a página foi impressa. Ficou lindo! A impressão estava nítida e perfeita; não havia erros como os cometidos comumente nas cópias à mão.

Gutenberg preocupou-se. Não estava de forma alguma certo de que sua invenção (que precisou de mais de vinte anos para aperfeiçoar) pegasse. Incomodava-o a ideia de que os que pudessem gastar dinheiro em livros preferissem uma cópia à mão e encarassem a dele como uma imitação ordinária. Essa foi uma das razões pela qual escolhera uma Bíblia meticulosamente impressa e ornamentada como seu primeiro projeto. Achou que seria capaz de vendê-la aos ricos. O tempo mostrou que a experiência dele foi um sucesso incrível. Sua Bíblia de 42 linhas foi um dos mais belos exemplos jamais produzidos pela arte da impressão.

Lamentavelmente, Gutenberg nunca chegou a desfrutar os resultados de sua imaginação e criatividade. Tomara pesados empréstimos de seu advogado enquanto aperfeiçoava o sistema. Exatamente quando completava seu primeiro projeto — a famosa Bíblia — o advogado exigiu pagamento dos empréstimos, levou-o a juízo, e conseguiu despojá-lo de sua oficina, da imprensa, de sua invenção por inteiro, dos 200 exemplares da Bíblia, e virtualmente de tudo que possuía. Dez anos depois, Gutenberg morreu na pobreza, um homem arruinado. Nunca soube que serviço realmente importante prestara a todos nós.

A Difusão da Alfabetização. Ao iniciar-se o século XVI, prensas com tipos móveis estavam produzindo milhares de exemplares de livros impressos em papel. Estavam sendo publicados em todas as línguas europeias e, assim, podiam ser lidos por qualquer pessoa alfabetizada em seu idioma. A disponibilidade desses livros incentivou interesse mais disseminado pela aprendizagem da leitura.

Pela primeira vez, as Escrituras estavam acessíveis em outra língua que não o latim. Não mais podia a Igreja Romana guardar cautelosamente as escrituras sagradas graças ao emprego de uma língua antiga. A acessibilidade das Escrituras pelas pessoas comuns, em suas próprias línguas, acabou levando a desafios à autoridade e às interpretações de Roma. Um novo veículo de comunicação, pois, abriu caminho para protestos contra a estrutura religiosa e social existente. O surto do Protestantismo levou a novas modificações profundas que tiveram impacto na sociedade ocidental até os dias de hoje.

A ideia básica de um noticioso originou-se bastante cedo no continente europeu, na Inglaterra e no Novo Mundo. A imprensa colonial americana foi estabelecida alguns anos antes de os Estados Unidos constituírem-se como uma nova nação. A imprensa colonial distribuía pequenos papéis e panfletos entre a elite educada. Seu conteúdo era, conforme veremos mais pormenorizadamente no Capítulo 2, de um nível de refinamento e gosto acima das capacidades do cidadão comum.[7] Não obstante, forneceram o formato básico sobre o qual criar um novo tipo de noticiosos visando a ampla base de artesãos, mecânicos e mercadores que constituíam as classes média e trabalhadora nascentes da emergente sociedade urbano-industrial. Quando foi encontrado um meio de financiar um jornal barato para ampla distribuição, e foram concebidas as técnicas para rápida impressão e distribuição, o primeiro verdadeiro veículo *de massa* nasceu sob a forma do "jornal de tostão".* Essas coisas ocorreram em meados da década de 1830 na cidade de Nova York. O jornal de massa foi um grande sucesso e dali a poucos anos espalhara-se por muitas partes do mundo. A terceira década do século XIX, pois, viu a tecnologia da impressão rápida e a ideia básica de um jornal combinarem-se no primeiro verdadeiro veículo de comunicação de massa.

São importantes dois pontos dentre esses acontecimentos. Primeiro, o jornal de massa, como os outros veículos que se seguiram, foi uma invenção que somente ocorreu após um conjunto complexo de elementos culturais haverem aparecido e se acumulado no âmbito da sociedade. Em segundo lugar, como quase todas as invenções, ele representou uma combinação desses elementos num ambiente social que permitiu a aceitação e ampla adoção do jornal como um complexo cultural. Na qualidade de projeto técnico, foi compatível com — e talvez até exigido — pelas outras instituições culturais da época. A relevante estrutura institucional

---

* No original: *penny press*. (N.T.)

da sociedade em termos de processos econômicos, políticos e educativos, assim como modelos demográficos e ecológicos, proporcionou um ambiente dentro do qual pôde surgir e prosperar aquela determinada combinação de elementos representada pelo jornal de tostão.

A Impressão e a Condição Humana. Ao final do século XIX, estava ficando claro para os pioneiros cientistas sociais de então que os novos veículos de massa — jornais, livros e revistas, todos os quais amplamente utilizados na sociedade — estavam trazendo importantes mudanças para a condição humana. Aqueles meios representavam uma nova forma de comunicação que influenciava não apenas padrões de interação nas comunidades e sociedades, como também as perspectivas psicológicas dos indivíduos. Por exemplo, o sociólogo norte-americano Charles Horton Cooley declarou, em 1909, haver quatro fatores que tornavam os novos veículos bem mais eficientes do que os processos de comunicação de qualquer sociedade anterior. Os novos meios eram mais eficazes, disse ele, em termos de:

> *Expressividade*, por incluírem uma ampla gama de ideias e sentimentos
> *Permanência do registro*, ou a superação do passar do tempo
> *Presteza*, ou a superação do espaço
> *Difusão*, ou acesso a todas as espécies de homens.[8]

Cooley acentuou que esses aspectos do novo veículo de notícias (impressas), que viera à luz no século XIX, modificara para sempre as perspectivas mentais dos que os utilizavam.

> O caráter genérico dessa mudança é bem expresso pelas duas palavras *ampliação* e *vitalização*. Os contatos sociais são prolongados no espaço e acelerados no tempo, e no mesmo grau a unidade mental por eles subentendida torna-se mais ampla e mais atenta. O indivíduo se expande por entrar em relação com uma vida maior e mais variada, é mantido mobilizado, às vezes em excesso, pela multidão de sugestões variáveis que esta vida lhe traz.[9]

Assim, mesmo antes do estabelecimento de veículos ainda mais novos foi ficando claro que a Era da Comunicação de Massa corroeria as barreiras de isolamento entre as pessoas do mundo e produziria mudanças significativas na organização e no funcionamento da sociedade. Ou, conforme Cooley expressou, ''a nova comunicação de massa representou uma revolução em cada fase da vida: no comércio, na política, na educação, até na mera sociabilidade e tagarelice...''[10]

A Era da Comunicação de Massa

Com o aparecimento e aceitação da imprensa de massa, o ritmo da comunicação humana tornou-se cada vez mais intenso. Em meados do século, o telégrafo tornou-se uma realidade. Conquanto não fosse um veículo de comunicação de massa, este recurso foi elemento importante numa acumulação tecnológica que acabaria levando aos veículos de massa eletrônicos.[11] Poucas décadas depois, estavam sendo realizadas experiências bem-sucedidas que foram indispensáveis ao cinema e à telegrafia sem fio. Com o alvorecer do século XX, a sociedade ocidental estava prestes a experienciar a criação de técnicas de comunicação que ultrapassavam os mais desvairados voos da imaginação de um século antes. Durante a primeira década do novo século, o cinema virou uma forma de divertimento familiar. Isto foi seguido em 1920 pela criação do rádio doméstico e, nos anos 40, pelo início da televisão doméstica. No começo da década de 50, o rádio atingira uma maturação nos lares norte-americanos, com aparelhos adicionais dispersados pelos automóveis. Houve uma penetração múltipla sob a forma de rádios para o quarto de dormir e para a cozinha, e um número crescente de aparelhos transistorizados e miniaturizados. No final dos anos 50 e início dos 60, viu-se a televisão começar a aproximar-se dessa saturação. Na década de 1970, ela estava praticamente total nos Estados Unidos e progredia em outras partes. Novos veículos foram adicionados — TV a cabo, gravadores de videocassete, e até videotexto com reciprocidade. A comunicação de massa virara um dos fatos mais significativos e inescapáveis da vida moderna.

Este breve resumo das principais transições na capacidade das pessoas para se comunicarem revela dois fatos principais. Primeiro, "revoluções" da comunicação têm estado ocorrendo através de toda a existência humana. Cada uma proporcionou um meio pelo qual significativas mudanças poderiam ser trazidas para o pensamento humano, a organização da sociedade e a acumulação de cultura. Segundo, o surto dos veículos de massa ocorreu bem recentemente deveras. Muitos de seus acontecimentos principais ocorreram dentro da duração de vida de substanciais segmentos das populações contemporâneas. Muita gente ainda viva pode recordar-se de uma sociedade sem rádio em casa. Para nossa geração mais idosa, não havia filmes para ver nas noites de sábado de sua juventude. Cada um desses veículos aumentou a disponibilidade diária total de oportunidades de empregar a linguagem para a pessoa comum. Assim, a acumulação desses recursos na história recente implicou em um outro acréscimo espetacular do ritmo do comportamento comunicativo da maioria das pessoas da sociedade. O impacto da nova era ainda está por ser amplamente avaliado.

Vivemos em uma sociedade em constante mutação. Às vezes é difícil determinar quais mudanças são importantes. Uma das metas deste livro é mostrar que a introdução do jornal, do receptor de rádio e do televisor na casa do cidadão comum representa uma mudança tecnológica que tem maior significado para as pessoas comuns do que nossos maiores feitos nas fronteiras da ciência. Com satélites e verdadeira ponte aérea de foguetes riscando o espaço, podemos perder de vista o fato de que essas proezas ficam longe das atividades diárias rotineiras da maioria de nós. O televisor, entretanto, é um recurso tecnológico que exerce impacto imediato e direto. As crianças de nossa sociedade gastam mais tempo, em média, assistindo o que ele tem a oferecer do que passam na escola! Assim o televisor e os outros veículos são novidades em torno das quais seres humanos organizam suas vidas em modelos diferentes do que jamais ocorrera no decorrer de nossa evolução.

AVALIAÇÃO DA NATUREZA E DA INFLUÊNCIA DA COMUNICAÇÃO DE MASSA

Embora eruditos pesquisadores da comunicação ainda não tenham alcançado uma plena compreensão do impacto que os veículos de massa estão tendo nos aspectos psicológicos, morais, econômicos, políticos, criativos, culturais e educacionais da vida do indivíduo comum, começaram a acumular uma base de conclusões de pesquisas que ajudarão a entender cada vez mais essas questões. O crescimento das ciências sociais como disciplinas que empregam processos quantitativos e a lógica da ciência, como o próprio desenvolvimento dos veículos de massa, ocorreram principalmente no século atual. Dentro desse breve período, limitado número de sociólogos, psicólogos, jornalistas, estudiosos da comunicação oral, e outros, especializaram-se no estudo imparcial do papel dos veículos de massa em nossa sociedade. À medida que um número maior de especialistas em pesquisa voltam sua atenção para este campo, podemos esperar que as generalizações decorrentes dessas pesquisas deem lugar a uma compreensão mais ampla do relacionamento entre os veículos de massa e as sociedades nas quais atuam. Em grande parte, discussões acerca deste relacionamento tiveram lugar no passado dentro duma estrutura longe de desinteressada e objetiva. Na medida em que cada um dos principais veículos de comunicação surgiu em nossa sociedade, tornou-se objeto de considerável controvérsia e debate. Esses debates começaram quando o primeiro número da imprensa de tostão chegou às ruas de Nova York em

1834. Continuam hoje em dia acerca do papel do rádio, livros em brochura, televisão, histórias em quadrinhos, revistas e filmes, relativamente a diversas questões.

Uma das principais tarefas dos estudantes de comunicação de massa ao avaliar a Era da Comunicação de Massa, e as controvérsias por ela suscitadas, é acumular conclusões científicas referentes ao impacto dos veículos em suas audiências. Temos de substituir a especulação emocional com provas válidas como base para o debate público acerca da comunicação de massa. Os diferentes veículos foram diversamente acusados com responsabilidade por: (1) rebaixar as preferências culturais do público, (2) agravar as taxas de delinquência, (3) contribuir para a deterioração moral em geral, (4) entorpecer as massas para chegarem à superficialidade política e (5) suprimir a criatividade. Esta é uma desgraçada de uma relação e se os aparentemente inocentes dispositivos de nossas salas de estar são deveras culpados de tão monstruosas influências, deveriam, é claro, ser encarados com alarma. O problema é que advogados de pontos de vista opostos dizem-nos que nossos jornais, rádios, televisores e outras coisas parecidas não são artefatos insidiosos a serviço do mal, mas sim, de fato, fiéis servidores, ou até salvadores nossos, pelo fato de estarem: (1) expondo pecado e corrupção, (2) agindo como guardiães da preciosa liberdade de expressão, (3) levando um mínimo de cultura a milhões, (4) oferecendo divertimento diário inócuo para as massas cansadas da força de trabalho, (5) informando-nos acerca dos acontecimentos do mundo, (6) melhorando nosso padrão de vida por sua insistência para comprarmos e consumirmos produtos a fim de estimular nossa instituição econômica. Se tais alegações são verídicas, repelir tais benfeitores, ou mesmo sugerir que seu conteúdo seja insípido, parece um ato de flagrante ingratidão. Até que conclusões de pesquisas confiáveis possam apresentar uma evidência convincente de que os veículos estão ou não ligados, com relação de causa e efeito, às alegações de seus críticos (ou defensores), estas controvérsias prosseguirão inflamadas.

Uma segunda missão importante com que se defrontam os estudiosos da comunicação é explicar a natureza fundamental do processo da comunicação humana. Muitas pistas promissoras estão disponíveis em territórios como semântica, antropologia cultural, sociologia e psicologia social. Estas têm de ser conjugadas numa descrição adequada da comunicação humana em geral. A posição da comunicação de massa, utilizando mídia complexa, pode então ser definida. Discussões amplas da comunicação humana são oferecidas neste livro. Elas assinalam que a comunicação humana é um processo biossocial, dependente não apenas da memória humana mas de fatores tais como percepção, interação simbólica e as convenções culturais de linguagens específicas. Também é examinada a maneira pela qual a comunicação de massa depende desses processos básicos.

Outra missão importante para os que se especializam no estudo científico da mídia é proporcionar dados adequados para que se possa avaliar as consequências de operar sistemas de comunicação de massa sob condições variáveis de propriedade ou controle. Quer dizer, dentro de diferentes estruturas políticas, sistemas econômicos e cenários histórico-culturais, pode-se esperar que a estrutura dos próprios veículos de massa assuma diferentes formas. A produção, distribuição e consumo da mídia de massa é profundamente influenciada por questões como saber se a sociedade é uma democracia de livre iniciativa, uma ditadura declaradamente totalitária, ou algo no meio desses extremos. Sociedades onde sistemas de comunicação de massa funcionam sob condições de propriedade e controle assaz diferentes das dos Estados Unidos podem fornecer uma base para pesquisa comparativa. Analogamente, estudos da evolução histórica de cada avanço da tecnologia proporcionam maneiras de induzir generalizações acerca do modo pelo qual as várias formas da mídia de massa evoluíram sob diversas condições socioculturais.

As Questões Centrais

A tarefa de avaliar a natureza e influência da comunicação de massa acha-se evidentemente prenhe de dimensões importantes. É fora de dúvida que ela abrange mais do que meramente tentar descobrir as forças pelas quais o conteúdo da mensagem difundida por veículos impressos, filmes ou irradiações influencia as crenças, atitudes ou comportamentos de audiências. A missão inclui inquirições sistemáticas acerca da natureza dos acontecimentos históricos e do valor dos sistemas que forjaram a mídia em uma dada sociedade e levaram-na a produzir seu especial modelo de conteúdo. Isto abrange uma pesquisa sistemática da própria natureza da comunicação humana em nível interpessoal, a fim de averiguar se a introdução da mídia modifica o processo de alguma forma crítica. Finalmente, esta missão abrange o estudo das formas pelas quais a comunicação de massa pode reformular os dispositivos sociais e culturais — as regras e os códigos da sociedade, sua linguagem, e as expectativas de papéis que suas pessoas têm relativamente às demais.

Definida mais sucintamente, a avaliação da natureza e influência da comunicação de massa concentra-se em três perguntas críticas:

1. *Qual é o impacto de uma sociedade em seus veículos de massa*? Quais têm sido as condições políticas, econômicas e culturais que levaram os veículos de massa a funcionar da maneira atual?

2. *Como a comunicação de massa ocorre*? Ela difere em princípio, ou somente em pormenores, da comunicação interpessoal mais direta?
3. *O que é que a influência da comunicação de massa causa nas pessoas*? Como é que ela as influencia psicológica, social e culturalmente?

Por diversas razões, é à terceira pergunta que a maioria da pesquisa de comunicação de massa foi dirigida no passado. A primeira pergunta, apesar de seu significado central, não cativou muito da atenção dos especialistas e eruditos da pesquisa. Até certo ponto, o mesmo ocorreu com a segunda. Parece provável, já que a tempestade de crítica e controvérsia em torno da mídia, tem sido expressa grandemente em função da terceira dessas perguntas fundamentais, que os pesquisadores da comunicação tenham sido orientados em suas investigações movidos menos pelo significado teórico do que pelos ditames do interesse público. Fossem quais fossem as razões para esta carência de equilíbrio entre essas três perguntas, a primeira e a segunda receberam consideravelmente menos atenção acadêmica do que a terceira. Em diversos dos capítulos a seguir, é dada atenção especial às discussões de formas pelas quais as condições sociais e culturais dos Estados Unidos tiveram um papel na formação de nossos veículos de massa. Ademais, dá-se bastante atenção à terceira pergunta.

Paradigmas Sociais: A Organização da Sociedade

Os relacionamentos entre mídia, sociedade e indivíduos, conforme expostos nas três perguntas centrais acima, não podem ser estudados em um vácuo teórico. A pesquisa acerca dos processos e efeitos da comunicação de massa tem de ser norteada por um conjunto de pressupostos básicos acerca da natureza da sociedade, do indivíduo humano, e do relacionamento entre ambos. O nome *paradigma* é às vezes empregado para denominar um conjunto de tais pressupostos básicos. É um termo antigo, oriundo do latim *paradigma*. Em épocas anteriores à evolução da ciência moderna, referia-se a qualquer espécie de "modelo" capaz de ser copiado, ou com o qual algo pudesse ser cotejado. Por exemplo, uma descrição da vida de um homem virtuoso era um tipo de paradigma; poderia servir como modelo ou exemplo de bom comportamento, com o qual a própria vida de alguém pudesse ser cotejada.

Na ciência da comunicação hoje em dia, o termo paradigma combina a ideia de um modelo para comparação com a ideia mais complexa de um conjunto de suposições fundamentais acerca da natureza de um aspecto da realidade social ou psicológica. Por exemplo, as suposições básicas de Freud acerca de nossas realidades psicológicas descrevem condições e relacionamentos que, por hipótese, servem de base ao funcionamento psicológico. Malgrado isso não seja amplamente empregado na pesquisa sobre comunicação, pelo menos alguns investigadores utilizaram tal paradigma como amplo arcabouço teórico para nortear investigações acerca de decisões de consumidores relacionadas com a propaganda e coisas análogas.

Os pressupostos que formam um paradigma são na verdade *postulados*. Quer dizer, trata-se de suposições que contribuem como ponto de partida para extrair explicações teóricas de aspectos mais específicos dos fenômenos sociais ou psicológicos cuja natureza é exposta no paradigma. Tais postulados não se acham franqueados a comprovações: não se pode coletar dados empíricos que possam ser usados para aceitar ou rejeitar suposições postuladas. Pelo contrário: elas são aceitas como "dados", não na acepção de serem encaradas como verdades eternas, mas apenas na de serem *suposições*. Por outras palavras, postulados são afirmações que especificam relacionamentos e condições que se pode resolver encarar como verdadeiros "em prol da discussão" — em prol de ver aonde logicamente conduzirão. Postular uma dada condição ou relacionamento é como dizer "supondo que seja verdade" (o relacionamento ou condição exposta deveras descreve com precisão a realidade). Quais, pois, seriam as implicações para um determinado processo ou efeito em estudo? Essas implicações são denominadas de várias maneiras — corolários, teoremas, ou simplesmente propostas derivadas. Tais hipóteses podem, então, orientar a pesquisa por determinados processos e efeitos.

Os mais importantes paradigmas disponíveis para o cientista comunicador abrangem conjuntos de pressupostos extraídos sobretudo da psicologia, psicologia social e sociologia. Dentro desses campos, muitos conjuntos de postulados têm sido formulados referentes à natureza da sociedade e à natureza humana. Da *sociologia*, os três que apresentam maior significado para o estudo de relacionamentos entre a mídia, a sociedade e o processo da comunicação de massa são os que atribuem papel fundamental: (1) aos processos pelos quais uma sociedade preserva a *estabilidade* social, (2) aos processos pelos quais ela *muda* com o passar do tempo, (3) à natureza e ao significado do *conflito* social, ou (4) às formas da interação interpessoal por meio das quais seres humanos compartilham *significados*. As denominações mais técnicas vinculadas a esses diferentes paradigmas são *funcionalismo estrutural*, *evolução social*, o *modelo de conflito social* e a *interação simbólica*. Se o foco da pesquisa da comunicação estiver ao nível do comportamento individual, tais como selecionar, perceber e ser influenciado pelas mensagens da mídia, então em geral é empregado um dos paradigmas *psicológicos*. Há muitos a escolher. Variam desde teorias de aprendizagem *behavioristas* até formulações *psicanalíticas*. Na maior parte, contudo, a formulação psicológica mais amplamente empregada em pesquisa de comunicação tem sido o *paradigma cognitivo*, que destaca conceitos tais como atitudes, crenças, percepções, necessidades e gratificações. Na seção a seguir, os principais postulados desses paradigmas sociológicos e psicológicos são resumidos bem sinteticamente.[12] Seu significado para o estudo da comunicação de massa será bastante esclarecido nos capítulos restantes do livro.

Funcionalismo Estrutural. A ideia de que a organização ou estrutura de uma sociedade constitui a fonte de sua estabilidade é tão velha quanto a filosofia social. Em seu *República*, Platão expôs a analogia entre a sociedade e um organismo, em sistema de partes correlatas em equilíbrio dinâmico. Na sociedade ideal por ele descrita, cada categoria de participantes da estrutura social exercia atividades que contribuíam para se atingir a harmonia social.[13] Essa ideia geral foi passada para o pensamento ocidental e tornou-se o arcabouço central para a análise de sociedades pelos sociólogos pioneiros. Auguste Comte fez da analogia orgânica o centro de suas concepções acerca da sociedade. Herbert Spencer organizou toda a sua filosofia social em torno da ideia.[14] Os primeiros sociólogos modernos, como Émile Durkheim, expandiram ainda mais a ideia no final do século XIX. A concepção de uma sociedade como um sistema dinâmico de atividades repetitivas também se tornou importante nas análises de sociedades primitivas por antropólogos como Bronislaw Malinowski e, depois, A. R. Radcliffe-Brown.[15] Recentemente, o conjunto de suposições implícitas no funcionalismo estrutural continua a desempenhar papel significativo na expansão e debates da sociologia moderna, através das obras de Robert Merton, Talcott Parsons e muitos outros.

O nome *estrutura*, claro, refere-se à maneira pela qual são organizadas as atividades repetitivas de uma sociedade. Comportamento familiar, atividade econômica, atividades políticas, religião e magia, e muitas outras formas de atividade societárias são altamente organizadas de um ponto de vista behaviorista. O nome *função* refere-se à contribuição dada por uma determinada forma de atividade repetitiva em termos de conservar a estabilidade ou equilíbrio da sociedade. Muitas versões desta orientação teórica geral para estudar processos sociais foram apresentadas. Cada versão relaciona conjuntos um tanto diferentes de suposições e inclui muitos debates acerca de qual será mais útil. Antropólogos e sociólogos contemporâneos ainda estão debatendo sobre qual é a melhor versão e quais são as vantagens e desvantagens do funcionalismo estruturalista em todas as suas modalidades.

Quiçá a declaração mais clara das suposições do funcionalismo estrutural clássico continue a ser a exposta por Robert Merton em 1957.[16] Ele repassou as muitas versões existentes e consolidou-as em uma declaração breve mas sucinta. Conquanto o próprio Merton fizesse sérias críticas a esta orientação clássica, resumiu os postulados do funcionalismo estruturalista referente à natureza da sociedade da seguinte forma:

1. Uma sociedade pode ser melhor encarada como um sistema de partes inter-relacionadas; é uma organização de atividades interligadas, repetitivas e padronizadas.
2. Uma sociedade assim tende naturalmente para um estado de equilíbrio dinâmico; se ocorrer desarmonia, surgirão forças tendendo a restaurar a estabilidade.
3. Todas as atividades repetitivas de uma sociedade dão alguma contribuição para seu estado de equilíbrio; por outras palavras, todas as formas persistentes de ação padronizada desempenham um papel na manutenção da estabilidade do sistema.
4. Pelo menos parte das ações padronizadas e repetitivas de uma sociedade são indispensáveis à continuidade de sua existência; quer dizer, há pré-requisitos funcionais que satisfazem a necessidades críticas do sistema sem o que ela não sobreviveria.

Mas, o que tal conjunto de suposições tem a ver com o estudo da comunicação de massa? A mídia e o processo da comunicação de massa são ações padronizadas e repetitivas do sistema social em que funcionam. As dependências estruturais existentes entre a mídia e outros sistemas sociais não só afetam as atividades quotidianas de nossa sociedade, como também, tal como será debatido no Capítulo 11, influem na maneira pela qual os indivíduos utilizam a mídia na vida quotidiana. Fazem certa contribuição para o equilíbrio social dessa sociedade. Por outras palavras, têm consequências para a sociedade como um todo. Com efeito, poder-se-ia argumentar que a comunicação de massa pode ser relacionada entre aqueles componentes indispensáveis da estrutura social, sem os quais a sociedade contemporânea, conforme a conhecemos, não poderia prosseguir. Por outro lado, a comunicação de massa pode ser *disfuncional*, contribuindo antes para a desarmonia do que para a estabilidade, se dispuser de poder para instigar as pessoas a várias formas de comportamento desviante. Diversos casos assim são focalizados em capítulos posteriores.

A Perspectiva Evolutiva. Uma das dificuldades referentes ao paradigma funcional estrutural é ressaltar estabilidade e equilíbrio na sociedade, quando é evidente, até para o mais casual observador, que as sociedades industriais urbanas sofrem mudança constante. Um dos mais antigos conjuntos de pressupostos acerca da natureza básica da sociedade é a que se concentra na mudança. O paradigma *evolutivo* foi formulado durante os anos de criação da sociologia. Este uso do termo ''evolução'' concentra-se antes na mudança *social* do que nas mudanças *biológicas* examinadas anteriormente neste mesmo capítulo.

Tal paradigma assenta-se fortemente na chamada analogia orgânica, pelo menos em sua forma clássica. A ideia aí é que a sociedade é organizada, tanto quanto se desenvolve, como um organismo biológico. Isso não subentende que os evolucionistas — quer clássicos, quer contemporâneos — sustentem ser a sociedade um organismo biológico; pelo contrário, a ideia é que ela *parece* um tal organismo em sua estrutura e seus processos de mudança. Dependendo de a qual versão do paradigma evolutivo a gente se refira, outras suposições também são feitas. Em sua forma clássica (conforme apresentada por Herbert Spencer), esse paradigma foi a base para defender uma diretriz política de *laissez-faire*, que sustentava ser bobagem tentar mudar uma sociedade recorrendo a legislação, programas beneficentes e coisas semelhantes, porquanto as leis imutáveis da evolução social inevitavelmente conduziriam a sociedade a uma situação mais perfeita.[17] A maior parte das ideias do paradigma evolucionário foi formulada antes de Darwin apresentar sua famosa hipótese acerca da origem das espécies. Não obstante, por causa da analogia entre os dois conjuntos de ideias, elas são comumente citadas como ''darwinismo social''.

Hoje há muitas variações do paradigma inicial.[18] Intrinsecamente, representam uma tentativa para responder pela mudança societária dentro de um certo conjunto de leis naturais (ao contrário de atribuir tal mudança à intervenção divina, casualidade, e assim por diante). Os mecanismos sociais de mudança que aparecem mais comumente nos paradigmas evolutivos são seleção natural, sobrevivência dos mais aptos e a herança de características adquiridas. Estes mecanismos parecem assaz biológicos, constituindo relatos rigorosamente biológicos da evolução. Não obstante, possuem correspondentes sociais por poderem ser empregadas para se pensar em incorporar novas formas padronizadas de comportamento em uma sociedade e o desaparecimento de formas anteriores da cultura que foram passadas de uma geração para a seguinte. Como é perfeitamente evidente, as sociedades modernas constantemente incorporam novas formas sociais, variando desde praxes domésticas (p. ex., casais não casados morando junto) até novas espécies de organizações empresariais (p. ex., empresas multinacionais). Tais inovações são adotadas e tornam-se aceitas por permitirem, pelo menos a algumas pessoas, alcançar metas a que atribuem maior valor do que as formas de comportamento anteriormente disponíveis. Por conseguinte, alguns processos de seleção natural, sobrevivência dos mais aptos e transmissão de nova forma social, sustentam o constante desdobramento da sociedade em padrões de conduta crescentemente diferenciados e especializados. Arriscando-nos a uma considerável supersimplificação, podemos resumir o paradigma evolutivo como abrangendo suposições tais como as seguintes:

1. É preferível encarar a sociedade como um conjunto de atividades interligadas, repetitivas e padronizadas.
2. Uma sociedade assim sofre constantes mudanças, com suas formas sociais tornando-se crescentemente diferenciadas e mais especializadas.
3. Novas formas sociais são inventadas, ou emprestadas de outras sociedades, por indivíduos em busca de meios mais eficazes de alcançar metas que consideram importantes.
4. As formas sociais que deveras ajudem as pessoas a alcançar mais eficazmente suas metas, e não colidam com valores existentes, são adotadas, conservadas e tornam-se parte estável da sociedade em desenvolvimento; inversamente, formas menos eficientes são abandonadas.

Especificamente, como é que são significativas, no estudo da comunicação de massa, tais hipóteses acerca do desenvolvimento social? Sua importância fica evidente quando se examina a história da mídia. Durante essa história, muita gente viu a necessidade de sistemas de comunicação mais velozes e capazes de alcançar audiências mais amplas. Para atingir tais metas, foram experimentadas muitas novas formas sociais como meios para utilizar tecnologias nascentes. Algumas delas foram abandonadas. Outras foram selecionadas, sobreviveram e foram transmitidas para gerações posteriores. Por outras palavras, o desenvolvimento da comunicação de massa foi um processo evolutivo, tanto em função de sua tecnologia mecânica e científica quanto nas modalidades sociais necessárias para tornar eficaz a utilização societária dessa tecnologia a fim de alcançar metas encaradas como importantes pelos ocupantes de cargos decisórios.

O Modelo do Conflito Social. Um terceiro paradigma amplamente empregado por cientistas sociais admite que o conflito, e não a estabilidade ou a evolução, seja o mais importante processo social. A ideia de uma sociedade consistir em elementos sociais em conflito é pelo menos tão velha quanto a crença de que acordos sociais são a base da estabilidade social. A noção de ser o conflito social o processo dominante na sociedade é outra alternativa atraente para a adoção da posição de equilíbrio ser fundamental. Como o paradigma evolutivo, ele é atraente devido ao fato óbvio da mudança social, que é muito difícil ser encarada dentro de uma orientação funcional estrutural.

Para os filósofos antigos, era evidente que muitos tipos de mudança resultavam de forças opostas. Grande parte do pensamento deles era em termos de conceitos como verdadeiro e falso, bom e mau; mas no mundo das ideias eles viram novas formas emergindo da interação de forças antagônicas. Esta concepção de resolver o conflito para alcançar algo novo veio a ser chamada processo *dialético*. Platão empregou um formato dialético nos debates de vários problemas em seu *República*. Durante séculos a ideia prosseguiu sendo parte do estudo da Lógica, para descrever a maneira pela qual o conhecimento podia ser alcançado através de um processo de discussão e exame de modos de ver contrários.

O conflito social como processo humano básico também desempenhou papel relevante na filosofia social. Hobbes usou-o no cerne de sua análise das origens do poder soberano em seu *Leviatã*.[19] Ele se tornou a tese central dos teóricos do contrato social. Contudo, foi das obras de G.W. Hegel, Karl Marx e Frederich Engels que as ideias de conflito social e o processo dialético foram reunidos em uma análise da mudança social.[20] Marx é geralmente encarado por cientistas sociais contemporâneos como o pai do modelo de conflito da sociedade e da mudança social. Realmente, suas teorias sociopolíticas proporcionaram análises assaz conhecidas da maneira pela qual novas formas societárias por hipótese surgem de lutas entre "os que têm" e "os que não têm". Mas não é mister estar comprometido com ideologias de Marx para admitir que o conflito social possa ser uma fonte expressiva de mudança social.

Uma das afirmações mais claras do modelo de conflito social é a feita por Ralf Dahrendorf em 1958.[21] Ele passou em revista os pontos em debate e apresentou um modelo de sociedade que incorpora conflitos e mudança como problemas centrais. Mais recentemente, prosseguiram debates acerca de como um modelo assim pode ser formulado da melhor maneira e usado para extrair hipóteses e teorias acerca de processos sociais mais específicos, incluindo análises da comunicação. Entretanto, essencialmente o modelo de conflito contemporâneo pode ser simplificado segundo as seguintes pressuposições fundamentais:

1. Uma sociedade pode ser melhor encarada como consistindo em categorias e grupos de pessoas cujos interesses diferem acentuadamente uns dos outros.

2. Todos esses componentes da sociedade buscam alcançar seus próprios interesses competindo com outros ou preservar seus interesses resistindo aos esforços competitivos de outros.
3. Uma sociedade assim organizada constantemente sofre conflitos quando seus componentes tentam alcançar novos ganhos ou proteger seus interesses; o conflito, por outras palavras, é ubíquo.
4. Devido ao processo dialético de interesses competitivos e conflitantes decorre um processo permanente de mudança; as sociedades não se acham em estado de equilíbrio, mas sim em permanente mutação.

Por que um paradigma desses é tão importante no estudo da comunicação de massa? Os veículos de massa nos Estados Unidos são empreendimentos concorrentes dedicados a conseguir lucro. Competem entre si e buscam seus interesses em uma complexa rede de restrições impostas a eles pelos tribunais, órgãos reguladores federais, códigos morais da sociedade, suas próprias estruturas de organização, e os anunciantes que os sustentam. Ademais, a imprensa e o governo têm uma extensa história como adversários. Existem igualmente outras arenas de briga. Abrangem controvérsias acerca dos direitos da imprensa diante dos direitos do cidadão à privacidade, os direitos do governo a proteger seus segredos em épocas de emergência nacional, os direitos dos cidadãos a um julgamento imparcial, os direitos dos consumidores a serem protegidos contra falsas alegações da propaganda, e assim sucessivamente. Por meio de batalhas legais sobre a interpretação da Primeira Emenda,* e de outras formas de conflito, o processo e os modelos de comunicação de massa na sociedade norte-americana estão sendo permanentemente remodelados. Não se acham agora, nem nunca estiveram, em estado de total estabilidade. Por outras palavras, o modelo de conflito social oferece frutífero paradigma teórico para se conceituar e estudar questões significativas atinentes a nosso mutável sistema de comunicação de massa.

Interacionismo Simbólico. Outra forma ainda de encarar a ordem social consiste em ressaltar o papel crítico da linguagem, tanto no desenvolvimento quanto na manutenção da sociedade e na modelagem das atividades mentais do indivíduo. Esta é uma abordagem mais sociopsicológica. Ela ressalta os relacionamentos entre as atividades mentais do indivíduo e o

* Referência à Primeira Emenda à Constituição norte-americana, aprovada em 1790. (N.T.)

processo de comunicação social. Esta abordagem foi criada modernamente por psicólogos sociais cuja formação foi feita em sociologia. Contudo, o elo entre a realidade e a mente através da linguagem foi entendido pelos filósofos gregos antigos. O papel dos significados nos assuntos humanos continuou a prender a atenção de filósofos durante séculos. Em fins do século XVII, John Locke em seu *Ensaio Acerca do Entendimento Humano* descreveu o relacionamento entre as palavras, seus significados internos entre indivíduos, e os vínculos entre as pessoas que formam a sociedade. A linguagem, disse ele, é "o grande Instrumento, e Vínculo comum da Sociedade".[22] Durante o século XVIII, escritores como Immanuel Kant expuseram a tese de que os seres humanos reagem ao mundo não tal qual existe, no sentido de realidade objetiva, mas ao mundo que constroem em suas próprias mentes. Essa distinção entre o mundo exterior e as construções em nossas mentes foi mais requintada no final do século XIX e nos primeiros anos do século XX nas obras dos pragmatistas norte-americanos, como John Dewey, William James e Charles Pierce.[23] Sustentaram a opinião de que as pessoas — coletivamente — moldam ideias acerca dos ambientes com que se defrontam. Uma de suas suposições fundamentais foi que o significado de objetos ou situações não reside em sua natureza objetiva, porém no comportamento das pessoas face a eles.

No século atual, dois autores sobressaem como fundadores do interacionismo simbólico contemporâneo, o sociólogo Charles Horton Cooley e o filósofo George Herbert Mead.[24] Cooley foi um dos mais expressivos eruditos ao finalmente resolver o debate antigo "natureza-criação". Ele apresentou um argumento impressionante em prol da opinião contemporânea de que as pessoas adquiriam sua natureza humana em vez de herdá-la através dos genes. Suas ideias acerca da natureza subjetiva da vida social e dos processos pelos quais as pessoas formam crenças acerca de si próprias e das outras como orientação para o comportamento social foram decisivas para inverter o pensamento acerca do papel dos instintos no comportamento humano. George Herbert Mead criou uma análise complicada da natureza central dos símbolos da linguagem na vida humana individual e coletiva. Hoje, o paradigma continua a ser elaborado, debatido e aperfeiçoado. Muitas das modernas versões do que deveriam ser as suposições adequadas do interacionismo simbólico podem ser encontradas na antologia organizada por Jerome G. Manis e Bernard N. Meltzer.[25] Embora correndo o risco de uma imensa simplificação, as hipóteses centrais desse paradigma podem ser assim enunciadas:

1. A sociedade pode ser preferencialmente encarada como um sistema de significados. Para indivíduos, a participação nos significados compartilhados, vinculados aos símbolos da lingua-

gem, é a atividade interpessoal de que emergem expectativas estáveis e comumente compartilhadas e comumente entendidas que orientam o comportamento segundo padrões previsíveis.

2. Sob um ponto de vista behaviorista, tanto a realidade social quanto a física são rotuladas como construções de significados; como consequência da participação individual e coletiva de pessoas em interação simbólica, suas interpretações da realidade são tanto socialmente convencionalizadas quanto individualmente interiorizadas.
3. Os vínculos que unem pessoas, as ideias que elas fazem de outras e suas crenças acerca de si mesmas, são construções pessoais de significados oriundos da interação simbólica; assim, as crenças subjetivas que as pessoas têm umas das outras e de si mesmas são os fatos mais significativos da vida social.
4. A conduta individual em uma dada ação é orientada pelos rótulos e significados que as pessoas associam com essa situação; portanto, o comportamento não é uma resposta automática a estímulos de origem externa mas um produto de construções subjetivas acerca de si, dos outros, e das exigências sociais da situação.

Como tais questões se relacionam com o estudo da comunicação de massa? Evidentemente, a mídia é parte central dos processos de comunicação das sociedades modernas. Ela contribui em suas descrições e relatos com interpretações da realidade que suas audiências internalizam. As pessoas podem criar construções de significado subjetivas e compartilhadas, para as realidades físicas e sociais nas quais vivem, pelo que leem, escutam ou veem. Portanto, seu comportamento pessoal e social podem ser em parte modelados por interpretações dadas pela mídia a acontecimentos e temas em debate acerca dos quais as pessoas dispõem de poucas fontes de informação alternativas. Este é um dos mais complexos, porém mais importantes, paradigmas empregados em pesquisa de comunicação, conforme esclareceremos no Capítulo 9, sendo indispensável à compreensão das influências indiretas da comunicação de massa a longo prazo sobre os indivíduos e a sociedade.

Paradigmas Psicológicos: O Indivíduo Humano

A complexa disciplina da psicologia fornece diversos paradigmas competitivos entre si, formulados para descrever e explicar a modelagem do comportamento humano individual. Os paradigmas psicológicos são úteis, sobretudo com respeito a aspectos individualistas da questão central de número 3 atrás relacionada: o que a exposição à comunicação de massa faz às pessoas? Eles são importantes para se conceituar possíveis explicações acerca do relacionamento entre as mensagens dos veículos de massa e fenômenos tais como atitudes, padrões de percepção, imitação do comportamento de modelos, tomada de decisões, e comportamentos ostensivos como ao votar e ao comprar. Os paradigmas psicológicos são de menor significação ao se estudar questões sociais como o desenvolvimento histórico da mídia, sua organização burocrática, funcionamento no dia a dia, conflitos com outras instituições da sociedade, ou processos de mudanças. Não obstante, na medida em que as mensagens da mídia de massa possam estimular respostas de indivíduos, os paradigmas psicológicos apresentam pressupostos básicos acerca da natureza psicológica do ser humano, que auxiliam a entender por que um dado estímulo tende a fazer surgir determinada forma de reação. Diversos desses paradigmas estão relacionados abaixo para revelar a riqueza da psicologia como um campo que produziu numerosos modelos para a interpretação de padrões de comportamento individual.

Alguns psicólogos constantemente se concentram na abordagem *neurobiológica*. Este paradigma identifica o cérebro e outros sistemas nervosos como as bases mais expressivas onde buscar explicações do comportamento humano.[26] Essa abordagem está intimamente ligada à perspectiva *comparativa*, uma visão da natureza humana que destaca a continuidade entre *Homo sapiens* e outras formas da vida animal. Os psicólogos que trabalham dentro dessa perspectiva comparativa acham que os padrões de conduta encontrados em animais provavelmente terão contrapartida em seres humanos, e vice-versa.[27] A consequência é que essas semelhanças decorrem dos princípios da biologia compartilhados por todas as criaturas vivas. Tais paradigmas não são fundamentais para o estudo dos efeitos da comunicação de massa.

Do Behaviorismo à Psicanálise. No cerne de grande parte da psicologia contemporânea está a abordagem *behaviorista*. Existem diversas versões.[28] Aqui focalizam-se fenômenos observáveis externamente, em contraposição a processos ''mentais''. Os behavioristas desconfiam de explicações que exijam suposições acerca de pensamento, estruturas de crença, ou outras atividades ou processos íntimos inobserváveis. O behaviorismo é uma psicologia de estímulo-resposta (E-R). Ele estuda os estímulos que provocam determinadas formas de resposta, no sentido de ação claramente observável. Tenta entender os padrões de recompensa e punição que apoiam tais respostas, e as modificações de comportamento resultantes quando ocorrem mudanças na sequência de recompensa-punição. O behaviorismo incorpora muitos dos pressupostos básicos da perspectiva comparativa e é geralmente compatível com a abordagem neurobiológica.

Em contraste com o behaviorismo, ressaltando ações ostensivas e observáveis, há o paradigma *psicanalítico*, que se apresenta com diversas variantes.[29] Geralmente, elas atribuem uma posição central às atividades mentais individuais, mas ressaltam processos inconscientes. O sistema psicológico humano é visto como um conjunto de componentes (p. ex., id, ego, superego) em conflito para controlar o comportamento; neste paradigma, o comportamento e a comunicação ostensivos são menos importantes por si mesmos do que o é seu significado como dados para se inferir acerca dos aspectos inconscientes da personalidade, que modelam o comportamento do indivíduo. Os paradigmas psicanalíticos foram inicialmente concebidos como ajudas terapêuticas para tratar de pessoas com neuroses ou outros problemas mentais. Conquanto tenham sido expandidos e oferecidos como modelos gerais da estrutura e do funcionamento psicológicos dos indivíduos humanos, continuam controvertidos. Uma vez mais, nem o behaviorismo clássico nem os paradigmas psicanalíticos têm sido particularmente úteis nos estudos da mídia.

O Paradigma Cognitivo. Mais significativo para o estudo da comunicação é um paradigma que abertamente coloca em posição central as atividades mentais de seres humanos normais na elaboração de sua conduta. Há diversas versões, mas em conjunto podem ser denominadas como o *paradigma cognitivo*.[30] Esta visão da natureza humana foi criada principalmente no século atual por psicólogos sociais cuja formação foi antes em psicologia do que em sociologia. Muitos de seus conceitos brotaram de impressionante pesquisa experimental. Ao contrário do interacionismo simbólico, contudo, a abordagem cognitiva não dá destaque acentuado à linguagem e aos significados. Ela salienta uma diversidade de conceitos e processos que são considerados parte da estrutura de personalidade de todos os seres humanos. Uma questão relevante é como estes funcionam, em equilíbrio ou conflito, para modelar respostas do comportamento. As suposições da abordagem cognitiva são consideradas valiosas para a compreensão de muitos aspectos do processo da comunicação. Seus postulados básicos podem ser resumidos da seguinte forma:

1. É melhor encarar os membros individuais da sociedade como receptores ativos de um conjunto de impulsos, cujas respostas comportamentais a tais estímulos são modeladas por processos mentais interiores (cognitivos).

2. Processos cognitivos habilitam os indivíduos a transformar o conjunto de estímulos de várias maneiras: codificá-lo, armazená-lo, interpretá-lo seletivamente, deturpá-lo e recuperá-lo para uso ulterior em decisões acerca do comportamento.
3. Os processos cognitivos que têm papéis essenciais na formação do comportamento individual compreendem percepção, imaginação, sistemas de crenças, atitudes, valores, tendências para equilíbrio desses fatores, além de recordação, pensamento, e numerosas outras atividades mentais.
4. Os componentes cognitivos da organização mental de determinado indivíduo são produtos de suas anteriores experiências de aprendizagem, que podem ter sido deliberadas ou acidentais, sociais ou solitárias.

A abordagem cognitiva tem emprego amplo no estudo dos efeitos da comunicação sobre os indivíduos, particularmente ao tentar entender como as mensagens são percebidas; como padrões de ação são aprendidos das descrições pela mídia; e como atitudes, conhecimento, valores e probabilidades de comportamento podem ser alterados por persuasão. Os esforços contemporâneos de pesquisa para entender que necessidades são atendidas pelo conteúdo da comunicação de massa, assim como as gratificações proporcionadas para as audiências da mídia, também representam o emprego deste paradigma.

A existência de um tão vasto número de paradigmas teóricos dentre os quais escolher oferece grande vantagem para o cientista da comunicação. Cada um proporciona um conjunto de suposições fundamentais acerca da condição humana, seja no nível individual seja no social. Proporcionam amplas descrições da organização, funcionamento ou processos de mudança na sociedade, ou a respeito dos fatores psicológicos subjacentes que modelam a conduta humana. O fato de poder haver diversos paradigmas competitivos que pretendam explicar a mesma coisa (p. ex., evolução *versus* teoria de conflito, para elucidar a mudança social, ou behaviorismo *versus* orientações cognitivas para explicar o comportamento individual), não deve ser encarado como fonte de confusão. Não se tem de decidir o que é "realmente verdade". Em certo sentido, todos são "verdade"; ou qualquer um dado entre eles pode ser considerado verdadeiro para fornecer um confortável conjunto de instrumentos teóricos dos quais se possa extrair e formular abordagens específicas para entender e explicar determinados fenômenos da comunicação. Por exemplo, no Capítulo 5 a abordagem funcionalista é utilizada para extrair uma explicação da persistência dos baixos níveis intelectuais no conteúdo da mídia, a despeito de intensos esforços dos críticos para instigar a mídia a elevar seus padrões. Na análise da história da mídia, Capítulos 2, 3 e 4, tanto o paradigma evolucionário como o conflitivo fornecem elementos para essa compreensão. O Capítulo 11 integra os paradigmas estrutural funcional, conflitivo, interacionista simbólico e cognitivo ao redor do fenômeno dos efeitos da mídia.

No passado, muitos estudiosos e pesquisadores de comunicação não conseguiram perguntar qual paradigma teórico adotavam ao formular suas hipóteses e projetar suas investigações. Com o amadurecimento do setor, contudo, ficou cada vez mais importante esclarecer as suposições teóricas subjacentes que explícita ou implicitamente orientam a investigação de cada um. Há diversas razões para isto ser assim tão importante. Alguns pesquisadores simplesmente mergulham fundo na coleta de dados, utilizando uma mistura de conceitos retirados a esmo de diversos paradigmas teóricos. Tão ingênuo procedimento pouco faz para acumular hipóteses bem provadas capazes de explicarem os fenômenos em estudo como casos especiais de propostas mais genéricas. Ainda piores são os "devotos" pesquisadores que adotam determinado paradigma como a Verdadeira Fé e ingenuamente admitem que ela proporciona a única orientação legítima para hipóteses e problemas significativos de pesquisa. Comumente não se dão conta de existirem paradigmas alternativos. Outros, ainda, recorrem a formulações teóricas por sua vez oriundas de paradigmas subjacentes ainda não bem entendidos pelos pesquisadores. O resultado é que uma determinada formulação, tal como "teoria da dissonância cognitiva", é arrastada pelo cangote para dentro dum problema de pesquisa, frequentemente em um campo onde jamais foi pretendida sua utilização. Procedimento bem melhor seria começar projetando uma estratégia de pesquisa baseada em um determinado paradigma, ou combinação de paradigmas, relevantes para as questões a serem estudadas, e a seguir formular uma teoria em nível modesto, visando desde o início descrever e explicar as questões a serem investigadas.

Este capítulo proporcionou uma perspectiva assaz ampla das principais transições nas formas de comportamento, processos e tecnologias empregados pelos seres humanos para se comunicarem. Essa perspectiva estende-se para trás por milhões de anos até a época em que seres pré-humanos começaram a fazer sinais uns para os outros a fim de chegarem a uma vida social coordenada. À medida que sua capacidade de aprendizagem cresceu ao longo das eras, acabaram começando a ser capazes de criar, utilizar e transmitir técnicas para fazer ferramentas rudimentares. Cada vez mais, foram tendo necessidade de uma comunicação mais eficaz. Criavam filhos, cooperavam na caçada, enfrentavam um meio hostil, e defendiam-se de inimigos. Se seus sistemas de comunicação tivessem falhado, não estaríamos agora aqui. Mas, encerrados em uma Era de Símbolos e Sinais pela fisiologia de seu crânio, língua, palato e laringe, os sistemas de comunicação dos primitivos hominídeos estavam mais próximos dos macacos seus contemporâneos do que das estratégias intensamente verbais da comunicação de hoje. Em consequência, sua capacidade para conceber, analisar, inovar e comunicar complexas mensagens era seriamente limitada.

Algures, por volta de uns 40.000 anos atrás, um diferente tipo de ser humano desenvolveu a capacidade de falar. O desenvolvimento da fala e da linguagem proporcionou a nossos ancestrais mais imediatos uma vantagem sem precedentes na competição por recursos e sobrevivência. Os grandes incrementos da habilidade cognitiva, que surgiram com a Era da Fala e da Linguagem, possibilitaram àqueles nossos ancestrais pensar abstratamente e principiar a inventar uma complexa cultura humana que ultrapassou imensamente qualquer coisa do reino animal. Uma tecnologia requintada começou a acumular-se — agricultura, a roda, cerâmica, metalurgia, e assim sucessivamente —, num ritmo cada vez mais acelerado, até o que temos hoje. Bem cedo, o segredo da escrita foi descoberto. Foi tornada mais eficiente com a criação dos veículos portáteis e dos alfabetos. A evolução cultural humana pôde então crescer e se acumular numa velocidade cada vez maior. Essas modificações da comunicação alteraram enormemente a existência humana.

Mais modernamente, a impressão virou realidade. Em período relativamente curto, tornaram-se abundantes os livros. Houve um florescimento das artes, das ciências e de todo o saber humano. A proficiência na impressão acabou conduzindo à criação do jornal de elite e aí, no último século, à imprensa de massa; com a chegada do século XX, o ritmo da evolução tecnológica disparou e a Era da Comunicação de Massa teve início. Num piscar de olhos, segundo pareceu, chegaram o cinema, a seguir o rádio, e agora a televisão, mais um enxame de tecnologias correlatas. Estamos em meio à nova era e talvez estejamos fazendo a transição para outra — a Era dos Computadores.

Sabemos pouquíssimo acerca do que *qualquer* uma dessas recentes mudanças deveras significou. Em particular, mal foi iniciada a pesquisa sobre os efeitos da comunicação de massa e da mídia no meio da gente. Podemos ver desde já, todavia, que tanto nosso pensamento individual quanto nossa cultura estão sendo intensamente alterados por nossos processos de comunicação de massa.

Estudiosos da comunicação têm a seu dispor alicerces de formulações teóricas e metodologias de pesquisa com que estão procurando adquirir compreensão de nossa dependência face aos veículos de massa. Os paradigmas passados em revista neste capítulo proporcionam farta série de alternativas para o desenvolvimento de inúmeras teorias específicas acerca de vários aspectos, tanto dos processos quanto dos efeitos da comunicação de massa. Nos capítulos restantes, alguns dos principais pontos notáveis do que já sabemos serão recapitulados.

CAPÍTULO 2

O aparecimento da imprensa de massa

A primeira das perguntas básicas propostas no último capítulo, referente à natureza e influência da comunicação de massa na sociedade contemporânea, indaga *qual é o impacto da sociedade em sua mídia de massa?* Isto é, quais têm sido as condições políticas, econômicas e culturais que levaram esses veículos a funcionar da forma atual? Muito evidentemente, trata-se de uma pergunta bem complicada. Primeiro, as forças socioculturais que modelaram a mídia do mundo variaram enormemente de uma sociedade para a seguinte. Em segundo lugar, elas não têm sido as mesmas para cada veículo no âmbito de uma determinada sociedade. E, terceiro, variaram grandemente durante diferentes períodos históricos. Por tal razão, não há uma resposta simples ou global para a pergunta. Em lugar disso, temos de rastrear o crescimento da imprensa, do cinema e do rádio, separadamente dentro de cada sociedade, durante seu respectivo período de tempo relevante. Esta é exatamente a missão da Parte 1 deste livro. Ela se concentra na mídia norte-americana e sua evolução dentro da sociedade norte-americana.

Mais especificamente, neste capítulo e nos dois a seguir rastrearemos o aparecimento de jornais, filmes cinematográficos e do rádio dentro do contexto sociocultural dos Estados Unidos. Ficará evidente que muitos acontecimentos que afetaram a mídia norte-americana ocorreram antes de existir uma sociedade norte-americana ou tiveram lugar fora de suas fronteiras. Não obstante, deixaremos para outros a importante missão de debater a mídia dentro de uma perspectiva comparativa ou internacional.

Há dois paradigmas sociais gerais que são úteis como embasamento teórico para se rastrear a evolução dos veículos. São a *perspectiva evolutiva* (em sua forma social) e o *modelo de conflito social.* Como paradigma geral, a perspectiva evolutiva busca explicar acréscimos da complexidade da sociedade, ou de alguma parte específica dessa sociedade (tal como a comunicação de massa), em função da adaptação a condições mutáveis da vida social organizada. A *evolução social* é um processo de mudança — neste contexto, mudança em formas repetitivas, padronizadas e interligadas entre pessoas. Quiçá mais importante, o processo de evolução social é aquele onde pequenas modificações se acumulam com a ocorrência de novidades, de sorte a poderem ser alcançadas mais eficazmente as metas. Gradativa e inevitavelmente essas mudanças alteram substancialmente a maneira pela qual algum processo social se acha organizado.

A mudança social evolutiva não é um processo misterioso. Pessoas criativas propõem, e implementam, novas formas de resolver problemas. Estas podem ser formas diferentes de conduta, soluções para dificuldades mecânicas, ou providências sociais mais eficientes que conseguem dar conta melhor do recado. Algumas são propostas, experimentadas e conservadas para se tornarem partes institucionalizadas da cultura sendo acumulada. Outras são imediatamente rejeitadas, ou experimentadas mas prontamente abandonadas, ou até adotadas por um tempo, apenas para serem substituídas oportunamente por algo mais eficiente. Assim, seres humanos, como outros animais, continuamente tentam melhorar suas probabilidades de sobrevivência através de um constante processo de experimentação e seleção. Partindo desse processo, surgem modelos cada vez mais eficientes de comportamento, atividade mecânica e adaptação social — uma evolução da cultura humana.

O *modelo de conflito* também é valioso para se entender a evolução dos veículos de comunicação contemporâneos. Este paradigma social responde pela mudança nos processos e arranjos sociais segundo princípios diferentes. Vê uma sociedade como consistindo em categorias e grupos de pessoas cujos interesses diferem uns dos outros e que procuram alcançar objetivos que amiúde são mutuamente excludentes. Em um sistema social assim, o conflito é inevitável e onipresente. A mudança ocorre quando um dos lados prevalece, ou quando são elaborados ajustes acomodando ambos os lados. Em qualquer caso, ocorre mudança. Este é um importante enquadramento a fim de se entender certos aspectos de nossos atuais veículos de comunicação de massa. Por causa de vários grupos se acharem em conflito e terem de ser encontradas soluções, nossa mídia agora dispõe de certo número de traços significativos originados desse processo. Eles compreendem liberdade da imprensa, apoio dado pelos anunciantes, proteção das fontes de informação, e propriedade privada, todos os quais foram alvos de controvérsia e disputa em alguma ocasião.

Geralmente, pois, como decorrência tanto de um lento processo evolutivo quanto da existência e resolução de numerosos conflitos durante o mesmo, os veículos de massa, tal como existem hoje em nossa sociedade em particular, dispõem de uma estrutura de certa forma ímpar de *controles*, um determinado conjunto de *normas* institucionalizadas relacionando-os com suas audiências e leitores, e formas de *conteúdo* características. Eles elaboraram tipos específicos de *apoio financeiro* e definiram claramente *relacionamentos* de uns com os outros, assim como com importantes instituições sociais tal como o governo. Finalmente, todos experimentaram, em maior ou menor grau, um conjunto de certa forma repetitivo de conflitos entre suas metas e as preferências, aspirações e esperanças das pessoas cujos gostos culturais e grau de instrução são substancialmente superiores aos do cidadão comum.

MODELOS REPETITIVOS NA EVOLUÇÃO DA MÍDIA

Cada um dos veículos foi, sob o ponto de vista da família comum, um novo artifício que podia ser adotado ou repelido como forma de tecnologia dentro de casa, ou pelo menos como uma novidade exigindo da família uma adaptação a novos estilos de comportamento. Os princípios evolutivos que presidem a adoção de novidades por indivíduos e famílias estão sendo cada vez mais entendidos. Embora os veículos de massa hoje em dia estejam intimamente ligados à estimulação de inovações de comportamentos, eles podem — por sua vez — ser encarados como novidades. Um estudo de seus modelos de adoção, tanto quanto das variáveis sociais e culturais ligadas à sua disseminação, pode revelar algumas das maneiras pelas quais uma sociedade pode influir expressivamente em seus veículos de massa, modelando-os.

Não precisamos recuar muito na história norte-americana para falar de uma sociedade sem veículos de massa. Durante mais de meio século após as treze colônias originais terem declarado sua independência da Inglaterra, não existiu verdadeira imprensa de massa para trazer notícias para a pessoa comum. Havia jornais de circulação limitada, por certo, mas tendiam a diferir enormemente em seu conteúdo, custo, audiência, método de distribuição e volume de circulação das ulteriores folhas de leitura de massa. O cinema e a irradiação (tanto de rádio quanto de televisão) têm longas histórias técnicas, porém, como recursos a exercerem um papel no comportamento de comunicação da família comum constituem novidades deste século.

Uma compreensão total de como nossos vários veículos surgiram em determinadas épocas exigiria mais do que mera relação de invenções de aparelhagem técnica junto com algumas datas e nomes. O estudo histórico dos veículos de massa no âmbito de qualquer contexto societário, visando a estabelecer modelos repetitivos que surgiram durante seu desenvolvimento, exige que concentremos nossa atenção em três questões importantes:

1. Que elementos tecnológicos ou outros traços culturais se acumularam em qual modelo para serem combinados em novos complexos culturais como o jornal de massa, filme, rádio ou a indústria da televisão?
2. Quais foram as condições sociais e culturais da sociedade nas quais esta acumulação ocorreu e como foi que tais condições criaram um clima favorável ao surto e ampla disseminação da novidade?
3. Quais têm sido os modelos de difusão das novidades pela sociedade, e que condições socioculturais se relacionaram com suas taxas e modelos de crescimento?

Obviamente, todas as perguntas complexas deste gênero não podem ser respondidas adequadamente em três capítulos de um pequeno livro. Questões assim exigem a atenção prolongada de investigadores com diferentes perspectivas, empregando vários paradigmas das diversas ciências sociais, e igualmente de eruditos dedicados ao estudo de cada veículo de comunicação em particular. Nossa missão, pois, é esboçar sumariamente os pontos de especial interesse desses acontecimentos históricos numa tentativa de documentar, no âmbito da sociedade norte-americana, o impacto que uma sociedade pode exercer ao modelar seus veículos de massa. Resumiremos bem sinteticamente alguns dos fatos principais e das forças sociais que estiveram ligados à evolução de cada um dos maiores veículos de comunicação dentro dos Estados Unidos.

A IMPRENSA DE MASSA

Os traços culturais básicos que posteriormente se combinariam em um jornal de massas provêm de bem longe na história. O jornal moderno é uma combinação de elementos de muitas sociedades e de muitos períodos diferentes. Ainda antes do nascimento de Cristo, os romanos pregavam em locais públicos folhas com notícias chamadas *acta diurna*. Os chineses e os coreanos usavam tipos esculpidos em madeira e papel para imprimir, vários séculos antes de eles aparecerem na Europa. No século XVI, bem depois da impressão ter chegado à Europa, o governo veneziano imprimiu uma pequena folha com notícias que podia ser comprada com uma *gazeta* (uma pequena moeda). O emprego da palavra ''gazeta'' com referência a jornais sobreviveu até hoje. Algo mais parecido com a ideia moderna de um jornal surgiu nos primeiros anos do século XVII na Alemanha. Estudiosos da história do jornalismo argumentam que muitos traços do jornal moderno, como o editorial, artigos sobre esportes, ilustrações, colunas políticas, e até histórias em quadrinhos, foram utilizados num ou noutro lugar bem antes de a verdadeira imprensa de massa nascer.

Precursores do Jornal

Conquanto a impressão tenha sido introduzida na Inglaterra em fins do século XV, não foi senão em 1621, quase um século e meio mais tarde, que começaram a surgir os primeiros precursores do jornal. Eram chamados *corantos*. Seu conteúdo concentrava-se em informações sobre o estrangeiro, e não eram publicados regularmente (como o foram os jornais de verdade que surgiram depois). Desde o início, a publicação de corantos foi rigidamente regulada pelo governo. O século XVII, em geral, foi aquele em que pelo menos se tentou regulamentar de perto todas as formas de impressão. Um dos modelos interessantes discerníveis na história da imprensa, é que em sociedades com governos centrais fortes, uma imprensa não regulamentada tendia a crescer muito devagar. Onde a autoridade central era fraca, a imprensa tendia a desenvolver-se sob menos controle e a progredir mais rapidamente. De maneira geral, quanto mais uma forma de governo dependa de fato de uma opinião pública favorável, tanto mais provável é ela apoiar uma imprensa livre. Quando as pessoas comuns desempenham papéis significativos na determinação de seu próprio destino político, a distribuição de notícias e de opiniões políticas é um processo importante. Monarquias robustas, ou sociedades com outras formas de poder altamente centralizado, não precisam de discussão pública de questões sobre as quais cada cidadão deva chegar a uma decisão bem informada.

A longa porfia para consagrar o importante princípio da liberdade de imprensa foi travada durante um período quando as mais velhas monarquias feudais começavam a declinar e estavam surgindo novos conceitos de democracia política. Tais considerações imediatamente lembram que uma das mais expressivas mudanças da sociedade ocidental, favorecendo o desenvolvimento de alguma forma de comunicação de massa, foi a instituição política em mudança que acabou conferindo poder de voto à maioria dos cidadãos. Essa longa e complexa mudança instaurou tradições de jornalismo que, desde o início, fizeram do jornal uma arena de debate público, protesto dos partidos e debate político. Quando surgiram os outros veículos, essa transformação política havia substancialmente ocorrido, e nem o cinema nem os veículos irradiados, nos Estados Unidos pelo menos, geraram o profundo interesse pela política, durante seus anos de formação, que caracterizara a imprensa nascente. Esses fatores e variáveis evidentemente relacionaram-se diversamente, é claro, em outros países.

Durante o período antes de começarem a germinar as sementes das revoluções norte-americana e francesa, o tecido inteiro da sociedade ocidental sofria transformações. A Idade das Trevas cedera lugar ao Renascimento, e a antiga sociedade feudal com seu modelo de rígida estratificação fora sendo lentamente substituída por uma nova estrutura social, dentro da qual uma robusta classe média seria elemento-chave. Essas mudanças foram inseparáveis do crescimento do mercantilismo que acabou culminando na revolução industrial. O mercantilismo ia depender da melhoria de disponibilidade de vários tipos de veículos de comunicação. Eram tremendamente necessárias técnicas para coordenar fabricação, transporte, produção de matérias-primas, transações financeiras e a exploração de mercados.

Jornais nas Colônias Norte-Americanas

Veículos rápidos vencendo longas distâncias demorariam a surgir. Entrementes, a nascente classe média por si mesma começou a constituir uma *audiência*, não apenas para as últimas informações acerca de transações comerciais, mas igualmente para manifestação e ensaios políticos, assim como para matéria literária popular. Na Inglaterra, essas necessidades seriam atendidas por autores e jornalistas hábeis como Addison, Steele, Samuel Johnson e Daniel Defoe. Nas colônias norte-americanas, uma classe média com interesses comerciais formou-se rapidamente. A Nova Inglaterra era uma região de navios, portos de mar e comércio de toda sorte. Durante a primeira parte do século XVIII, diversos pequenos jornais foram publicados. Muitos foram insucessos financeiros, mas alguns sobreviveram durante vários anos. Sua circulação nunca foi vasta, geralmente abaixo de mil exemplares. Na época em que foi redigida a Declaração de Independência, havia cerca de trinta e cinco desses pequenos e precariamente impressos jornais nas treze colônias. Na maioria, os editores supriam laboriosamente uma existência precária vendendo seus jornais na base de assinaturas (eram relativamente caras) e da publicação de uns poucos anúncios comerciais. Se o editor fosse por acaso agente do Correio, ou conseguisse um contrato de impressão do governo para ajudar, o risco financeiro não era tão grande.

A imprensa colonial, conforme esses jornais são chamados coletivamente, foi editada e publicada por gente que não era constituída por grandes figuras literárias, com a exceção de notáveis jornalistas coloniais americanos como o extraordinário Benjamin Franklin. Eles ainda utilizavam basicamente a mesma técnica de impressão usada por Gutenberg três séculos antes. Não tinham uma audiência enorme, com capacidade de leitura generalizada. Não havia grandes centros urbanos concentrados para servirem como mercados, e careciam de uma base adequada para financiar a imprensa de massa. No entanto, uma série complexa de traços culturais se acumulara na sociedade, inclusive tecnologia elementar de impressão, posse privada de jornais, e, como foi mencionado, o princípio da liberdade de imprensa.

Jornais para Todos

Antes de uma imprensa de verdade poder se desenvolver, era necessária uma série de vastas mudanças sociais na sociedade ocidental. Os papéis políticos em mudança do cidadão comum já foram mencionados. Também foi notado o crescimento do mercantilismo, que conduziu a padrões novos de estratificação social e ao surto da classe média. A esses pode-se acrescentar o necessário aperfeiçoamento da tecnologia da impressão e do papel, que acelerou seu ritmo com os progressos mecânicos do início da revolução industrial. Finalmente, quando a educação pública de massa se tornou uma realidade, com a criação do primeiro sistema de ensino público de massa (em Massachusetts) durante a década de 1830, o palco estava pronto para uma combinação de todos esses múltiplos elementos em um jornal para as pessoas comuns.

Diversos impressores e editores haviam experimentado a ideia de um jornal barato que pudesse ser vendido às populações urbanas, não por meio de assinaturas anuais mas por exemplares avulsos. Várias abordagens a esse problema foram tentadas, tanto na Inglaterra como nos Estados Unidos, mas sem sucesso. Ficou para um obscuro impressor de Nova York, Benjamin H. Day, descobrir uma fórmula coroada de sucesso. Seu jornalzinho, o *New York Sun*, começou modestamente a 3 de setembro de 1833 com o lema "Brilha para TODOS". Conforme acontecimentos ulteriores provaram, de fato brilhou para todos. Day iniciara uma nova era do jornalismo que em poucos anos revolucionaria a publicação jornalística.

O *Sun* salientava o noticiário local, estórias de interesse humano e até descrições sensacionalistas de acontecimentos chocantes. Por exemplo, para dar mais atrativo ao conteúdo, Day contratou um repórter que escrevia artigos em estilo humorístico atinentes a casos levados diariamente à polícia local. Esse conteúdo palpitante encontrou prontamente um público nas classes trabalhadoras recém-alfabetizadas. Também encontrou muitos críticos entre as pessoas mais tradicionais. O jornal era vendido em exemplares avulsos por um *penny* (ou "tostão") por ativos garotos. Eles em breve criaram itinerários regulares de fregueses, e a circulação diária cresceu para 2.000 em apenas dois meses. O estilo vivaz e a vigorosa promoção do jornal elevaram esse número para 5.000 em quatro meses e 8.000 em seis meses. O espantoso sucesso desse jornal controvertido provocou alvoroço entre os demais editores. A esta altura, a máquina a vapor havia sido vinculada à nova prensa rotativa. A famosa prensa cilíndrica Hoe estava disponível nos Estados Unidos, junto com abundante suprimento de barato papel de imprensa de polpa de madeira. Os problemas técnicos de produção e distribuição de imensas quantidades de jornais em base diária haviam sido em grande parte resolvidos, e o surto da imprensa de massa era fato consumado.

Ocorreram outras mudanças evolutivas. O *Sun* granjeou sua circulação impressionante sobretudo por apelar para novos leitores até então ainda não atingidos por um jornal. Um dos mais importantes aspectos do jornal de tostão de Day, e dos que se seguiram, foi a redefinição de "notícia" para se adaptar aos gostos, interesses e capacidades de leitura do nível menos instruído da sociedade. Até então, "notícia" geralmente significava relatos de acontecimentos sociais, comerciais ou políticos de importância genuína, ou outras ocorrências de interesse comum. Benjamin Day, todavia, encheu seu jornal com notícias de outro gênero — relatos de crimes, estórias pecaminosas, catástrofes e outras desgraças —, notícias que a gente da rua achava empolgantes, divertidas ou engraçadas. Sua equipe inventou um embuste complicado, referente a novas "descobertas científicas" acerca de vida na Lua. Quando a patranha foi desvendada por outro jornal, os leitores dele levaram a coisa na brincadeira porque havia sido engraçado lê-las. O jornal era vulgar, ordinário e sensacionalista; visava diretamente às massas recém-alfabetizadas que começavam a participar da difusão da revolução industrial. Havia algum material sério no jornal, por certo, mas seus editoriais e relatos de complexidades políticas e econômicas eram bem mais superficiais do que dos anteriores jornais partidários, escritos para leitores mais requintados politicamente. Em 1837, o *Sun* distribuía diariamente 30.000 exemplares, mais do que o total somado de todos os jornais diários de Nova York quando apareceu pela primeira vez o jornal de tostão.

Imitadores de Day quase imediatamente lançaram jornais rivais. A imprensa de tostão foi um sucesso financeiro por exercer grande atração sobre os anunciantes. Com efeito, a renda de anúncios era seu único apoio real; o tostão pelo qual era vendido mal podia pagar pelo papel de imprensa bruto, mas bens e serviços para consumo da massa podiam ser proveitosamente anunciados através dessa imprensa. Tais anúncios alcançaram elevado número de fregueses em potencial, com bem maior sucesso do que os que apareciam nos anteriores jornais de circulação limitada. Remédios industrializados, "para gente e animais", eram um desses produtos de uso pela massa que desempenharam papel proeminente no apoio aos novos jornais de tostão. Bem cedo, as lojas e magazines adotaram prontamente o jornal como recurso para divulgar suas mercadorias.

Para tais anunciantes, o tamanho da circulação era considerado um bom índice do volume de lucros que poderiam conseguir. O jornal capaz de apresentar uma mensagem publicitária a dezenas de milhares de leitores atraía a verba de propaganda. Essa simples "lei dos grandes números" pôs em movimento uma competição ardorosa entre jornais rivais por novos leitores. Tal forma de conflito teve consequências importantes para a evolução da imprensa popular durante a segunda metade do século XIX, e de fato teve implicações para a mídia de massa que não seria inventada senão um século inteiro mais tarde! Os fundamentos de um importante modelo institucionalizado de relacionamentos sociais, que ligava anunciante, operadores da mídia e audiência em um sistema funcional para a produção de tipos específicos de conteúdo comunicado à massa, foram elaborados nos primeiros anos de evolução da imprensa de massa.

Entrementes, o mais pitoresco e bem-sucedido competidor de Benjamin Day foi James Gordon Bennett, que fundou um império jornalístico, com apenas 500 dólares, em um escritório vazio dentro dum porão. Bennett, esperto e rijo escocês, iniciou o *Herald* em Nova York. Escarneceu das normas morais da época e publicou relatos de julgamentos de assassinatos, estupros, pecado e depravação. Ao mesmo tempo, relatava eficientemente política, assuntos financeiros e até notícias sociais da alta sociedade. Essa variedade de conteúdo concedeu ao *Herald* um atrativo amplo e tornou-o um sólido sucesso financeiro. O próprio Bennett fez muitos inimigos com os artigos vigorosos e amiúde escandalosos do seu jornal. Por exemplo, em 1836 ele escreveu:

> Os livros tiveram sua época — os teatros tiveram sua época — o templo da religião teve sua época. Um jornal pode ser feito para assumir a liderança de todos eles nos grandes movimentos do pensamento humano e da civilização humana. Um jornal pode mandar mais almas para o Céu, e salvá-las mais do Inferno, do que todas as igrejas ou capelas de Nova York — além de ganhar dinheiro ao mesmo tempo.[1]

Embora a chocante previsão de Bennett não se concretizasse, o jornal estava prestes a iniciar sua difusão pela sociedade norte-americana e a começar a exercer importante papel nos assuntos cotidianos.

O PERÍODO DE DIFUSÃO RÁPIDA

Embora o jornal de massa chegasse na década de 1830, ainda era limitado em termos de coleta de notícias, tecnologia de impressão, e distribuição. Antes de poder difundir-se amplamente pelos lares de toda cidade norte-americana, restava solucionar diversos problemas importantes. As décadas imediatamente anteriores à Guerra Civil foram cheias de relevantes inovações mecânicas, científicas e técnicas que iriam possibilitar ao jornal de massa, ainda bebê, crescer até chegar a gigante. Estradas de ferro foram construídas entre as principais cidades da região Leste do país. O navio a vapor chegou como principal meio de transporte por volta de 1840. O telégrafo tornou-se cada vez mais útil como meio para transmissão rápida de notícias dos locais de acontecimentos importantes para a redação dos jornais. Esses avanços incrementaram substancialmente o atrativo do jornal para seus leitores e ampliaram o número de pessoas a quem os jornais podiam ser distribuídos.

A Evolução da Tecnologia Social e Mecânica

Cada vez mais os jornais buscaram conseguir notícias. O papel do *repórter* tornou-se mais complexo e especializado à medida que os jornais incorporaram correspondentes estrangeiros e colhedores de notícias especializadas de vários tipos. Repórteres eram enviados aos locais de batalhas; outros ficavam permanentemente sediados em Washington, a capital federal, para cobrir fatos políticos. A função de ''vigilância'' da imprensa foi consagrada.[2]

A crescente exigência de notícias atuais foi atendida pelas recém-formadas agências cooperativas de coleta de notícias, que utilizavam os fios do telégrafo. As agências enviavam estórias para jornais em muitas partes do país, com quem tinham contratos de prestação de serviços. Graças a estes acordos, a equipe de um jornal próxima do acontecimento podia cobrir a estória para muitos jornais de outras partes, assim reduzindo grandemente o custo. Tais progressos levaram o jornal a cidades e vilas menores e até às recém-instaladas cidades do Oeste.

A tecnologia de impressão dava grandes passadas, avançando para uma automação cada vez maior. Impressoras rotativas, com clichês fundidos em um estereótipo metálico, tornaram-se capazes de imprimir 10.000 e até 20.000 folhas por hora.

A Guerra Civil naturalmente acarretou certo amadurecimento ao jornal, fortalecendo o conceito de ser a principal função de um jornal colher, editar e relatar as notícias. A concepção antiga do jornal como sendo primordialmente um órgão de opinião política partidária desvanecera-se consideravelmente. Os jornais do pós-Guerra Civil crescentemente esclareceram suas funções como descobridores, coletores e transmissores das notícias. O que não significa que os jornais se tenham tornado desinteressados ou imparciais no tocante à política — bem pelo contrário. Os editores e donos de veículos muitas vezes utilizavam seus jornais para defender causas de um ou outro tipo e para desencadear "cruzadas" contra opositores políticos. Ao mesmo tempo, contudo, todos estavam intensamente envolvidos no relato honesto das notícias.

O Auge da Popularidade do Jornal

Os jornais continuaram a adquirir popularidade. Em 1850, havia cerca de dois exemplares de um jornal diário comprados nos Estados Unidos para cada dez famílias. O ritmo de crescimento da circulação de jornais acelerou-se constantemente, mas não espetacularmente, até os anos da década de 1880. Durante as duas décadas de 1890-1910, todavia, o índice de circulação de jornal por família aumentou bruscamente. Esse rápido crescimento na verdade prosseguiu até por volta da Primeira Guerra Mundial e então se nivelou durante a década de 1920. A última década do século XIX, contudo, é de especial significado no crescimento da imprensa por ser o início de um novo gênero de jornalismo. Embora esse novo jornalismo não se tornasse permanentemente consagrado, deixou marcas no jornal norte-americano. Vejamos em maior minúcia esse desenvolvimento, devido à sua importância para entender modelos da evolução também de posteriores veículos de massa.

O CONFLITO E O JORNAL EM MUDANÇA

Enquanto o jornal crescia, a segunda metade do século XIX foi para a sociedade norte-americana um período de rápida transformação, conflito e transição. Foi uma era caracterizada simultaneamente por uma fronteira em expansão, uma devastadora Guerra Civil e suas consequências, a chegada de onda após onda de imigrantes, acentuado movimento da região rural para a urbana, e uma cada vez mais rápida transição para uma sociedade industrial. Qualquer uma dessas mudanças podia ter alterado fundamentalmente a organização social básica da sociedade. Seu efeito conjunto foi ainda mais intensamente sentido. Novas normas substituíam as antigas; hábitos firmemente consagrados foram postos de lado; um estilo de vida tradicional cedeu lugar a uma nova ordem social. Se jamais houve uma sociedade em estado de convulsão e transição cultural, foi a sociedade norte-americana nas últimas cinco décadas do século XIX.

Jornalismo Amarelo

O contexto social em que a imprensa de massa disseminou-se e amadureceu estava caracterizado por conflito cultural e consequente *anomia*. O novo veículo teve de conceber e institucionalizar os códigos básicos que regulariam suas responsabilidades perante o público e colocariam limites ao tipo de seu conteúdo. Com a própria estrutura normativa da sociedade em estado de barafunda, não é de surpreender que a imprensa de massa só fosse capaz de estabelecer seus "cânones de jornalismo" após um período um tanto tempestuoso de adolescência.

Um dos episódios mais espetaculares da evolução da imprensa foi o período do "jornalismo amarelo". Na década de 1880, o jornal alcançara rápida adoção pelos lares americanos e estava cada vez mais difícil estimular novos aumentos astronômicos da circulação. Ao mesmo tempo, a imprensa achava-se firmemente estruturada financeiramente, enquanto o número de jornais pudesse ser mantido num máximo. Dentro desse contexto competitivo, brigas brutais em busca de mais leitores ocorreram entre os dirigentes de gigantescos jornais rivais. Em Nova York, particularmente, William Randolph Hearst e Joseph Pulitzer lutaram com quaisquer meios disponíveis para expandir sua circulação, que era, claro, a chave para conseguir aumentar a renda dos anúncios e seus lucros. Várias inovações, artifícios, macetes, estilos e experiências foram tentados por ambos os contendores para tornar seu jornal mais atraente para a massa de leitores. Os jornais de hoje contêm muitos dos artifícios que foram na verdade produtos das rivalidades da década de 1890. (Um desses foram os desenhos coloridos. Um primitivo personagem das histórias em quadrinhos chamava-se o "Garoto Amarelo", de onde se derivou o nome "jornalismo amarelo".)

Quando a concorrência se intensificou, virando conflito ostensivo, os jornais voltaram-se cada vez mais para qualquer truque sensacionalista que atraísse mais leitores, por mais frívolo e espetacular que fosse. Nos primeiros anos da década de 1890, o jornalismo amarelo atingiu o público americano com toda força:

> ...os jornalistas amarelos... abafaram completamente os canais noticiosos de que depende o homem comum, com menosprezo total pela ética e senso de responsabilidade jornalística. Foi deles um tipo de jornalismo estridente, espalhafatoso, estabanado, doido pelo sensacionalismo, que seduzia o leitor usando qualquer recurso possível. Apossaram-se das técnicas de redação, ilustração e impressão que eram o

> orgulho do novo jornalismo e deturparam-nas para usos pervertidos. Isso fez do altaneiro drama da vida um ordinário melodrama, e deturpou os fatos do dia a dia para qualquer forma que melhor parecesse servir para gerar vendas para os garotos que anunciavam o jornal aos berros. Pior de tudo, ao invés de oferecer a seus leitores uma liderança eficaz, apresentou-lhes um paliativo de pecado, sexo e violência.[3]

O jornalismo amarelo ofendeu número suficiente de grupos e indivíduos, de sorte que uma tempestade de críticas aos poucos evidenciou para os dirigentes da imprensa de massa que haviam excedido os limites toleráveis pela sociedade, e particularmente pelos representantes das instituições geradoras de normas de conduta. Os intelectuais em geral e os *literati* em particular sentiram-se profundamente feridos. O grande novo meio de comunicação, que apresentava tentador potencial de soerguimento cultural e moral das massas, a seus olhos virara monstruosa influência para a degeneração social.

Sistemas Emergentes de Controle Social

Líderes da religião, educação, da lei e do governo foram protestando crescentemente, cada vez com mais força. Os barões da imprensa defrontaram-se com a ameaça de perder a confiança do público e com a ainda mais temida possibilidade de regulamentação imposta de fora. Essas considerações levaram diversos dos principais donos de jornais a começar a pôr em ordem suas próprias casas. A resolução dos conflitos acarretou novas providências e acordos. Gradativamente, a imprensa tornou-se menos sensacionalista e mais responsável. Um conjunto de códigos e normas, definindo seus limites e responsabilidades, aos poucos foi esclarecendo a situação. Associações profissionais de editores e de donos de jornais estabeleceram padrões de jornalismo visando orientar seus associados. Embora a imprensa de massa hoje em dia varie substancialmente em grau de adesão a esses padrões, os excessos do jornalismo amarelo parecem ser coisa do passado. De forma mais generalizada, dessas experiências do jornal surgiu uma série de princípios institucionalizados que, de uma ou outra forma, ajudaram a esclarecer os papéis, responsabilidades e normas de ação dos veículos de comunicação que vieram a seguir.

O FUTURO DA IMPRENSA DE MASSA

Dados sobre circulação de jornais são apresentados no Quadro 2.1. Esses números expressam tanto a circulação dos jornais como o crescimento do número de lares no período de 1850-1986. Taxas de circulação de jornal por residência são dadas na última coluna do quadro. O modelo dessas taxas através dos anos é mostrado na Figura 2.1. Índices de circulação diária de jornais por residência seguem uma ''curva de adoção'' em forma de S, que é característica dos modelos de crescimento seguidos por uma variedade de novidades culturais ao serem incorporadas em sua cultura por uma dada população.[4] Esta novidade em particular tinha sido aceita apenas por uma pequena proporção da população até 1870. Diversos fatores (p. ex., limitação do grau de instrução, de transportes e recursos para impressão) desempenharam papel na pequena proporção de ''adeptos iniciais''. Entre 1880 e 1890, contudo, o jornal espalhou-se rapidamente por entre a população norte-americana a ponto de alcançar nova saturação no final do século. Tecnologia de impressão aperfeiçoada, melhores transportes e disseminação da alfabetização foram fatores expressivos dessa súbita mudança. Em 1910, às vésperas da Primeira Guerra Mundial, havia mais de um jornal circulando em cada lar. Assim, durante a primeira década do século, os jornais aproximaram-se de seu máximo como principal fonte de notícias da sociedade norte-americana.

Os aumentos da circulação reduziram-se após 1910. O evidente ponto culminante do jornal norte-americano ocorreu em cerca de 1920, logo após a Guerra Mundial. Desde então, o veículo sofreu queda constante e observável. Mesmo outros aperfeiçoamentos da tecnologia e da coleta de notícias, impressão, distribuição e alfabetização não abrandaram essa tendência declinante. Conquanto mais jornais sejam vendidos hoje em dia em sentido absoluto e os lucros do jornal continuem elevados, não acompanharam o andamento dos acréscimos do número de residências norte-americanas.

Qual tem sido a base desse declínio? Vimos anteriormente que dois paradigmas — a perspectiva evolutiva e o modelo de conflito — permitem discernir o *desenvolvimento* desse veículo. Todavia, uma teoria adequada do relacionamento entre uma sociedade e seus veículos de massa deveria poder responder pelo decréscimo de utilização, assim como pelo aumento dos veículos. Por outras palavras, uma análise da invenção, adoção e institucionalização de um elemento cultural tal como o jornal, e do complexo organizacional que o produz, seria incompleta sem considerar variáveis que podem levar à sua *obsolescência*. No tocante ao jornal, os fatores que conduziram a seu declínio até agora não são difíceis de evidenciar. Outras formas de veículos, satisfazendo necessidades da população semelhantes às atendidas pelos jornais, começaram a surgir na sociedade na década de 1920. Pouco após (durante os anos 30), revistas noticiosas semanais começaram a granjear aceitação bem generalizada. Até o filme desempenhou um papel nisso. Nos últimos anos da década de 1940 e na de 1950, claro, a televisão avassalou a sociedade norte-ameri-

QUADRO 2.1. CIRCULAÇÃO DIÁRIA DE JORNAIS NOS ESTADOS UNIDOS (1850-1986)

Ano	*Circulação Total de Jornais Diários Exclusive Domingos (em milhares)*	*Número Total de Residências (em milhares)*	*Circulação por Residência*
1850	758	3.598	0,21
1860	1.478	5.211	0,28
1870	2.602	7.579	0,34
1880	3.566	9.946	0,36
1890	8.837	12.690	0,66
1900	15.102	15.992	0,94
1910	24.212	17.806	1,36
1920	27.791	20.697	1,34
1930	39.589	29.905	1,32
1940	41.132	34.855	1,18
1950	53.829	43.468	1,24
1955	56.147	47.788	1,17
1960	58.882	52.610	1,12
1965	60.358	57.251	1,05
1970	62.108	62.875	0,99
1975	60.655	71.120	0,85
1976	60.976	72.867	0,84
1977	61.495	74.142	0,83
1978	61.989	76.000	0,81
1979	62.223	77.300	0,80
1980	62.201	80.776	0,77
1981	61.430	82.400	0,74
1982	62.487	83.527	0,74
1983	62.644	83.918	0,74
1984	63.081	85.407	0,73
1985	62.766	86.789	0,72
1986	62.489	88.458	0,70

FONTES: U.S. Bureau of Census, *Historical Statistics of the United States, Colonial Times to 1957* (Washington, DC, 1960), Séries R 176, p.500; Séries R 169, p.500; Séries 255, p.16; Séries A 242-44.

U.S. Bureau of Census, *Historical Statistics of the United States, Continuation to 1962 and Revisions* (Washington, DC, 1965), Séries R 170, p.69.

U.S. Bureau of Census, *Statistical Abstract of the United States* (Washington, D.C., 1973), p.53, 503.

U.S. Bureau of Census, *Current Population Reports: Population*

Characteristics, Séries p.20, n.166 (4 de agosto de 1967), p.4. 1978-1986 dados da American Newspaper Publishers Association, Washington, D.C.

NOTA: Todos os números após 1960 incluem o Alasca e o Havaí.

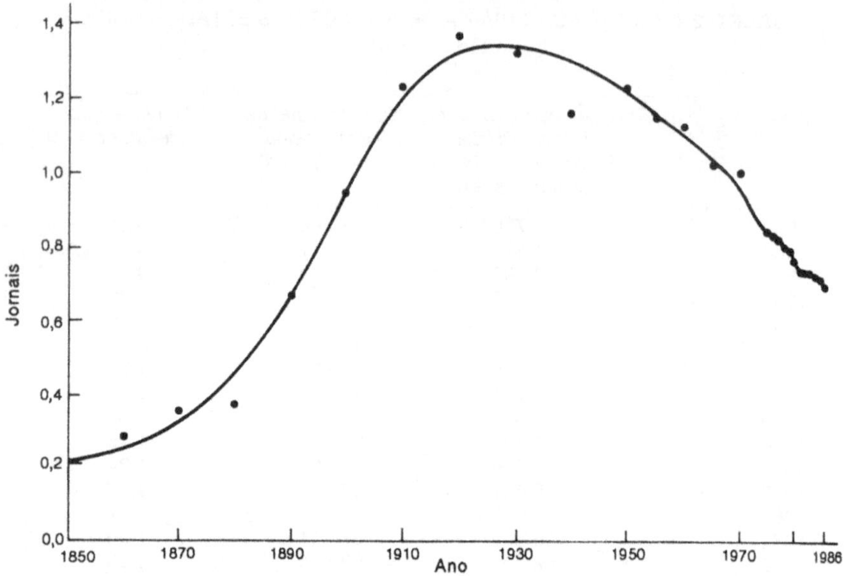

Figura 2.1. A curva de difusão acumulada para jornais diários; assinaturas por residência dos Estados Unidos (1850-1986).

cana. Em maior ou menor grau, cada uma dessas *alternativas funcionais* para o jornal abocanhou algo da circulação da imprensa diária. Cada uma, em certo sentido, propicia notícias, informações ou divertimento de uma forma que outrora era domínio exclusivo do jornal.

E o que dizer do futuro do jornal? Ele sem dúvida sobreviverá, com algo mais de redução na fatia do mercado. Poucas alterações de alfabetização ou outros fatores atinentes a aumentos potenciais de leitores achamse provavelmente no futuro imediato. Como prova do que digo, a pesquisa sobre os tipos de usos, satisfações e gratificações dos leitores pelo jornal diário indica que ele está profundamente envolvido na vida quotidiana dos cidadãos comuns. Ele fornece certos serviços e satisfações ímpares. Quando o jornal não chega, sua falta é sentida com tristeza. Evidentemente desempenha um papel em nosso sistema de comunicação que provavelmente será substituído por outras coisas no presente.[5] Por conseguinte, embora nova mídia, e possivelmente outros veículos a surgirem constituam um desafio ao jornal, ele perdura como um complexo cultural institucionalizado e uma de nossas formas fundamentais de comunicação de massa.

Nossa rápida olhada no jornal indicou o modelo de sua evolução desde os mais toscos inícios, passando pelo jornal de tostão da década de 1830, até as sofisticadas cadeias de jornais de hoje. Essa evolução teve lugar quando vários inovadores propuseram novas soluções tecnológicas e sociais para fazer face aos antigos problemas de produção e distribuição de notícias. Os jornais tornaram-se cada vez mais diferenciados e especializados, com departamentos, colunas assinadas e reportagens ou crônicas para todo gênero de gosto e de atividade. Ao mesmo tempo, a influência do conflito social é clara na marcha da história de imprensa. Conflito entre autoridades e impressores começou cedo e modelou os antecedentes históricos que levaram os fundadores dos Estados Unidos a incluírem na Constituição a Primeira Emenda. O conflito entre a imprensa e o governo continua a modelar a natureza e o destino do jornal enquanto a Primeira Emenda e os tribunais solucionam o processo dialético que ocorre entre os que estão no poder e o Quarto Estado. Analogamente, a intensa concorrência entre os jornalistas produz formas tais como o jornalismo amarelo e, ocasionalmente, códigos de boa prática jornalística, nos Estados Unidos. Finalmente, o conflito e a concorrência entre os jornais e os veículos mais novos alteraram o uso pelo público do jornal e, em consequência, seu lugar no sistema de comunicação de massa norte-americano.

CAPÍTULO 3

O desenvolvimento do cinema

Como aconteceu com o jornal, o desenvolvimento do cinema pode ser entendido tanto dentro do paradigma evolutivo quanto do de conflito. O processo de acumulação cultural que forneceu a tecnologia do filme ocorreu sobretudo como uma acumulação gradativa de realizações científicas em diversos campos aparentemente desconexos. Essa tecnologia foi, afinal, reunida sob a forma de dispositivos capazes de criarem a ilusão de movimento contínuo de uma série de sombras projetadas em uma tela. Houve igualmente um processo de evolução social. A indústria do cinema evoluiu de toscos inícios em bares repugnantes e espetáculos de baixo nível, onde se ficava olhando por um buraquinho, para se tornar um imenso, respeitável e complexo sistema econômico para a produção, distribuição e exibição de filmes como forma de divertimento popular.

O conflito fez parte da totalidade do processo de evolução. Conflitos significativos ocorreram, não apenas entre vários interesses tentando possuir e controlar o nascente veículo, mas entre a maioria moralizada da sociedade e aqueles que buscavam aumentar lucros apelando para prazeres menos nobres na preparação do conteúdo dos filmes. Tais conflitos desempenharam papel central na modelagem da natureza do cinema nos Estados Unidos.

Os antecedentes históricos da indústria do cinema estendem-se bem recuados no tempo, lá para o início ainda da ciência. Os principais contribuidores — de quem dependeu a tecnologia fundamental do cinema — foram na maioria indivíduos cujas descobertas ou criações de aparelhos em busca de soluções para problemas específicos não se relacionavam com isso. Houve exceções, é claro, mas em geral as pessoas que iriam se tornar fundadores do cinema tinham escasso interesse na evolução de um veículo com o qual as pessoas pudessem se divertir. Estavam bem mais interessadas em descobrir coisas tais como os princípios físicos da refração da luz, a base neurológica da visão humana, ou a maneira pela qual era percebida a ilusão de movimento. Mas, no decorrer da longa história de invenção e aperfeiçoamento houve indícios de um potencial grande interesse popular em um meio de divertimento baseado na projeção de imagens e sombras. Pelo menos os amigos não cientistas de muitos dos inventores estiveram permanentemente fascinados pelas estranhas engenhocas e efeitos que aquela gente produzia.

Podemos contrastar vivamente a evolução do filme de cinema, tal como ocorreu dentro da estrutura institucional da ciência, com a do jornal, que foi traçada em linhas muito gerais no capítulo precedente. Vimos que a história da imprensa de massa esteve intimamente vinculada a importantes desenvolvimentos dentro das instituições *econômicas* e *políticas* da sociedade ocidental. O mercantilismo e o partidarismo político estavam claramente ligados às formas primitivas de jornais tanto quanto com a imprensa mais amadurecida. Quando foi encontrada uma estrutura financeira viável para uma imprensa de massa na sociedade capitalista democrática, essa estrutura baseou-se solidamente na publicidade comercial. E, embora o jornal redefinisse esse relacionamento com assuntos políticos mais de uma vez, a imprensa continuou a encarar atividades políticas como uma de suas principais áreas de responsabilidade, pelo menos ao reportar e analisar, embora não de fato em fazer proselitismo.

O filme de cinema, por outro lado, nunca esteve mais do que marginalmente ligado à apresentação de um conteúdo publicitário comercial na acepção direta. E, apesar de ocasionalmente os filmes lidarem com temas política ou socialmente significativos, não têm sido empregados amiúde (pelo menos na sociedade norte-americana) para defender publicamente ideologias políticas. Uma compreensão integral do impacto da sociedade neste veículo de comunicação exige que compreendamos por que, nos Estados Unidos, os filmes se tornaram importante veículo de comunicação, devotado sobretudo ao divertimento antes que à edificação ou persuasão, e por que o ingresso pago, em vez de anúncios ou de subsídio oficial, constituiu o mais importante meio de apoio financeiro a eles. A discussão aqui não pode contribuir com respostas completas para estas dúvidas. Pode mostrar, todavia, dentro do contexto norte-americano, como forças políticas, sociais e econômicas desempenharam um papel na formação do cinema como sistema de comunicação de massa. Análises comparativas com outras sociedades, onde a estrutura da instituição política e o funcionamento do sistema econômico seguiram modelos diferentes, indicariam por que a forma e o conteúdo do sistema de cinema variam de um país para outro.

A EVOLUÇÃO DA TECNOLOGIA

A história inicial do cinema é mais exatamente a estória de aperfeiçoamentos relativos a três problemas técnico-científicos que exigiram solução antes que pudesse ser concebido um aparelho para a projeção de filmes. O primeiro foi dominar os princípios da projeção de sombras; o segundo foi *perceber* um movimento contínuo da apresentação rápida de desenhos ou imagens paradas; e o terceiro foi a própria *fotografia*. Temos de examinar esses três problemas e alguns dos artifícios técnicos que acabaram levando à sua solução. A descrição desses artifícios e soluções é inseparável da dos seres humanos que os conseguiram, e os feitos desta gente estão intimamente vinculados ao contexto social e cultural dentro do qual obtiveram sucesso.

A Projeção e a Câmara Escura

O primeiro dos grandes problemas foi a criação de um meio de mostrar imagens de sombras com a utilização de um *projetor iluminado* que fazia passar luz através de uma transparência para lançar uma imagem numa tela refletora em um aposento escurecido. A lista de elementos que compuseram esse complexo é obviamente enorme. Fundamental para essa projeção é certa compreensão dos princípios da óptica. A utilização de lentes e espelhos entra nisso, incluindo espelhos côncavos para a focalização da luz oriunda de uma fonte artificial, de modo a passar através da lente com intensidade adequada. Dessas várias características, a lente é provavelmente a mais antiga. Existem registros adequados mostrando que ao tempo dos gregos, o "vidro que queima" era conhecido pelos cientistas.[1] Arquimedes (nascido em 287 a.C.), por exemplo, tentou construir uma lente grande que passava por ter o poder de incendiar à distância um navio ao focalizar nele os raios do sol. Se isso foi conseguido ou não é discutível, mas compreendia-se o princípio. O campo da óptica adiantou-se mais com o trabalho do filósofo e cientista árabe Alhazen (nascido em 965 d.C.), que elaborou algumas das primeiras explicações da refração e reflexão com espelhos e lentes. O ritmo da invenção e do acúmulo de cultura foi terrivelmente lento nesse período inicial. Na época de Roger Bacon (nascido em 1214), cientistas e filósofos pouco haviam feito além de descobrir vários meios para utilizar espelhos em aparelhos parecidos com o periscópio, destinados a refletir imagens de maneiras que deixaram as pessoas comuns da época perplexas.

Um dos mais importantes elementos desse período inicial de invenção e descoberta foi a *camara obscura* (literalmente "câmara escura").

A ideia básica é olhar por um buraquinho para um compartimento dentro do qual, na parede oposta, há uma imagem fraca e invertida de uma cena externa.[2] Esse fenômeno foi sem dúvida muito observado bem cedo na experiência humana, mas os princípios de como funcionava não foram investigados sistematicamente até a época de Leonardo da Vinci (nascido em 1453).[3] Leonardo trabalhou em um pequeno quarto vedado à luz e no qual os raios de luz vindos de uma cena externa só podiam entrar por um pequeno orifício da grossura de um lápis. A imagem formada na parede oposta podia ser identificada como a cena lá de fora, com todas as cores, se bem que fraca e às vezes anuviada. Com um buraco maior e a adequada suplementação de uma lente para focalizar, além de um espelho para inverter a imagem, a câmara escura tornou-se um artifício útil para artistas ligados a problemas de perspectiva e cor na pintura de paisagens. A câmara escura atraiu a atenção de diversos cientistas tanto quanto de artistas, e foi empregada para observar eclipses do sol. Este artifício evitava danos para os olhos, resultantes da observação direta mesmo com o uso de óculos escuros.

A câmara escura caiu nas mãos de mágicos, charlatães e outros que se aproveitaram da ignorância do povo da época e que alegaram poderes mágicos baseados nos efeitos que eram capazes de produzir. Cientistas e experimentadores eram constantemente molestados pelo fato de o problema de magia e feitiçaria ser associado a seu trabalho. De vez em quando se tentou divulgar os "segredos" dessas maravilhas para afastar tais acusações. Isso não se aplicava apenas à área da óptica como a todos os ramos da ciência. Uma das mais interessantes das primeiras tentativas para popularizar a ciência foi um livro de Giambattista della Porta ou Giovanni Battista della Porta (nascido por volta de 1535). No sétimo "livro" (capítulo) de sua famosa obra, *Magia natural*, traduzido e publicado na Inglaterra em 1658, della Porta discorreu sobre o assunto "Dos Vidros Estranhos" (lentes e espelhos).[4] Após discutir a mecânica da câmara escura, prosseguiu para descrever como o aparelho poderia ser utilizado para apresentar peças e outros divertimentos:

> *Como em uma Câmara pode-se ver Caçada, Batalhas de Inimigos e outras ilusões.*
>
> ...nada pode ser mais agradável de assistir para grandes homens, e Estudiosos, e pessoas inteligentes; Que em uma Câmara escura vedada por lençóis brancos, pode-se ver clara e evidentemente, como se estivessem diante de seus olhos, Caçadas, Banquetes, Exércitos de Inimigos, Peças e todas as demais coisas que se deseje. Deve haver junto a essa câmara, onde se deseje representar essas coisas, um amplo espaço plano onde o Sol possa brilhar livremente: Por cima disso você verá Árvores em Ordem, assim como Bosques, Montanhas, Rios, e Animais que o sejam realmente, ou sejam feitos pela Arte, de Madeira, ou alguma outra substância. Deve-se acomodar criancinhas nelas, pois costumamos trazê-las quando são apresentadas Comédias; e devem-se simular Veados, Pessoas Maçantes, Rinocerontes, Elefantes, Leões, e as

> mais criaturas que lhe agradar: Depois aos poucos eles devem aparecer com sua Vara, Redes e Flechas de caça, e outras coisas que representem caça: Que lá haja Pistões, Cornetas, Trombetas, tocando: os que estiverem na Câmara verão Árvores, Animais, Rostos de Caçadores, e tudo o mais tão claramente que não saberão dizer se são verdadeiros ou ilusões: Espadas desembainhadas brilharão no buraco, a ponto de quase deixarem as pessoas com medo. Frequentemente mostrei este gênero de Espetáculo a meus amigos, que muito o admiraram, e sentiram prazer em ver uma tal simulação.[5]

Embora della Porta fosse um cientista, é claro que também tinha bastante interesse em utilizar vários artifícios e efeitos para espantar os amigos. As imagens móveis da câmara escura iriam ser uma fonte de encantamento e divertimento para os ricos e pessoas proeminentes da Europa durante algum tempo ainda. No decurso de todo o desenvolvimento histórico dos artifícios técnicos indispensáveis ao moderno cinema, vemos o contínuo fascínio e espanto com que a imagem projetada era encarada pelos não cientistas.

A câmara escura, é óbvio, produzia sua imagem com a luz do sol refletida pelos objetos. Um passo de certa importância consistiu na substituição do sol por luz artificial, e fazendo-a passar através de uma transparência em vez de depender de luz refletida. O projetor iluminado capaz de lançar imagens sobre uma tela, usando exatamente os princípios em que repousa o moderno projetor de transparências (*slides*), tornou-se uma realidade graças ao trabalho de Athanasius Kircher (nascido em 1601).[6] Kircher era um jesuíta alemão cujas descobertas eruditas e científicas lhe granjearam um cargo no Collegio Romano, onde com o encorajamento do Papa Urbano VIII e de outras autoridades eclesiásticas, dedicou-se a investigações matemáticas e científicas. Kircher foi capaz de demonstrar, numa reunião teatral, perante um auditório seleto, o tosco projetor que criara e as imagens embaçadas que este produziu com a utilização de transparências pintadas à mão. Kircher tornou-se objeto de feias acusações e boataria devido a seu trabalho. Foi acusado de ser associado ao diabo e de praticar a arte negra da necromancia (conjurar espíritos dos mortos para fins iníquos). Os princípios baseados nos quais suas imagens fantasmagóricas eram projetadas foram mal-entendidos, ou deliberadamente incompreendidos, por seus inimigos, mesmo entre as pessoas de mais elevada educação da época.

Kircher prosseguiu refinando sua aparelhagem. Ele, também, tinha uma queda para o espetacular, e arranjou formas pelas quais podiam ser contadas estórias, ilustradas com imagens projetadas de transparência. Diversos inventores posteriores acrescentaram requintes à ''lanterna mágica'' e outros ainda exploraram sua utilização como meio de divertimento. Assim, por volta de 1645, ficou pronta a solução para o primeiro problema técnico básico do filme de cinema.

A Ilusão de Movimento Contínuo

O segundo dos grandes problemas a exigir solução era descobrir a forma pela qual os seres humanos perceberiam a *ilusão de movimento contínuo.* Diversamente do problema do projetor, isso envolvia um número relativamente grande de elementos. Descobertas complexas da teoria da visão e percepção humanas teriam de ser concretizadas. Intrinsecamente, o problema era descobrir como uma série de desenhos ou outras figuras poderiam ser apresentados rapidamente ao olho humano, de maneira tal que as pós-imagens e o retardo visual ocorridos nos processos neuroperceptivos fizessem com que as figuras fossem conscientemente experienciadas como uma única figura em movimento regular.

No começo do século XIX, crianças em Londres e Paris brincavam com um aparelho chamado taumatrópio. Era um pequeno disco, aproximadamente do diâmetro de uma xícara de chá, montado em uma haste, e que tinha uma figura do lado da frente e outra no oposto. Girando o dispositivo com a ajuda de barbantes ou fios curtos, podiam-se criar várias ilusões. Foram preparados diversos formatos de um brinquedo com figuras engraçadas de um ou outro tipo. Houve certa controvérsia a respeito da origem disso, mas em geral é atribuída a um médico de Londres, John Paris (nascido em 1785). Foi descrito e debatido em uma obra científica por David Brewster, o estudioso da polarização da luz e inventor do calidoscópio. O brinquedo em si mesmo não tem particular significação, exceto pelo fato de depender do fenômeno do retardo visual e sugerir que uma ilusão de movimento possa ser gerada pela rápida apresentação seguida de figuras ligeiramente modificadas.

Um dos grandes estudiosos da chamada persistência de visão foi o cientista belga Joseph Plateau (nascido em 1801).[7] Bem cedo em sua carreira, interessou-se por vários aspectos da visão e, em particular, a forma pela qual o ser humano percebe movimento e cor. Provavelmente deve ser encarado como o pai do filme de cinema.

A tese de doutorado de Plateau na Universidade de Liège delineou os problemas de visão que tinham de ser levados em conta ao se produzir a ilusão de movimento no observador humano. Primeiro, cada figura, desenho ou fotografia de uma série apresentada rapidamente tinha de permanecer estacionária por um tempo breve mas suficiente para o processo neuroperceptivo apreendê-la claramente. O olho não funciona de forma alguma instantaneamente. É preciso um certo tempo de exposição para uma dada cena registrar uma impressão. Cada pá em rápido giro, de um ventilador, parece ''desaparecer'' devido a esta característica do olho humano. O segundo ponto é também um fator de tempo. Uma vez registrada uma impressão, dentro dos mecanismos neuroperceptivos da visão, esta não para de registrar rigorosamente no instante em que o estímulo é interrompido. Há um hiato substancial em que a impressão perdura ligeiramente. A mais simples demonstração deste princípio pode ser feita com um cintilador comum, tal como os que as crianças usam para brincar. Se essa luz brilhante for movida rapidamente no escuro formando a figura de um oito, o indivíduo "vê" um algarismo oito inteiro e não simplesmente um ponto de luz movendo-se rapidamente. É o que se conhece como retardo visual.

Com estes princípios em mente, Plateau concebeu um muito complicado aparelho de chavetas, manivelas, polias, discos e obturadores que lhe possibilitavam criar uma simples ilusão de movimento, baseada na rápida apresentação de um desenho. Adaptou isso para um disco maior, em torno de cuja circunferência dispôs uma série de desenhos, cada um ligeiramente diferente, de modo que a mesma figura básica avançava para uma posição ligeiramente diversa de um desenho para o seguinte. Quando adequadamente mostrada a alguém, este percebia uma figura em movimento. Essa máquina, que foi denominada fenaquistiscópio ou fantascópio, foi o primeiro verdadeiro aparelho de cinema. Fora assim inventado um sistema, baseado em conhecidos princípios da visão, que permitia a um observador humano perceber uma ilusão de movimento tranquilo e contínuo de figuras imóveis apresentadas em série. O professor Plateau prosseguiu sua pesquisa dos princípios da visão, a ponto de experimentar em si mesmo o efeito de fitar longamente a mais poderosa luz de que pôde se lembrar — o sol. Como resultado de tal experimentação, ficou permanente e tragicamente cego, e grande parte de sua importante obra teve de ser realizada após sua visão ter desaparecido completamente. A ironia de um cientista cego estabelecer os princípios visuais do cinema é somente comparável à tragédia do surdo Beethoven, que escreveu algumas das maiores sinfonias do mundo após sua audição ter-lhe falhado completamente, e a invenção do fonógrafo por Edison quando ele próprio era surdo. Joseph Plateau fez o acúmulo de tecnologia dar um passo gigantesco para mais perto do dia quando o cinema seria usado como uma forma de divertimento de massas.

Capturando a Imagem da Câmara Escura

Somente o último dos três importantes problemas técnicos precisava ser solucionado, antes que o complexo cultural do cinema, como forma de comunicação de massa, pudesse ser sintetizado partindo desses três elementos. A tecnologia da *fotografia* em geral, e de tirar fotografias em sequência rápida de objetos particularmente em movimento, continuava a ser um pré-requisito do filme de cinema.

O esforço científico para alcançar um processo fotográfico utilizável é em si mesmo uma narrativa de tremendas dificuldades, grande complexidade e intensa fascinação. Dependia de aperfeiçoamentos da ciência química em crescimento e, em particular, daquela parte referente a mudanças químicas de substâncias produzidas pela luz. A evolução da fotografia também incluiu a já conhecida câmara escura. Quando suficientemente reduzida em tamanho, dotada de uma lente e de uma superfície refletora removível, coberta com uma película de um produto químico sensível à luz, ela virou a câmara com que hoje capturamos as imagens invertidas de cenas refletidas lá dentro. Ao fazê-lo, ainda utilizamos princípios conhecidos no tempo de Leonardo da Vinci.

O problema, pois, não era a câmara propriamente dita, mas o filme. Que processos químicos e técnicas poderiam ser utilizados a fim de fixar a imagem da câmara escura? Mesmo aí os conhecimentos estavam bem adiantados ao iniciar-se o século XIX. No começo do século XVIII havia sido demonstrado experimentalmente existirem determinados compostos químicos, tais como os sais de prata, que eram rapidamente modificados pela exposição à luz. Essa percepção permitiu especulação a respeito da possibilidade de capturar a imagem da câmara escura. Não foi até a terceira década do século XIX, contudo, que as técnicas mecânicas e químicas para preparar, expor, revelar e fixar uma imagem real da câmara escura foram alcançadas.

O Daguerreótipo. Soluções para esse problema foram, de fato, alcançadas por pelo menos três indivíduos separadamente. Cada um deles trabalhou sem saber dos outros, cada um empregou uma abordagem um tanto diferente, e cada um anunciou suas descobertas quase ao mesmo tempo (entre janeiro e março de 1839). Louis Daguerre, na França, William Talbot na Inglaterra, e John Herschel, também na Inglaterra, todos conseguiram produzir fotografias baseadas nos mesmos princípios gerais mas valendo-se de diferentes técnicas mecânicas específicas.[8] O processo de Daguerre produzia imagem nítida, com requinte de pormenores, sobre uma chapa polida de cobre recoberta com prata metálica e exposta a vapores de iodo (para formar iodeto de prata). A luz incidindo nessa chapa, quando corretamente exposta na câmara, fazia o iodeto de prata ser drasticamente modificado onde a luz forte incidia, mas permanecendo relativamente inalterado onde a luz de menor intensidade batesse na chapa. O resultante *daguerreótipo* produzia excelente imagem com clareza e nitidez. Não havia negativos; só se podia conseguir uma imagem de cada vez. Os processos de Talbot e Herschel empregavam papel tratado com produtos químicos analogamente sensíveis à luz e produziam negativos dos quais era mister fazer uma segunda cópia (positivo). Embora este último processo provasse com o tempo ser de longe mais útil, em sua forma primitiva era muito grosseiro, desajeitado e precário. Outrossim, as imagens produzidas no papel da época careciam da precisão do daguerreótipo. Por esta razão, o daguerreótipo foi um sucesso instantâneo, e o nome de Louis Daguerre tornou-se bem conhecido. Num mundo que nunca vira uma fotografia, o daguerreótipo pareceu um feito quase incrível. Tais imagens eram, de fato, quando produzidas com cuidado, iguais às melhores e mais bem cuidadas fotografias de hoje. O uso de uma chapa de metal polido deu-lhes grande brilho e nitidez. Eram menos ''granulosas'' e mostravam mais minúcias do que até uma foto moderna em papel. Certo indício do espanto e encantamento do mundo ante esse novo produto da ciência pode ser captado do seguinte relato, escrito em 1839 pelo editor de uma revista popular norte-americana, que acabara de ver uma exposição dos novos daguerreótipos:

> Vimos as vistas tiradas em Paris pelo ''Daguerreótipo'' e não hesitamos em admitir serem os mais notáveis objetos de curiosidade e admiração, nas artes, que jamais contemplamos. Sua perfeição primorosa quase transcende os limites da sóbria credulidade. Permitam-nos tentar transmitir ao leitor uma impressão de sua qualidade. Suponha-se de pé no meio da Broadway, com um espelho erguido perpendicularmente em sua mão, no qual se refletia a rua com tudo que nela exista, até uns três a cinco quilômetros, pegando até uma distância enevoada. Depois, que ele vá para casa com o espelho, e encontre neste a impressão da vista toda, em luz esbatida e sombras, conservada vividamente na superfície dele. Isso é o ''Daguerreótipo!''[9]

A aceitação do processo fotográfico de Daguerre foi imediata e entusiástica. Aperfeiçoamentos da técnica foram conseguidos imediatamente, de sorte a se tornarem possíveis retratos dentro de ''salões'' fechados. Grampos rígidos com cabeça de ferro eram usados para impedir as pessoas de se mexerem, e a luz era refletida de claraboias no alto. Os primeiros daguerreótipos foram feitos nos Estados Unidos em 1839, o mesmo ano em que o processo foi divulgado em Paris. Entre os primeiros entusiastas achava-se Samuel F.B. Morse, que, mais lembrado por sua realização com o telégrafo, era na verdade um pintor de retratos de certa distinção. Ele era também professor das artes de desenho na Universidade da Cidade de Nova York. O daguerreótipo estava intimamente vinculado a ambos estes seus interesses. Morse realmente visitou Daguerre na França em 1839. Tornou-se um daguerreotipista atuante em Nova York e diz-se ter se sustentado fazendo retratos, e treinando alunos nisso, enquanto aguardava reconhecimento e apoio financeiro do governo norte-americano por seu telégrafo.

A Procura de Retratos. A fotografia pegou imediatamente e a procura de retratos foi quase insaciável. Ali se achava um novo gênero de profissão, exigindo período relativamente curto de treinamento técnico e um pequeno dispêndio para aquisição do equipamento, com bom potencial de sucesso financeiro. Os anos da década de 1840 foram nos Estados Unidos um período de depressão econômica. Diversos jovens empreendedores procuravam uma oportunidade para ingressar em alguma aventura da qual pudessem viver sem investir grande capital e sem ter de passar por uma extensa preparação profissional em universidade. A ocupação de daguerreotipista pareceu feita sob encomenda. Havia vilas, cidades, grandes centros por toda a parte habitada dos Estados Unidos que ainda não haviam visto o novo processo. O custo para ter seu retrato tirado, especialmente em tamanhos menores, não era proibitivo. Uma família mediana podia facilmente suportar isso. O equipamento de daguerreotipia foi embarcado em vagões, chatas, carros de boi e mulas. A arte do fotógrafo espalhou-se por todo o país. Em todas as cidades principais, foram instalados salões de daguerreotipia, e os negócios foram extremamente animados. A qualidade do trabalho variava enormemente. O daguerreotipista nômade, com escasso treinamento e pouca habilidade, apresentava um produto horrível, prestando escassa atenção seja a poses graciosas, seja a precisão técnica na produção das chapas. Alguns combinavam a arte fotográfica com outras atividades ocupacionais. Um dado indivíduo podia ser uma combinação de ferreiro, remendão, consertador de relógios, dentista e daguerreotipista. Era possível ter-se os sapatos com sola nova, o relógio lubrificado, dentes arrancados, o cavalo ferrado e o retrato tirado em uma única parada — tudo num único "pacote", por assim dizer.[10]

No extremo oposto havia os lindos e luxuosos salões que surgiram nos principais centros de população. Mathew Brady conseguiu fama internacional como excelente artista retratista em Washington, D.C., bem antes do início da Guerra Civil.[11] Entre esses dois extremos havia estabelecimentos, grandes e pequenos, que produziam mais de *3 milhões de retratos por ano* na década de 1850! [12]

A procura de retratos estava indiscutivelmente relacionada com diversas características da época. Os Estados Unidos eram uma sociedade em marcha. As pessoas mal se assentavam em uma fronteira e logo outra surgia mais adiante. Os homens frequentemente deixavam as famílias em regiões mais desenvolvidas até poderem arranjar acomodações mais favoráveis. Os movimentos da população ligados às várias "corridas" do ouro, de terras e do petróleo, e outros acontecimentos, separavam maridos das esposas e filhos dos pais. Ao longo do litoral do Atlântico, os ianques eram um povo marítimo, com os homens "na pesca da baleia" ou empenhados no comércio e navegação pelo mundo afora. A imensa inquietação e movimentação de pessoas durante a Guerra Civil deu impulso decisivo aos fotógrafos. Retratos eram uma forma de reduzir a dor da separação. Até certo ponto, eram como que uma ponte sobre a separação entre vivos e mortos.

O produto do retratista também tinha uma tradição profunda como símbolo de *status*. Poder exibir retratos pintados de diversos ancestrais testemunhava a posição de uma família no tempo. Era uma sociedade onde nascimento aristocrático ou antecedentes familiares estavam cada vez menos ligados a poder e riqueza, mas ainda existia um acentuado retardo cultural que permitia esses símbolos sugerirem posição social elevada. Os critérios de posição devidos a realizações estavam cada vez mais importantes objetivamente, mas os critérios atribuídos ainda não haviam perdido seu significado. No período inicial da revolução industrial, alguns membros das recém-enriquecidas famílias, segundo consta, chegaram a contratar pintores de retratos para preparar-lhes uma série de distintos ancestrais. Para os menos afortunados, e para as crescentes classes média e trabalhadora, a chapa de iodeto de prata do daguerreotipista forneceu um sucedâneo de consumo de massa para as mais distintas telas do artista retratista.

Certa indicação da rápida adoção dessa novidade pode ser obtida por um estudo do crescimento da classificação ocupacional como "fotógrafo". O Quadro 3.1 indica o número de fotógrafos nos Estados Unidos por 100 mil habitantes nos anos 1840 a 1930. Esses dados revelam a rápida difusão da fotografia, como novidade cultural, nas quatro décadas de 1850 a 1890. Na última década do século XIX, resta pouca dúvida de que o americano médio estivesse totalmente familiarizado com fotografias. A transição entre as fotografias imóveis e a que dava uma ilusão de movimento não era um passo impossível à imaginação do cidadão comum.

Aperfeiçoamentos da Fotografia. A tecnologia da fotografia continuou a evoluir, tornando-se cada vez mais aprimorada; ficou também cada vez mais importante como parte dos crescentes complexos industriais da sociedade. Fábricas para produção de materiais químicos, equipamento e chapas fotográficas foram criadas. Dentre elas, o nome de George Eastman quiçá seja o mais amplamente conhecido. A primeira fotografia de daguerreótipo cedera lugar a outras técnicas. A *ambrotype** cresceu em popularidade e em seguida declinou rapidamente. A *tintype* ou "ferrotipia"** foi largamente utilizada durante a Guerra Civil mas abandonada

* Inventadas por James Ambrose Cutting (1814-67). (N.T.)

QUADRO 3.1. CRESCIMENTO DA OCUPAÇÃO DE FOTÓGRAFO NOS ESTADOS UNIDOS (1840-1930)

Ano	*População (em milhares)*	*Número de fotógrafos*	*Fotógrafos por 100.000*
1840	17.000	0	0
1850	23.000	938	4
1860	31.000	3.154	10
1870	39.000	7.558	19
1880	50.000	9.990	20
1890	63.000	20.040	32
1900	76.000	27.029	36
1910	92.000	31.775	35
1920	106.000	34.259	32
1930	123.000	39.529	32

FONTE: Departamento de Recenseamento dos Estados Unidos, *Population Census of the United States* (para as décadas 1840, 50,... 1930, Washington, D.C.).

com o aperfeiçoamento de tecnologia mais nova. Processos de chapa úmida, com produtos químicos sensíveis à luz suspensos em uma delgada película de colódio no vidro, foram largamente utilizados por muitos anos. Foi a chapa seca, contudo, que permitiu a preparação antecipada de chapas fotográficas de vidro. Isso levou à sua fabricação em bases comerciais, assim como a distribuição e venda. A câmara miniaturizada e a câmara para amadores foram popularizadas quando esta tecnologia se tornou acessível. George Eastman entrou no negócio de fabricação dessas chapas fotográficas em 1880. Iniciando modestamente, com um capital de 3 mil dólares, construiu um negócio que trinta e quatro anos depois pôde pagar 5 milhões de dólares pelos direitos de exclusividade ao processo patenteado de fazer chapas fotográficas flexíveis em filme de nitrocelulose.

A criação do filme flexível realmente ocorreu em diversos lugares ao mesmo tempo.[13] Um tipo de filme foi criado na França, nos primeiros anos da década de 1880. Um dos químicos de Eastman requereu patente nos Estados Unidos aproximadamente na mesma ocasião. Outra patente ainda foi requerida em 1889, pelo reverendo Hannibal Goodwin, um obscuro clérigo. Aqueles filmes se baseavam todos aproximadamente no mesmo processo, com variações mínimas de um para outro. Todavia, seguiram-se vários anos de litígio extremamente complexo, durante os quais a repartição de registro de patentes reviu e revisou as várias reivindicações. A patente foi afinal concedida a Goodwin, mas, entrementes, Eastman estivera fabricando filme flexível durante quase uma década. Esse filme em rolo foi desenhado para a câmera caixão dele, "à prova de erros'', que podia ser utilizada pelos novatos (a famosa Kodak). Com a disponibilidade desse filme flexível, a criação do cinema ficou um passo mais próxima. Edison produzira a lâmpada elétrica, e a tecnologia da eletricidade era amplamente entendida. O estudo de objetos em movimento progredira com a utilização da fotografia estática instantânea. Como vimos, o princípio da projeção de há muito era de conhecimento comum. A neurofisiologia do retardo visual fora elaborada adequadamente. Restava apenas esses vários elementos serem combinados em um filme móvel projetado e prático. A câmara escura e a lanterna mágica estavam prestes a serem associadas de forma que teriam espantado Kircher, della Porta e da Vinci.

O Cinema Vira Realidade

Foi Thomas Alva Edison que realizou a combinação tecnológica fundamental possibilitando o cinema, mas centenas de outros, em várias partes do mundo, contribuíram para isso.[14] Do laboratório de Edison vieram a câmara de cinema e um projetor de filmes animados. Isso foi no começo da última década do século XIX.

Edison não confiava na exequibilidade financeira da projeção comercial de filmes móveis, baseado no fato de eles serem uma novidade pela qual o público logo perderia o interesse. Sua concepção do direito de explorar comercialmente esta novidade consistia em criar uma máquina que só pudesse ser usada por uma pessoa de cada vez, pagando uma taxa para ver alguns momentos de movimento fotografado. Seu cineminha *Kinetoscope* foi posto à disposição do público em 1894 quando um exibidor de iniciativa abriu um ''Cinetoscópio'' com dez das máquinas, bem na Broadway, em Nova York. Todavia, as limitações do cinetoscópio eram sérias, e as possibilidades para uma exploração mais completa da lanterna mágica móvel foram vistas por diversas pessoas, tanto nos Estados Unidos quanto na Europa. Embora Edison desse a mais expressiva contribuição para o real surto do cinema ao conseguir a combinação tecnológica básica, ficou para almas mais aventureiras tentar aperfeiçoar a técnica e convertê-la em um processo para o divertimento em massa da multidão.

Nos últimos anos do século, literalmente dezenas de pessoas clamavam por patentes em muitos países. Buscavam apoio financeiro e reconhecimento de uma diversidade de câmaras ou projetores de filmes animados. Da Inglaterra, França, Alemanha e dos Estados Unidos chegaram alegações e reclamações conflitantes de terem sido esses dispositivos inventados, modificados ou aperfeiçoados. Foi, de fato, um período de alta movimentação, atividade intensa e fermento criativo. Empresários de espetáculos, como Emile Reynaud em Paris, exibiam estórias filmadas com base no princípio de desenhos animados, com grande sucesso. Não era mister grande imaginação para ver que a exibição comercial de filmes projetados poderia ser um considerável sucesso financeiro.

EVOLUÇÃO SOCIAL: O CINEMA COMO VEÍCULO DE MASSA

Em 1895, um estabelecimento denominado Cinematographe foi inaugurado em Paris. Por apenas 1 franco, os clientes eram admitidos em um "salon" onde podiam ver uns poucos filmes bem curtos. A exibição ficou tão popular dentro de poucos dias que atraiu milhares de espectadores e funcionava numa base de todo mundo em pé.

O Cinematographe foi logo exibido em Nova York, e o sistema foi amplamente imitado. Entrementes, na Inglaterra a câmara de cinema foi focalizada em acontecimentos tais como o Derby de 1896, e a exibição destes filmes projetados provocou um rebuliço. Estas e outras tentativas de exibições públicas estimularam maior interesse na ideia de imagens em movimento projetadas para divertimento do público. Ficou claro que havia fortunas a serem feitas no negócio do cinema.

A essa altura, Edison ficara convencido. Combinou esforços com um jovem inventor americano chamado Thomas Armat, que obtivera certas patentes ligadas ao aperfeiçoamento do projetor. Juntos, construíram o vitascópio, ou projetor Armat-Edison, que foi utilizado no mais bem-sucedido dos primeiros esforços para exibir filmes para o público.

Com o alvorecer do séxulo XX, então, todos os problemas tecnológicos tinham sido solucionados. O filme móvel levara mais de dois mil anos para ser feito, mas agora estava pronto para ocupar seu lugar como o segundo dos grandes veículos de comunicação e desempenhar seu papel numa importante transição das comunicações.

O Conteúdo e as Audiências dos Primeiros Filmes

Desde o início, os filmes de cinema estiveram voltados para um conteúdo de baixo gosto cultural e nível intelectual. Até as primeiras imagens em movimento nas salas de cinetoscópio de Edison mostraram obras inspiradoras como *Fátima e Sua Dança do Ventre*, que foi a sensação em uma exibição da aparelhagem na Feira Mundial de Chicago em 1893. Para os primeiros espectadores, comédias ingênuas e de muita pancadaria eram populares. A visão de um menino peralta despejando água com uma mangueira em uma idosa matrona ou até pornografia (dentro dos limites da época), tais como o curta *Como Bridget Serviu Despida a Salada*, foram recebidos com entusiasmo nas galerias onde foram instalados os cinetoscópios.[15]

Esses primeiros filmes, com suas lutas de boxe, comédia barata e dançarinas de *shimmy*, podem ser contrastados com os esforços dos primeiros impressores. O primeiro produto de Gutenberg representou as mais significativas e importantes ideias da época. Livros do período primitivo eram obras de filosofia, ciência, arte ou política. O cinema, pelo contrário, preocupou-se em sua fase inicial com trivialidades e inconsequências. O conteúdo pouco interessava; era a novidade do movimento que importava. As primeiras plateias dos filmes fitavam com as bocas abertas qualquer imagem que se mexesse. Mas mesmo entre os *habitués* das galerias, um importante princípio prontamente começou a manifestar-se. Filmes tais como *Beavers at Play* ou *The Surf at Dover* atraíram menos moedas do que a excitante *Danse du Ventre* ou o divertido *O que o Engraxate Viu*. Esforços para filmar assuntos mais sérios ou artísticos não foram recebidos com entusiasmo. O conteúdo dos filmes visando gratificações mais primárias é que trazia dinheiro. Desde o princípio, relacionamentos sistemáticos entre gostos da audiência e a estrutura financeira da "indústria" nascente dirigiram a produção do conteúdo do filme. As audiências eram seletivas naquilo que iriam pagar para ver; e, por isso, os produtores eram seletivos naquilo que produziam.

Seria tentador analisar as características da clientela das galerias, que eram, pelo menos, não localizadas nos bairros mais selecionados dos centros urbanos. Pode-se ser tentado a tirar a conclusão de que foi o baixo nível do gosto cultural dela que deixou um permanente carimbo de mediocridade no filme. O problema foi que o filme saiu do ambiente das galerias bem rapidamente, mas não se elevou perceptivelmente na seriedade ou no gosto artístico de seu conteúdo. O filme saiu da galeria para o teatro de revistas, onde foi exibido como uma novidade científica depois dos atos principais. Uma vez mais, os gostos da pantomima governaram o conteúdo do filme.

A Era dos Cinemas "Poeira"

Por volta do ano de 1900, diversos donos de galerias mais ativos, ex-dirigentes de circos, artistas fingindo de curandeiros, ex-mascates, camelôs, e coisas parecidas começaram a alugar lojas desocupadas, a mobiliá-las economicamente com bancos ou cadeiras, e projetar filmes com equipamento de segunda mão. Seu capital operacional era escasso, o repertório detestável, as instalações lúgubres, mas acima de tudo era barato. Por um níquel* apenas, o espectador podia assistir a um sortimento de "curtas" excitantes, variando desde *Vida de um Bombeiro Americano* até *Sonho de um viciado em torradas com queijo derretido com cerveja.* Eram pequenos filmes, cheios de truques ou excitantes curtas sequências de acontecimentos espetaculares como os bombeiros atendendo a um chamado. Vários nomes foram empregados, mas o que pegou foi "poeira" como referência popular a essas casas. O mais importante era serem populares entre as pessoas das classes mais baixas, e renderem dinheiro. A seguir, começaram a limpar suas salas e a enfeitá-las por fora. Muitos surgiram nas cidades principais do país. A primeira década do século XX, então, viu uma nova forma de comunicação começar a espalhar-se. O filme estava prestes a tornar-se um veículo de massa.[16]

O conteúdo dos filmes em breve mudou acentuadamente. Tornaram-se mais extensos e mais bem executados tecnicamente. A princípio, não melhoraram muito em matéria de gosto ou seriedade. Coisas como *O Grande Roubo do Trem* era exatamente o que a plateia do "poeira" queria ver em 1903. Filmes com enredo tornaram-se a norma dentro em pouco. Aqueles locais de divertimento tiveram sucesso em sua forma mais próspera nas mesmas áreas da metrópole onde os parques de diversões estavam localizados. À medida que o cinema foi se consagrando, sua audiência tendeu a ser acentuadamente composta por imigrantes pobres, vagabundos, e os residentes anônimos das zonas de transição da cidade. Os grupos mais significativos em números eram de longe os imigrantes. Os primeiros dez anos do séxulo XX foram um período de imigração sem precedentes, nunca igualado em nosso tempo. Gente de muitas culturas despejava-se nos Estados Unidos, particularmente do leste e sul da Europa. Aos milhões, estabeleceram bairros étnicos dentro da estrutura ecológica e social da cidade. As leis de imigração não eram rigorosas pelos padrões atuais, e muitos desses novos cidadãos eram analfabetos mesmo em seu próprio idioma. Grande parte deles nada sabia de inglês. Números consideráveis eram de camponeses de baixo nível. Para essa gente humilde, cercada por uma sociedade industrial desnorteante e complexa que ainda nem haviam começado a entender, o cinema primitivo foi uma fonte de consolo e de divertimento. Os argumentos eram simples; a representação estilizada dos atores não fazia necessário o conhecimento da língua

---

* 5 centavos de dólar. (N.T.)

para compreender-se a ideia. O espectador de hoje se diverte ante as expressões faciais estereotipadas e os movimentos corporais grosseiros dos atores dos primeiros filmes. Tais técnicas ficam mais compreensíveis quando se percebe que a audiência só tinha ocasionais subtítulos com que acompanhar o enredo em um sentido verbal. Muitos dos membros da plateia que sabiam inglês só liam com dificuldade, quando liam, e grande número dos nascidos no estrangeiro não conhecia sequer uma palavra.

Os imigrantes, pois, a par de norte-americanos rústicos recém-chegados à cidade grande, eram os tipos mais importantes da audiência a quem os filmes ''poeira'' visavam. Com pancadaria e caricatura, faziam graça até dos próprios espectadores e faziam-nos rir às próprias custas. O matuto e o imigrante eram vistos com frequência nos filmes. O ''tira'', o trapaceiro, a mocinha bonita e o marido ciumento, o patrão, esse era mais ou menos o elenco de personalidades que apareciam nos filmes. Era o bastante. Suas palhaçadas eram facilmente entendidas. Em forma intensificada, esses estereótipos e a pancadaria levaram a conteúdos como o dos policiais de filmes da Keystone e às cenas onde todos atiravam tortas uns nos outros.

O Cinema Amadurece

Dentro de pouco tempo, o ''poeira'' se espalhara bem para além dos centros urbanos. O cinema começou a tornar-se uma forma de entretenimento familiar. As pessoas queriam filmes mais longos, com conteúdo mais interessante. A novidade de apenas ver movimento perdera a graça. As produtoras de filmes expandiram-se para atender à demanda de filmes, e os donos de cinemas preocuparam-se sobre como poderiam se desvencilhar da sórdida imagem do veículo. Foram feitas diversas modificações, e esse veículo de divertimento em crescimento explosivo achava-se a caminho. Surgiu o sistema de ''astros''; o cinema descobriu os clássicos; foram criadas técnicas de fotografia mais flexíveis. Os filmes ficaram mais longos, para chegar a duração a que agora nos acostumamos. Esse crescimento da competência técnica deveu-se em parte ao maior entusiasmo das plateias de cinema. Os horríveis ''poeiras'' haviam cedido lugar, no início dos anos 20, a palácios bem maiores e mais requintados. Alguns eram tão luxuosamente decorados que quase pareciam templos de adoração aos novos deuses e deusas da tela. Tais astros recebiam a admiração de milhões de vendedoras de lojas e operários de fábricas. Também recebiam salários astronômicos, que fizeram de Hollywood sinônimo de consumo exibicionista de riqueza.

A Influência da Primeira Guerra Mundial. A Grande Guerra dera à indústria do filme norte-americano um impulso sem precedentes. A produção de filmes nos estúdios da Europa cessara após 1914, mas a procura de filmes se tornara tremenda e mundial. Isso colocou os filmes norte-americanos no mercado exportador com uma vantagem, que foi mantida por muitos anos. O filme mudo, com subtítulos escritos, mudava facilmente para qualquer língua, era feito por diretores e produtores que eram eles próprios imigrantes. Era um produto particularmente flexível para exportação para outros países. Mercados quase inexauríveis se abriram quando as regiões mais remotas do mundo começaram a exibir filmes com legendas em urdu, hindi, chinês, árabe ou seja lá qual fosse o idioma local. Se a plateia local não fosse alfabetizada em sua própria língua, era empregado um "narrador" para explicar à audiência nativa o que ocorria no filme, enquanto este era exibido. Qualquer relação entre essas versões e a intenção original dos produtores do filme era mera coincidência. A posição política dos Estados Unidos na Primeira Guerra Mundial, então, teve o mais expressivo impacto no cinema norte-americano como veículo de massa. Tornou-o um veículo de significado mundial.

Os acontecimentos da Grande Guerra também assinalaram outras formas pelas quais uma sociedade pode exercer impacto sobre seus veículos. Quando a guerra irrompeu na Europa, o público americano cada vez mais concentrou sua opinião em duas direções diferentes. Os pacifistas queriam ficar fora da guerra europeia e evitar engajar-se em qualquer expansão militar capaz de acabar levando o país a participar da guerra. Aqueles a favor da preparação acharam que os Estados Unidos mais do que provavelmente teriam de entrar na guerra a certa altura, e seria bem melhor fazer os preparativos para tornar mais fácil a tarefa quando a necessidade surgisse. Estas eram questões de grande importância durante os anos antes de os Estados Unidos declararem guerra à Alemanha. Quando a guerra chegou, um grande bloco do público americano ainda mantinha atitudes, opiniões e sentimentos inadequados à dedicação e participação total no esforço de guerra. Para reduzir os "mórbidos" sentimentos pacifistas, George Creel, chefe da Comissão sobre Informação Pública (o órgão oficial dos Estados Unidos para a propaganda interna), mobilizou o cinema como parte de um esforço global para "vender a guerra ao público norte-americano". Isso lançou sobre o cinema um papel de propaganda que não desempenhara antes, pelo menos nos Estados Unidos.[17] Cinema havia sido uma modalidade de divertimento. Não havia ainda se engajado na persuasão para política partidária, levantamento do moral, responsabilidade social, ou aperfeiçoamento cultural. De modo geral, os filmes haviam *seguido* gostos e atitudes do público antes do que os *dirigido*. Na ideia de alguns, as experiências de guerra abriram novas possibilidades e objetivos para o filme como veículo de persuasão. Realmente, o filme como meio de divertimento nunca se tornou um veículo consistente com o eficaz comentário político ou social. Conquanto Hollywood haja cooperado em tempo de guerra, e ocasionalmente produzido um filme com uma "mensagem" social, isso foi considerado como um desvio da norma. A posição do filme a esse respeito é diversa da do jornal, que tem assumido normalmente a responsabilidade de desempenhar um papel no processo político.

Filmes Falados. Durante a última parte da década de 1920, a trilha sonora chegou ao filme. A essa altura, o cinema estava solidamente estabelecido e era um local respeitável de divertimento para as famílias norte-ameri-¥canas. Como negócio, a produção, distribuição e exibição de filmes estavam firmemente entrincheiradas na economia norte-americana, e como novidade cultural se tornara institucionalizado em nossas rotinas semanais. Existem estatísticas precisas de frequência a cinemas, em base nacional, a partir de 1922. A essa altura, o filme era tão popular que o número de ingressos pagos em uma semana comum nos Estados Unidos era em média acima de 40 milhões! Na época da Segunda Guerra Mundial, os filmes eram produzidos em cores e isso tornou-se a norma. O auge foi alcançado em 1940, quando os ingressos chegaram a 90 milhões por semana.

PADRÕES QUANTITATIVOS

A adoção do cinema como novidade cultural para uso pela massa foi tanto rápida quanto vasta. Os Estados Unidos praticamente se transformaram em uma nação de cinéfilos entre 1900 e 1930. O Quadro 3.2 mostra a frequência média semanal e o número de residências no período de 1922 a 1986. Embora não esteja disponível a frequência entre 1900 e 1921, parece bem provável que esse período inicial dos filmes seguisse a tendência estimada conforme mostra a Figura 3.1.

Talvez o aspecto mais significativo do padrão de adoção para o cinema seja sua *variabilidade*. Isso é especialmente evidente no meio da curva, quando a frequência flutuou tremendamente. Foram os anos da Grande Depressão; os tempos difíceis do início da década de 1930 e de 1940 foram Anos Dourados para os filmes. Mesmo assim, alternativas funcionais estavam ficando cada vez mais acessíveis, e à proporção que estas aumentavam em número e popularidade seu impacto sobre a frequência a cinemas seria pouco menos que desastroso. Evidentemente, o rápido crescimento da televisão, iniciado no final dos anos 40 e prosseguindo pela década seguinte, teve o mais profundo efeito possível na utilização em massa do cinema. Embora a sociedade como um todo estivesse se encaminhando para uma opulência econômica sem precedentes, a frequência média semanal por residência caiu de 2,37 em 1946 para apenas 0,53 em 1960. Esse declínio prosseguiu até o extraordinariamente baixo índice de 0,23 em 1986.

A indústria cinematográfica debateu-se fortemente para retardar o ritmo de queda. À medida que a televisão crescia, foram tentadas diversas experiências. A certa altura, os frequentadores de cinema receberam óculos especiais para poderem ver o filme em três dimensões. As telas foram ampliadas — até proporções quase inacreditáveis em alguns casos. Efeitos sonoros especiais, com alto-falantes em várias partes do cinema, foram tentados. Esses truques não ajudaram muito; o declínio prosseguiu. Quiçá mais significativamente, os velhos padrões morais que regiam os filmes foram à breca. Em época anterior, os filmes exibidos para plateias americanas eram tão picantes quanto um piquenique escolar no domingo. A sólida classe média norte-americana não precisava ser excitada com temas proibidos para fazê-la comparecer à bilheteria dos cinemas. Hoje, a menos que um filme prometa um choque com banho de sangue ou sexo ostensivo talvez não chegue a fazer muita bilheteria. Um bocado de manipulações legais e litígios acompanharam esta modificação, e os temas de ''liberdade de expressão'' face à ''obscenidade'' têm sido amplamente debatidos a propósito de descrições de filmes. Atualmente, autoridades públicas e outros estão criticando acerbadamente a violência assim como o sexo explícito nos filmes. Por outras palavras, o conflito continua a forjar a evolução futura da indústria.

Seja qual for a eventual significação desses problemas no contexto do cinema, parece razoavelmente claro que a verdadeira pressão para mudar tem sido econômica. A mais lógica projeção para o futuro seria que o cinema, como existiu nos anos 30, jamais reconquistará sua popularidade. Isto não significa que não sejam mais feitos filmes. A televisão proporciona uma demanda insaciável até pelos filmes mais desenxabidos, como qualquer espectador do ''Último *Show* da Noite'' testemunhará. Ademais, conforme veremos no capítulo seguinte, o costume crescente de alugar filmes para videocassete promete ainda maiores dificuldades para os cinemas. Assim, conquanto a indústria possa sobreviver, ou até prosperar, parece provável que as formas comportamentais de seus consumidores prosseguirão na tendência atual. A forte mudança de interesse do público norte-americano, após 1960, da tela do cinema da cidade para a tela da televisão em casa, provavelmente continuará à medida que a televisão por cabo e os videocassetes alcancem a saturação, e que a TV mude para códigos referentes a conteúdo que provavelmente acabará sendo o dos filmes de cinema de agora.

QUADRO 3.2. FREQUÊNCIA A CINEMAS NOS ESTADOS UNIDOS (1922-1986)

Ano	*Frequência Média Semanal a Cinemas (em milhares)*	*Número Total de Residências (em milhares)*	*Frequência Semanal por Residência*
1922	40.000	25.687	1,56
1924	46.000	26.941	1,71
1926	50.000	28.101	1,78
1928	65.000	29.124	2,23
1930	90.000	30.000	3,00
1932	60.000	30.439	1,97
1934	70.000	31.306	2,24
1936	88.000	32.454	2,71
1938	85.000	33.683	2,52
1940	80.000	35.000	2,29
1942	85.000	36.445	2,33
1944	85.000	37.115	2,29
1946	90.000	37.900	2,37
1948	90.000	40.523	2,22
1950	60.000	43.468	1,38
1954	49.000	46.893	1,04
1958	40.000	50.402	0,79
1960	28.000	52.610	0,53
1965	21.000	57.251	0,37
1970	15.000	62.875	0,24
1975	20.000	71.120	0,28
1980	19.600	80.776	0,24
1981	20.500	82.400	0,24
1982	22.600	83.527	0,27
1983	23.000	83.918	0,27
1984	23.100	85.407	0,27
1985	20.300	86.789	0,23
1986	19.600	88.458	0,23

FONTES: U.S. Bureau of Census, *Historical Statistics of the United States, Colonial Times to 1957* (Washington, D.C., 1960), Séries H 522; p.225; Séries A 242-44, p.15.

U.S. Bureau of Census, *Historical Statistics of the United States, Continuation to 1962 and Revisions* (Washington, D.C., 1965), Séries H 522, p.35.

U.S. Bureau of Census, *Statistical Abstract of the United States* (Washington, D.C., 1968), quadros 11 e 302, p.12, 208 (1973); quadros 53, 347, 349, p.41, 211, 212.

U.S. Bureau of Census, *Current Population Reports: Population Characteristics*, Séries P-20, n. 166 (24 de Agosto de 1967), p.1, 4.

U.S. Bureau of Economic Analysis; U.S. Bureau of Labor Statistics, Industry and Trade Administration, *U.S. Industrial Outlook*, 1979, p.503.

Dados numéricos de 1980-86 da Motion Picture Association of America, Nova York.

NOTA: Os dados não incluem Havaí e Alasca.

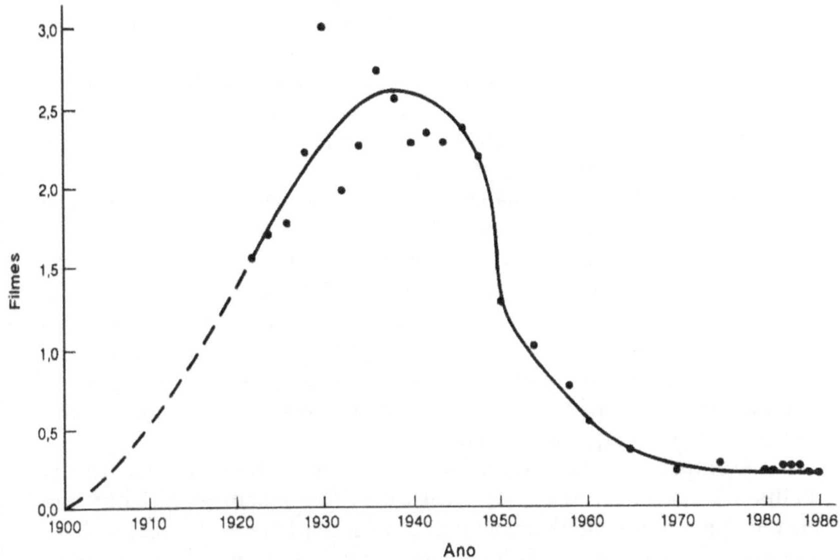

Figura 3.1. Curva de difusão acumulada para filmes de cinema; frequência média semanal por residência nos Estados Unidos (1900-1986).

As condições e os fatores ligados ao declínio de uma determinada forma de comportamento, dentro dum sistema social, têm sido grandemente negligenciados no recente surto de interesse pelo processo de inovação. A obsolescência é uma contraparte natural da inovação, e um traço necessário a uma adequada teoria de mudança social. Sem dúvida existem princípios sistemáticos que governam a forma pela qual determinado objeto, traço ou complexo cultural é abandonado por uma população. Já não utilizamos muito penas de escrever, colarinhos soltos, manivelas de automóvel e acompanhantes para festas de jovens adultos. Essas formas indiscutivelmente seguiram um padrão invertido de uso em declínio, simétrico na forma à usual curva em S da adoção. A despeito do evidente significado de tais padrões de obsolescência para se compreender a mudança social e cultural, não se dispõe de nenhuma teoria sistemática atinente às condições sob as quais isso é gerado.

No caso das salas de cinema, as causas de obsolescência não são particularmente obscuras. A depressão econômica, a mudança da população para subúrbios e, naturalmente, o contínuo crescimento dos veículos eletrônicos reduziram violentamente a frequência de espectadores pagantes. A esses fatores razoavelmente evidentes pode ser acrescentado o congestionamento cada vez maior dos bairros comerciais centrais, onde a maioria dos mais antigos cinemas grandes se achava localizada, e o peso dos crescentes custos da mão-de-obra, de que decorreram o contínuo aumento de preço dos ingressos e correspondente menor número de frequentadores. Mesmo a recente tendência para cinemas menores, com várias telas, não inverteu este modelo a longo prazo.

Globalmente, nossa análise revelou a extensa e complexa evolução do filme cinematográfico. Essa evolução se caracterizou por um acúmulo de traços culturais e inovações tecnológicas que foram necessários para o aparecimento do filme como veículo de comunicação de massa. Ela indicou as múltiplas condições sociais e culturais, tais como guerras, mudanças demográficas e conflitos na instituição econômica, significativamente relacionadas com a subsequente adoção generalizada e possível próxima obsolescência dos cinemas como inovação do comportamento por parte da população norte-americana.

O impacto de uma sociedade num veículo de comunicação não podia ser mais claro do que no caso do filme cinematográfico. Como tecnologia e como indústria, ele sem dúvida continuará a ocupar um lugar em nosso sistema social. Todavia, há dúvidas consideráveis referentes à sua sobrevivência na forma pela qual foi inicialmente adotado por nossa população.

CAPÍTULO 4

O estabelecimento da mídia irradiada

A irradiação representa hoje o resultado contemporâneo de um longo e contínuo processo evolutivo que abrange um número quase atordoante de inovações tecnológicas, progressos científicos e novas formas econômicas e sociais. Como ocorreu com os demais veículos, a evolução da irradiação como veículo de massa foi influenciada por numerosos conflitos, e suas atuais características foram forjadas pela resolução de tais conflitos. Empresas imensas lutaram por direitos de patentes; emissoras rivais concorreram nas mesmas frequências, a ponto de o governo federal ter afinal de intervir com formas novas de controle, privativas desse veículo; o rádio combateu os jornais pelo direito de irradiar notícias; anunciantes lutaram contra órgãos reguladores a propósito de falsas alegações e propaganda exagerada; e, recentemente, foram travadas batalhas a propósito da apresentação de violência na televisão. Tanto o paradigma evolutivo quanto o de conflito, por conseguinte, proporcionam molduras indispensáveis para se interpretar a maneira pela qual a irradiação foi se modelando na mídia que hoje conhecemos.

A EVOLUÇÃO DA TELECOMUNICAÇÃO

Ao descrever as principais formas pelas quais a sociedade influiu nos veículos irradiados, três problemas um tanto diferentes exigem esclarecimento. Primeiro, há os numerosos e complexos fatores sociais que criaram a necessidade e consequente procura de um veículo *instantâneo* de comunicação, capaz de saltar por cima de oceanos e transpor continentes. Segundo, há uma cadeia de *inovações* científicas e técnicas acumuladas à medida que uma invenção levou a outra quando se buscaram diversos meios de atender a uma necessidade. Finalmente, há os acontecimentos que resultaram na conversão da tecnologia da telegrafia sem fio e da radiotelefonia comerciais em um *veículo de massa* com que transmitir programas para receptores em casas de nações inteiras. Podemos acrescentar, claro, que o surgimento da televisão partindo do rádio é ainda outro problema; como será esclarecido, todavia, o veículo mais novo não só compartilhou uma história comum com o rádio como também herdou sua base financeira, tradições, estrutura de controle, e até grande parte de seu talento.

As Necessidades Crescentes de Comunicação

A necessidade de um meio confiável para as pessoas comunicarem-se rapidamente, vencendo longas distâncias, cresceu incessantemente ao aumentar a complexidade das sociedades. Enquanto as atividades sociais estavam confinadas a um pequeno bando, que andava junto ou ficava perto de uma aldeia fixa, o alcance da voz humana, ou, no máximo, a distância alcançável por um corredor robusto sem descanso, provaram ser suficientes como meios de cuidar de problemas das comunicações. Mas à medida que foram inventadas organizações sociais complexas para finalidades militares, comerciais e governamentais, tais grupos defrontavam-se continuamente com o problema de coordenar suas atividades sem um método realmente fidedigno de transmitir informações prontamente, vencendo longas distâncias.

O engenho humano é vasto, e gente de todas as épocas mostrou notável capacidade para tomar a tecnologia de sua época e aplicá-la de forma inédita à solução de problemas práticos. Nossos registros mais remotos falam de comandantes militares que sinalizavam informações à noite, do alto de morros, com a utilização de tochas arrumadas previamente segundo modelos combinados ou códigos rudimentares.

A própria palavra *telégrafo* provém dos gregos, centenas de anos antes de Cristo. Suas palavras componentes subentendem "à distância" e "escrever". Nas civilizações grega, persa e romana, a organização social de assuntos militares, governo e comércio ultrapassara de longe a tecnologia da comunicação, e a incapacidade para coordenar atividades complexas era frequente causa de grande dificuldade. Exércitos foram derrotados, navios afundados, governos derrubados e fortunas perdidas, tudo por falta de uma palavra.

A Busca de Soluções. Uma impressionante coleção de engenhocas técnicas foi inventada e posta às pressas em uso durante os séculos, em busca de uma solução para esse hiato cultural. Mesmo povos primitivos, precisando comunicar-se mas seriamente prejudicados por sua tosca tecnologia, foram capazes de fazer arder a parte interna de um tronco de árvore e esticar a pele de um animal numa das suas extremidades a fim de formar um tambor com o qual puderam vencer distâncias surpreendentes usando sons codificados. Sinais com fumaça são outro exemplo conhecido. Pombos-correio ainda outro (usados até mesmo no século XX). Espelhos sinalizadores, sinais com lanternas, tiros de canhão e faróis de fogo foram todos usados na luta para superar distâncias e tempo. Todavia, estas técnicas primitivas de comunicação eram seriamente limitadas. A maioria era terrivelmente incômoda e lamentavelmente não confiável. Muitas dependiam de tempo bom, e as outras só podiam lidar com mensagens simples.

Em tempos mais recentes, muitos sistemas interessantes de comunicação foram inventados. Todos de certa forma dependiam de visão direta entre o comunicador e o receptor. Retransmitindo a mensagem ao longo de uma série de postos, contudo, podiam-se enviar mensagens complexas através de longas distâncias. Durante o auge do poderio de Napoleão na França, aquele país realmente tinha um total de 224 estações de semáforo espalhadas por mais de mil e seiscentos quilômetros.[1] Esse tipo de sistema foi o mais requintado e amplamente utilizado de todos os artifícios de comunicação por visada direta. Subproduto de uma simples ideia criada por três escolares franceses para trocarem mensagens um com o outro, ele dependia de colocar-se um par de grandes braços de madeira em cima duma torre, de maneira a que dadas configurações representassem as letras do alfabeto em modelos previamente acertados. Os sinais podiam ser lidos e interpretados por um operador recebendo em outra torre, a vários quilômetros de distância. Esse operador por sua vez enviava a mensagem adiante para o posto seguinte, e assim sucessivamente. Era caro e desajeitado, mas o sistema foi utilizado em diversos países europeus até a época de ser substituído pelo telégrafo elétrico. A comunicação semafórica ainda tem aplicação limitada, especialmente a bordo de navios que estejam mantendo silêncio do rádio.

Com a entrada da sociedade ocidental no século XIX, tornou-se crítica a necessidade de um meio de comunicação que até mesmo atravessasse os oceanos. O ritmo do intercâmbio comercial entre nações aumentara grandemente com o advento da revolução industrial. A Grã-Bretanha estava formando um império colonial tão vasto e dilatado que podia gabar-se impunemente de o sol nunca se pôr nele. Ela não andava apenas nas ondas como em parte substancial da superfície terrestre do mundo, e em um segmento apreciável de sua população. Outras nações, igualmente, construíam poderosas marinhas de guerra e grandes frotas mercantes.

Estavam consolidando novos sistemas políticos, desenvolvendo mercados coloniais e explorando novas fontes de matérias-primas. Junto com tudo isso ocorreram modificações fundamentais na natureza da organização da sociedade ocidental. Essas mudanças foram examinadas por vários cientistas sociais de diversas formas, tais como complexas analogias com a evolução orgânica, a passarem de *Gemeinschaft* para *Gesellschaft* (mudança da solidariedade mecânica para a orgânica), e a tendência de uma sociedade sagrada para tornar-se secular, só para mencionar umas poucas. Resta escassa dúvida de que perante crescente complexidade societária, era intensamente necessário um meio de comunicação como o telégrafo elétrico, capaz de ser posto em uso para fins imediatos, práticos e importantes bem antes de afinal estar disponível.

O Sonho da Comunicação Instantânea. A ideia de um telégrafo instantâneo baseado em princípios magnéticos fazia tempo que estava rondando de uma forma ou outra. Giovanni della Porta, o autor da *Magia natural*, discutira um tipo muito especial de magnetita (uma espécie de minério de ferro com propriedades magnéticas).[2] Dizia-se que se duas bússolas semelhantes fossem feitas com esse mineral usado para magnetizar suas agulhas, elas ficariam presas uma na outra por uma força misteriosa, de maneira que se a agulha de uma fosse obrigada a apontar em dada direção, a outra, instantânea e automaticamente, se moveria na mesma direção, independentemente da distância entre elas. Com o alfabeto inscrito ao redor da circunferência da bússola, as possibilidades telegráficas que esse sistema poderia proporcionar eram evidentes. Mas, lamentavelmente, por mais que buscassem, cientistas, filósofos e gente culta nunca foram capazes de descobrir a variedade certa de magnetita necessária para construir um assim maravilhoso *telégrafo por simpatia*. Como a pedra filosofal, o Velocino de Ouro e a fonte da eterna juventude, isso permaneceu para sempre fora do alcance deles.

Progresso Científico na Compreensão da Eletricidade

Se bem que a lendária magnetita não proporcionasse o meio para um telégrafo, o laboratório científico acabaria fornecendo artifícios que ultrapassariam as esperanças e sonhos de todos os antigos sábios. A evolução de uma adequada compreensão da eletricidade ocorreu durante o século XIX, como parte do grande surto de progresso nas ciências físicas. O próprio rádio foi um subproduto de uma longa busca, contínua e básica da natureza da energia elétrica.

A teorização e pesquisa que conduziu a esse meio de comunicação ocupou as vidas inteiras de grande número de trabalhadores científicos, dos quais apenas poucos granjearam reconhecimento público, sucesso financeiro, ou até duradouras honras científicas. A lista de problemas que essas pessoas resolveram é simplesmente espantosa. Os adolescentes de hoje, que sintonizam seu programa favorito de música deitados na praia, e os operários das fábricas que se espicham à noite para assistir às suas lutas favoritas, utilizam os produtos finais de séculos de brilhantes progressos científicos, cuja solução absorveu algumas das mais criativas imaginações e os mais incansáveis trabalhadores dos últimos dois séculos. Esses pioneiros engalfinharam-se com uma relação interminável de problemas conceituais, teóricos e técnico-mecânicos, cujas soluções permitiram os atuais sistemas de irradiação.

Os problemas que careciam de solução antes de o rádio poder tornar-se uma realidade incluíam a teoria básica da eletricidade e do conjunto de circuitos, abrangendo geração, transmissão e medição de correntes elétricas. Também abrangiam as teorias dos campos eletromagnéticos, bobinas, e a radiação eletromagnética e detecção de oscilações de alta frequência. Outra série de problemas girava em torno da alteração de correntes, tal como retificação e amplificação. As válvulas eletrônicas de diodo e triodo foram necessárias para acoplar a transmissão da voz ao telégrafo sem fio de traço-e-ponto. Finalmente, para a televisão, um rebento do rádio, os problemas ligados à transmissão de padrões de luz e sombra e a recepção deles numa tela tiveram de ser resolvidos. A válvula fotoelétrica, sensível à luz no âmago da câmara de televisão, foi um progresso considerável, tal qual a válvula receptora de imagem chamada cinescópio. Estas duas últimas abriram caminho para a televisão comercial.

Os Elementos da Teoria Elétrica. Os princípios pelos quais som ou luz são convertidos em ondas eletromagnéticas capazes de serem irradiadas e reconvertidas em som ou luz abrangem a parte mais fundamental das ciências físicas. Alguns desses princípios regem a própria natureza da matéria.

A chave para a transmissão e recepção pelo rádio e pela televisão é o *elétron*. Supersimplificado, o elétron é concebido pelos físicos como uma *partícula* infinitesimalmente pequena com a característica de ter carga elétrica negativa. Os elétrons, é claro, são um tipo importante de partícula que compõe os *átomos*. Existem outros tipos, tais como prótons e tipos correlatos, que constituem o *núcleo* de um dado átomo. Essas ínfimas partículas nucleares têm cargas elétricas positivas que são exatamente iguais às cargas elétricas negativas dos elétrons do átomo. É esse equilíbrio de forças elétricas que mantém as partículas reunidas em um dado átomo.

Cada átomo dos elementos tem um número diferente de elétrons e outras partículas compondo sua estrutura global. Quanto mais pesado é um elemento, tanto mais elétrons contém em seus átomos. Um átomo de um determinado elemento é uma estrutura firmemente organizada de partículas eletricamente equilibradas entre si em um minúsculo sistema. Alguns elementos, todavia, têm átomos cujos elétrons externos por várias razões estão menos solidamente vinculados a suas estruturas.

Para alguns elementos (como cobre e muitos outros metais), os elétrons podem ser retirados de ou acrescentados a partes externas desses sistemas por processos químicos ou eletromagnéticos, lançando assim o átomo em um temporário desequilíbrio elétrico. Quando tal ocorre, o átomo atrai um elétron de seu vizinho para substituir o perdido. Ou, se ele os tiver em demasia, passa um para seu vizinho. Aí, o vizinho reage analogamente com seu próprio vizinho, e assim sucessivamente. Se o elemento é um bom ''condutor'' de eletricidade e está disposto em um comprido fio fino, o resultado será um ''fluxo de corrente elétrica'' ao longo desse fio. Nada realmente ''escoa'', é claro, mas os sucessivos desequilíbrios nos átomos dos fios que compõem o circuito elétrico podem ser assim encarados. Baterias acumuladoras, geradores, pilhas solares e muitos outros dispositivos são capazes de produzir esses desequilíbrios elétricos na ponta de um fio, e tal desequilíbrio gera uma fonte de energia na forma de uma carga elétrica na outra ponta. Deste fenômeno surge uma série de aplicações da energia resultante. Ela é utilizada para criar campos magnéticos, calor, luz, e outros efeitos como rádio e televisão. Se o que foi dito parece complicado, é uma indicação ao leitor das dificuldades que foram superadas como parte da acumulação de ideias e tecnologia antes de se inventar o rádio.

Tecnologia Elétrica: Aplicações da Teoria. Durante todo o período desde os primeiros filósofos gregos até o final do século XVIII, experimentadores se maravilharam ante o fenômeno da eletricidade. A eletricidade estática foi facilmente gerada por atrito, e, com esse princípio em mente, os experimentadores construíram dispositivos cada vez maiores para gerar cargas. Os primitivos gregos esfregavam uma haste de âmbar num pedaço de pano e geravam fracas correntes eletrostáticas de indução, capazes de atrair uma bolinha de sabugueiro pendurada na ponta de um pedaço de linha. Séculos mais tarde, cientistas europeus do século XVIII conceberam a mecânica desse processo a ponto de poderem gerar cargas tremendas de eletricidade estática com possantes máquinas de atrito. Construíram imensos discos rotativos com almofadas de pano para captar as cargas elétricas e espantaram seus amigos deixando essas cargas colidir violentamente entre duas pontas metálicas, qual relâmpago, até uma distância de alguns metros. Tais máquinas eram capazes de atrair pedacinhos de linha ou outros objetos até de uns dez metros de distância. Com efeito, todavia, estavam ainda empregando o mesmo princípio que fascinara os gregos, e realmente não entendiam por que funcionava! Apesar de terem estado se divertindo um bocado com estes artifícios espetaculares, não haviam sido capazes de resolver o problema crítico de como armazenar eletricidade de forma a poder ser utilizada quando e onde fosse necessária.

Diversas pessoas, aparentemente ao mesmo tempo, parecem ter encontrado a solução para esse problema. Uma garrafa meio cheia de água, e com um fio passando pelo meio da rolha que a fecha, pode ''armazenar'' uma carga de eletricidade. Uma ponta do fio deve mergulhar na água e a outra deve ficar temporariamente ligada à extremidade operacional de uma máquina de atrito que esteja gerando eletricidade estática. Um desprevenido que depois segure o fio que sai da garrafa receberá um choque de fazer os ossos rangerem, se uma carga estática suficientemente forte tiver sido introduzida na garrafa. Chamada garrafa de Leyden (nome do lugar onde parece mais provável ter sido inventada), esse dispositivo foi utilizado por Benjamin Franklin em sua assaz conhecida experiência com a pipa. Ele conseguiu carregar uma garrafa de Leyden usando uma pipa solta ao vento durante uma tempestade elétrica. Uma ponta do fio da pipa consta ter sido ligada a uma chave mergulhada na água. A experiência demonstrou que a eletricidade do relâmpago e a do laboratório são a mesma coisa. Por que Franklin não foi instantaneamente eletrocutado permanece sendo um mistério; decididamente, não é aconselhável tentar repetir esta interessante experiência. A bateria acumuladora de Alessandro Volta acabou substituindo a garrafa de Leyden, e artifícios mais adequados para gerar eletricidade foram desenvolvidos por Michael Faraday e outros.

O Telégrafo

Um elemento decisivo na inexorável evolução da tecnologia rumo ao telégrafo elétrico foi a criação do eletromagneto. Na década de 1830, as várias características técnicas indispensáveis a um telégrafo elétrico achavam-se disponíveis no saber científico. Restava somente reuni-las no modelo adequado. A ideia do telégrafo atormentara gente havia séculos. A necessidade de um artifício de comunicação assim era fundamental, e a base tecnológica se acumulara a ponto de não restarem mais problemas técnicos a serem resolvidos.

Diversas pessoas, aproximadamente ao mesmo tempo, parecem ter topado com um ou outro esquema que constituiria um telégrafo viável, mas foram as patentes e o sistema do norte-americano Samuel F.B Morse que prevaleceram. Morse, o pintor de retratos, não era cientista, e em sua ingenuidade parece ter andado às tontas atrás de soluções para fazer um telégrafo que cientistas haviam considerado possibilidade improvável. Instalou uma oficina em um dos prédios da Universidade da Cidade de Nova York, onde trabalhava como professor de Literatura e de Arte do Desenho. Mexeu com numerosas engenhocas, frequentemente pedindo conselhos a diversos de seus amigos cientistas um tanto céticos, e acabou elaborando um sistema telegráfico que lhe permitiu transmitir mensagens por meio de quinze quilômetros de fio estendido dando voltas em torno da oficina.

Morse imediatamente requereu do governo um subsídio que lhe possibilitasse aperfeiçoar a aparelhagem (que prontamente patenteara). Após bastante hesitação, dúvidas e atrasos, o governo federal acabou financiando uma linha telegráfica entre Washington, D.C., e Baltimore. A histórica mensagem "O que foi que Deus arrumou?" faiscou entre as duas cidades a 2 de maio de 1844 e o mundo ingressou na era da comunicação elétrica instantânea. O sonho de Giovanni della Porta estava sendo concretizado lentamente. Tudo de que se carecia era livrar-se dos fios.

O Princípio da Propriedade Privada. Após um período inicial de durezas, hesitação e perdas financeiras, o telégrafo elétrico foi gradativamente aceito pelo mundo dos negócios, os militares e outros grupos, e os finos fios em breve dirigiram-se para a maioria dos principais centros demográficos. O governo federal, que financiara a linha original interurbana, jogou fora a oportunidade para controlar as patentes e abriu mão de todos os seus direitos. Tornaram-se propriedade de empresas privadas, com Morse como principal acionista, e a evolução desse veículo foi deixada à iniciativa privada. Está claro agora que a falha do governo para se manter no negócio do telégrafo *estabeleceu um precedente* que seria seguido nos Estados Unidos, devido ao qual a posse privada de veículos de comunicação constitui condição central na determinação do tipo de conteúdo que as audiências dos veículos irradiados desfrutam hoje em dia. Foi esta obscura reviravolta que forjou um importante elo na cadeia de acontecimentos que marca a evolução dos veículos de massa nos EUA. Quando chegou o telefone, a seguir o telégrafo sem fio, o telefone sem fio, e, afinal, a irradiação para todas as casas, nunca mais o governo federal foi um sério concorrente no controle dos direitos sobre estes veículos (malgrado uma vez obtivesse e abrisse mão do controle sobre o rádio). Não foi certamente o que se deu em outros países.

Transpondo os Oceanos. Após vencer tremendos problemas financeiros e técnicos, foram lançados cabos através do Oceano Atlântico por Cyrus W. Field, a 27 de julho de 1866, e uma mensagem cruzou o grande mar com incrível velocidade. Dali a pouco tempo, redes de cabos foram lançadas por baixo dos oceanos para as principais regiões povoadas do mundo. Em 1876, Alexander Bell e seu brilhante assistente haviam conseguido transmitir a voz humana por meio de fios elétricos, e o ritmo do progresso cultural na área da tecnologia da comunicação se acelerou velozmente. Em breve, o enorme hiato entre a tecnologia da comunicação e a complexidade da organização social começaria a desaparecer. Do telégrafo e do telefone restava apenas um curto e bem natural passo para um telégrafo sem fio, e, subsequentemente, um telefone sem fio.

O Telégrafo sem Fio

Enquanto ocorria a criação do telégrafo e do telefone, cientistas como Volta, Ampère, Henry, Faraday, Maxwell e Hertz labutavam continuamente para compreender a natureza fundamental da eletricidade. O progresso da teoria cada vez mais apurada permitiu uma tecnologia mais e mais meticulosa para a geração, acumulação, medição, transmissão, modificação e aproveitamento diversificado da energia elétrica. Por volta da época da Guerra Civil norte-americana, James Maxwell, na Escócia, elaborara uma teoria matemática sobre misteriosas ondas eletromagnéticas que, por hipótese, teriam a velocidade da luz. Em 1888, um jovem alemão, Heinrich Hertz, demonstrara a existência real dessas ondas e construíra um aparelho de laboratório para gerá-las e detectá-las. O mundo científico ficou tremendamente interessado nesse fenômeno, e estavam sendo realizadas experiências com as ondas hertzianas em laboratórios de muitos países.

A Engenhoca de Marconi. No início da década de 1890, na Itália, Guglielmo Marconi, então com apenas vinte anos de idade, tomou conhecimento dos estudos experimentais sobre ondas hertzianas e da aparelhagem utilizada para gerá-las e detectá-las. Raciocinou logicamente que se a distância pudesse ser prolongada para além de poucas dezenas de metros dos aparelhos de laboratório, poderiam vir a ser transmitidos sinais codificados aproveitando-os em uma espécie de telégrafo sem fios. Prontamente adquiriu um aparelho e começou a experimentar com ele, enviando sinais através do jardim da propriedade de seus pais. Malgrado não ser um cientista, Marconi era um faz-tudo imaginativo, e conseguiu modificar o aparelho de laboratório, reforçando-o até um ponto onde pôde enviar mensagens de traço-e-ponto até um quilômetro e meio de distância. Seu aparelho se tornara o primeiro telégrafo sem fio.

Em seu trabalho, Marconi jamais teve a intenção de promover o progresso da ciência pura. Seus experimentos tiveram antes objetivos práticos e comerciais que teóricos ou científicos. Apressadamente dirigiu-se à Inglaterra para patentear seu telégrafo sem fio, que era, basicamente, um sistema de dispositivos de laboratório bem comuns, construídos em escala muito grande e que recebia nos pontos os traços do código telegráfico Morse.

> Houve um visível constrangimento entre clientes quando souberam que sua palamenta de laboratório percorrera o caminho até a repartição de registro de patentes. Só uns poucos, notadamente Crookes, sir Oliver Lodge e Ernest Rutherford, haviam dispensado alguma consideração à possível utilização prática.[3]

Concretização do Sonho Antigo. Em breve, Marconi construiu aparelhos cada vez maiores que alcançavam distâncias também maiores. Acabou sendo transposto até o Atlântico. Conquanto a obra de Marconi talvez não haja adiantado extraordinariamente a ciência básica, representou um passo extremamente significativo na evolução do rádio como meio instantâneo de comunicação de grande alcance. O sonho de della Porta tornara-se realidade. Marconi concretizou o produto final de mais de um século de pesquisa científica, tirando-o do laboratório para as mãos de grupos que precisavam desesperadamente de uma aparelhagem com que se comunicar rapidamente através de grandes distâncias.

"Marconi viera da Itália para a Inglaterra porque acreditava que a Inglaterra com sua vasta marinha mercante se mostraria um mercado mais lucrativo para as descobertas que ele realizara."[4] O sem-fio não era de forma alguma um veículo de massa na época. No final da primeira década do novo século ele estava nas mãos de grupos comerciais, militares e do governo para a transmissão de informações confidenciais. Era especialmente adequado a uso em navios, que transportariam sua aparelhagem volumosa e pesada. O público em geral só soube do telégrafo sem fio através do que lia ocasionalmente no jornal. A ideia de que algum dia tivessem um em suas casas ou que ele começaria a alterar as rotinas diárias de suas famílias por certo nunca lhes entrou nas cabeças.

DO TELÉGRAFO SEM FIO À RADIOTELEFONIA

Quando o rádio se mostrou capaz de desempenhar a missão que Marconi e outros haviam visualizado, vultosos recursos econômicos foram investidos em seu desenvolvimento. As companhias Marconi, britânica e norte-americana, em breve tinham poderosos rivais. As marinhas de países poderosos perderam pouco tempo para adotar o sem-fio. Empresas de navegação encontraram, afinal, um meio prático para manter contato com embarcações no mar. Quando navios com aparelhagem de TSF colidiam com *icebergs* ou de outra forma se viam em dificuldades, mensagens dramáticas de perigo atraíam outros navios com equipamento semelhante para socorrê-los. Estes acontecimentos despertavam considerável atenção popular. Entrementes, a tecnologia do rádio continuava a evoluir. Disputas legais complexas foram travadas acerca de uma invenção após outra durante esse tempo em que os pioneiros do rádio aperfeiçoavam a confiabilidade, potência, alcance e clareza das mensagens sem-fio. Conferências internacionais tentaram elaborar regulamentos acerca da transmissão e recepção das mensagens. Centenas de estações foram construídas ao longo do litoral por interessados comerciais, marítimos e da marinha de vários países. Nos anos pouco antes da Primeira Guerra Mundial, a telegrafia sem fio foi uma técnica comercialmente valiosa amplamente utilizada, que começara a substancialmente tapar o hiato entre a tecnologia da comunicação e a complexa e vasta organização social. Mas ninguém ainda pensara neste recurso técnico como um veículo de comunicação para o membro comum da sociedade.

Transmitindo a Voz Humana

A transmissão da voz humana era o próximo passo, e muitos inventores e cientistas trabalharam nessa ideia. O existente sistema de traço-e-ponto fora criado de forma tal a ser capaz tecnicamente de receber as irradiações que fossem adequadamente incorporadas ao sinal transmitido. Foi na véspera do Natal de 1906 que operadores do sem-fio em navios ao longo do Atlântico, em rotas ao largo da costa dos Estados Unidos, pela primeira vez escutaram uma voz humana falar-lhes saindo dos fones. Mal puderam acreditar em seus ouvidos!

Reginald A. Fessenden preparara uma aparelhagem que permitia a irradiação de sinais infinitamente mais complexos do que os do simples ruído de traço-e-ponto. Também construíra um transmissor bastante possante para utilizar em suas experiências. Diversas pessoas falaram pelo sem-fio naquela memorável noite; uma fez um discurso, outra leu um poema, e mais uma ainda até tocou violino. A radiotelefonia tornara-se uma realidade.

A despeito do sucesso inicial de Fessenden com a radiotelefonia, passariam muitos anos antes de os norte-americanos terem programas de rádio regulares para escutar em suas próprias casas. No entanto, havia um crescente interesse popular pelo rádio. Naquele mesmo ano de 1906, foi descoberto que diversas substâncias minerais eram capazes de detectar radiotransmissões quando usadas em um circuito extremamente simples. Um receptor de rádio de galena muito barato podia ser construído por qualquer pessoa com elementares habilidades mecânicas. O custo das peças era insignificante. Isso implicava que pessoas no país inteiro, até jovenzinhos, poderiam escutar os sinais de código no ar. Uma vez aprendido o código, o esporte tornou-se grandemente atraente e nunca se saberia quando se poderia escutar, por acaso, um agoniado sinal de perigo de alguma embarcação afundando no meio do oceano.

> Assim, na mesma época quando era importante o público em geral ser instruído acerca das possibilidades do rádio, o eficiente detector de cristal apareceu para impulsionar a indústria. O código Morse exercia grande apelo entre meninos e jovens, mas quando música e palavras faladas puderam ser detectadas no éter isso mobilizou um verdadeiro exército de entusiastas pela nova ciência. Os rapazes gostam de remexer e experimentar com coisas de química ou de mecânica, e aí estava a grande oportunidade de todos os tempos.[5]

A primeira década do novo século trouxe muitos refinamentos, aperfeiçoamentos e novas ideias significativas. Uma destas iria revolucionar a radiotransmissão e até propiciar a base para uma inteiramente nova indústria da eletrônica que viria a seguir. Seu inventor, Lee De Forest, denominou-a *audion* (audião): na gíria técnica do rádio primitivo foi denominada *válvula*; hoje a chamaríamos *válvula de vácuo*. Desde então, já foi substituída por dispositivos em estado sólido que desempenham aproximadamente a mesma função. O audião de De Forest foi o elemento-chave dos amplificadores eletrônicos, que podiam reforçar os sinais recebidos por telégrafo ou rádio. Após aperfeiçoamento, permitiu à voz humana ser transmitida para todas as partes do mundo. Receptores de rádio ficaram mais confiáveis e a clareza da recepção melhorou. Aperfeiçoamento seguiu-se a aperfeiçoamento. O circuito heteródino e o super-heteródino melhoraram expressivamente a recepção. O equipamento de rádio, outrora tão enorme e pesado que só navios podiam transportá-lo com facilidade, agora se tornou cada vez mais leve e portátil. Com efeito, durante a Primeira Guerra Mundial os radiotelefones foram montados com sucesso em aviões para informar as baterias de artilharia em terra acerca da precisão de seu tiro.

Propriedade Privada e Motivação do Lucro

De certa maneira, a mais espantosa das condições sociais que rodeou o desenvolvimento inicial do rádio foram a propriedade privada e a motivação do lucro. Ambas facilitaram e retardaram a evolução do nascente veículo. Cada invenção, mínima ou grande, foi imediatamente patenteada nos Estados Unidos, na Grã-Bretanha e em outros países igualmente. Tornou-se quase impossível fazer os necessários aperfeiçoamentos nos componentes do rádio ou comercializar equipamento assim melhorado sem se ver envolvido em acerbas disputas judiciais acerca de reivindicações de patentes. Com efeito, todos os principais pioneiros do rádio, a partir de Marconi, frequentemente se viram batalhando em juízo uns com os outros. Lee De Forest, um dos principais inventores dos mais importantes componentes do rádio, foi deveras preso e acusado de fraude. O problema, claro, é que havia fortunas a serem conseguidas no sem-fio, e a concorrência para vincular-se a importantes invenções, a fim de explorá-las, foi intensa.

Ao mesmo tempo, também é fato que milhões de dólares eram gastos por indivíduos e grupos econômicos para ajudar inventores no aperfeiçoamento de suas ideias, até o ponto de poderem ser convertidas em aparelhos comerciáveis. Em última análise, esse apoio financeiro para a pesquisa talvez tenha compensado os muitos conflitos que os conceitos de propriedade privada, lucro coletivo e exploração comercial geraram para o rádio.

A Primeira Guerra Mundial provocou necessidades militares urgentes de aperfeiçoamento dos sistemas de rádio. Não só daí resultaram nova organização, potencial humano e fundos para colaborar em problemas técnicos não solucionados, como houve outro efeito importante. Todos os litígios e restrições por causa de patentes foram temporariamente suspensos durante a guerra. O governo federal ficou no controle total da indústria nascente, e esse controle centralizado acarretou novos esforços cooperativos para a tarefa de adiantamento técnico que teria levado muito mais tempo na paz.

A CAIXINHA DE MÚSICA DO RÁDIO

Um jovem engenheiro de rádio, chamado David Sarnoff, progredira rapidamente nas fileiras da Companhia Marconi Americana. Ele conseguira grande atenção pública durante o afundamento do malsinado *Titanic*, rasgado por um *iceberg* no meio do Atlântico. Sarnoff permaneceu em seu manipulador telegráfico, em uma estação de rádio da cidade de Nova York, decifrando mensagens recebidas do local do desastre. Durante três dias e três noites, manteve um público horrorizado a par dos acontecimentos referentes ao trágico acidente. Depois foi promovido desse cargo para posições mais importantes na companhia. Em 1916, Sarnoff enviou um memorando a seus superiores, e esse agora famoso memorando em certo sentido fez pelo rádio o que Benjamin Day fizera pela imprensa, quase um século antes: mostrou uma forma economicamente lucrativa pela qual o rádio poderia ser usado como veículo de comunicação de massa para famílias comuns. Conquanto a companhia não seguisse imediatamente suas sugestões, Sarnoff previu com sucesso os principais traços do rádio como veículo de massa. Ele escreveu:

> Tenho em mente um plano de desenvolvimento que faria do rádio um "utensílio doméstico", no mesmo sentido que o piano ou o fonógrafo. A ideia é levar música às casas através do sem-fio.
>
> Embora isso tenha sido tentado no passado por fio, foi um insucesso porque fios não se prestam a esse projeto. Com o rádio, contudo, seria inteiramente exequível. Por exemplo — um transmissor de radiotelefonia tendo um alcance, digamos, de 40 a 80 quilômetros, pode ser instalado num determinado ponto onde seja produzida música instrumental ou vocal ou ambas. O receptor pode ser na forma de uma simples "Caixinha de Música de Rádio" e preparada para diferentes comprimentos de onda, que deverão ser intermutáveis mediante uma simples torção dum botão ou pressão em um interruptor.
>
> A "Caixinha de Música de Rádio" pode ser acrescida de válvulas amplificadoras e um alto-falante, tudo podendo ser montado elegantemente em uma caixa. Esta pode ser instalada em cima duma mesa na sala de visitas ou na sala de estar, o interruptor colocado na posição adequada e a música transmitida ser recebida...
>
> O mesmo princípio pode ser ampliado para numerosos outros campos como, por exemplo, ouvir palestras em casa que possam ser perfeitamente audíveis; também acontecimentos de importância nacional podem ser simultaneamente anunciados e recebidos. Resultados de partidas de beisebol podem ser transmitidos no ar graças à utilização de um aparelho instalado no estádio. O mesmo seria aplicável em outros locais. Esta sugestão seria especialmente interessante para fazendeiros e outros moradores de locais afastados das cidades. Com a aquisição de uma "Caixa de Música de Rádio", eles poderiam desfrutar concertos, palestras, música, recitais etc. Se bem que eu haja indicado os campos mais prováveis de utilidade para um aparelho desses, ainda existem numerosos outros setores aos quais pode ser estendido o princípio.[6]

Se Sarnoff tivesse acrescentado o anúncio cantado e a novela, sua descrição de como o rádio se tornaria um sistema de comunicação de massa teria sido quase perfeita. Dentro de dez anos, iria ver o rádio convertido em veículo para uso doméstico, acompanhando quase literalmente o esboço por ele mesmo traçado. A aplicação sugerida por David Sarnoff da tecnologia de rádio existente a essas utilizações imaginativas, novas e práticas emparelha-se com a ideia de Marconi de pegar dispositivos existentes no laboratório e utilizá-los como telégrafo sem fio. O próprio Sarnoff desempenhou papel relevante na consecução de tal transformação; dentro de pouco tempo, ele se tornou o administrador de uma nova empresa no campo do rádio e foi capaz de converter em realidade o seu sonho.

A Questão do Controle

Débeis tentativas para perpetuar o controle do governo sobre o rádio, ao término da Grande Guerra, foram abafadas pelos protestos de interesses privados. Tal como o governo federal admitira o controle do telégrafo cair nas mãos de particulares, analogamente cedeu esse importante novo veículo de comunicação pública a interesses comerciais. O rádio foi definido por tal ato como uma *arena de concorrência comercial*, ao contrário de um veículo público de comunicação a ser operado por organizações oficiais. Essa decisão iria ter efeitos remotos e implicações com as quais convivemos hoje em dia. Outras sociedades formularam definições diferentes acerca do controle da irradiação e dos sistemas de irradiação que surgiram em países como a Grã-Bretanha, a União Soviética e outros, apresentando contrastes interessantes com a dos Estados Unidos. Não quer isso dizer que são melhores, apenas que são bastante diferentes, sobretudo devido a decisões e acontecimentos históricos.

Uma vez eliminado o controle governamental direto, os interesses comerciais britânicos e norte-americanos, que haviam prosperado durante a guerra, lutaram entre si em busca do controle. A Companhia General Electric finalmente adquiriu as ações britânicas da Marconi norte-americana e formou uma nova empresa com um nome patriótico (aparentemente destinado a dissipar temores de controle estrangeiro). A nova Radio Corporation of America (RCA) pôde consolidar diversos conflitos acerca de patentes, e entregou o controle da telegrafia sem fio e da radiodifusão nos Estados Unidos a acionistas norte-americanos. Em 1919, David Sarnoff, que preconizara a "Caixa de Música do Rádio", foi nomeado primeiro diretor comercial dessa empresa.

Início das Transmissões Programadas

Pouco depois da Primeira Guerra Mundial, a companhia Westinghouse, importante fabricante americano de equipamento elétrico, tentou mudar para o campo da telegrafia sem fio internacional. A Westinghouse não foi especialmente bem-sucedida, em grande parte devido a sua rival RCA possuir a maioria das novas patentes importantes. Contudo, alguns de seus diretores estavam interessados no campo mais recente da telefonia sem fio, e a companhia realizara considerável trabalho de pesquisa nesta área. O dr. Frank Conrad estava encarregado de experiências com novos e possantes transmissores desse tipo. Em ligação com esse trabalho, ele não só construiu um transmissor assim para experiências no laboratório da Westinghouse, como construiu um em casa, por cima da garagem, de modo a poder prosseguir trabalhando à noite. Licenciou seu transmissor doméstico quase um ano depois, em abril de 1920, como estação 8XK. Conrad começou a transmitir sinais durante a noite, ao trabalhar com seu aparelho tentando aperfeiçoar o projeto. Em breve constatou que pessoas das redondezas o estavam escutando em seus receptores amadores. Isso mostrou-se um benefício, a princípio, devido às cartas, cartões e telefonemas deles lhe darem certa indicação do alcance e clareza de sua transmissão. Não demorou, todavia, para esse círculo de ouvintes amadores começar a virar um problema. Para gerar um som contínuo, começara a tocar a vitrola e irradiar seu som. Os ouvintes principiaram a exigir determinadas canções e até a chamarem-no a horas impróprias para solicitar-lhe que tocasse determinado disco preferido. Conrad resolveu o problema regularizando suas irradiações, e, com a cooperação do vendedor local de fonógrafos, pôde continuar a apresentar música contínua num período de duas horas em duas noites por semana. O número de ouvintes cresceu prontamente, e a família dele entusiasticamente aderiu à farra tornando-se os primeiros *disc jockeys.*

Estimulando a Venda de Receptores. Toda esta atividade incrementou a demanda de receptores na região, e tornou-se cada vez mais claro que haveria dinheiro a ser conseguido na fabricação de tais conjuntos para uso doméstico. As possibilidades comerciais não escaparam à atenção dos dirigentes da Westinghouse. Resolveram construir um transmissor maior em East Pittsburgh, com o fito de estimular a venda de receptores domésticos de sua própria fabricação e a venda de peças com as quais amadores montavam seus próprios conjuntos. Foi desta maneira que a Estação KDKA de Pittsburgh veio a existir, em 1920.

Apesar de David Sarnoff haver prognosticado a caixa de música do rádio com anos de antecedência, foi a decisão de Harry P. Davis, vice-presidente da Westinghouse Electric and Manufacturing Company, que concretamente fez nascer o rádio doméstico comercialmente. Concluiu que uma estação transmissora regular, operada pelo fabricante dos receptores, criaria suficiente interesse na venda de aparelhos para justificar a despesa do funcionamento da estação. Embora esta base financeira para a transmissão tenha sido de há muito substituída pela venda de tempo para anúncios no ar, foi suficientemente prática na época para dar impulso inicial ao rádio como veículo para uso doméstico.

A fim de estimular o interesse pela nova estação, e, é claro, promover a venda de receptores, foi anunciado que a transmissora irradiaria os resultados da eleição presidencial de 1920. Foram telefonados boletins para a estação de um jornal na vizinhança, e os resultados foram irradiados durante a noite de 11 de novembro logo ao chegarem. Uma audiência de entre quinhentas e mil pessoas ouviu pelo rádio a notícia de que Warren G. Harding havia sido eleito presidente dos Estados Unidos. O acontecimento foi um grande sucesso; o sonho de David Sarnoff virara realidade.

Crescente Interesse Público. A experiência de Pittsburgh foi tão bem-sucedida que outras estações foram prontamente criadas. Transmissoras iniciaram irradiações regulares em Nova York em 1921, seguidas por estações em Newark e outras cidades. A Westinghouse em breve tinha diversos concorrentes. O interesse público pelo rádio estivera aumentando, seu apetite pelos novos sinais no ar tendo sido aguçado pela fascinação e estímulo da curta história do rádio. As narrativas dramáticas de salvamentos no mar, de ousados voos por sobre terras selvagens com radiotelefones, e as contendas de gigantescas empresas para conseguir controlar a telegrafia sem fio, tudo contribuíra para esse crescente interesse. Quando as estações de rádio começaram de fato a transmitir em períodos regulares músicas e vozes, que as pessoas podiam receber nas próprias casas em suas cidades, o interesse latente subitamente estourou numa doideira total. O público começou a clamar querendo mais rádio. Em 1922, a fabricação de receptores domésticos estava desesperadamente atrasada diante dos pedidos recebidos. Novas estações foram construídas num ritmo assombroso. Na última metade de 1921, foram expedidas autorizações para 32 novas estações, mas na primeira metade de 1922 esse número aumentara para 254! Se bem que ainda houvesse muitos problemas a resolver, atinentes à base financeira, seu conteúdo e funcionamento técnico, o rádio como veículo de massa estava realmente implantado.

Os Problemas de Interferência e o Financeiro

Um dos mais primitivos problemas com que o rádio doméstico se defrontou foi ocasionado por sua própria popularidade. Há um espectro limitado de frequências disponíveis adequadas à irradiação. No princípio, não foram feitas tentativas, seja pelo governo, seja por grupos privados, para regulamentar as frequências que os transmissores de determinada área deveriam utilizar. A Lei do Rádio de 1912 não especificou frequências para estações transmissoras privadas. O Secretário [Ministro] do Comércio, que licenciava todos os novos transmissores, selecionara duas frequências, 750 quilociclos e 833 quilociclos, e todas as estações foram atribuídas a uma ou à outra.

Conflito nas Vias de Radiocomunicação: Transmissões Concorrentes. À medida que os números de transmissores em funcionamento cresciam rapidamente, surgiu uma quantidade desagradável de casos em que duas estações operavam suficientemente próximas uma da outra, de forma que o programa de uma ficava sobreposto ao som da outra. Esse tipo de interferência não podia ser facilmente controlado. Muitas estações operavam mediante acordos informais para dividir o tempo disponível. Não havia autoridade legal que pudesse atribuir posições diferentes na faixa de rádio para cada estação e pudesse fazer respeitar rigorosamente tal regulamentação. Evidentemente, um problema desses só poderia ser atendido por algum gênero de órgão governamental, mas não havia provisão adequada, pelo Congresso ou pelos estados, de um órgão assim. O Departamento [Ministério] do Comércio expedia autorizações para o funcionamento de transmissores, mas pouco mais fazia. Devido à ausência de controle sobre este problema técnico, a confusão começou a crescer.

Entrementes, o rádio avançava em ritmo tremendo. No final de 1922, a estação WJZ de Newark transmitiu com sucesso a World Series.* Estações principiaram a irradiar óperas, concertos, noticiários, música para dançar, conferências, serviços religiosos e grande variedade de acontecimentos. Para evitar recobrimento, foram tentadas experiências voluntárias, com estações vizinhas transmitindo em comprimentos de onda pelo menos vinte metros diferentes uma da outra. A despeito de esforços para combater a interferência, contudo, o problema continuou crescendo.

Foi tentada experimentação para formar redes e constatou-se que diversas estações, conectadas por fio, podiam irradiar simultaneamente o mesmo programa. A corrida para construir novas transmissoras prosseguiu, e em 1932 eram encontradas estações na maioria das grandes cidades da nação.

Pagamento de Irradiações. Dois problemas importantes prosseguiram atrapalhando o veículo. O problema técnico da interferência já estava seriamente descontrolado, e havia igualmente o de ter de pagar pelas irradiações. Enquanto os maiores fabricantes de material elétrico podiam dar-se ao luxo de financiar suas estações com os lucros da venda de aparelhos, isso era na melhor hipótese uma solução limitada, e não ajudava em nada aos proprietários de estações que não fabricavam esse equipamento.

Ao terminar o ano de 1932, parte do entusiasmo inicial para construir estações transmissoras começou a ceder, à medida que duros fatos financeiros tiveram de ser enfrentados. Simplesmente não se tirava lucro, só os que dispunham de outros recursos financeiros se achavam em posição de prosseguir funcionando.

---

* Final do campeonato de beisebol, o esporte mais popular dos Estados Unidos. (N.T.)

> Agora que um ano inteiro de radiotransmissão em âmbito nacional terminou, o verão de 1923 ofereceu uma oportunidade para se pesar as contas, por assim dizer. Essa foi uma oportunidade deveras perturbadora, posto que os livros-razão de todas as estações revelaram lançamentos quase totalmente em vermelho. Fortunas haviam sido desperdiçadas na carreira louca... Já em dezembro de 1922, o Departamento de Comércio comunicou, só naquele mês, a suspensão de vinte estações. A cada mês sucessivo a relação de baixas crescera mais assustadoramente. Entre 19 de março e 30 de abril de 1923, quarenta e duas estações desistiram de suas concessões. No mês de maio, houve 26 quebras. Junho de 1923 viu cinquenta estações de rádio silenciarem. Em julho, vinte e cinco concessões foram restituídas. Assim, no período de 19 de março a 31 de julho daquele ano fatídico, 143 estações de rádio abandonaram o negócio.[7]

A menos que pudesse ser achada alguma base financeira viável, o rádio como veículo de comunicação para os lares norte-americanos estava condenado.

Soluções Tentadas. O público, porém, não teve de abrir mão do rádio. Os meados dos anos 20 foram de prosperidade para a maioria dos norte-americanos. As tristes lembranças da Grande Guerra iam sumindo, e a nação ingressava num período de crescimento industrial e financeiro. O novo artifício de compras à prestação participou de uma grande expansão do crédito ocorrida na estrutura econômica. Ninguém teve qualquer insinuação do eventual colapso que teria início a partir de outubro de 1929. A compra a prestação facilitou a famílias de meios modestos adquirir bens de consumo como receptores de rádio. Ouvir rádio tornava-se cada vez mais popular, e começou a ser exercida pressão sobre o Secretário de Comércio, Herbert Hoover, para fazer alguma coisa a respeito do problema da interferência. Ele elaborou um sistema de atribuir diferentes comprimentos de onda para várias estações transmissoras, mas a tentativa para aplicar isso não foi de todo bem-sucedida. As pessoas que tinham aparelhos capazes de apanhar apenas uma das principais frequências não gostaram da ideia. Também, não havia maneira concreta para impor obediência, e algumas transmissoras simplesmente não tomaram conhecimento do plano. Por outro lado, muitas das principais estações, empenhadas em transmissões regulares, tentaram seguir as determinações da Secretaria e tiveram sucesso.

A própria indústria exerceu grande pressão sobre o Departamento de Comércio não só para regulamentar as frequências, como também para limitar o número de estações suscetíveis de licenciamento em uma dada área. O público, igualmente, estava se desencantando com a cacofonia que saía dos receptores noite após noite. O problema de interferência tornava-se insuportável. Antigos transmissores de centelha, usados para transmissões marítimas, amadores operando com código Morse, estações possantes que irradiavam regularmente, e operadores locais indignos de confiança, estavam todos se bombardeando uns aos outros pelo ar.

Quatro importantes conferências foram realizadas em Washington, nos anos 1922 a 1925, a fim de discutir os problemas da irradiação. A posição do governo era que cabia à indústria arrumar sua própria casa. Os jornais haviam se arranjado sem controle do governo; na verdade, haviam se oposto a isso acerbadamente. A indústria cinematográfica estava melhorando seus produtos. Em um sistema político que ressaltava a iniciativa privada, foi achado por muitas autoridades que o controle federal sobre a irradiação seria um precedente perigoso. Com efeito, o Congresso reiteradamente se recusara a levar em conta projetos de lei nesse sentido. A única legislação existente sobre rádio era a velha Lei do Rádio de 1912, lamentavelmente de todo desatualizada.

O problema não era de fácil solução, mesmo pelo controle do governo. Já que a telegrafia sem fio também precisava de regulamentação, o assunto tinha complicações internacionais. Além disso, havia os milhares de amadores cujos direitos tinham de ser resguardados. Não só havia mais de 500 estações grandes funcionando regularmente, como havia aproximadamente 1.400 pequenas estações de potência bem baixa que funcionavam quando dava na telha de seus donos. Contudo, para pegar essa mixórdia de sinais no ar, os norte-americanos gastaram 136 milhões de dólares em receptores de rádio somente no ano de 1923.[8]

O Secretário do Comércio Hoover lutou galhardamente para encontrar uma solução. Tentou limitar a potência e as horas de funcionamento de algumas estações, de forma a poderem compartilhar uma dada frequência. Em 1925, todo espaço na faixa de frequência se achava ocupado, alguns por várias estações. A faixa de irradiação não podia ser convenientemente prolongada sem infringir gravemente os direitos de outras espécies de operações de rádio e telegrafia sem fio. Havia ainda mais 175 estações clamando por licenças que não podiam ser acomodadas.

Propriedade Pública das Vias de Radiocomunicação. Em 1926, este sistema arbitrário veio abaixo. Um tribunal federal decidiu que o Secretário do Comércio não dispunha de base legal para impor quaisquer restrições à potência, às horas de funcionamento ou à frequência de transmissão da estação. Também no mesmo ano, o Procurador-Geral emitiu o parecer de que a única legislação existente, a Lei do Rádio de 1912, realmente não proporcionava base legal para qualquer dos regulamentos que ele viera usando. Hoover simplesmente teve de abandonar, contrariado, toda esta tentativa, e divulgou uma declaração pública urgindo às estações de rádio para se regulamentarem a si mesmas. Elas não o conseguiram.

Diante do absoluto caos subsequente, o Presidente Coolidge solicitou ao Congresso promulgar legislação apropriada com o fito de regulamentar as irradiações, incluindo prescrições acerca da adequada imposição. Ele o fez em 1927. Primeiro foi enunciado o princípio importante de que *as ondas de radiocomunicação pertencem ao povo* e que podem ser utilizadas por pessoas particulares apenas com a permissão oficial do governo, numa base de licença por curto prazo. As licenças teriam de ser concedidas ou revogadas quando o fossem no interesse, conveniência ou necessidade do público. Todas as licenças de estações existentes foram automaticamente revogadas, e a indústria teve de recomeçar tudo de novo requerendo formalmente uma concessão para funcionar e fornecendo adequadas declarações e explicações de por que isso seria em favor do interesse público.

A Lei Federal de Comunicações de 1934. A Lei do Rádio de 1927 fora uma solução temporária. Após um período de sete anos de observação, experimentação e alguns reajustamentos, um novo e permanente conjunto de estatutos foi redigido e estabelecida uma Comissão Federal de Comunicações (FCC) para fazer vigorar os dispositivos. A Lei Federal de Comunicações de 1934 tornou-se, desde então, com emendas apropriadas de vez em quando, o principal instrumento regulador da indústria da irradiação nos Estados Unidos.

Apoio Financeiro. Entrementes, a turbulenta nova indústria continuou em busca de uma forma adequada de sustentação financeira. Em meados da década de 1920, os homens do rádio ainda se debatiam com esse problema. Uma comissão de homens de negócios de Nova York tentou a experiência de solicitar fundos diretamente aos ouvintes, com o fito de contratar talentos de alto nível para atuar em uma das maiores estações da região. Embora entrasse um fiozinho de recursos, a maioria dos ouvintes decidiu que preferia ouvir o que quer que aparecesse em vez de pagar diretamente do próprio bolso para garantir a qualidade elevada dos programas. Tal resposta tipifica o sentimento da maioria ainda hoje. Também explica, em parte, por que o público acabou aceitando mensagens publicitárias como meio de financiar as irradiações. Preferiam antes suportar alguns comerciais discutíveis do que pagar diretamente por seu divertimento.

Outros esquemas foram propostos. David Sarnoff achou que filantropos ricos deveriam fazer doações a estações de rádio tal e qual o faziam a universidades, hospitais e bibliotecas. Outros sugeriram cobrar-se uma licença para operar um receptor em casa, sendo o total dividido entre as estações transmissoras. Muitos acharam que a própria indústria solucionaria o problema. Os maiores fabricantes de receptores, foi falado, deveriam ter a obrigação de proporcionar algo para ser ouvido em seus produtos. Pensou-se que esta providência acabaria resultando em um reduzido número de redes de estações, cada uma operada por um diferente fabricante ou grupo de fabricantes, e que haveria poucas, se houvesse, estações independentes.

O Rádio Comercializa-se

Enquanto esses debates prosseguiam, a publicidade silenciosamente insinuava-se como fonte confiável de renda para as transmissões pelo rádio. Com efeito, já em 1922 a estação WEAF vendera tempo no rádio para mensagens de uma companhia imobiliária de Long Island que estava vendendo terrenos. Aí, companhias importantes começaram a patrocinar programas. Uma loja de departamentos pagou por um programa musical de uma hora de duração. Um fabricante de artigos de fumo patrocinou um espetáculo de variedades pelo rádio. Uma fabricante de balas e doces apresentou dois comediantes. O público foi muito atraído por essas exibições, e as audiências quiseram mais. A princípio, os patrocinadores não faziam anúncios diretos de seus produtos. Seu nome era simplesmente mencionado como patrocinador ou o programa recebia como título o nome do produto. Esta forma de propaganda sutil recebeu pouca crítica. A finalidade global do patrocínio de programas assim era criar boa vontade entre a audiência.

O Secretário do Comércio se opunha totalmente a anúncios ostensivos no rádio. Ele disse: "É inconcebível que permitamos uma possibilidade tão grandiosa para serviço, noticiário, divertimento e finalidades comerciais vitais ser afogada por conversa fiada de anúncios."[9] Muitos outros juntaram suas vozes a esse ponto de vista. Autoridades oficiais, líderes da indústria e muitos grupos de ouvintes concordaram.

Em nossa sociedade, todavia, uma posição assim idealista estava condenada desde o berço. Com ouvintes mais interessados em divertimento "grátis" do que em programação qualitativa; com o governo exercendo apenas um papel técnico, sobretudo para impedir as frequências de se misturarem; com a propriedade dos veículos nas mãos de companhias e empresas visando o lucro, as nobres opiniões do Secretário do Comércio e seus adeptos não eram coerentes com o sistema de valores, a estrutura política e a instituição econômica vigentes na sociedade dentro da qual o novo veículo evoluía. As mesmas forças socioeconômicas que levaram jornais a vender espaço para anunciantes, de forma a estes poderem vender seus produtos a uma audiência de massa, iriam ter como resultado um padrão paralelo para o rádio. Resistiu-se fortemente por algum tempo à rendição à propaganda, mas ela inevitavelmente ocorreu. Ela foi um tanto artificialmente contida por pouco tempo pelas normas da American Telephone and Telegraph Company, que controlava muitas patentes, linhas de transmissão e equipamento de rádio utilizados pelas emissoras, mas até essa oposição cedeu, e foi aberto o caminho à inundação de mensagens comerciais que agora fazem parte tão relevante do rádio nos Estados Unidos.

A princípio, os anúncios eram sérios e contidos. Em breve, contudo, tornaram-se cada vez mais diretos e objetivos. Seria incorreto dizer que o público recebeu de bom grado a publicidade, mas certamente é verdade que recebeu bem aquilo que a renda dos anúncios possibilitou. As pessoas estavam dispostas a escutar a lenga-lenga do patrocinador a fim de poderem ouvir seus programas. Uma razão para esta atitude foi os programas passarem rapidamente a ser feitos de modo a terem grande atração para o público. O dinheiro dos comerciais possibilitava contratar talento real. Cômicos, cantores e orquestras logo criaram grandes admiradores entusiastas. Programas teatrais semanais ficaram populares. Foram criados programas infantis; as transmissões desportivas atraíam grandes audiências. Enorme variedade de conteúdo foi projetada para captar o interesse de diferentes setores consideráveis da população.

Ao terminar a década de 1920, os maiores problemas do rádio como veículo de comunicação de massa estavam resolvidos. Quase todos podiam adquirir um receptor confiável e a preço razoável, pagando em prestações. Os homens do rádio recebiam lucros generosos ao vender seu tempo para anunciantes; patrocinadores vendiam eficazmente seus produtos pelo ar para um mercado de massa; e talentos com grande fascínio popular captavam a atenção do público à noite. Como pano de fundo, a nova legislação federal impusera ordem ao caos no referente ao problema da interferência. Só a sinistra quebradeira geral de 1929 ameaçou toldar o quadro. Como acabou contudo, isso iria ter pouco impacto negativo no crescimento do rádio.

A Era de Ouro do Rádio

O rádio floresceu durante as décadas de 1930 e 1940. Foram décadas assaz duras para a sociedade norte-americana. A Grande Depressão e a Segunda Guerra Mundial afetaram os destinos de todos os cidadãos, mas exerceram escasso efeito inibidor no rádio.

Uma panorâmica do crescimento do rádio, no âmbito da sociedade norte-americana, pode ser obtida pelo Quadro 4.1, que mostra o número de aparelhos receptores funcionando nos anos escolhidos. No final da década de 30, havia pouco mais de um receptor por moradia nos Estados Unidos. Esse extraordinário crescimento do uso de receptores de rádio ocorrera a despeito de dez anos de depressão econômica, seguindo-se ao colapso do mercado de valores de 1929. Deve ser ressaltado, para os que não experienciaram aqueles dias trágicos, que foi um período de enorme sofrimento para as famílias americanas. Milhões de trabalhadores ficaram incapazes de conseguir emprego, e poucos eram os órgãos públicos a quem pedir ajuda. O trauma de tais condições não pode ser adequadamente apreciado sem se ter estado pessoalmente envolvido. Foi uma época em que o povo dos Estados Unidos ficou severamente deprimido tanto no espírito quanto na acepção econômica.

QUADRO 4.1. CRESCIMENTO DO NÚMERO DE RECEPTORES DE RÁDIO NOS ESTADOS UNIDOS (1922-1985)

Ano	*Moradias (em milhares)*	*Número médio de receptores*
1922	25.687	0,02
1925	27.540	0,2
1930	29.905	0,4
1935	31.892	1,0
1940	34.855	1,5
1945	37.503	1,5
1950	43.468	2,1
1955	47.788	2,5
1960	52.610	3,7
1965	57.521	4,1
1970	62.875	5,1
1975	71.120	5,6
1980	80.776	5,5
1981	82.400	5,5
1982	83.527	5,5
1983	83.918	5,5
1984	85.407	5,5
1985	85.789	5,5

FONTES: U.S. Bureau of Census, Statistical Abstract of the United States, 106ª ed. (Washington, D.C., 1986).

U.S. Bureau of Census, *Historical Statistics of the United States, Colonial Times to 1957* (Washington, D.C., 1960), Séries A-242-44, p.15.

U.S. Bureau of Census, *Current Population Reports: Population Characteristics,* Séries P20, n. 106 (9 de Janeiro de 1961), p.11; nº119.

(19 de Setembro de 1962), p.4; nº166 (4 de Agosto de 1967), p.4.

National Association of Broadcasters, *Dimensions of Radio* (Washington, D.C., 1974).

Electronic Market Data Book (Washington, D.C.: Electronic Industries Association, 1979).

NOTA: Dados após 1960 incluem Alasca e Havaí. Alguns dados foram revistos das edições anteriores, devido a revisões efetuadas no material das fontes de consulta.

Padrões Quantitativos. A despeito das asperezas da época, o rádio pareceu prosperar na depressão! A renda de anúncios, em vez de secar, aumentou num ritmo sempre crescente. O número de receptores de rádio do povo americano aproximadamente duplicou a cada cinco anos. Famílias que haviam aparentemente atingido o limite de seus recursos financeiros raspariam o pouco que sobrara para mandar consertar o receptor de rádio quando quebrava. Poderiam ter de deixar os móveis voltar para a financeira ou embromar o senhorio para atrasar o pagamento do aluguel, mas agarravam-se tenazmente a seus radiozinhos.

O rádio preencheu as necessidades de milhões de pessoas em dificuldades durante aquela fase penosa. Tinha música para restaurar seu ânimo abatido, gente engraçada para animá-los, e notícias espetaculares para desviar-lhes a atenção de problemas sociais. Noites de amadores, rádio-teatro, teatro à noite, novelas, aventuras de vaqueiros do Oeste, e espetáculos de variedades, eram acompanhados avidamente por ouvintes leais noite após noite. Numa noite de verão, as pessoas podiam caminhar pela rua na noite em que determinado comediante famoso estivesse no ar e escutar o programa, sem interrupções, pelas janelas abertas de cada casa por onde passassem.

Quando a depressão amainou e a Segunda Guerra Mundial estava prestes a começar, o rádio atingia todos os ouvidos. Nos meados da década de 1940, havia um e meio receptor em cada moradia dos Estados Unidos. O rádio também se tornara cada vez mais aperfeiçoado sob todos os aspectos. Era tecnicamente excelente. Era possível apanhar transmissões diretas e retransmiti-las para ouvintes em suas casas, de praticamente qualquer ponto do globo. O noticiário radiofônico virara uma arte sofisticada, e destacados jornalistas haviam se consagrado ao novo veículo. A imprensa e o rádio haviam aprendido a conviver após prolongada briga, e o rádio tinha acesso total aos serviços telegráficos de notícias mundiais.

Durante a Segunda Guerra Mundial, a indústria do rádio pôs todos os seus recursos ao dispor do governo. Mensagens de informação sobre a guerra, propaganda interna, venda de bônus de guerra, campanhas para reduzir o consumo pelos civis de materiais importantes, e muitos outros serviços relevantes foram prestados. Deve-se notar que a fabricação de receptores de rádio domésticos foi suspensa completamente durante os anos de guerra. O Quadro 4.1 e a Figura 4.1, curva de difusão para receptores de rádio, revela que de 1940 a 1945 poucos novos aparelhos foram adquiridos em residências norte-americanas. Deve ser prestada atenção especial, todavia, ao continuado aumento de aparelhos após o conflito, quando a curva de difusão acumulada recuperou-se do atraso dos anos de guerra e retomou seu padrão normal de crescimento.

Concorrência da Televisão. Significativos são os anos do pós-guerra quando o rádio enfrentou a concorrência vigorosa da televisão. Aqui vemos como o conflito promove a mudança social. Se o rádio conservasse sua forma e conteúdo originais, teria permanecido como um concorrente direto do veículo mais novo, aparentemente capaz de satisfazer de maneira mais eficiente as relevantes necessidades da audiência de massa. A princípio, o rádio tentou fazer isso com o argumento um tanto otimista de que através dos anos o público criara uma sincera lealdade ao rádio, que o atendera tão bem, e que não poderia ser facilmente atraído para uma coisa nova cintilante como a televisão. O público mostrou-se, contudo, completamente volúvel, e assim que as famílias podiam adquirir um televisor, alegremente abandonavam o rádio em favor da válvula de imagem. Ou, para expressar na linguagem do funcionalismo estrutural, o rádio estivera atendendo certas necessidades dentro da sociedade norte-americana como um sistema social; quando uma mais eficaz alternativa funcional se tornou amplamente acessível, o veículo anterior tinha de mudar ou ficar obsoleto.

Enfrentando a perspectiva de esquecimento, o rádio foi obrigado a descobrir necessidades da audiência a satisfazer que não estavam sendo bem atendidas pela televisão. Saiu-se bem, descobrindo tais necessidades, e o rádio remodelou-se segundo novas linhas. Durante os anos das décadas de 1930, 1940 e até início de 1950, o rádio prende a atenção da família norte-americana durante as principais horas da noite. As pessoas voltavam

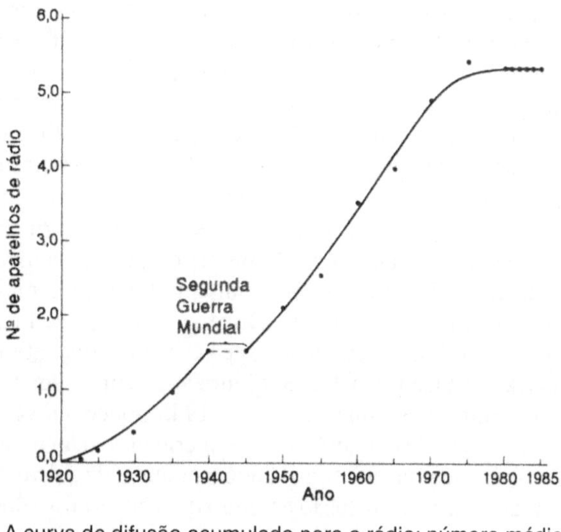

Figura 4.1. A curva de difusão acumulada para o rádio; número médio de receptores por moradia nos Estados Unidos (1922-1985).

ao rádio para escutar os mais populares artistas do país. Com o crescimento da televisão, esta levou aqueles artistas junto com o horário noturno das famílias. O rádio foi deslocado da sala de estar e teve de contentar-se com o quarto, a cozinha, o automóvel e a praia. Os transistores, e mais tarde a tecnologia do estado sólido que desvendou um vasto mercado para rádios minúsculos, ajudaram a manter o rádio longe do declínio de pós-guerra ocorrido com os cinemas devido à televisão (Figura 3.1).

Presentemente, o rádio se afigura ter encontrado uma fórmula viável. Ele atende à sua audiência em ocasiões quando a televisão é inadequada. As pessoas ouvem-no ao acordar pela manhã, enquanto trabalham, dirigem veículos, correm na rua ou no campo, estão jogando, ou coisas semelhantes. Mas quando chega a noite e se sentam em suas salas de estar, o rádio é desligado em favor do televisor. Não obstante, o rádio permanece um dos mais difundidos de nossos veículos de massa, em função do número de aparelhos em uso. O Quadro 4.1 revela que os norte-americanos possuem bem mais de cinco e meio receptores de rádio em cada moradia. A figura 4.1 sugere que a curva de difusão do rádio finalmente nivelou. Não é mister dizer que o impressionante número de aparelhos possuídos por famílias americanas não subentende que isso corresponda a um número idêntico de horas à escuta.

EVOLUÇÃO DA INDÚSTRIA DA TELEVISÃO

O mais novo dos veículos de irradiação herdou muitas das tradições do rádio. Diversos fatores contribuíram para tornar sua evolução tecnológica e difusão na sociedade norte-americana um processo bem mais rápido e menos caótico do que fora o caso do veículo seu aparentado. A tecnologia da televisão estava bem avançada antes de aparelhos fabricados em série serem colocados no mercado para venda ao público. Não houve um período comparável ao do "rádio de galena", em qualquer acepção corrente. O novo veículo não teve de conceber uma estrutura controladora dentro do governo; a FCC e sua legislação foram simplesmente adotadas do rádio. A base financeira da televisão foi clara desde o princípio. O público estava completamente acostumado a "comerciais", e a televisão prometia ser até mais eficaz como veículo para promoção de vendas. Não se previram grandes problemas para atrair dinheiro da publicidade. Não houve um período de futricas com os jornais e os interesses dos serviços de noticiário telegráfico. Esses arranjos foram simplesmente extensões dos já existentes com o rádio. A ideia de formação de rede já era popular graças ao veículo mais antigo. Estava disponível uma tecnologia de cabo coaxial, e só as instalações materiais precisaram ser construídas. O público já estava completamente familiarizado com o filme de cinema, e sua transmissão irradiada não lhe foi difícil de aceitar. Por esta razão, previu-se escassa resistência à adoção do novo veículo.

O Aparelho de TV como Símbolo de *Status*

Realmente, o televisor rapidamente virou símbolo de posição socioeconômica. No início de sua difusão, as famílias que mal podiam dispor de recursos para adquirir um receptor, às vezes economizavam em artigos de primeira necessidade para poder comprá-lo. O "plano de fácil pagamento", agora já um traço solidamente institucionalizado da economia norte-americana, foi amplamente utilizado por famílias de recursos modestos para adquirir seu receptor. A ânsia de ser identificado como dono de um televisor, no período inicial da difusão, foi tão forte que em alguns casos disse-se que famílias teriam comprado e instalado antenas no telhado antes mesmo de terem receptores para ligar. Estórias desse gênero circularam largamente no final da década de 1940. A definição do televisor como um luxo e símbolo de posição social levou a ocasionais irritações do público ao ser constatado que pessoas ajudadas financeiramente pelo governo ou mediante outras formas de ajuda, possuíam receptores. Evidentemente as experiências dos anos de crise, quando receptores de rádio eram encarados como extremamente consoladores para pessoas em apuro econômico, haviam sido esquecidas.

Obstáculos ao Crescimento

Na verdade, a televisão poderia ter sido um veículo de uso doméstico ainda antes, se não tivesse havido dois fatores que retardaram isso — a Segunda Guerra Mundial e o congelamento imposto pelo governo. A tecnologia eletrônica da televisão foi concebida durante os anos 20 e 30. Em 1939, estavam sendo realizadas transmissões de televisão nos Estados Unidos. A Feira Mundial daquele ano apresentou demonstrações daquela última maravilha da ciência, e o Presidente Roosevelt fez um discurso através do novo veículo de comunicação. Essa irradiação especial foi vista apenas por um pequeno grupo porque os fabricantes ainda não haviam iniciado a produção em massa de aparelhos. Em 1941, às vésperas da guerra, a FCC aprovou a televisão doméstica, e a indústria da comunicação começou a preparar planos minuciosos para sua implantação. A esta altura, já havia quase 5.000 televisores (principalmente na área de Nova

York) em mãos de particulares, e diversas pequenas estações estavam transmitindo regularmente duas a três horas por dia.

A Segunda Guerra Mundial. A guerra interrompeu qualquer novo progresso enquanto durou. De certa forma, esta interrupção do desenvolvimento pode ter explicado o crescimento muito rápido da televisão ao retornar uma economia de tempo de paz. As técnicas eletrônicas de fabricação, que auxiliaram a superar problemas da produção de receptores de televisão, surgiram durante a guerra. Outrossim, a guerra encerrou completamente a depressão do período de pré-guerra. Com efeito, com mínimas flutuações, o país ingressou em um período de contínuo crescimento econômico, que ficou ininterrupto durante decênios. O poder de compra da família média elevou-se e permanece em um ponto onde a posse de um televisor está ao alcance de quase qualquer um.

O Congelamento. Com as lições amargas do caos da interferência nos primeiros dias do rádio diante dos olhos, o governo assumiu papel bem mais ativo no controle das frequências de transmissão da televisão. Em 1948, havia cerca de setenta estações operando e diversos milhões de receptores em uso. Requerimentos de novas concessões começaram a chegar rapidamente. Como a televisão só dispunha de treze canais VHF para a nação inteira, impunham-se medidas de controle rigorosas a fim de evitar interferência. Felizmente, o sinal de TV não segue a curvatura da Terra, como ocorre com o sinal de rádio. Isso quer dizer que duas estações irradiando no mesmo canal não interfeririam uma na outra, desde que houvesse distância suficiente entre elas. Um plano global para os Estados Unidos teve de ser preparado de forma a poderem os canais de televisão ser distribuídos equitativamente. Houve também necessidade de estudar sistemas de colorido competitivos para ver os problemas existentes sob esse aspecto. Ademais, havia um número substancial de canais de UHF no espectro, e esses teriam de ser distribuídos entre interesses concorrentes. Com esses e outros problemas técnicos em mente, a FCC parou de conceder novas concessões para estações de televisão em 1948. As estações já operando tiveram permissão para continuar, mas era necessário tempo a fim de elaborar os pormenores de um plano global, de maneira a tanto quanto possível evitar muitos problemas quando a televisão alcançasse a maturidade. De fato, as estações já operando (cerca de setenta) estavam localizadas em centros urbanos e concentradas nas partes mais do Leste e, por conseguinte, mais populosas, do país. Assim, a venda de receptores pôde continuar, apesar de não estarem sendo montadas novas estações.

A Rápida Adoção da Televisão

Quando foi suspenso o congelamento em 1952, grande número de pedidos para instalação de novas estações foram recebidos em áreas dos Estados Unidos que haviam estado sem qualquer sinal. Com o novo plano em vigor, estas foram prontamente atendidas e tornaram-se disponíveis sinais em virtualmente todas as partes do país. Isso estimulou enormemente a venda de televisores, e a curva de aprovação disparou para o alto. A Figura 4.2 mostra que o período do início dos anos 50 foi de difusão muito rápida do novo veículo. Em 1960, cerca de 87% das casas dos Estados Unidos tinham pelo menos um televisor. Como é mostrado no Quadro 4.2 e na Figura 4.2, tal surto foi seguido por um ritmo menor de crescimento, mas em 1980 o ponto de saturação havia sido atingido. Muito poucos lares nos Estados Unidos estavam desprovidos de um televisor, e aí virou um mercado de substituição. Também, segundo indica o Quadro 4.2, os televisores em cores tornaram-se cada vez mais comuns, com a maioria dos lares dispondo de um receptor desses após 1975.

O que os dados da Figura 4.2 não revelam é a contínua ascensão da tecnologia ocorrida neste período. Os primitivos receptores usavam válvulas eletrônicas e possuíam telas relativamente pequenas. O típico recep-

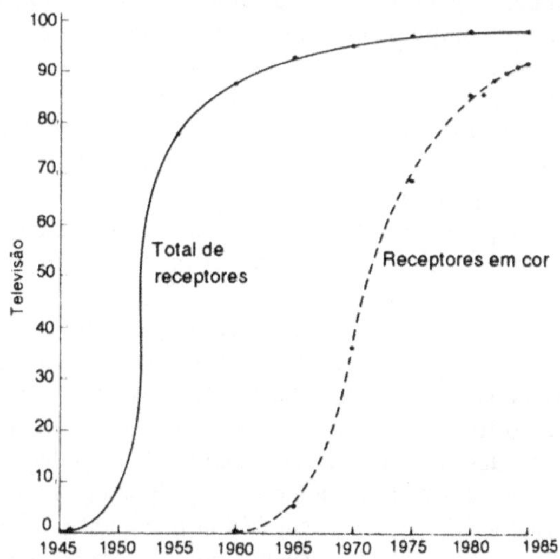

Figura 4.2. Curva de difusão acumulada da televisão; percentagem de moradias com televisores nos Estados Unidos (1946-1985)

tor doméstico em 1950 possuía uma tela não muito maior do que metade de uma página deste livro. Um aparelho assim custava cerca de trezentos dólares, o que representa aproximadamente mil dólares em termos do atual poder aquisitivo. Os mais abastados podiam comprar um modelo de "tela grande", com uma superfície aproximadamente do tamanho desta página. Um aparelho desses custava cerca de metade do preço de um carro novo. Durante cada década sucessiva, o tamanho da tela, a recepção em cores e a confiabilidade aumentaram enormemente. Após 1975, mais ou menos, os japoneses tomaram conta do mercado dos Estados Unidos com aparelhos de boa qualidade a baixo preço. Após 1950 aproximadamente, o cabo coaxial e outras novidades tecnológicas acarretaram mais outras alterações.

A Chegada da Televisão a Cabo

Cabos coaxiais são fios encerrados em plástico rodeado por uma blindagem metálica para evitar a perda de sinal ou interferências neste. Rapidamente passaram a ser usados a fim de transmitir programas de televisão a grandes distâncias, e atenderam muito bem a essa finalidade. A utilização desses cabos para levar os sinais até os receptores domésticos (mediante uma taxa) foi uma aplicação óbvia. Com a televisão dos primeiros tempos isso foi amiúde necessário devido à natureza das transmissões. No final dos anos 40, quando se começou a comprar receptores domésticos, muitos não conseguiam receber uma imagem clara. Era muito frustrante para os que haviam acabado de adquirir um dispendioso receptor. As razões para a recepção ruim foram bem entendidas. Por um lado, os transmissores primitivos não eram bastante possantes. Se a pessoa morasse perto da estação haveria poucas limitações, mas para os residindo a certa distância, a recepção podia ser ruim; a imagem era frequentemente imprecisa, distorcida ou fraca. Até um automóvel passando por perto criaria interferência elétrica e encheria a tela com "chuvisco" ou faria a imagem ficar rodando. Além disso, o fato de o sinal de televisão percorrer linha reta reduzia a qualidade da recepção, ou a impossibilitava de todo, por trás de edifícios grandes, do lado de lá de morros ou montanhas, e em posições parecidas.

Há certo debate acerca de quando começou deveras o uso de recepção doméstica através de cabo. Um relato plausível sustenta que foi em 1950 em Lansford, na Pensilvânia. Robert Tarlton, dono de uma oficina de conserto de rádios e televisores, recebeu muitas queixas a respeito da recepção. Os donos traziam seus receptores, alegando dever haver alguma

QUADRO 4.2. O CRESCIMENTO DO NÚMERO DE APARELHOS DE TV NOS ESTADOS UNIDOS (1946-1977)

Ano	*Total de moradias norte-americanas (em milhões)*	*Total de moradias com aparelhos de TV (em milhões)*	*Aparelhos em cores nas moradias em milhões*	*%*	*Percentagem com TV*
1946	37,9	0,008	—	—	0,02
1950	43,5	3,9	—	—	9,0
1955	47,8	37,4	—	—	78,0
1960	52,6	45,8	0,3	0,07	87,0
1965	57,5	52,7	2,8	5,0	93,0
1970	62,9	58,5	20,9	36,0	95,0
1975	71,1	68,5	46,9	68,0	97,0
1980	80,8	76,3	63,4	83,0	98,0
1981	82,4	79,9	66,6	83,0	98,0
1982	83,5	81,5	71,4	88,0	98,0
1983	83,9	83,3	73,9	89,0	98,0
1984	85,4	83,8	75,8	90,0	98,0
1985	85,8	84,9	77,7	92,0	98,0

FONTE: U.S. Census, *Statistical Abstract of the United States, 106ª ed.* (Washington, D.C. 1986).

coisa errada neles. Mas Tarlton entendeu o problema. Embora a comunidade ficasse apenas a 100 quilômetros de Filadélfia, achava-se atrás de uma montanha que interferia no sinal. Tarlton resolveu experimentar uma nova solução. Instalou uma antena grande, e por uma taxa mensal fornecia uma ligação para a casa de cada assinante. Denominou esse novo negócio Companhia de Televisão do Vale da Pantera, e pôde oferecer excelentes sinais para gente que de outra forma não conseguiria utilizar o receptor. Ele não criava nenhum programa; tudo que fazia era pegar as transmissões da rede com sua antena "comunitária" e retransmiti-las para casas ligadas a seu sistema.

A ideia pegou depressa, e sistemas CATV (Televisão de Antena Comunitária) começaram a funcionar em todas as partes do país. A maioria eram pequenos negócios em áreas remotas, com algumas centenas de assinantes. Mesmo dez anos depois, em 1960, menos de 2% das casas americanas com televisor recebiam seu sinal desta maneira, mas havia 640 companhias fornecendo a retransmissão por cabo.

Com a expansão dos serviços, todavia, cada vez maior número de assinantes aderiram. As estações originadoras dos programas começaram a protestar. Encaravam os sistemas CATV como parasitas, sem nada pagarem pelo sinal que distribuíam, mas mesmo assim lucrando. Outrossim, quando a tecnologia se aperfeiçoou, os cabos puderam oferecer aos assinantes sinais vindos de outras cidades bem mais distantes. Para a transmissora local, isso era concorrência injusta e indesejável. O resultado foi uma série de disputas legais.

Desse conflito originou-se o princípio de que a televisão a cabo se achava subordinada à jurisdição da FCC, da mesma maneira que os sistemas transmitidos pelo ar. Essa resolução acarretou uma virtual suspensão do desenvolvimento da TV a cabo. Foram baixados regulamentos complexos acerca do que podia ou não ser transmitido pelos sistemas a cabo. Em 1979, entretanto, a FCC começou a anular diversas dessas regras. Foi concedido poder aos governos locais para autorizarem companhias a cabo a funcionar em suas respectivas áreas. Em troca, a comunidade conservava o direito de impor numerosas condições e controles acerca do que ocorria nos cabos. Hoje esta situação muda constantemente conforme os casos submetidos à justiça.

Na década de 80 o número de vilas, cidades e outras áreas atendidas pela televisão a cabo crescera rapidamente. Alguns dos sistemas viraram empresas enormes. Havia mais de 4 mil sistemas a cabo no início da década, e uns 20% das casas norte-americanas recebiam seu sinal de TV dessa forma. Em 1987, aproximadamente 45% das casas estavam ''em rede''. Alguns dos maiores sistemas atuando em áreas urbanas atendem a milhões de assinantes.

A recepção por cabo é de muitas maneiras pouco diferente da pelo ar, mas certamente há mais variedade de onde escolher. Por uma taxa mensal, pode-se receber o serviço ''básico'', que é em geral uma mescla incluindo transmissões de rede mais canais especiais que se dedicam a meteorologia, esportes, programas religiosos, avisos dos serviços públicos, música de rock e vários outros gêneros de conteúdo. Com taxas suplementares, podem-se acrescentar filmes ou outros serviços especiais.

Alguns acharam que os sistemas a cabo trariam programas de melhor nível. Contudo, não seria assim, e o conteúdo dos sistemas a cabo foi uma grande decepção para muitos assinantes. Como se constatou, a mesma programação encontrada na televisão irradiada apareceu na a cabo — novelas, luta livre, comédias de pastelão, filmes antigos, esportes, noticiário, música de rock e coisas semelhantes. A razão do nível não melhorar é que a televisão a cabo depende do mesmo sistema de apoio de anunciantes, que visa sobretudo ao nível socioeconômico de médio para baixo da sociedade (cujo poder aquisitivo total supera o dos outros níveis), segundo tem sido o caso das programações de rede. Assim, seu conteúdo não se acha em um nível de gosto diverso; é apenas mais, ainda do mesmo.

A chegada do cabo prejudicou, mas ainda não seriamente, a transmissão pelas redes. A televisão irradiada sobrevive, porém a concorrência do cabo é indiscutivelmente muito concreta. Teme-se que o cabo venha a criar audiências especializadas como ocorre com as revistas de hoje. Antes da televisão, havia numerosas grandes revistas diversificadas que atraíam vastos segmentos da população. Praticamente todas elas não mais estão sendo publicadas. Em seu lugar surgiram revistas especializadas destinadas a atrair segmentos do público que compartilham um mesmo interesse ou gosto comum. Agora dispomos de milhares de revistas com circulação menor, concentradas em interesses como computadores, pesca, automóveis, lanchas e barcos, alta-costura, produtos dietéticos, e assim por diante. Por outras palavras, a leitura de revistas ficou extremamente especializada. A despeito, porém, de previsões calamitosas, a multiplicidade de canais a cabo disponíveis não estilhaçou a audiência televisiva na focalização de uma pletora de tópicos ou gostos. Grande número de pessoas continuam a assistir os costumeiros programas no horário marcado.

Presentemente, as redes acham-se presas a uma crescente briga para reter os espectadores. Anteriormente, só três importantes redes compartilhavam uma audiência mais ou menos cativa. Hoje, pelo menos alguns espectadores estão se voltando para programação que só podem receber via cabo. Até mais ameaçadoramente, estão utilizando dispositivos para assistir filmes ou outras coisas que possam alugar e ver em seus receptores domésticos. O que acontecerá à televisão de rede no futuro fica para quem quiser adivinhar.

O Gravador de Videocassete

Exatamente quando a televisão passava por seu período de mais rápida aceitação, a Ampex Corporation, de Nova York, criava um dispositivo que iria ter o mais profundo impacto na televisão e na indústria cinematográfica. Em 1952, Charles Ginsberg, junto com outros cinco engenheiros da Ampex, dispôs-se a criar um meio de gravar programas de televisão em fita magnética. O uso de uma fita assim para gravar programas de som já estava sendo amplo, e portanto não foi uma ideia revolucionária. Além do mais, havia uma tecnologia existente — chamada *cinescópio* — usada para gravar programas de televisão, mas era desajeitada e não proporcionava reprodução de boa qualidade.

Após numerosos atrasos, o gravador foi criado e apresentado à indústria da televisão em 1956. Chamado VTR (Gravador de Video-teipe), era uma máquina do tamanho de uma mala de mão que usava quatro cabeças de gravação para gravar na fita magnética que tinha cinco centímetros de largura. As bobinas eram um tanto grandes segundo os padrões de hoje — quase trinta centímetros de diâmetro.[10]

O caráter prático do novo gravador foi imediatamente reconhecido pela indústria. A CBS tornou-se a primeira rede a utilizar a tecnologia do VTR. Transmitiu em fita o programa "Douglas Edwards e as Notícias" a 30 de novembro de 1956. A Ampex, companhia produtora do gravador, recebeu o troféu "Emmy" no ano seguinte em reconhecimento por sua nova criação. Se as redes de televisão pudessem ter previsto as encrencas que a novidade acabaria lhes causando, poderiam em vez disso ter pensado em denunciar tanto o inventor quanto a máquina.

O VTR disseminou-se prontamente pela indústria, malgrado permanecesse virtualmente desconhecido do público. Foi uma dádiva divina para os estúdios de televisão. Espetáculos isentos de erros podiam ser preparados antecipadamente e levados ao ar quando o horário fosse mais conveniente. Outrossim, a fita podia ser facilmente editada, encurtada e adaptada de modo a se encaixar nos intervalos ou vagas do horário. Seu uso em breve disseminou-se fora do estúdio de televisão. Diversas pessoas começaram a identificar o valor prático de gravar material visual para exibir posteriormente. Também principiou a ser amplamente utilizado como recurso auxiliar de ensino.

Escolas adotaram a nova tecnologia, muita gente achando que ela revolucionaria a educação. Professores poderiam gravar aulas para serem posteriormente exibidas pela televisão. Em diversos colégios e universidades foram instalados televisores em salas de aula de modo a poderem ser vistos de todos os cantos da sala. As conferências e preleções não mais dependeriam de se ter um professor, um quadro-negro e um pedaço de giz. Palestras televisadas seriam mais bem apresentadas, mais permanentes, baseadas em visuais melhores como quadros, fotos, trechos de filmes, e coisas assim. Sobretudo, acreditaram os administradores escolares, seriam mais baratas; poderiam ser necessários menos professores e as fitas gravadas poderiam ser adquiridas de distribuidores nacionais para diversos cursos padronizados. Nem é preciso dizer, a coisa não funcionou bem assim. Os estudantes continuaram a querer um corpo vivo diante de si na sala de aula. Até um professor maçante seria melhor do que um televisor.

Muitas outras aplicações tornaram-se corriqueiras. O VTR foi utilizado para treinar operários, como veículo de propaganda, para gravar a fala e o comportamento de pessoas presas por estarem dirigindo alcoolizadas, e até para gravar depoimentos em juízo. Antes do término da década de 1960, todavia, o VTR baseava-se ainda em rolos de fita e não era lá muito portátil.

A Versão em Cassete. Quando chegaram os anos 70, o tamanho do VTR foi reduzido e várias versões usando fitas menores estavam sendo criadas. Mais importante ainda, diversos aperfeiçoadores conseguiram colocar o videoteipe em um cassete, de forma que o usuário apenas o empurrava por uma fresta e apertava um ou dois botões para gravar ou reproduzir a gravação. Quando ligado a um televisor doméstico, podia gravar os programas de escolha da pessoa e apresentá-los a qualquer momento. A televisão a cabo ainda não estava disponível para muita gente na época, e o VCR (Gravador em Videocassete), como veio a ser chamado, pareceu ter um brilhante futuro.[11]

Uma competição tremenda veio a seguir para conseguir pôr em cassete o máximo possível de tópicos. Prevendo a demanda desenfreada pelos consumidores, tudo foi gravado — aulas de culinária, peças de Shakespeare, lutas de box, e um número incontável de velhos filmes. Contudo, a grande corrida de compradores não se materializou. Para só mencionar uma coisa, o preço era demasiadamente alto. Nos primeiros anos da década de 70, um gravador custava quase 800 dólares, o que era dinheiro demais na época. Alguns ricaços adquiriram-no, mas a massa de consumidores não.

Um inibidor mais expressivo à sua adoção foi a confusão acerca de tecnologia. As várias companhias produtoras desse dispositivo não conseguiam chegar a um acordo a respeito dos padrões de qualidade. Em meados dos anos 70, havia no mercado cinco tipos diferentes de VCR, cada um incompatível com os demais. Os fabricantes tentavam utilizar tudo, desde filme de 8mm até pequenos discos, como meio de gravação. A situação fazia lembrar o caos tecnológico ocorrido no começo do século com o rádio. Neste caso, porém, o governo federal não dispunha de autoridade para impor padrões.[12]

Afinal, e depois de vários fabricantes perderem milhões, foi alcançada a padronização. Contudo, em meados dos anos 70 os japoneses se intrometeram, pegando a tecnologia criada pela Ampex e outras firmas norte-americanas. Fizeram uns quantos aperfeiçoamentos e começaram a produzir um sistema bem leve e relativamente barato chamado Betamax. Em 1977, haviam vendido mais de 200 mil dessas máquinas. Os norte-americanos estavam prestes a começar a comprar o VCR para uso doméstico. Lamentavelmente, a maioria dos lucros iriam para o Japão.

Conflito Legal. A intromissão japonesa no seu mercado não passou despercebida aos homens de negócios norte-americanos. Foram para a justiça. Irromperam numerosas batalhas legais acerca da venda, e mesmo da posse, de gravadores de vídeo e cassetes. Dois produtores de cinema processaram a Sony, acusando-a de violação de direitos, interferência na venda de produtos gravados para as transmissoras, enriquecimento ilícito, e tudo o mais que suas equipes de advogados conseguiram inventar. No centro da controvérsia achava-se a ideia de que o VCR poderia ser usado para reproduzir ilegalmente material protegido por *copyright* e ao fazê-lo criaria danos para os produtores legítimos de programas de televisão.

Os americanos perderam. Os tribunais inicialmente decidiram que em suas casas as pessoas tinham o direito de gravar e assistir qualquer programa que desejassem, desde que apenas para uso pessoal.[13] Houve apelação e o caso acabou sendo encaminhado à Suprema Corte dos Estados Unidos. Até o Congresso se meteu na brigalhada e realizou várias audiências sobre que leis deveriam prevalecer. O ponto principal era os produtores de Hollywood não quererem que as pessoas dispusessem de VCR. Achavam que as pessoas gravariam filmes em casa e, portanto, a receita das bilheterias dos cinemas sofreria.[14] Até anunciantes da televisão acenaram com a interdição aos VCR, ou pelo menos tentaram torná-los de aquisição e uso caros mediante sobretaxas e outros obstáculos. Estavam especialmente preocupados com o botão que podia acelerar a fita na hora dos comerciais inutilizando o valor destes.[15]

Após sete anos de disputa legal, o caso foi afinal solucionado. Em 1984 a Suprema Corte decidiu que o uso do VCR para gravar programas em casa era legal e não violava os direitos consagrados.[16] Esse foi um princípio importante que abriu caminho para toda uma nova indústria.

Ironicamente, enquanto a Sony Corporation ganhava as batalhas legais nos tribunais americanos, perdeu a guerra para dominar o mercado de VCR para um concorrente japonês. A gigantesca Matsushita Corporation apresentou o chamado Sistema Vídeo Doméstico (VHS) permitindo a gravação de até seis horas (em vez das três) em um único cassete. A Matsushita também autorizou outras firmas, incluindo companhias norte-americanas, a produzir suas próprias marcas do VHS. A consequente inundação de gravadores VHS soterrou o produto da Sony e em 1987 o Betamax estava simplesmente obsoleto.

O Aumento do Número de aparelhos. Esclarecida a situação legal, padronizada a tecnologia, e conseguida grande redução no preço das máquinas, os norte-americanos começaram a comprar VCR em ritmo crescente. O Quadro 4.3 revela que em 1986 uns 40% de moradias norte-americanas estavam equipadas com VCR. O ritmo de compra crescia aceleradamente, num paralelo ao rápido surto da televisão nos anos 50.

Importante incentivo para a posse do aparelho foi a proliferação como praga das lojas de aluguel de filmes. Uma cláusula da Lei de Direitos Autorais de 1976 fala sobre a "doutrina da primeira venda", que define que uma vez que uma pessoa tenha adquirido trabalho protegido por *copyright* pode fazer com ele o que quiser. Isso inclui alugar. Assim, varejistas podem comprar filmes dos estúdios cinematográficos ou dos distribuidores destes e alugá-los para donos de videocassete a custo baixo.[17] Hoje podem-se alugar fitas de vídeo por uma taxa realmente simbólica. Nos EUA, elas são acessíveis não apenas em estabelecimentos especializados no aluguel de filmes de TV, como em supermercados, drogarias e até lojas de utilidades domésticas da vizinhança. Como resultado, os filmes estão de novo ficando populares, mas milhões os assistem na tela de TV de suas casas e não num cinema.

O videocassete é um dos inventos mais populares da história. Aparelhos estão sendo ansiosamente adquiridos em todos os países. Em partes do mundo onde são proibidos cinemas, clubes noturnos e bares (como em muitos países muçulmanos) o vídeo e o filme de TV são utilizados amplamente para divertimento doméstico pelos que podem pagar por isso. Imensos mercados negros e operações piratas brotaram daí e vendem filmes americanos ilegalmente importados (e amiúde proibidos). Na União Soviética, por exemplo, a procura de vídeos americanos, tais como a fita de exercícios com Jane Fonda e filmes recentes, excede de longe o suprimento disponível.

UMA VISÃO DE CONJUNTO

De maneira geral, os capítulos anteriores acerca do jornal, do filme, do rádio e da televisão deram alguns detalhes referentes ao impacto dos veículos de massa na sociedade. O estudo da mídia dentro desta perspectiva ressalta o processo evolutivo da mudança social. Isto é, focaliza a acumulação de traços tecnológicos da cultura. Ressalta a invenção de veículos de comunicação com novas configurações desses traços. Acompanha a transformação deles de meros recursos técnicos, somente conhecidos de alguns, para formas capazes de serem utilizadas pela multidão. Traça seus padrões de difusão pela sociedade e estuda suas curvas de obsolescência, à medida que vão sendo substituídos por alternativas funcionais. Esse tipo de análise pouco tem a dizer acerca dos processos psicológicos dos indivíduos ao decidirem adotar os diversos veículos ou ao serem influenciados pela absorção do conteúdo dos veículos. Uma análise assim salienta os amplos conflitos sociais, econômicos e políticos que caracterizam a sociedade durante a evolução de cada veículo. Fatores tais como guerra, depressão, opulência, imigração, urbanização, a difusão da educação, e a presença de determinados elementos tecnológicos na cultura de uma sociedade, produzem tensões que facilitam, inibem ou de outra forma afetam o desenvolvimento e a adoção de um dado veículo de massa. Destarte, os muitos acontecimentos que constituem a história de nossos veículos de massa não podem ser interpretados em um vácuo teórico. Encará-los como parte dos complexos processos evolutivos que ocorrem quando uma sociedade se torna diferenciada e alcança maior especialização de funções coloca-os em um contexto de mudança social. Mostrando a mídia como parte do amplo processo evolutivo de industrialização e urbanização relaciona-os com as duas tendências maiores da sociedade moderna. A ideia mais antiga de serem os veículos forças formando e plasmando a sociedade conforme desejam é simplista e ultrapassada. A mídia é formada pelos acontecimentos da sociedade como um todo, e é profundamente influenciada pelo processo dialético de conflitos entre forças, ideias e acontecimentos opostos no âmbito do sistema da mídia, e entre os veículos e outras instituições da sociedade. Por outras palavras, há numerosas maneiras difusas pelas quais uma sociedade exerce profunda influência sobre seus veículos de comunicação.

QUADRO 4.3. CRESCIMENTO DO NÚMERO DE GRAVADORES DE VIDEOCASSETE NOS ESTADOS UNIDOS (1977-1987)

Ano	*Número total de aparelhos de vídeo vendidos (em milhares)*	*Número total de moradias (em milhares)*	*Aparelhos de vídeo comprados por moradia*	*Percentagem acumulada de moradias com videocassetes*
1977	200	74.100	,002	—
1978	459	76.000	,006	0,8
1979	507	77.300	,006	1,4
1980	763	80.776	,009	2,3
1981	1.361	82.400	,01	3,3
1982	2.300	83.527	,02	5,3
1983	4.091	83.918	,04	9,3
1984	7.016	85.407	,08	17,3
1985	11.853	86.789	,13	30,3
1986	13.174	88.458	,14	44,3

FONTE: Compilado do Statistical Abstract of the United States, do U.S. Bureau of Census, e do Electronic Market Data Book (Electronic Industries Associates, 1987).

NOTA: Os percentuais acumulados podem superestimar o número de moradias com videocassetes se tiverem sido abandonadas máquinas antigas. Por outro lado, algumas casas podem ter mais de um aparelho.

CAPÍTULO 5

Os veículos de mídia como sistemas sociais

Nossos capítulos anteriores mostraram os antecedentes, o desenvolvimento tecnológico e os modelos da adoção dos principais veículos de massa que agora difundem informações para audiências norte-americanas. À medida que cada um deles surgiu, enfrentou um conjunto ímpar de circunstâncias sociais, econômicas e políticas que modelaram seu padrão específico de adoção na sociedade. Devido às características da nação na respectiva época, o jornal disseminou-se relativamente devagar durante quase um século, atingindo o máximo de utilização *per capita* por volta da época da Primeira Guerra Mundial. O filme, em sua forma tradicional, espalhou-se mais rapidamente, durante um período de quarenta anos, alcançando o pico durante as décadas de 1930 e 1940. O rádio mostrou um modelo diferente, crescendo rapidamente a princípio e depois estacionando durante meio século para alcançar o auge de número de aparelhos recentemente. A televisão, pelo contrário, espalhou-se pela sociedade em tempo extraordinariamente reduzido; o número de receptores pulou de 10 para 90% das casas em uma única década. Conforme cada veículo novo chegou, teve de encontrar seu nicho entre os demais existentes. Em alguns casos, as consequências dessa chegada foram assaz drásticas. Por certo, o veículo irradiado desafiou seriamente o jornal como fonte para se saber das últimas novidades. A televisão acarretou uma espetacular redução da forma tradicional de assistir filmes. O rádio teve de descobrir novas necessidades para servir à sociedade quando apareceu a televisão. A história dos veículos de comunicação nos Estados Unidos, portanto, *é maior do que a soma de suas partes.* Quer dizer, não seria possível entender o sistema de comunicação de massa da sociedade norte-americana como um todo, mesmo pelo mais minucioso exame, se se apreciassem apenas os veículos isoladamente. Embora tais análises de veículo por veículo sejam necessárias, também é indispensável entender como os veículos constituem um sistema global profundamente entranhado na sociedade norte-americana.

Parece mais do que evidente que as comunicações de massa hoje em dia são parte central de nossa estrutura *institucional*. Isto é, conquanto sejam indústrias por direito próprio, penetraram intimamente em cada uma das cinco instituições básicas de nossa sociedade. Por exemplo, com o destaque que elas dão aos serviços e produtos de nosso sistema comercial e industrial, fazem parte central da instituição *econômica*. Com seu crescente papel no processo eleitoral, seu emprego em várias audiências e com o destaque que dão à atuação do governo nos noticiários, os veículos de comunicação de massa tornaram-se parte significativa de nossa instituição *política*. Com o grande destaque que dão ao lazer e à cultura populares, grande parte do que é consumido como divertimento no lar, elas são indisputavelmente importante fator de nossa instituição *familiar*. Para muitos, o sacerdócio eletrônico virou parte expressiva da instituição *religiosa*. Em grau limitado, são também parte de nossa instituição *educacional*. A mídia, em suma, penetrou nossa sociedade até seu cerne institucional. O estilo norte-americano de vida, como conhecemos hoje em dia, não seria possível sem a comunicação de massa.

Este aspecto institucional de nosso sistema de mídia subentende equilíbrio antes que transformação. Até agora, temos ressaltado a *mudança* como o aspecto mais conspícuo dos veículos de massa. É importante, neste capítulo, mudar a perspectiva e mostrar que nosso atual sistema é feito de componentes que agora podem contribuir para *estabilidade* crescente. Este aspecto é importante em uma teoria contínua de transições, como foi exposta em capítulos anteriores. Uma teoria assim pressupõe não uma evolução em curso permanente, mas uma série de etapas em que a forma *básica* da comunicação humana sofreu modificação relativamente rápida de uma etapa para outra. Durante determinada etapa, a tecnologia ou processo de comunicação básico foi continuamente aperfeiçoada, mas não radicalmente alterada. Podemos estar exatamente em uma situação assim ao aproximar-se o final do século XX.

Por conseguinte, sem dúvida serão feitos novos melhoramentos em nossa mídia, mas o que pode ser insinuado é dispormos agora de um sistema de comunicação de massa em nossa sociedade que está mais ou menos pronto para durar por bastante tempo. Ele funcionará bem parecido com o que tem feito neste último meio século, independentemente dos avanços da tecnologia que sem dúvida ocorrerão. Nossos veículos sobreviverão como um sistema porque *funções* importantes estão sendo proporcionadas à sociedade como um todo. Isto é, o sistema de mídia tem consequências para a população que são encaradas como deveras importantes. Enquanto nossos veículos atenderem a essas necessidades da sociedade que se afiguram importantes, o sistema que as satisfaz permanecerá em seu lugar.

O que se pode concluir do exposto é que alterações e tendências individuais dentro de determinado veículo são relativamente sem importância nessa perspectiva do sistema. Se os jornais se tornarão mais ou menos populares, se a rede de televisão aumenta ou declina, ou se rádio AM desaparece em favor do FM, as funções correlatas dos veículos permanecerão sendo servidas de uma ou outra maneira. Ainda que algum veículo totalmente novo viesse a ser inventado de repente e tivesse encontrado lugar em nossas casas, nosso sistema global de mídia sobreviveria de modo mais ou menos estável porque as funções a que ele atende ainda continuariam de pé.

Neste capítulo, o sistema de mídia de massa dos Estados Unidos será encarado dentro de uma perspectiva assim. Isso exigirá uma orientação teórica muito diferente da que é mais frequentemente empregada para interpretar as comunicações de massa e sua influência. Estudos sobre os efeitos da comunicação de massa de há muito vêm sendo realizados dentro de uma moldura psicológica. Há décadas o paradigma cognitivo proporcionou a base para a pesquisa de mídia que visou entender a influência do conteúdo das comunicações de massa sobre os processos ''mentais'' dos membros individuais da audiência. A suposição foi de que uma vez cientes os indivíduos da informação proporcionada pela mídia, isso modificaria fatores cognitivos tais como opiniões, necessidades, atitudes e crenças; estas mudanças, por sua vez, acarretariam alterações no comportamento de membros da audiência.

Embora indo rever em capítulos posteriores teorias de efeitos da mídia nesse quadro teórico, a intenção desta análise agora é bastante diversa. A ênfase aqui não é no indivíduo mas no sistema de mídia como um todo, e em seu relacionamento com a sociedade ampla onde opera. Encarar os veículos de massa como um sistema social integrado por vários componentes, funcionando dentro do sistema social mais lato, exige hipóteses muito diferentes e uma forma peculiar de análise. Assim agindo, contudo, características importantes dos veículos, tal como funcionam na sociedade norte-americana, podem ser mais bem compreendidas.

No começo deste livro, foram enunciados diversos paradigmas para desenvolver análises teóricas. Pelo menos três deles tratam de *sistemas* em vez de indivíduos: funcionalismo estrutural, evolução social, e o modelo de conflito. Cada um possui sua própria ênfase e seu emprego. É a este tipo de moldura que devemos apelar para entender questões tais como a organização, estabilidade ou mudanças das indústrias de comunicação em nossa sociedade, e não influências psicológicas exercidas nos indivíduos. Especificamente, na análise a seguir, a ênfase incidirá na estabilidade de nosso sistema de mídia, e a perspectiva básica será o paradigma funcional estrutural.

A ESTABILIDADE DA MÍDIA NA SOCIEDADE NORTE-AMERICANA

Um dos mais provocantes debates relacionados com sistemas de comunicação de massa é a capacidade da mídia para sobreviver em uma sociedade durante períodos prolongados. Esse fenômeno não é difícil de entender em uma sociedade autoritária, onde o governo opera os veículos com fins de controlar o fluxo de informação, modelando a opinião pública e proporcionando interpretações coletivas aprovadas. Sociedades assim *precisam* da mídia para manter a aquiescência e o apoio das populações. Em uma sociedade democrática, onde o governo desempenha papel limitado, a estabilidade e a sobrevivência contínua dos sistemas de mídia são bem menos fáceis de explicar. Isso é particularmente verídico em sociedade como a dos Estados Unidos, onde elites reconhecidas regularmente condenam os veículos por terem mau gosto, ou até por serem declaradamente perigosos. Regularmente, as comunicações de massa são acusadas de ser o fator que estimula crime, excessos sexuais, a piora da capacidade intelectual, e erosão generalizada dos padrões morais da sociedade.

Um diálogo contínuo tem existido entre os representantes dos veículos de massa e autonomeados guardiães da moral, do desenvolvimento intelectual e dos gostos culturais do povo. Esse diálogo tem abrangido muitos temas, incluindo pornografia, violência, conteúdo trivial, noticiário banal, preocupação exagerada com esportes, bajulação política, publicidade enfadonha, música descuidada e quase todos os demais tópicos que possam ser caracterizados como "pegajosos", "triviais" ou "desprezíveis" — quer dizer, de "mau gosto".

Muitos que atacam a mídia querem que esta impeça a produção e apresentação de cultura popular (material de mau gosto) e apresente ao público mais arte, literatura, análises políticas perspicazes, boa música, teatro de alto nível, e outras formas de cultura elitista. Essa questão de cultura elitista *versus* cultura popular ou de massa tem eventualmente provocado debates nos mais altos círculos políticos, educacionais, religiosos e legais da nação. O fato é, entretanto, que os veículos de massa norte-americanos, não importa quão frequentemente sejam criticados, denunciados ou atacados, continuam a destacar apresentações não artificiosas, cultura popular e conteúdo de mau gosto. A questão é saber *por que* isso ocorre, e como tal preferência continua a contribuir para a estabilidade de nosso sistema nacional de comunicação de massa. Para formular estas perguntas em perspectiva, apelamos para o paradigma estrutural funcional. Mostraremos que a mídia na sociedade norte-americana constitui um sistema profundamente institucionalizado que atende a necessidades críticas da sociedade. Por tal razão, não pode ser facilmente modificado de qualquer maneira expressiva.

A LONGA HISTÓRIA DO PROBLEMA

Muito antes dos veículos de massa serem inventados, Platão talvez tenha dado o lance inicial da controvérsia acerca de custos e benefícios da cultura de massa. Em seu comentário a respeito da formação das crianças que deveriam se tornar os condutores de sua República ideal, ele viu a cultura de massa da época constituindo uma ameaça para as mentes dos jovens:

> Então, deveremos deixar nossas crianças escutar quaisquer histórias que alguém porventura invente, e assim receber em suas mentes ideias muitas vezes opostas exatamente às que pensarmos que deveriam ter ao crescerem?
>
> Não, certamente não [replica Glauco].
>
> Parece, pois, nossa primeira tarefa será supervisionar a produção de fábulas e lendas, rejeitando todas as que forem insatisfatórias; e induzirmos as amas e mães a só contarem às crianças aquelas que tivermos aprovado... A maior parte das histórias hoje em uso têm de ser rejeitadas.[1]

Esse tema — o divertimento popular é nocivo às mentes dos jovens — tem sido constante desde o início da comunicação de massa. Tem sido alegado, de vez em quando, que tais acusações podem ser validadas por provas científicas, mas reiteradamente tais provas foram postas de lado por serem difíceis de interpretar e, por conseguinte, serem controvertidas.[2] Cientistas sociais insistem que quaisquer conclusões acerca dos efeitos da mídia sejam apoiadas em prova concreta. Devido a tal insistência em dados e não em emoções, eles às vezes se encontram na posição contrafeita de parecer defender a mídia quando de fato apenas estão se recusando a aceitar as alegações inadequadamente sustentadas dos críticos.

Não obstante a insistência em que as conclusões sejam baseadas em provas adequadas, nunca impediu o critíco literário de acusar a mídia de ser profundamente responsável pelos problemas da sociedade. A maioria dos escritores norte-americanos do século XIX, a certa altura de suas carreiras ocuparam seu tempo criticando e condenando os jornais por superficialidade e distorção. Os excertos a seguir, das penas de figuras literárias bastante conhecidas e influentes, são amostras do clima de opinião predominante entre os literatos da época quando o jornal de massa se difundia na sociedade norte-americana:

*Henry David Thoreau** (escrito pouco antes de 1850):
O jornal de tostão é comumente uma instituição através da qual se oferece um tostão a um homem por seus pensamentos, o que é feito sem risco como brincadeira. E estou certo de que nunca li qualquer notícia digna de ser lembrada em um jornal. Se lemos que um homem foi roubado, ou assassinado, ou morto acidentalmente, ou uma casa pegou fogo, ou uma embarcação afundou, ou um vapor explodiu, ou uma vaca correu pela linha da Ferrovia do Oeste, ou um cão doido foi morto, ou um bando de gafanhotos apareceu no inverno — nunca precisaremos de ler sobre outro. Se você conhece o princípio, por que se incomodar com milhares de casos e aplicações? Para um filósofo, todas as notícias, como são denominadas, não passam de tagarelice, e os que as leem e publicam são como velhotas tomando chá.[3]

*Samuel Clemens*** (escrito em 1873):
Esse tremendo poder, a opinião pública de uma nação, é formado e moldado por uma horda de ignorantes simplórios enfatuados que não deram certo abrindo valas ou fazendo sapatos e sentaram praça no jornalismo a caminho do albergue dos pobres.[4]

*Stephen Crane**** (escrito por volta de 1895):
Um jornal é uma coletânea de meias-injustiças
Que, apregoadas por meninos de milha em milha,
Espalham sua curiosa opinião
Por um milhão de homens misericordiosos e escarninhos,
Cujas famílias se enroscam alegremente junto à lareira
Quando incitadas pela descrição de uma longa agonia.

Um jornal é um tribunal
Onde todos são delicada e injustamente julgados
Por uma imundície de homens honestos.

Um jornal é um mercado
Onde a sabedoria vende liberdade
E melões são coroados pela turba.

Um jornal é um jogo
Onde seu erro dá ao jogador a vitória
Enquanto a habilidade de outro ganha a morte.

Um jornal é um símbolo;
É uma crônica de vida irresponsável,
Uma coletânea de narrativas espalhafatosas

---

* Thoreau (1817-1862) foi poeta, escritor e naturalista, pertencente à escola do Transcendentalismo, influenciado sobretudo por Ralph Waldo Emerson.

** Samuel L. Clemens (1835-1910) foi humorista, jornalista e autor de histórias humorísticas sobre a vida da fronteira, sendo mais conhecido pelo pseudônimo de Mark Twain.

*** Romancista e autor de contos (1871-1900), um dos primeiros realistas da ficção norte-americana, influenciado pelo Naturalismo. Sua novela mais conhecida é *The Red Badge of Courage*, que chegou a ser filmada há poucos anos.

Concentradas em burrices eternas,
Que em remotas eras viveram sem cabresto,
Perambulando por um mundo sem cercas.[5]

Um aspecto notável destas declarações é que se pode simplesmente substituir "jornais" por "televisão" e obter uma versão bem parecida da hostilidade e dos ataques dirigidos sobretudo contra a televisão pelos críticos de hoje.

ELEMENTOS BÁSICOS DA ANÁLISE FUNCIONAL

A *tenacidade* e *estabilidade* da mídia de massa em geral diante de uma tão longa história de críticas por vozes poderosas necessita de explicação. O problema a princípio se afigura enganadoramente simples: a mídia apela para as massas, e estas querem o gênero de conteúdo que conseguem, e assim a mídia continua a dá-lo para elas.

Muitos cientistas sociais, como Skornia,[6] expuseram a inadequação desta explicação referindo-se à velha história da galinha e do ovo. É difícil, na melhor das hipóteses, saber se o gosto do público determina o que a mídia dá ou se isto determina o de que o público gosta. A resposta provavelmente fica mais ou menos no meio, com o gosto do público sendo ao mesmo tempo causa e efeito do que a mídia fornece. O relacionamento entre gosto do público e contribuição da mídia torna-se circular onde, em termos da analogia do ovo e da galinha, há um processo de galinhas produzindo ovos e ovos gerando galinhas.

Uma abordagem promissora para se entender o relacionamento entre o conteúdo da mídia de massa e o gosto do público, e por explicar em parte a notável continuidade do nível cultural (baixo) do conteúdo da mídia, é fornecido pelo paradigma *estrutural funcional*. Essa análise começa encarando a mídia como *sistemas sociais* que funcionam dentro de um sistema externo específico — o conjunto de condições sociais e culturais que é a própria sociedade norte-americana. Sob certos aspectos, esse surto de interesse pela análise dos fenômenos sociais que ocorrem nos limites de sistemas sociais representa uma renovação de interesse pelas estratégias teóricas do passado, tais como as de Spencer, Tönnies e Durkheim, que serão examinadas no Capítulo 6.

A análise funcional estrutural de sistemas sociais (ou, abreviadamente, "análise funcional") interessa-se pelos *padrões de ação* revelados por indivíduos ou subgrupos que se relacionam uns com os outros dentro de tais sistemas. Um sistema social, por tal razão, é uma *abstração* — mas não por demais afastada dos comportamentos observáveis e empiricamente verificáveis das pessoas que estão realizando a ação. O sistema social, pois, é um complexo de ações estáveis, capazes de serem repetidas e padronizadas, que são em parte manifestação da cultura compartilhada pelos atores e em parte manifestação das orientações psicológicas dos atores (que, por sua vez, provêm dessa cultura). O *sistema cultural*, o *sistema social* e os *sistemas de personalidade* (dos atores individualmente), por conseguinte, são diferentes tipos de abstrações a partir dos mesmos dados fundamentais, ou seja, os comportamentos ostensivo e simbólico dos seres humanos individuais. Eles são igualmente abstrações legítimas, cada uma proporcionando por direito próprio, uma base para vários gêneros de explicações e predições. Falando de maneira geral, pode ser difícil ou quase impossível analisar ou compreender plenamente uma abstração assim sem alguma referência a outras.

Admitido, contudo, que a expressão "sistema social" seja uma abstração científica legítima, como esta estratégia conceitual geral ajuda a entender os veículos de massa? Para responder a esta indagação, precisamos expor com mais detalhes exatamente o que se entende pelo nome sistema social, e que tipo de análise ele proporciona. Para ajudar a conseguir tal explicação, voltamo-nos rapidamente para diversas ideias que são aspectos importantes do estudo dos sistemas sociais. Uma das mais relevantes dessas ideias é o conceito da "função" de alguns *fenômenos repetitivos* (conjunto de ações) dentro de um sistema assim; foi com perguntas acerca de um determinado fenômeno repetitivo (a produção e distribuição contínua do conteúdo da "mídia" em gosto cultural "baixo") que começou este capítulo. O fato de tal conteúdo ter sobrevivido longamente às zombarias de críticos influentes foi considerado merecedor de explicação. Uma forma de explicar será proporcionada ao se notar a *função* de um fenômeno assim repetitivo dentro de um sistema de ação estável. O termo "função", neste contexto, quer dizer pouco mais do que "consequência". Para esclarecer rapidamente, podemos formular a hipótese de que a prática repetitiva de usar alianças por um casal casado tem a função (consequência) de lembrar-lhes, tanto quanto aos outros, que os dois estão unidos pelas obrigações e vínculos implícitos no matrimônio. Essa prática, por conseguinte, contribui indiretamente para manter a permanência do casamento — a estabilidade desse sistema social em particular. A prática é "explicada", em certo sentido, ao notar sua contribuição para o contexto dentro do qual ocorre. Uma comparação de certo número desses sistemas assim, com e sem este pormenor específico (mas sob outros aspectos semelhantes), comprovaria a afirmativa.

No exemplo acima, o sistema social é relativamente simples. Há apenas dois "componentes", e cada um deles acontece de ser o padrão de comportamento de um indivíduo. Esses padrões de ação originam-se tanto da constituição psicológica dos parceiros quanto das normas culturais atinentes a casamento predominantes em suas comunidades, classe social e sociedade. É um sistema miniaturizado cuja estabilidade depende da satisfação das ''necessidades'' dele (sistema). Por exemplo, um sistema desses exige que os parceiros desempenhem papéis que atendam às expectativas que cada um tem do outro e as que a comunidade tem de casais casados. Isso pode ser encarado como uma ''necessidade'' para desempenho adequado do papel, sem a qual a estabilidade do sistema estaria ameaçada. Outras ''necessidades'', relativas a questões econômicas e satisfações emocionais, também poderiam ser citadas.

Exemplificações mais complexas de sistemas sociais podem ser indicadas facilmente, onde os ''componentes'' dos sistemas não são as ações de pessoas individualmente mas sim de subsistemas. Uma loja de departamentos, por exemplo, é um complexo sistema social que consiste em atos de pessoal da gerência, compradores, vendedores, burocratas, fregueses, trabalhadores de transportes, porteiros e zeladores, e pessoal da segurança. Cada um desses componentes é um sistema de atuação menor dentro do sistema maior da própria loja, e, por sua vez, é um sistema complexo de ação realizada no âmbito das condições sociais externas da comunidade. Malgrado a complexidade, qualquer conjunto de ações repetitivas pode ser analisado em função de sua contribuição para manter ou solapar a estabilidade do sistema. Conceder aos empregados o direito de adquirir mercadorias com desconto poderia ter uma função (consequência) de manter elevado seu moral e intacta sua lealdade e, assim, contribuir bem diretamente para a manutenção do sistema. Insistir rigidamente na observância de regrinhas miúdas, como reduzir o salário de um empregado que em raras ocasiões se atrasou para o serviço, pode abalar o moral e a lealdade e, por contribuir para a rotatividade da mão-de-obra, poderia ser ''disfuncional''. Em vez de colaborar para a manutenção do sistema, poderia provocar interrupções e instabilidade. Conclusões assim tiradas indutivamente seriam submetidas ao teste de validade, é claro, mas a análise funcional teria gerado a hipótese a ser comprovada (papel importante da teoria).

ESTRUTURA E FUNÇÕES DOS SISTEMAS DE MÍDIA

Uma ''análise funcional'', por conseguinte, focaliza algum fenômeno específico que ocorra dentro dum sistema social. A seguir, procura mostrar como esse fenômeno tem consequências que contribuem para a estabilidade e permanência do sistema como um todo. O fenômeno, é claro, pode ter influência negativa e, assim, dir-se-ia ter ''disfunções'' antes do que "funções". A análise é uma estratégia para induzir ou localizar hipóteses que possam ser testadas empiricamente por meio de estudos comparativos ou outros métodos adequados de pesquisa.

A análise de sistemas sociais é extremamente difícil. Nenhuma regra infalível especifica precisamente como localizar e definir os exatos limites de um dado sistema social, particularmente se este for relativamente complexo. Até agora, não existem critérios totalmente aceitos para estabelecer vinculações entre os componentes de um sistema, nem fórmulas padronizadas podem desvendar a exata contribuição que uma dada forma de ação repetitiva dá para a estabilidade de um sistema. Uma análise funcional da contribuição de algum fator para a estabilidade dum sistema, pois, é um procedimento pouco menos do que rigoroso. A despeito, porém, dessa fonte potencial de críticas, esta estratégia tem se mostrado útil em nossas tentativas para entender fenômenos sociais complexos, tais como a mídia de massa.

O Conteúdo de Mau Gosto como Fenômeno Repetitivo

Como este tipo de análise pode ser aplicado aos veículos de massa? Primeiro, podemos identificar a parte do conteúdo da mídia de massa que é de "mau" gosto cultural ou contribui com gratificações para a audiência de massa, de maneira tal que de modo geral seja encarada como potencialmente capaz de rebaixá-la como o "relativamente persistente traço ou disposição"[7] da mídia de massa que buscamos explicar. Na prática, seria difícil construir um conjunto de *categorias* sob o qual analisar o conteúdo da mídia de forma a se poder identificar imediatamente o "mau" gosto cultural. Seria árduo, mas na verdade não seria impossível. Violência excessiva, a descrição minuciosa de técnicas criminosas, temas de horror e monstros, pornografia ostensiva, música sugestiva e melodramas de fórmula cansativa são categorias típicas de contexto que despertam a ira dos críticos. Provavelmente ocorreria considerável discórdia quanto ao exato conteúdo que deveria ser incluído em cada categoria dada. Também haveria debates acerca do número de categorias empregadas. Não obstante, é teoricamente possível identificar o conteúdo de qualquer determinado veículo que seja *mais* desaprovado por maior número de críticos. Admitiremos que, dados suficientes tempo e recursos e apelando para técnicas de levantamento, escalas de preferência, instrumentos de mensuração de atitudes e outros processos de pesquisa hoje disponíveis, o conteúdo de qualquer dado veículo poderia ser dividido, *grosso modo*, em algo parecido com as três seguintes categorias:

Conteúdo de mau gosto: Este seria o conteúdo da mídia amplamente difundido e assistido pela audiência de massa e que consistentemente mobilizou a ira dos críticos. Exemplos seriam produções sobre crimes na televisão dando realce à violência; pornografia declarada da TV a cabo, estações de TV ou filmes; seriados diurnos; revistas de confissões pessoais; histórias em quadrinhos sobre crimes; música sugestiva; ou outro conteúdo que seja encarado em geral como contribuindo para o mau gosto, o rebaixamento da moral, ou ao estímulo de condutas socialmente inaceitáveis (quer tais acusações sejam ou não verídicas).

Conteúdo não polêmico: Isso seria o conteúdo da mídia, amplamente disseminado e assistido, acerca do qual os críticos da mídia pouco falaram. Exemplos seriam boletins meteorológicos da televisão, certo conteúdo dos noticiários, música que não seja sinfônica nem popular, revistas dedicadas a assuntos especializados, filmes sobre temas "sadios", e muitos outros. Não se crê que tal conteúdo eleve nem rebaixe o gosto, e não é visto como uma ameaça aos padrões morais.

Conteúdo de bom gosto: Este seria o conteúdo da mídia às vezes amplamente difundido mas não necessariamente amplamente assistido ou buscado. É conteúdo que os críticos da mídia julgam de melhor gosto, moralmente estimulante, educativo ou de certa maneira inspirador. Exemplos seriam música séria, teatro de alto nível, debates políticos, filmes de arte, ou revistas dedicadas a comentário político. Tal conteúdo é defendido pelos críticos como oposto ao material de mau gosto, que encaram como caracteristicamente objetável.

Claro, a *primeira* das categorias acima é a para a qual desejamos voltar mais nossa atenção. É o fenômeno repetitivo cuja contribuição para os veículos (como sistema social) carece de análise. Seria possível igualmente estudar as outras duas categorias com perspectivas de certa forma paralelas, mas na presente discussão elas receberão relativamente escassa atenção.

Os Componentes e as Limitações do Sistema

Precisamos, agora, iniciar identificando os componentes e limites do sistema social onde ocorre o conteúdo de mau gosto, de modo a poder eventualmente formular indutivamente hipóteses acerca da contribuição que dão para o sistema.

Melhor do que fazer uma descrição pura e simples de um método aplicável a um único veículo, será mais produtivo elaborar um projeto conceitual *genérico* em que, qualquer um ou todos os veículos, possam ser inseridos com pequenas alterações de pormenor. Um projeto assim geral ressaltará as semelhanças entre os veículos, particularmente no tocante a relacionamentos entre os componentes do sistema. Os componentes gerais e seus relacionamentos acham-se esboçados na Figura 5.1.

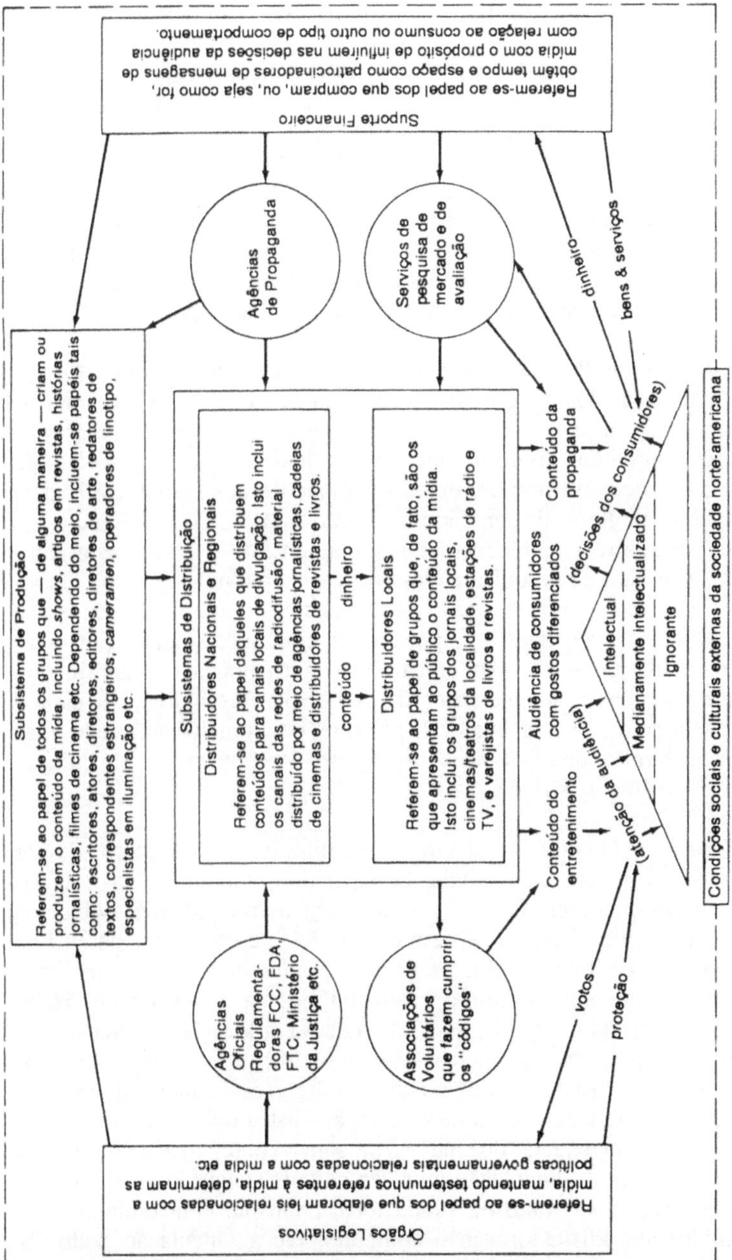

Figura 5.1. Representação esquemática dos veículos de comunicação de massa enquanto sistema social.

Audiências. O primeiro componente importante do sistema social de comunicação de massa é a *audiência*. É um componente extremamente complexo. A audiência é estratificada, diferenciada e inter-relacionada segundo as muitas formas que os cientistas sociais há anos estudam. Algumas das principais variáveis que exercem um papel no determinar como esse componente funcionará dentro do sistema são as principais necessidades e interesses dos membros da audiência, as várias categorias sociais nela representadas e a natureza dos relacionamentos sociais entre membros dessa audiência. Essas variáveis apontam para mecanismos de comportamento que determinam os modelos de atenção, interpretação e reação de uma audiência face a conteúdo de um dado tipo.

Organizações de Pesquisa. A tipologia de conteúdo, sugerida *grosso modo* mais atrás neste capítulo é, até certo ponto, relacionada com as características dessa audiência. Organizações dedicadas à *pesquisa*, a mensurar as preferências da audiência dos veículos, ou a várias formas de pesquisa de mercado proporcionam informações aos responsáveis pela escolha das categorias de conteúdo que serão distribuídas à audiência. Há um elo, pois, entre a audiência como componente do sistema e as organizações de serviço de pesquisa e classificação como um segundo componente. Em termos puramente teóricos, ambos os componentes são por si mesmos sistemas de papéis e, pois, realmente subsistemas. Em certo sentido, a ligação é de mão única. Por muito pouca (ou geralmente nenhuma) remuneração, membros da audiência escolhidos para estudo contribuem com dados acerca de si próprios para uma organização, mas muito pouco reflui daí. Essa vinculação entre componentes é, em comparação, relativamente simples.

Distribuidores. O conteúdo propriamente dito, de qualquer tipo, flui de um *distribuidor* para a audiência. O papel do componente distribuidor varia, nos pormenores, de um veículo para outro. Ademais, diversos sistemas um tanto distintos existem dentro desse componente geral. Primeiro, há os distribuidores locais, provavelmente em contato mais imediato com a audiência. O jornal, teatro ou cinema e a estação de rádio locais desempenham a parte mais imediata na colocação de mensagens perante as respectivas audiências. Inseparavelmente ligados a eles, porém, há outros subsistemas desse componente geral. Cadeias de jornais, agências distribuidoras, redes de emissoras, distribuidores de revistas e livros, assim como cadeias de cinemas passam o conteúdo aos respectivos pontos de venda. A vinculação entre esses dois subsistemas é em duas mãos de direção. O ponto de venda local contribui com dinheiro, e o distribuidor atacadista fornece o conteúdo. Ou a vinculação pode ser aquela em que o ponto de venda local fornece um serviço, e o distribuidor (que é pago em outro lugar) fornece o dinheiro.

O relacionamento entre audiência e distribuidor afigura-se, a princípio, ser uma ligação de mão única. O distribuidor proporciona divertimento (e comumente publicidade), mas a audiência contribui com pouco em troca numa acepção direta. No entanto, ela contribui com sua *atenção*. Com efeito, é exatamente a atenção da audiência que os distribuidores estão tentando atrair. Através da mídia, apoiada por publicidade, eles vendem essa "mercadoria" diretamente a seu financiador ou patrocinador. Ademais, a audiência fornece informações ao componente de pesquisa e esta é indiretamente fornecida aos distribuidores sob a forma de retroalimentação, de maneira a poderem avaliar a dose de atenção que estão suscitando. As vinculações entre componentes ficam mais complexas ao buscarmos os limites do sistema.

Os Produtores e seus Patrocinadores. À audiência, à pesquisa e ao distribuidor podemos acrescentar o sistema do *produtor* do conteúdo. O vínculo primordial deste é com o *financiador* (ou *patrocinador*) e com o distribuidor, de quem é conseguido o dinheiro e para quem são preparadas diversas formas de conteúdo de divertimento. Uma série de subsistemas são incluídos nesse componente produtor, dependendo do veículo em questão. Exemplos são atores, diretores, produtores de televisão, técnicos, correspondentes estrangeiros, editores de serviços telegráficos, produtores de filmes, líderes sindicais, editores de livros, editores de texto, pessoal de escritório, e muitos, muitos outros.

Agências de Propaganda. Vinculando o patrocinador, distribuidor, produtor e a organização de pesquisa existem as *agências de propaganda.* Pagas sobretudo pelo patrocinador, esse componente proporciona (em troca) certas ideias e serviços. Na maioria, proporcionam ao distribuidor mensagens publicitárias. Podem igualmente ter vinculação com o componente da pesquisa.

Subsistemas de Controle. Acima desse complexo conjunto de componentes inter-relacionados, existem outros subsistemas que exercem *controle*. Os poderes legislativos, tanto estadual quanto nacional, que elaboram medidas reguladoras referentes aos veículos, constituem parte importante deste componente de controle. Outra parte relevante desse subsistema são os órgãos executivos oficiais, que implementam as normas legisladas. O elo entre o corpo legislativo (componente controlador) e a audiência é, claro, o dos votos e da opinião pública, ao qual o componente é presumivelmente sensível e do qual depende.

Canais de informação entre audiência, órgãos legislativos e agências regulamentadoras são mais ou menos visíveis.

Aos componentes regulamentadores, cujas definições de papel são encontradas na legislação oficial, podem ser acrescentadas as associações privadas voluntárias que criam "códigos" e até certo ponto servem como um controle sobre os distribuidores. Estes lhes proporcionam dinheiro, e eles, por sua vez, proporcionam vigilância e outros serviços.

As Condições Externas

Os subsistemas reguladores extraem definições de conteúdo permissível e não permissível do conjunto geral de *condições externas* no âmbito das quais funciona esse sistema extremamente complicado. Rodeando a estrutura inteira, como uma condição externa, acham-se as normas gerais da sociedade local atinentes a gosto e moralidade, e as expressões que encontram na lei escrita. Analogamente, se bem que menos provavelmente incorporadas à lei, acham-se as normas e crenças culturais gerais referentes ao que provavelmente divertirá ou de outra forma gratificará os norte-americanos. Assim, raramente vemos ópera chinesa tradicional mas frequentemente assistimos a bangue-bangues do Oeste. Raramente ouvimos a melodia da música dos templos hindus, mas com frequência escutamos os "acordes" e outros ruídos do mais recente astro do rock admirado pelos adolescentes. Se nossos interesses dirigem-se para tema mais sério, provavelmente escutaremos a música de um rol relativamente pequeno de compositores europeus ou norte-americanos que criaram suas obras num lapso de uns três séculos. Ou provavelmente veremos balé, ópera, teatro sério, e assim sucessivamente, de um número bastante limitado de artistas cujos produtos são definidos por nossa sociedade como clássicos ou como novas abordagens inovadoras.

Cada um dos diversos veículos se enquadrará neste modelo geral de um sistema social de formas ligeiramente diferentes. Uma descrição completa de cada um dos veículos separadamente seria tediosa. De fato, cada uma encheria o conteúdo de um livro inteiro. Mais de duas décadas atrás, Opotowsky tentou exatamente uma análise minuciosa assim da indústria da televisão, embora não empregasse a concepção de sistema social.[8]

Somando-se à complexidade deste esquema conceitual, deve ser lembrado que apesar de cada veículo constituir um sistema social de algum modo distinto, os veículos são também relacionados *um com outro* de maneiras sistemáticas. Portanto, podemos falar do conjunto inteiro de veículos de comunicação, inclusive os que não foram especificamente analisados neste volume, como *o sistema de comunicação de massa nos Estados Unidos.*

A estrutura deste sistema de comunicação de massa foi fortemente influenciada pelas condições gerais sociais, políticas, econômicas e culturais correntes durante o período em que nossos veículos de massa estavam se desenvolvendo, condições que permaneceram como importantes forças socioculturais na sociedade dentro da qual atuam. Devido à sua importância para se compreenderem os veículos de massa tal como são hoje em dia, tais condições foram analisadas com certo pormenor em capítulos anteriores. Nossas convicções sobre a livre empresa, nossos pontos de vista sobre a legitimidade da motivação do lucro, as virtudes do capitalismo controlado e os valores genéricos atinentes à liberdade de expressão constituem outras tantas *condições externas* (em acréscimo às relacionadas com limitações morais e gostos culturais) dentro das quais funciona o sistema norte-americano de comunicação de massa.

MANUTENÇÃO DA ESTABILIDADE DO SISTEMA

Dentro do sistema propriamente dito, a principal *condição interna* é, claro, financeira. A maior parte dos componentes do sistema são estruturas de papel ocupacional, que motivam seu respectivo pessoal primordialmente por meio de dinheiro. Para conseguir dinheiro, todos eles dependem em última análise do componente mais central de todos — a audiência. A menos que suas decisões de dar atenção, comprar, votar, e coisas semelhantes, sejam tomadas favoravelmente, o sistema sofreria tensão grave e acabaria falhando.

Uma mudança quase espetacular do comportamento da audiência provocaria a mais grave interrupção do sistema para qualquer dado veículo. Num capítulo anterior, mencionamos a rápida aquisição de televisores pela audiência do cinema (Figura 4.2). As consequências da perda de atenção para os cinemas como veículo de massa foram assinaladas como graves (Figura 3.1).

Rupturas assim são infrequentes, porém ocorrem. O recurso para evitar alterações espetaculares no comportamento da audiência é, está claro, proporcionar um conteúdo de divertimento que satisfaça e motive o maior número possível de componentes da mesma a desempenharem seus papéis de acordo com as necessidades do sistema. Tal conteúdo, em outras palavras, *manterá a estabilidade do sistema.* O ideal, do ponto de vista do sistema, é conteúdo que *capte a atenção dos membros da audiência, convença-os a comprar bens*, e, ao mesmo tempo, *esteja suficiente-*

mente enquadrado nos limites das normas morais e dos padrões de gosto de forma a não provocar ações desfavoráveis por parte dos componentes reguladores.

O conteúdo de divertimento que parece mais capaz de atrair a atenção do maior número de membros da audiência é o mais espetacular, o chamado conteúdo do mau gosto, que compõe parte tão grande de nossa cultura popular. Visto que a meta mais importante do sistema de veiculação é o lucro econômico, o sexo e a violência ou qualquer outro que atraia e prenda a atenção, é funcional na acepção de que — apesar de poder ser de mau gosto — aumenta o tamanho da audiência exposta à propaganda. Em geral, quanto maior a audiência, tanto mais o produtor e o distribuidor podem cobrar pela publicidade. Comerciais em horário nobre da televisão, por exemplo, custam substancialmente mais do que os exibidos durante períodos de baixa audiência, tais como bem cedo de manhã.

Muitos críticos deploram a dependência dos veículos norte-americanos para com a publicidade. Esta opinião é mais do que compreensível. Para a pessoa de gosto refinado, há na propaganda um bocado de coisas que são deploráveis e mesmo desagradáveis. Quem quer que haja levantado os olhos da mesa de refeições enquanto observa o noticiário da noite para ver a exaltação das virtudes de remédios para hemorroidas, prisão de ventre, diarreia, mau odor das axilas, mau hálito, e outras aflições grosseiras que atormentam os seres humanos, tende a ter uma reação assim. Esse é o preço por se ter um sistema de veículos baseado sobretudo em publicidade. Por outro lado, os benefícios de tal sistema precisam ser ponderados face às alternativas. Como, de outra forma, poderia se manter um sistema de comunicação de massa? O controle pelo governo seria inaceitável. Dependência de filantropia proporcionaria um sistema assaz limitado. Pague na hora — como nos canais de filmes da TV a cabo — produziria um sistema elitista com conteúdo visando aos mais abastados.

O atual sistema de depender pesadamente da publicidade gera um destaque dado ao conteúdo mais afim dos gostos da baixa classe média.[9] Este segmento da população constitui o maior conjunto de poder aquisitivo da sociedade. É a classe média baixa que compra a maior parte dos produtos anunciados pelos veículos. O seguinte segmento maior, em função de poder aquisitivo coletivo, é o nível logo abaixo — os trabalhadores especializados e semiespecializados de "colarinho azul".* Indivi-

* Quer dizer, os que usam macacão azul como traje de trabalho. (N.T.)

dualmente, seus interesses são limitados; coletivamente, são impressionantes. Juntos, estes dois níveis da sociedade representam a imensa maioria da população que compra produtos de fabricantes, importadores e varejistas norte-americanos. Não é de admirar, portanto, que os gostos desses segmentos da sociedade pesem seriamente entre os que projetam o conteúdo dos veículos.

Um segundo fator responsável pela importância dessas duas categorias da população é serem os segmentos inferior e médio-inferior os que dão mais atenção à mídia como um todo. Há um bocado de provas mostrando que os relativamente não instruídos gastam mais tempo do que os cultos expondo-se aos veículos de massa.[10] Pode ser ilusório concluir que assim ocorre porque adoram conteúdo de mau gosto. A relativamente pouco educada maioria também tem relativamente baixas rendas pessoais, o que provavelmente indica terem menos escolhas do que os seus correspondentes mais educados e afortunados sobre como passar o tempo longe do trabalho. Os veículos de massa talvez sejam mais atraentes para eles em grande parte por serem formas relativamente baratas de lazer. Outrossim, conforme Baker e Ball assinalam, provavelmente é superficial imaginar que a única razão pela qual a gente em geral passa seu tempo com os veículos é por seu conteúdo ter um apelo intrínseco.[11] Qualquer número de satisfações de necessidades e gratificações, além e acima dos ligados a divertimento ou a ficar informado, são proporcionados pela mídia. Serviços de babá e de acompanhante (mesmo sendo companhia eletrônica) são exemplos.

Tudo dito e feito, contudo, ainda é verdade que o conteúdo de mau gosto vende... e vende muito. Este fato consagra isso como o elemento-chave do sistema social da mídia. Ele mantém o complexo inteiro unido, assegurando sua estabilidade financeira. Críticos que provocam a atenção pública ao denunciarem o conteúdo dos veículos ou ao proclamarem existir uma ligação causal entre o conteúdo da mídia e o comportamento social indesejável, podem temporariamente receber certo reconhecimento. Também podem conseguir certa perturbação temporária do sistema, ou, se forem bastante persistentes, podem até acabar afastando totalmente determinada forma de conteúdo de mau gosto dum dado veículo. Exemplos do passado são programas de perguntas (questionários) que foram constatados ser "marmelada", e conhecidos *disc jockeys* que recebiam "bola" (uma gorjeta para tocar repetidamente determinada música, popularizando-a). Em casos assim, a audiência talvez se afaste temporariamente. Todavia, o conteúdo de mau gosto aparece em formas variáveis, de sorte que a ausência temporária ou permanente de uma forma de menor importância não afeta o quadro geral. Os críticos vêm se queixando da concentração dos jornais em noticiário de crimes há já um século; no entanto, não houve apreciável redução do relato desses casos. Críticos das novelas talvez tenham dado um suspiro de alívio quando tais programas afinal sumiram do rádio. Sua alegria deve ter tido curta duração quando tais seriados diurnos passaram a ser bastante populares entre espectadores da televisão, tão populares de fato que agora aparecem nas melhores horas da noite. Análises do nível de violência do conteúdo da televisão revelam que diminuiu ligeiramente, após inquéritos federais sobre os efeitos da violência na televisão ou de campanhas generalizadas por associações de voluntários (exemplo, a Associação de Pais e Mestres), só para voltar pouco depois de ter abrandado a gritaria do público.[12]

Quando se descobre uma fórmula para atrair a atenção e influir nas decisões de compras de um segmento considerável da audiência, ela só será abandonada pela mídia com grande relutância — se o for. As tardes dançantes, filmes de guerra, o cômico estrela do programa, a comédia de situações familiares, a aventura de mocinhos e bandidos, a estória de detetive, as aventuras do agente secreto, o drama no tribunal — todos estão começando a emparelhar-se com fórmulas tradicionais como a novela de choradeira, os desenhos animados, o crime sexual, a página de esportes e a revelação de corrupção nas altas esferas, como artifícios para atrair atenção que podem levar o olho ou o ouvido do consumidor para mais perto dos anúncios.

Em suma, o sistema social dos veículos de massa dos Estados Unidos está se tornando cada vez mais consagrado. Poucas mudanças no futuro podem ser esperadas no gênero de conteúdo que eles produzirão para defender a própria estabilidade. A função do que denominamos conteúdo de mau gosto é manter o equilíbrio financeiro de *um sistema social profundamente institucionalizado que se acha intimamente integrado no conjunto das instituições norte-americanas.* A probabilidade de o nosso sistema de comunicação de massa, a este respeito, poder ser alterado drasticamente pelos ocasionais alaridos dos críticos parece deveras reduzida.

Se mudança ocorrer, os futuros acontecimentos na natureza da mídia de massa provavelmente não serão simples. Um princípio básico de Émile Durkheim (ver Capítulo 6) é que à medida que os organismos crescem, provavelmente se tornam mais diferenciados ou complexos.[13] Tomando esta suposição, e combinando-a com os enormes progressos tecnológi- cos das comunicações eletrônicas assistidos nos anos recentes, pode-se formular a hipótese de os sistemas de veiculação se tornarem mais especializados. Algumas organizações de mídia, por exemplo, podem se especializar em conteúdo de mau gosto, outras em informações científicas e técnicas, outras em noticiário, e ainda outras em conteúdo de alto nível. Progressos tecnológicos, tais como televisão via satélite e via cabo, redes de computadores e o videotexto, já viabilizam tal especialização. Em um capítulo posterior, consideraremos como isso, junto com mudanças do sistema econômico, talvez traga significativas alterações do conteúdo e da estrutura dos sistemas de veículos de massa.

PARTE II

Os Efeitos da Comunicação de Massa

CAPÍTULO 6

A sociedade de massa e a teoria da bala mágica

Nossos capítulos anteriores traçaram a evolução da comunicação humana desde a antiguidade até o presente. Argumentamos que os seres humanos passaram por diversas etapas de comunicação distintas em sua progressão evolutiva. A um ritmo cada vez mais acelerado, passaram da era dos símbolos e sinais para etapas sucessivas em que foram adquiridas a fala e a linguagem. Acabaram conquistando a capacidade de escrever, em seguida a de imprimir, e, afinal, venceram tempo e distância em nossa atual era de aperfeiçoados veículos de comunicação de massa.

Uma conclusão importante a respeito dessas transições foi que cada uma delas teve ''efeitos'' significativos. Quer dizer, cada uma acarretou alterações importantes tanto no pensamento humano, no plano individual, quanto no desenvolvimento cultural, no coletivo. Assim como o aparecimento da fala deu a nossos primitivos ancestrais uma vantagem enorme sobre seres humanos anteriores, o sucessivo surto da escrita, da impressão e da comunicação contemporânea de massa deu aos seres humanos das ulteriores eras relevantes vantagens sobre seus antecessores. Assim, à medida que cada era fundiu-se na seguinte, o pensamento humano tornou-se mais elaborado e a cultura crescentemente complexa.

O processo da evolução tecnológica, social e cultural não está, de maneira alguma, encerrado. Continuamos a desenvolver nossa tecnologia, e nossa capacidade de comunicação é dilatada por tais progressos. Em capítulos anteriores, delineamos a forma pela qual cada um de nossos principais veículos de comunicação baseou-se em um continuamente crescente domínio dos princípios científicos e aplicações práticas. Isso possibilitou um incrível número de aparelhos e veículos que alteraram a forma pela qual nos comunicamos. Eles se estenderam desde a prensa de Gutenberg até a mais recente rede de televisão via satélites. Evidentemente, de um ponto de vista tecnológico, a mídia de massa prosseguirá num processo evolutivo.

Ao mesmo tempo, as próprias sociedades sofrem contínuas modificações. Não são sistemas sociais completamente estáveis; os costumes do passado modelam os padrões sociais do futuro. Mas o poder da tradição não é rígido nas modernas sociedades urbano-industriais. Adotam-se novidades; conflitos surgem e são resolvidos; manias e modas surgem e somem; movimentos sociais trazem perspectivas inéditas; problemas sociais aparecem e são encarados; e a ordem social é modificada conforme cada uma dessas influências. Nenhuma geração é exatamente igual à que a precedeu, seja psicologicamente ou em função das características sociais.

Por isso, como tanto a tecnologia da comunicação quanto a ordem social se acham em constante processo de mudança, há toda razão para desconfiar que as influências da mídia de massa na sociedade não serão as mesmas de uma época para outra. Por conseguinte, é difícil descrever regularidades ou formular explicações acerca dos efeitos da comunicação de massa que sejam válidas para todos os cidadãos em todas as épocas. Todavia, a essência da ciência é que ela busca verdades duradouras. A pesquisa científica visa descrever relacionamentos ordenados entre fenômenos, assim como desenvolver explicações de como alguns eventos influenciam ou levam outros a produzir modelos e regularidades. Por outras palavras, a ciência busca princípios imutáveis. Evidentemente, não se trata de uma missão fácil no caso dos efeitos da comunicação de massa sobre as pessoas, devido à natureza evolutiva da mídia por um lado, e da sociedade por outro.

A despeito destas dificuldades, desde o início da era de comunicação de massa os estudiosos buscaram entender as influências dos veículos sobre suas audiências. O resultado dessa busca tem sido uma série de formulações que tentam descrever, explicar e predizer o que ocorrerá quando dadas categorias de pessoas forem expostas a formas específicas de conteúdo da mensagem via determinado veículo de comunicação de massa.

Os capítulos restantes deste livro apresentarão uma breve recapitulação de tais formulações. Não é missão fácil. A evolução da teoria na comunicação de massa não obedeceu a um plano ordenado. Com efeito, aquilo de que dispomos hoje emergiu de uma busca caótica e descoordenada por diversas disciplinas de diferentes espécies de princípios, levada a cabo por estudiosos que investigaram os efeitos da comunicação de massa, visando diferentes finalidades.

Quiçá o único elo unificador, dentre as várias explicações que constituem nossa herança intelectual no estudo da comunicação de massa, seja o fato de cada uma das principais teorias estar fundada, direta ou indiretamente, nas concepções básicas do indivíduo humano ou da ordem social, oferecidas pelas diversas ciências sociais. Destarte, temos teorias de influência da mídia baseadas em paradigmas psicológicos, sociológicos e antropológicos. A esses, podem-se acrescentar as contribuições do historiador, do economista, do cientista político e do jurista — todos os quais colaboraram para nossa compreensão atual da comunicação de massa.

Embora as explicações da influência da comunicação de massa estejam alicerçadas nos paradigmas gerais das ciências sociais, as linhas de influência entre as duas não foram de forma alguma perfeitamente esclarecidas.[1] Frequentemente, estudiosos da mídia reinventam a roda quando não se dão conta de que determinada forma de comportamento tem sido estudada há décadas pelas ciências sociais. Por outro lado, amiúde os cientistas sociais têm ignorado jovialmente o papel da comunicação de massa ao adotarem paradigmas que relacionam símbolos, comunicação, a ordem social e o comportamento individual. Não obstante, as linhas de influência estão ali, embora às vezes seja difícil delineá-las. Para nossos fins atuais, é importante mostrar algumas das maneiras pelas quais os estudiosos da comunicação de massa foram influenciados por paradigmas mais gerais atinentes à natureza psicológica e sociológica dos seres humanos. Malgrado esta influência às vezes tenha sido não premeditada e indireta, rastrear essas vinculações quiçá possa esclarecer em parte por que os estudiosos da mídia se concentraram nos conceitos, tópicos e problemas específicos que integram a substância da teoria da comunicação de massa, tanto no passado quanto no presente.

Este capítulo aborda especificamente as formulações mais remotas que caraterizam o pensamento a propósito das influências da comunicação de massa. Apesar dessas formulações serem agora encaradas como obsoletas, possuem grande importância, além de serem meras curiosidades históricas. Elas nos ajudam a entender as teorias da comunicação de massa que se seguiram e substituíram as formulações iniciais. As segunda e terceira gerações de teorias da comunicação de massa — que serão focalizadas em capítulos posteriores — sob muitos aspectos foram reações contra os postulados das formulações primitivas, e para compreender as explicações de hoje é necessário começar do princípio.

Durante as primeiras décadas deste século, a mídia estava na infância. Mesmo assim, o público alarmou-se quanto ao que essas novas formas de comunicação — jornais diários, filmes de cinema e radiodifusão — estavam lhe causando, a seus filhos e aos vizinhos. Foi nessa época que teorias sociológicas acerca da natureza da sociedade destacaram o conceito de *massa* como forma de relacionamentos humanos interpessoais que caracterizava a emergente ordem social urbano-industrial. Foi dessa maneira de pensar que obtivemos concepções da sociedade de *massa* e, consequentemente, da *comunicação de massa*. Nossa primeira missão, por conseguinte, é entender as origens e a natureza desse conceito fundamental.

O PARADIGMA EVOLUTIVO E O CONCEITO DE SOCIEDADE DE MASSA

A sociedade é vasta e organizada. Também parece tornar-se mais complexa. Estas duas observações elementares foram os fundamentos de onde evoluíram os sistemas de pensamento dos fundadores da sociologia. A especulação acerca da natureza da ordem social — maneira pela qual ela está mudando ou como poderia ser aperfeiçoada — havia sido o tema da literatura filosófica desde o começo do registro da experiência humana. Entretanto, a fundação da sociologia como disciplina sistemática especificamente devotada ao estudo dos processos societários, não ocorreu antes da primeira metade do século XIX, aproximadamente ao mesmo tempo em que Benjamin Day começou a vender seu jornal nas ruas de Nova York a um tostão o exemplar.

O Conceito de Augusto Comte sobre o Organismo Coletivo

Geralmente credita-se a Augusto Comte ter dado nome ao novo campo de conhecimentos, e também foi ele quem advogou a aplicação do Método Positivo (Científico) ao estudo da sociedade. As principais contribuições de Comte para a missão de estudar cientificamente fenômenos sociais foram mais filosóficas do que substanciais. Não obstante, com efeito incluiu em suas volumosas obras um *conceito orgânico de sociedade*, largamente empregado por sociólogos pioneiros.

O conceito de sociedade como um organismo não foi originado por Comte, mas ele o tornou um postulado fundamental. O significado dessa ideia é que dela decorrem importantes consequências. Em termos singelos, a sociedade pode ser encarada como um tipo particular de organismo, qual seja um *organismo coletivo*. Isso não queria dizer para Comte existir apenas uma grosseira analogia entre a organização de um determinado organismo biológico, tal como uma determinada planta ou animal, e a sociedade humana. Comte admitiu que a sociedade era um organismo por direito próprio. Viu que ela possuía estrutura, tinha partes especializadas funcionando juntas, que o todo era algo mais do que a soma de suas partes, e que passava por mudança evolutiva. Essas características eram de organismos em geral, e, assim, a sociedade podia ser adequadamente classificada como tal, com o reconhecimento de que ela difere de outras variedades específicas de organismos.

O Papel da Especialização. Comte maravilhou-se ante a grande diversidade de tarefas, metas e funções características de uma sociedade e comentou sobre como cada indivíduo e grupo pode parecer estar buscando fins particulares e o resultado global ser, no entanto, o de um sistema funcionando harmoniosamente. Um dos princípios fundamentais da estruturação da sociedade (como organismo) que responde por tal situação interessou-o enormemente. Tal princípio foi a *especialização.* A divisão de funções que as pessoas assumem voluntariamente, achou ele, era a chave não só para a contínua estabilidade da sociedade como também para sua possível desorganização.

> A principal causa da superioridade do organismo social sobre o individual é, consoante lei consagrada, a mais pronunciada especialização das várias funções atendidas por órgãos cada vez mais separados, porém interligados; de sorte que a unidade de meta é cada vez mais combinada com a diversidade de meios. Não podemos, é claro, apreciar plenamente um fenômeno que está sempre ocorrendo perante nossos olhos, e de que participamos; mas, se em pensamento nos apartarmos do sistema social, e o contemplarmos de longe, poderemos conceber um mais maravilhoso espetáculo, na série inteira dos fenômenos naturais, do que a regular e constante convergência de uma incontável multidão de seres humanos, cada um dotado de existência diferente e, em certa medida, independente, e no entanto incessantemente disposta, em meio a toda a discordância de talento e caráter, a concorrer de muitas formas para o mesmo desenvolvimento geral, sem combinação, e até mesmo sem consciência da parte da maioria deles, que acreditam estar seguindo meramente seus impulsos pessoais?... Esta reconciliação da individualidade do trabalho com a cooperação de empenhos, que fica mais notável à medida que a sociedade se torna mais complexa e dilatada, constitui o caráter radical das operações humanas (no plano societário).[2]

Comte viu grande harmonia e estabilidade, pois, pelo fato de os indivíduos assumirem funções especializadas. Achou que inevitavelmente tais atividades especializadas contribuiriam para o equilíbrio geral da sociedade na qual ''todas as organizações individuais, mesmo as mais repreensíveis e imperfeitas (excetuando as monstruosas), poderiam afinal ser utilizadas para o bem comum''.[3]

As Consequências da Superespecialização. Comte também viu risco na especialização excessiva. Deve ser acrescentado que este tópico é de considerável significação para o estudante da comunicação de massa, porque a mesma ideia foi empregada por teóricos posteriores para criar o conceito da *sociedade de massa*, conceito esse que foi de importância central no pensamento inicial acerca da mídia. O mais importante elemento desta ideia foi que a organização social ineficaz deixava de contribuir com os elos adequados entre indivíduos a fim de manter um sistema integrado e estável de controle social. Este tema é claramente enunciado por Comte:

> Alguns economistas assinalaram, mas de forma muito inadequada, os males de uma exagerada divisão do trabalho material, e indiquei, com referência ao setor mais importante do trabalho científico, as perniciosas consequências intelectuais do espírito de especialização hoje em dia predominante. É necessário estimar diretamente o princípio de uma influência assim, a fim de compreender o objetivo do sistema espontâneo de requisitos para a contínua preservação da sociedade. Ao decompor, sempre dispersamos; e a distribuição dos afazeres humanos tem de ocasionar divergências individuais, tanto intelectuais quanto morais, que exigem permanente disciplina para mantê-los dentro de limites. Se a separação das funções sociais cria um útil espírito de grupo, por um lado, por outro tende a extinguir ou restringir o que podemos chamar de espírito geral ou agregado.[4]

Comte prosseguiu discutindo extensiva e criticamente as possíveis consequências de uma expansão exagerada da divisão de trabalho. Achou que quanto mais os indivíduos diferissem uns dos outros em sua posição dentro do sistema social, tanto maior seria sua dificuldade para entender as outras pessoas. Percebeu que pessoas com a mesma especialidade criariam vínculos umas com as outras, mas ficariam alienadas dos demais grupos. "Assim é que o princípio único pelo qual a sociedade em geral pode ser desenvolvida e ampliada, ameaça, por outro lado, decompor-se em uma multidão de corporações desvinculadas, que quase parecem não pertencer à mesma espécie."[5]

Conforme o organismo societário evolui (de acordo com este paradigma), ele cria harmonia e estabilidade graças à sua divisão do trabalho. Ao mesmo tempo, existe a possibilidade de o superdesenvolvimento poder conduzir à desorganização e ao declínio, por solapar as bases para uma efetiva comunicação entre as partes individuais do organismo. Dado o postulado da natureza orgânica da sociedade, o conceito de especialização de função daí decorre por definição. Um grau crescente de tal especialização, todavia, conduz a uma crescente diferenciação social. Se tal diferenciação atinge um ponto em que fiquem ameaçados os vínculos efetivos entre partes do sistema, então o equilíbrio e harmonia do organismo também são ameaçados. Este tema reaparece nas obras de teóricos posteriores e é um dos *pontos básicos para início da discussão de sociedade de "massa"*. O relacionamento entre esta ideia e a comunicação de "massa" será esclarecido.

Deve-se recordar que Comte elaborou suas ideias acerca da natureza da sociedade durante a década de 1830, antes de a revolução industrial ter alcançado amplo impacto na Europa. Comte sentiu de certa maneira a ameaça da possibilidade de um crescente nível de especialização na sociedade que viu diante de si. Mas teóricos sociais que vieram depois confrontaram-se com a *realidade* de um grande aumento da divisão de trabalho em consequência da nova industrialização. Pouco é de admirar que ficassem fundamente impressionados com as implicações disso.

Analogia Orgânica de Herbert Spencer

A especulação acerca da natureza orgânica da sociedade e suas consequências constituiu apenas pequena parte da obra de Comte. O segundo fundador da moderna Sociologia, Herbert Spencer, adotou o conceito orgânico com grande força e em grande profundidade. Spencer, como Comte, era primordialmente um filósofo e estava preocupado com a ciência como meio de conseguir conhecimento válido. Essa preocupação levou-o a formular o que imaginou serem os mais importantes princípios que a ele se afiguravam impregnar todas as ciências. Suas famosas *leis da evolução* (de que Darwin tirou inspiração) foram amplamente expostas em sua obra *Primeiros princípios*, publicada em 1863, mais de vinte anos após Comte haver concluído sua *Filosofia positiva.*

Spencer aplicou seus conceitos evolucionários ao estudo da sociedade e escreveu *Os princípios da sociologia*, em quatro volumes, entre 1876 e 1896. Há muitas analogias entre os dois escritores, mas Spencer alega que suas próprias ideias foram elaboradas independentemente das de Comte. De qualquer forma, a teoria da sociedade concebida por Spencer em grande minúcia foi puramente orgânica. Após definir a sociedade como um sistema funcional, ele estudou extensivamente a ordem social em termos de crescimento, estruturas, funções, sistemas de órgãos, e assim sucessivamente, expondo uma analogia extremamente complicada entre sociedades e um organismo individual.

A divisão do trabalho foi parte assaz importante desta análise e foi encarada como o fator unificador básico que mantinha unidos os elementos:

> A divisão do trabalho, a princípio encarada por economistas políticos como um fenômeno social, e ulteriormente reconhecida por biólogos como um fenômeno de seres vivos a que denominaram a ''divisão fisiológica do trabalho'', é aquela que, na sociedade, tal qual no animal, faz dela um todo vivo. Dificilmente eu poderia ressaltar a verdade acerca deste traço fundamental, que um organismo social e um organismo individual são inteiramente similares...
>
> [A sociedade] experimenta um contínuo crescimento. Ao crescer, suas partes ficam diferentes: ela exibe aumento de estrutura. As partes dessemelhantes simultaneamente assumem atividades de diferentes gêneros. Essas atividades não são meramente diferentes, mas suas diferenças estão relacionadas de modo a tornar uma e outra

possível. A ajuda recíproca, então, provoca dependência mútua das partes. E as partes mutuamente dependentes, vivendo de e para a outra, formam um agregado constituído segundo o mesmo princípio geral, como um organismo individual.[6]

Spencer, porém, não deu o passo seguinte para contemplar as possíveis *dificuldades* para a sociedade, capazes de ocorrer se a especialização fosse longe demais. Estava convencido de que o processo mais fundamental da natureza era a evolução e que esta era natural e, por conseguinte, boa. As grandes mudanças que observou na sociedade inglesa, com a chegada da ordem industrial, ele encarou como um desabrochar da sociedade conforme as leis da evolução natural. Sugerir que mudanças sociais acarretadas pela evolução natural pudessem ser indesejáveis era impensável. Sustentou estas maneiras de ver tão ferrenhamente que se tornou convicto de que qualquer interferência na evolução natural da sociedade era completamente injustificada e fadada a ter consequências desastrosas. Opôs-se acerbadamente a legislação destinada a qualquer forma de aperfeiçoamento social, sob o pretexto de que a natureza queria que os melhores sobrevivessem, e que a longo prazo a sociedade seria beneficiada. Enquanto Comte advogava a mudança social planejada, Spencer sustentou vigorosamente uma política de quase total *laissez-faire*.

Mesmo assim, pode-se ver que os dois principais fundadores da Sociologia conceberam modelos evolucionários orgânicos semelhantes da ordem social e que ambos postularam um processo conducente à crescente diferenciação social. Um fazia sérias restrições às possíveis consequências de superespecialização, e o outro tinha graves reservas acerca de qualquer tentativa de interferência no que encarava como a evolução natural da sociedade. Nenhum teve qualquer ampla estimativa das mudanças fundamentais da estrutura da ordem social que adviriam com o século XX. Comte, escrevendo às vésperas da revolução industrial, e Spencer, durante a fase inicial desta, não puderam prever que o próprio tecido da sociedade seria modificado pela convulsão da instituição econômica acarretada pelo sistema fabril e pela nova ordem econômica. A mesma aceleração da ciência, que deu lugar à mídia da comunicação de massa e que deveras incitou esses dois filósofos a fundarem uma ciência da sociedade, também moldou as forças da nova organização industrial dessa mesma sociedade. O impacto da nova ordem iria ser sentido em todos os recantos do mundo.

A Teoria dos Vínculos Sociais de Tönnies

Outra importante formulação teórica veio da província de Schleswig-Holstein na Alemanha. Em 1887, um jovem daquela região, chamado

Ferdinand Tönnies, produziu uma análise sociológica teórica denominada *Gemeinschaft und Gesellschaft*. Nessa obra, ele opôs dois tipos contrastantes de organização societária — um pré-industrial e o outro, em grande parte, um produto da industrialização. Em sua análise da natureza da sociedade, Tönnies concentrou-se menos em analogias orgânicas, ou nas possíveis consequências da especialização, e focalizou a atenção nos tipos de vínculos sociais existentes entre membros de sociedades e grupos, em dois tipos bem distintos de organização social.

Gemeinschaft *versus* Gessellschaft. O termo *Gemeinschaft* não é facilmente traduzível. A palavra "comunidade" é amiúde oferecida como seu equivalente, mas a complexidade da acepção de Tönnies não é bem apreendida por tal singela tradução. A ideia de *Gemeinschaft* é melhor esclarecida sugerindo-se alguns dos tipos de vínculos interpessoais nela incluídos. Os laços e sentimentos existentes entre os membros de uma família normal oferecem um exemplo, mas a ideia ultrapassa os laços de família. Os membros de uma determinada aldeia, ou mesmo de uma dada pequena sociedade, podem ser encarados como caracterizados por *Gemeinschaft*. Esse gênero de relacionamento pode se formar por estarem as pessoas relacionadas entre si pelo sangue e se respeitarem mutuamente; pode ser gerado por estarem as pessoas unidas por tradição a determinado lugar onde vivem completamente integradas; pode até haver uma *Gemeinschaft* da mente, como quando membros de uma ordem religiosa compartilham uma profunda dedicação a um dado conjunto de crenças, que se tornam a base para uma robusta organização social. A organização *Gemeinschaft*, em suma, é uma onde as pessoas se acham intimamente ligadas umas às outras, graças à tradição, parentesco, amizade, ou por causa de algum outro fator socialmente coesivo. Uma organização social assim coloca o indivíduo dentro do nexo de sistemas extremamente sólidos de controle social informal. Resumindo, *Gemeinschaft* refere-se a um "sentimento recíproco, vinculativo... que mantém seres humanos juntos como membros de uma totalidade".[7] Essa totalidade pode ser uma família, um clã, uma aldeia, uma ordem religiosa, ou mesmo uma sociedade inteira, mas tem como base da unidade comum esse tipo particular de relacionamento social entre seus componentes.

É claro terem existido provavelmente poucas sociedades cujos laços sociais fossem completamente baseados em tão intensos sentimentos de "comunidade" na acepção de *Gemeinschaft*. Entretanto, mesmo como um construto abstrato, esse "tipo ideal" pode servir como um quadro para nele se discutirem mudanças na organização social e novos tipos de conexões entre membros que ocorrerão se a sociedade evoluir para uma outra forma. Por exemplo, sob o impacto da industrialização, quando a divisão do trabalho se torna imensamente mais complexa graças à crescente especialização, há um declínio em *Gemeinschaft*? Tönnies viu sua própria pátria sofrer uma transição de uma sociedade basicamente agrícola para uma sociedade que se tornou crescentemente urbana e industrial. Se bem que não sugerisse a evolução societária ser simplesmente uma tendência de *Gemeinschaft* nas relações sociais para alguma outra forma, ficou-lhe claro que outro tipo polar ia se tornar crescentemente mais importante para descrever um sistema inteiramente diferente de relacionamentos sociais entre os membros da nova sociedade.

O segundo de seus construtos teóricos foi *Gesellschaft*. A condição essencial do relacionamento social na *Gesellschaft* é o contrato. Em seu sentido mais amplo, o contrato é um relacionamento social voluntário, mediante acordo racional, no qual as duas partes prometem cumprir obrigações específicas uma com a outra ou perder determinadas vantagens se o contrato for violado. Enquanto o contrato é um relacionamento formal (amiúde escrito e sempre apoiado por mecanismos impessoais de controle social), o relacionamento social da *Gemeinschaft* é informal. Na nova sociedade de crédito complexo, mercados mundiais, grandes associações oficializadas, e uma vasta divisão do trabalho, o relacionamento contratual é amplamente encontrado entre as partes. O comprador e o vendedor relacionam-se desta forma, assim como o empregado e o empregador. Com efeito, através de todas as principais instituições, a ordem econômica, a estrutura política, o sistema educacional, religião, e até em alguns casos a família, o mais antigo vínculo *Gemeinschaft*, baseado em "sentimento de união recíproca", está sendo substituído pelos relacionamentos do tipo contratual. Em certas esferas do intercâmbio social, é quase o tipo exclusivo de relacionamento que pode existir entre dois parceiros (p. ex., comprar ou alugar uma residência). Em certas esferas, ele raramente pode ser encontrado (p. ex., dentro da família).

Apesar de nenhuma sociedade ter sido, ou provavelmente venha a ser, exclusivamente *Gesellschaft*, está claro que este tipo de vínculo se tornou onipresente e difuso. Também é claro que *Gesellschaft* subentende uma visão assaz diferente para os indivíduos ao encararem membros da sociedade do que ocorre no caso da *Gemeinschaft*.

> Na *Gesellschaft*... todos estão por si e isolados, e existe um estado de tensão contra todos os demais. Suas esferas de ação são nitidamente separadas, de sorte que todos recusam aos demais contato com ou admissão em sua esfera de ação; isto é, as intromissões são encaradas como atos hostis. Uma atitude assim negativa para com o outro se torna o relacionamento normal e sempre subjacente dos indivíduos dotados de poder, e caracteriza a *Gesellschaft* na situação dos demais; ninguém quer conceder e produzir nada para outro indivíduo, nem estará propenso a ceder de bom grado a outro indivíduo, a não ser em troca de uma dádiva ou trabalho equivalente que considere pelo menos igual ao que cedeu.[8]

A Sociedade Impessoal e Anônima. A *Gesellschaft*, pois, insere o indivíduo em um sistema social impessoal e anônimo. É uma situação onde indivíduos não são tratados nem avaliados por suas qualidades pessoais, mas são apreciados na medida em que possam atender às suas obrigações contratuais. A *Gesellschaft* é um sistema de relacionamentos competitivos onde os indivíduos visam maximizar o que podem obter de trocas e minimizar o que dão, ao mesmo tempo aprendendo a precaver-se dos outros.

O leitor reconhecerá que estas duas imagens de organização societária foram deliberadamente pintadas com exagero para fins teóricos. Não obstante, a polaridade *Gemeinschaft* e *Gesellschaft* proporcionou uma estrutura bastante útil para se interpretar o impacto das condições sociais mutáveis no cidadão da ordem industrial que vinha surgindo. A *Gemeinschaft* poderia ser facilmente idealizada como psicologicamente reconfortante e suportável, ao passo que a *Gesellschaft* poderia ser facilmente condenada como psicologicamente perturbadora e geradora de tensão. Tais interpretações abundam na literatura, no modo de pensar popular, e até em ciência social, onde a mais simples vida *Gemeinschaft* de uma sociedade primitiva ou acentuadamente rural é identificada como "boa", ao passo que a impessoal *Gesellschaft* da área urbana é definida como "má". Embora, porém, muitos tenham especulado nessas direções, nossa missão atual é extrair de autores do século XIX, como Tönnies, ideias que iriam influenciar os que voltaram sua atenção para a avaliação do impacto dos novos veículos de comunicação na sociedade. Tal como um acúmulo de teorias e invenções das ciências naturais conduzira à base física sobre as quais se desenvolveram os próprios veículos, a acumulação de ideias sociológicas referentes à natureza da ordem social contemporânea contribuiu com o fundamento de ideias sobre as quais foram tentadas as interpretações da mídia quando os veículos se tornaram realidade.

Análise da Divisão do Trabalho por Durkheim

Antes de conjugar os vários conceitos que examinamos em algum tipo de imagem teórica composta da sociedade, conforme encarada ao término do século XIX, há mais um autor cujas ideias foram de particular significação. Perto do final do período (1893), Émile Durkheim publicou *Divisão Social do Trabalho*. Nessa importante obra, congregou os diversos temas correlatos que anotamos acima das obras de Comte, Spencer e Tönnies.[9]

***Solidariedade Mecânica* versus *Orgânica*.** A finalidade global da prolongada análise de Durkheim foi revelar como a divisão do trabalho de uma sociedade era a principal fonte de *solidariedade social* nessa sociedade, e que à medida que a divisão do trabalho fosse alterada (como, por exemplo, graças à evolução social), as forças unificadoras da sociedade sofreriam mudança correspondente. A solidariedade diz respeito aos tipos de vínculos psicossociais que unem os membros, e malgrado Durkheim empregasse terminologia muito diferente, estava se voltando, *grosso modo*, ao mesmo problema genérico que Tönnies. Por divisão do trabalho, Durkheim tinha em mente mais do que o grau de especialização na instituição econômica:

> (Devemos indagar) se a divisão do trabalho... em sociedades contemporâneas, onde se desenvolveu como sabemos... não teria como função a integração do corpo social a fim de garantir a unidade. É bem legítimo admitir... que grandes sociedades políticas podem manter-se em equilíbrio somente graças à especialização de tarefas, que a divisão do trabalho é a fonte, se não única pelo menos a principal, da solidariedade social. Comte adotou este ponto de vista. De todos os sociólogos, ao que saibamos, ele foi o primeiro a identificar na divisão do trabalho algo mais do que mero fenômeno econômico. Viu nisso ''a mais essencial condição da vida social'', admitindo que se a concebe ''em toda sua extensão racional; o que quer dizer, que a divisão do trabalho se aplica à totalidade de todas as nossas diferentes operações, sejam lá de que natureza forem, ao invés de atribuí-la, como é feito comumente, a meras utilizações materiais.''[10]

Para mostrar as implicações sociais da divisão do trabalho, Durkheim contrastou solidariedade *mecânica* com *orgânica.* Solidariedade mecânica é a que une pessoas que são essencialmente idênticas. Graças à sua vida em comum, e na presença de mera divisão rudimentar da mão-de-obra, os membros de uma dada população elaboram uma série de crenças, valores e outras orientações a que são intensa, comum e uniformemente devotados. Na medida em que essas orientações sejam verdadeiramente características de cada membro, resta escassa base para a expansão da individualidade extensivamente. Onde há pouca ou nenhuma divisão do trabalho, as pessoas não só agem de maneiras semelhantes, sugeriu Durkheim, como também pensam e sentem de maneiras semelhantes. Nesse tipo de sociedade, ''a solidariedade só pode crescer na razão inversa da personalidade'', porque personalidade é o que distingue uma pessoa da outra. ''Se temos um desejo forte e intenso de pensar e agir por nós mesmos, não podemos ser fortemente propensos a pensar e a agir como outros fazem.''[11] No caso extremo, *toda* a individualidade submergiria, e os membros da sociedade seriam completamente *homogêneos* em sua organização psíquica pessoal. Em tal caso admitidamente teórico, os membros da sociedade seriam completamente uniformes em suas ações.

As moléculas sociais que possam ser coerentes desta maneira só podem agir juntas na medida em que não possuam ações próprias, como as moléculas de corpos inorgânicos. Por isso, propomos chamar isso de solidariedade mecânica. O nome não significa que ela seja produzida por meios mecânicos e artificiais. Chamamo-la assim só por analogia com a coesão que une os elementos de um corpo inanimado, em contraste com a que faz a unidade dos elementos de um corpo vivo.[12]

É perfeitamente óbvio que nenhuma sociedade jamais se caracterizou completamente por este gênero de organização social. A ideia de solidariedade mecânica, como base para unir membros de uma coletividade ao conjunto, é proposta desta maneira como um construto abstrato antes do que como uma descrição que supostamente retrate a realidade com total precisão. O mesmo pode ser dito acerca da segunda concepção importante de Durkheim, a solidariedade orgânica. Tomadas em conjunto, todavia, as duas oferecem uma terceira moldura interpretativa, útil para a compreensão do surto da sociedade moderna.

Se a solidariedade mecânica baseia-se na *homogeneidade*, então a solidariedade orgânica baseia-se na *heterogeneidade*. Em uma sociedade com uma bem desenvolvida divisão do trabalho, todas as pessoas desempenhando encargos especializados dependem das outras cujas atividades sejam coordenadas com as suas. Spencer elaborara com extraordinária minúcia os paralelos entre organismos e sociedade como sistemas unificados de partes funcionando reciprocamente. Durkheim viu a dependência mútua produzida pela dependência, e identificou-a como um tipo de força social que obrigava os membros de uma sociedade a juntos formarem um todo de funcionamento mais ou menos harmonioso. O fator importante, porém, é que a divisão do trabalho, que gera solidariedade orgânica, também incrementa grandemente o grau de individualidade e *diferenciação social* dentro da sociedade:

Enquanto o tipo anterior (de solidariedade) subentende que os indivíduos se pareçam uns com os outros, este tipo pressupõe sua diferença. O primeiro só é possível na medida em que a personalidade individual seja absorvida na personalidade coletiva; o segundo só é possível se cada um possui uma esfera de ação que lhe seja peculiar — isto é uma personalidade. É necessário, pois, que a consciência coletiva deixe aberta a parte da consciência individual a fim de funções especiais poderem ser instaladas ali, funções que ela não possa regular. Quanto mais seja expandida essa região, tanto mais forte será a coesão resultante de tal solidariedade.[13]

Isolamento Psicológico. Durkheim prosseguiu para mostrar como o crescimento da divisão do trabalho agrava a dependência de cada pessoa especializada em relação às demais, mas isso não quer dizer que tal crescente heterogeneidade conduza a consenso de pensamento. Pelo contrário: ‘‘Cada indivíduo adquire cada vez mais seu próprio modo de pensar e de agir, e submete-se menos completamente à união corporativa comum.''[14] Assim, embora num sentido as pessoas altamente especializadas estejam presas em uma teia de dependência funcional com relação a outras, ao mesmo tempo se acham isoladas num sentido psicológico, pois as especializações conduzem-nas a desenvolver individualidade cada vez maior.

Durkheim também observou que a evolução da sociedade para forma mais complexa conduz a um crescimento dos relacionamentos sociais, do mesmo gênero que Tönnies chamou *Gesellschaft*: ''É bem verdade que relações contratuais, que eram inicialmente raras ou quase ausentes, multiplicam-se à medida que o trabalho social se torna dividido.''[15] Destarte, um aumento na divisão do trabalho resulta não só em aumentar a heterogeneidade individual, como em introduzir em número cada vez maior de relacionamentos mais formais e segmentados entre as pessoas.

Anomia. Finalmente, Durkheim viu que, sob dadas circunstâncias, a divisão do trabalho podia resultar no que ele denominou ''formas patológicas''. ''Conquanto normalmente'', disse ele, ''a divisão do trabalho produza solidariedade social, ocorre que às vezes tenha resultados diferentes, e até mesmo contrários''.[16] Se funções sociais, isto é, partes da estrutura orgânica, não se acham bem articuladas umas com as outras, a solidariedade orgânica pode falhar. Crises comerciais, depressões, discórdia entre mão-de-obra e administração, sublevações civis, tumultos, demonstrações e protestos por subgrupos constituem vários exemplos.

Assim, a própria divisão do trabalho que produz harmonia até certo ponto, contém as sementes da desarmonia social se levada além desse certo ponto. Essa, é claro, foi (como Durkheim assinalou) a tese de Augusto Comte. Um tal estado de desarmonia, Durkheim denominou *anomia*. Esta é uma patologia do organismo social decorrente da divisão do trabalho ficar complicada a um ponto tal que os indivíduos não sejam mais capazes de efetivamente relacionar-se uns com os outros.

> A diversidade funcional induz uma diversidade moral que nada pode impedir, e é inevitável que uma deva crescer na mesma medida que a outra. Sabemos, ademais, por que esses dois fenômenos evoluem de forma paralela. Sentimentos coletivos ficam cada vez mais importantes para manter unidas as tendências centrífugas que a divisão do trabalho é acusada de gerar, pois tais tendências crescem à medida que a mão-de-obra seja mais fracionada, e, ao mesmo tempo, os sentimentos coletivos se enfraqueçam.[17]

Em suma, à medida que a sociedade vai ficando cada vez mais complexa — enquanto os membros da sociedade ficam mais preocupados com seus próprios interesses e desenvolvimento — perdem a capacidade para se identificar e se sentir em comunhão com outros. Acabam se tornando uma coletividade de indivíduos psicologicamente isolados, interagindo uns com os outros mas orientados para dentro, e vinculados entre si sobretudo por laços contratuais.

O APARECIMENTO DA TEORIA DA SOCIEDADE DE MASSA

No fim do século XIX, a imagem de sociedade que surgiu era a da mudança de um sistema tradicional estável, no qual as pessoas estavam intimamente ligadas umas às outras, para um de maior complexidade onde os indivíduos estavam socialmente isolados. O corpo crescente e cumulativo de teoria sociológica, descoordenado e até conflitante, parecia de uma forma ou de outra salientar esses temas. A sociedade era um grande sistema, e estava ficando cada vez mais complexa. Para alguns, tal complexidade representava progresso, via leis naturais da evolução, para um sistema mais desejável e, no fim, mais harmonioso do que antes. Para outros, isso representava um movimento insidioso para uma existência árida e isolada para o indivíduo, mesquinhamente preocupado com metas especiais, e incapaz de identificação vigorosa com outros. Grandes debates ocorreram referentes à conveniência de interferir na evolução da sociedade por meio de legislação. Outras discussões brotaram referentes à melhor estratégia possível para prosseguir no desenvolvimento de teorias acerca dessas vastas mudanças. A despeito destes pontos de vista divergentes, sobre estratégias e consequências, contudo, pareceu claro para a maioria dos estudiosos da ordem social que o mundo ocidental passava por um aumento de heterogeneidade e individualidade, uma redução do grau até onde a sociedade poderia efetivamente controlar seus membros por meios informais, uma crescente alienação do indivíduo de uma sólida identificação com a comunidade como um todo, um crescimento de relações sociais segmentárias e contratuais, e um grande agravamento do isolamento psicológico do ser humano.

Essas tendências sociais gerais foram consideradas conduzindo para a *sociedade de massa*. A ideia de sociedade de massa não equivale a *sociedade grande*, isto é, a grandes números. Há muitas sociedades no mundo, tais como na Índia, que têm número astronômico de pessoas mas ainda se acham mais ou menos tradicionais em sua organização. Sociedade de massa refere-se ao relacionamento existente entre indivíduos e a ordem social que os rodeia. Na sociedade de massa, segundo foi ressaltado nas teorias que examinamos: (1) os indivíduos são considerados numa situação de isolamento psicológico uns dos outros; (2) diz-se predominar a impessoalidade em suas interações com outros; (3) são considerados isentos das exigências de obrigações sociais informais forçosas. Essas ideias foram aventadas por alguns sociólogos já bem avançados no século XX e ainda merecem importante consideração, a par de diversas modificações e contratendências[18]. Ao discutirem a organização da ordem social industrial urbana do mundo ocidental contemporâneo, Broom e Selznick resumiram os principais delineamentos da ideia de sociedade de massa, muito sucintamente, nos seguintes termos:

> A sociedade moderna é composta de massas na acepção de "haver emergido uma vasta massa de indivíduos segregados, isolados, interdependentes em todos os tipos de especializações mas no entanto carentes de qualquer valor ou finalidade central unificadora". O debilitamento dos laços tradicionais, o aumento da racionalidade e a divisão do trabalho criaram sociedades compostas de indivíduos que se acham apenas reunidos frouxamente. Nesta acepção, a palavra "massa" sugere algo mais parecido com um bolo de massa do que com um grupo social intimamente entrelaçado.[19]

Esta visão da natureza *social* de seres humanos foi associada a paradigmas igualmente gerais de sua natureza *psicológica*. Em resumo, a conduta humana era, conforme as abordagens neurobiológica e comparativa, em grande parte um produto de dote genético. Quer dizer, as causas do comportamento foram buscadas dentro da estrutura biológica. Essa linha de pensamento iria ter implicações importantes para a primitiva interpretação dos novos veículos de massa. A natureza destes paradigmas psicológicos gerais e sua importância para interpretar a mídia de massa serão esclarecidas em seções posteriores.

A SOCIEDADE DE MASSA E A TEORIA DA BALA MÁGICA

Foi contra esse pano de fundo intelectual que os veículos de comunicação de massa se difundiram pelas principais sociedades ocidentais em seus primeiros anos. Para avaliar a influência que tais interpretações generalizadas da "natureza da natureza humana" tiveram sobre parte das ideias iniciais a respeito da mídia, temos de examinar sumariamente o período em que a comunicação de massa era ainda um fenômeno social relativamente novo com que o mundo tinha de defrontar-se.

A Propaganda de Guerra e as Crenças sobre o Poder da Mídia

A primeira década do século XX mal passara quando a Europa, e depois os Estados Unidos, mergulharam na Grande Guerra. A própria divisão do trabalho e a resultante heterogeneidade e individualidade que haviam possibilitado a existência das novas sociedades industriais, agora viraram um problema. A Primeira Guerra Mundial foi, de fato, a primeira das lutas globais em que populações inteiras desempenharam papéis ativos e coordenados no esforço contra os inimigos. Na maioria das guerras anteriores, as forças militares opostas levavam a cabo seus embates de certa forma independentemente das populações civis. A menos que ocorresse de o combate ter lugar em sua região imediata, as pessoas em casa não se achavam intensa nem pessoalmente envolvidas. Isso fora particularmente verdadeiro na Inglaterra, que não havia sido ocupada por um inimigo desde a invasão normanda. Era também verdadeiro para os Estados Unidos, que viram pela última vez soldados estrangeiros em suas praias durante a Independência, embora a Guerra Civil tivesse acarretado grandes sofrimentos em algumas áreas.

Esse novo gênero de guerra foi, com efeito, um embate da capacidade fabril de uma nação contra a da outra, e os exércitos no terreno estavam apoiados e totalmente dependentes dos vastos complexos industriais dos respectivos países. Estes imensos esforços industriais exigiram a cooperação e o entusiasmo irrestritos das populações civis que deles participaram. A guerra total impunha devotamento total de todos os recursos da nação. Amenidades materiais tinham de ser sacrificadas; o moral tinha de ser mantido elevado; as pessoas tinham de ser persuadidas a deixar as famílias e a alistar-se; o trabalho nas fábricas tinha de ser realizado com vigor inabalável; e, não menos importante, tinha de ser arranjado dinheiro para financiar a guerra.

***A Propaganda e a Necessidade de* Gemeinschaft.** As populações diferentes, heterogêneas e diversificadas das sociedades industriais, contudo, não estavam unidas por aquele "sentimento recíproco, aglutinador... que mantém seres humanos reunidos como membros de uma totalidade".[20] Não eram sociedades *Gemeinschaft*, mas eram deveras mais sociedades de massa, carecendo destes vínculos eficazes. No entanto, eram justamente tais laços de sentimento que se faziam necessários para unir aquela gente em solidariedade positiva por trás dos respectivos esforços de guerra. À medida que cada país se comprometeu politicamente com a guerra, surgiu a necessidade mais crítica e urgente de forjar elos sólidos entre o indivíduo e a sociedade. Tornou-se *essencial* mobilizar sentimentos e lealdades, instilar nos cidadãos ódio e medo contra o inimigo, manter elevado seu moral diante das privações e captar-lhes energias em uma efetiva contribuição para sua nação.

O meio para alcançar estas metas urgentes foi a propaganda. Mensagens de propaganda cuidadosamente projetadas mergulharam a nação em noticiários, fotos, filmes, discos, discursos, livros, sermões, cartazes, noticiários telegráficos, boatos, avisos em murais e panfletos. Planejadores da política de alto nível decidiram que o que se achava em jogo era tão grandioso e os fins tão importantes que isso justificava quase quaisquer meios. Os cidadãos tinham de odiar o inimigo, amar sua pátria, e devotar-se ao máximo ao esforço de guerra. Não se podia depender de que o fizessem por conta própria. Os veículos de comunicação de massa disponíveis então tornaram-se as principais ferramentas para persuadi-los a agir assim.

Após a guerra, diversas pessoas que haviam estado envolvidas intimamente na produção de propaganda ficaram carregadas de sentimentos de culpa acerca dos grosseiros embustes de que haviam participado. Mentiras deslavadas foram contadas por um lado acerca do outro, e, quando postas perante as populações da época através dos veículos de massa, foram frequentemente acreditadas. Tal persuasão em grande escala de populações inteiras com o emprego dos veículos de massa, nunca fora vista antes, e foi conduzida de maneira habilidosa e extremamente coordenada. Também, os tempos eram aparentemente mais inocentes; até a palavra "propaganda" não era entendida pelo cidadão comum. Após a guerra, quando ex-propagandistas publicaram um chorrilho de revelações sensacionalistas acerca de suas burlas do tempo da guerra, o público em geral ficou mais esperto.

Para exemplificar rapidamente o material julgado eficiente pelos propagandistas e as reações que buscavam com seus estímulos, transcrevemos o seguinte de uma revelação do pós-guerra, bastante citada:

> A História de Atrocidades foi um grande fator na propaganda inglesa. A maioria... era engolida gulosamente por um público confiante. Teriam estado menos dispostos a aceitar as histórias sobre atrocidades alemãs se tivessem assistido ao nascimento da mais lúgubre história de atrocidade na sede do Departamento de Informação britânico durante a primavera de 1917.
>
> O general-de-brigada J.V. Charteris... comparava duas fotos apreendidas com alemães. A primeira era uma reprodução vívida de uma cena horrível, mostrando os cadáveres de soldados alemães sendo arrastados para serem enterrados atrás da linha de frente. A segunda mostrava cavalos mortos a caminho da fábrica onde a engenhosidade alemã extraía sabão e óleo das carcaças deles. A inspiração para mudar as legendas das duas imagens acudiu ao general Charteris como um relâmpago.
>
> ... Habilmente o general usou a tesoura e colou a legenda "Cadáveres Alemães a Caminho da Fábrica de Sabão" em baixo dos soldados alemães mortos. Dali a vinte e quatro horas a foto estava na mala do correio para Xangai.
>
> O general Charteris despachou a foto para a China a fim de revoltar a opinião pública contra os alemães. A reverência dos chineses para com os mortos alcança as raias da adoração. A profanação de mortos atribuída aos alemães foi um dos fatores responsáveis pela declaração chinesa de guerra contra as potências centrais.[21]

Se esse propagandista em particular esteve certo em sua avaliação do impacto da falsificada foto de jornal não precisa nos preocupar. O exemplo e o efeito alegado constituem materialização clássica do tipo de teoria da comunicação de massa em que se apoiavam tais esforços de propaganda. Era uma teoria relativamente simples e coerente com a imagem da sociedade de massa que era a herança intelectual do século XIX. Admitia que estímulos claramente concebidos atingiriam cada indivíduo da sociedade de massa através da mídia, que cada pessoa os perceberia da mesma maneira geral, e que eles provocariam uma reação mais ou menos uniforme de todos.

Mensagens da Mídia como Balas Mágicas. Como consequência da guerra, surgiu uma crença generalizada na grande força da comunicação de massa. A mídia foi encarada como capaz de moldar a opinião pública e inclinar as massas para quase qualquer ponto de vista desejado pelo comunicador. Um cientista político norte-americano, que tentou analisar objetivamente o impacto da propaganda de tempo de guerra e o papel da mídia na sociedade de massas, chegou às seguintes conclusões:

> Mas quando tudo foi levado em conta, e todas as estimativas extravagantes foram até o fundo, subsiste o fato de ser a propaganda um dos mais poderosos instrumentos do mundo moderno. Ergueu-se até sua eminência atual em resposta a um complexo de circunstâncias mutáveis que alteraram a natureza da sociedade. Pequenas tribos primitivas podem agrupar seus membros heterogêneos em um conjunto combatente com a batida do tantã e o ritmo tempestuoso da dança. É em orgias de exuberância física que rapazes são levados até o ponto de ebulição da guerra, e que velhos e moços, homens e mulheres, são apanhados pela sucção da intenção tribal.
>
> Na Grande Sociedade não é mais possível fundir a inconstância de indivíduos na fornalha da dança de guerra; um instrumento mais novo e sutil tem de caldear milhares e até milhões de seres humanos em uma massa amalgamada de ódio, vontade e esperança. Uma nova chama tem de sair ardendo do cancro de discórdia e temperar o aço do entusiasmo belicoso. O nome deste novo malho e bigorna de solidariedade social é propaganda.[22]

A teoria básica da comunicação de massa implícita nessas conclusões não é tão simples quando poderia parecer. Com certeza, é relativamente teoria direta de estímulo-resposta, mas também é uma teoria que presume um determinado conjunto de suposições não mencionadas, referentes não apenas à organização social da sociedade como à estrutura psicológica dos seres humanos que estão sendo estimulados e estão reagindo à mensagem da comunicação de massa. É importante entender o alcance total dessas suposições implícitas porque *foi graças à sua sistemática substituição ou modificação* que foram criadas teorias mais modernas do processo da comunicação de massa. À medida que se tornaram disponíveis novas concepções referentes à natureza do ser humano individual e da sociedade, elas foram empregadas para modificar a teoria básica da comunicação de massa pela introdução de *variáveis intervenientes* entre o lado do estímulo da equação estímulo-resposta e o lado da resposta.

Este primeiro conjunto de crenças acerca da natureza e do poder da comunicação de massa nunca foi realmente formulado na época através de uma afirmação sistemática por qualquer estudioso da comunicação, mas retrospectivamente veio a ser chamado "teoria da bala mágica". (Também foi denominado outras coisas pitorescas, tais como "teoria da agulha hipodérmica" e "teoria da correia de transmissão".) A ideia fundamental é que as mensagens da mídia são recebidas de maneira uniforme pelos membros da audiência e que respostas imediatas e diretas são desencadeadas por tais estímulos.

Em vista das perspectivas mais requintadas de hoje acerca do processo da comunicação de massa (que discutiremos adiante), a teoria da bala mágica pode afigurar-se ingênua e simples. Contudo, havia mais em suas suposições do que autores como Katz e Lazarsfeld insinuaram: "a onipotente mídia, por um lado, aguardando recebê-la — *e nada de permeio* [o grifo é nosso]".[23] Houve suposições muito bem definidas acerca do que ocorria nesse processo em matéria de psicologia individual. Essas suposições talvez não tenham sido formuladas explicitamente na época, mas foram extraídas de teorias razoavelmente bem elaboradas sobre a natureza humana, assim como sobre a ordem social (que já examinamos). Foram tais teorias que orientaram o pensamento daqueles que encararam a mídia como sendo poderosa.

A Teoria da Bala Mágica como Corolário de Postulados Básicos

Quais foram as suposições psicológicas de onde se orientou a teoria da bala mágica? Com efeito, tais suposições foram extraídas de uma combinação dos paradigmas psicológicos mencionados no Capítulo 1. Ainda assim, eles eram de forma menos sofisticada do que são hoje em dia. Por exemplo, durante a Primeira Guerra Mundial, e sob a influência de Darwin, a psicologia do *instinto* esteve no auge. Não foi senão ao término da década de 1920 que os fatos da mutabilidade e variabilidade individual humana começaram a tornar-se demonstráveis com o emprego de novos testes mentais e outras técnicas de pesquisa. Em consequência, a imagem do *Homo sapiens*, representada pelas obras de William McDougall e seus contemporâneos, foi posta em séria dúvida. Anteriormente admitia-se que o comportamento de um dado indivíduo fosse governado, em considerável parte, por mecanismos biológicos herdados, de certa complexidade, que intervinham entre os estímulos e as reações. Consequentemente, a natureza humana básica foi considerada razoavelmente *uniforme* de um ser humano para outro. As pessoas herdavam (conforme as teorias) mais ou menos o mesmo conjunto complexo de mecanismos biológicos incorporados, que os dotavam de motivações e energias para reagir a dados estímulos de dadas maneiras. Foi grande a agitação sobre a natureza não racional ou emocional de tais mecanismos, particularmente entre teóricos de tendência psicanalítica. Mas mesmo estas eram, em última análise, forças herdadas (p. ex., a libido), que cada pessoa recebia ao nascer em graus mais ou menos uniformes. A psicologia das diferenças individuais não progredira a ponto onde um interesse absorvente por aprender se formaria entre psicólogos acadêmicos como meio de responder por tais diferenças.

Dada uma visão de uma natureza humana básica uniforme, com destaque para processos não racionais, mais uma visão da ordem social como sociedade de massa, a teoria da bala mágica, baseada em mecanismos instintivos E-R (Estímulo-Reação) e a crença de que a mídia se compunha de poderosos recursos, parecia inteiramente válida: enunciou que estímulos poderosos eram uniformemente atendidos pelos membros individuais da massa. Tais estímulos drenavam impulsos, emoções ou outros processos íntimos sobre os quais o indivíduo exercia escasso controle voluntário. Devido à natureza herdada desses mecanismos, cada pessoa reagia mais ou menos uniformemente. Outrossim, havia poucos vínculos sociais sólidos para cortar a influência de tais mecanismos porque o invidíduo se achava psicologicamente isolado de laços sociais robustos e de um controle social informal. O resultado foi que os membros da massa podiam ser balançados e influenciados pelos que dispusessem da mídia, especialmente recorrendo a apelos emocionais.

Assim, o ponto de vista da bala mágica era completamente coerente com a teoria geral, tanto da sociologia quanto da psicologia, conforme desenvolvida até aquela época. Além do mais, havia o exemplo do tremendo impacto da propaganda de tempo de guerra. Esta *parecia* oferecer prova válida de que a mídia era poderosa exatamente da maneira tão espetacularmente descrita por Lasswell quando concluiu ser ela o "novo malho e bigorna da solidariedade social".[24] Havia igualmente os fatos aparentemente indisputáveis, da propaganda de massa da época, de a mídia ser capaz de convencer as pessoas a comprarem mercadorias em quantidades e variedade até então jamais sonhadas. Essa crença, aliada à convicção do grande poder, reforçou a aparente validade da teoria da bala mágica.[25]

Não há dúvida quanto ao fato de a propaganda da Primeira Guerra Mundial ter sido eficaz. Contudo, não quer dizer que só uma teoria é capaz de explicar tais efeitos. Se estudiosos da época tivessem a seu dispor os resultados da pesquisa e meditação acerca da comunicação de massa que se acumularam desde então, poderiam ter escolhido explicações bastante diferentes para o fato de a população dos Estados Unidos entrar na guerra com entusiasmo, alimentar uma série de convicções irrealistas acerca do inimigo, e assim sucessivamente, e de a mídia haver desempenhado um papel na formação do comportamento e crenças dela.

Teorias acerca da natureza humana, em função tanto da ordem social quanto da organização pessoal, não permaneceram estáticas. Nos Estados Unidos, tanto a psicologia quanto a sociologia ficaram mais firmemente consagradas e escaparam cada vez mais à dominação dos modos de pensar de sua origem europeia. Ambos os setores tornaram-se seriamente interessados na pesquisa empírica. Em consequência, suas teorias foram obrigadas a ser mais minuciosamente cotejadas com a realidade. Daí resultou que muitas ideias anteriores foram abandonadas, sendo apresentadas outras novas. Inevitavelmente, as novas orientações teóricas exerceram impacto sobre os que tentavam compreender os efeitos da comunicação de massa. A teoria da bala mágica fora construída com base em postulados não mais aceitos como sustentáveis pelos teóricos em geral, e, consequentemente, a teoria — um tanto relutantemente — teve de ser abandonada por estudiosos da mídia de massa. Entrementes, havia pouco com que a substituir. Contudo, mesmo enquanto mais novos paradigmas gerais estavam sendo concebidos para descrever a natureza humana e a natureza da ordem social mais adequadamente, o próprio campo da comunicação de massa adquiria uma base *empírica*. Durante o final da década de 1920 e início da de 1930, eruditos interessaram-se pelos veículos de comunicação de massa como objetos de pesquisa. Começavam a afastar-se da mera especulação acerca dos seus efeitos, voltando-se para estudos sistemáticos do impacto de um conteúdo da comunicação sobre determinados tipos de pessoas. Conforme se tornava disponível maior variedade de instrumentos de pesquisa, suas ideias acerca da comunicação de massa puderam ser mais adequadamente comparadas com conclusões. Assim, o campo da comunicação de massa começou a acumular um acervo de dados de onde obter concepções e propostas formuladas indutivamente. Conforme o capítulo seguinte indica, opiniões mais recentes sobre a mídia dão maior destaque a fatores sociais e culturais que limitam seu funcionamento e poderio.

CAPÍTULO 7

Teorias de influência seletiva

Sugerimos, no capítulo anterior, que dois acontecimentos ocorridos bem no início do século XX acabariam tornando necessário abandonar a ideia de que a exposição à comunicação de massa tinha efeitos imediatos, uniformes e diretos nas audiências. Primeiro, a pesquisa empírica em grande escala sobre o processo e efeitos da comunicação de massa foi encetada. As conclusões de tal pesquisa lentamente revelaram um quadro inconciliável com a teoria da bala mágica. O segundo evento foi terem sido extraídas novas conclusões significativas, por psicólogos e sociólogos, referentes aos atributos pessoais e sociais dos seres humanos. Estas conclusões provieram de uma revisão radical da teoria básica referente tanto às origens quanto às características da natureza humana. Os novos paradigmas tiveram claras implicações para a compreensão das influências da comunicação de massa, e eram completamente incompatíveis com as teorias básicas de onde surgira a teoria da bala mágica. Ambos os conjuntos de circunstâncias tornaram necessário, por conseguinte, reformular as ideias acerca das influências pessoais e sociais da mídia. Neste capítulo, recordaremos essas mudanças da pesquisa e da teoria a fim de revelar como conduziram a novas formulações atinentes às influências da comunicação de massa.

Estudos empíricos dos efeitos da comunicação de massa foram iniciados na década de 1920 com o trabalho do Fundo Payne, um programa em grande escala investigando a influência dos filmes de cinema nas crianças. Os filmes eram um novo veículo que chegara com o novo século para ficar cada vez mais popular, sobretudo após a Primeira Guerra Mundial. Durante um período quase incrivelmente reduzido — menos de vinte anos — os filmes evoluíram de mera novidade para uma forma importante de divertimento da família. Mudaram das galerias e de toscos "poeiras", onde eram inicialmente exibidos, para cinemas palacianos enfeitados e elegantes, onde viraram o divertimento favorito da maioria da sociedade. Em meados da década de 1920, milhões de famílias frequentavam-nos toda semana; uns 45 milhões de crianças com menos de quatorze anos estavam nessas plateias. Compreensivelmente, os pais estavam intensamente preocupados com as influências potencialmente prejudiciais desses filmes.

Os estudos do Fundo Payne investigaram o impacto da exposição aos filmes nas ideias e comportamento de milhares de crianças. Foram estudos impressionantes, realizados com grande cuidado por eméritos especialistas da época. Suas conclusões mereceram grande atenção do público e, inevitavelmente, suscitaram considerável alarma. Pareceram apoiar a ideia de que os filmes influenciavam intensamente suas audiências.[1] A princípio, os filmes pareceram ter influência direta, imediata e ampla nas crianças que os assistiam. Contudo, tais conclusões não se sustentaram quando outros veículos e outras audiências foram investigados. De maneira geral, à medida que pesquisa mais aprimorada foi concluída e um maior acervo de conclusões acumulado, tornou-se cada vez mais claro que o conceito da bala mágica não combinava com os fatos.

À medida que as limitações da formulação sobre a bala mágica se tornaram melhor entendidas, era evidente que novas teorias da comunicação de massa se faziam necessárias para nortear a pesquisa de forma mais realista. Como as teorias primitivas, as novas abordagens derivariam dos paradigmas básicos que estavam sendo criados, tanto na psicologia quanto na sociologia. Os dois campos buscavam ativamente compreender a natureza humana — de uma perspectiva personalista num caso, e de um ponto de vista coletivo ou interatuante no outro. Sua meta era explicar a ação individual e coletiva em *todos* os seus aspectos, incluindo o comportamento estimulado pelas comunicações de massa.

Seria desses nascentes paradigmas básicos psicológicos e sociológicos, pois, que se poderia extrair nova explicação da influência da mídia de massa. Por tal razão, uma breve revisão das criações, teóricas das duas ciências sociais será uma base necessária para compreendermos por que o pensamento acerca da natureza e das consequências da comunicação de massa foi reformulado e por que seguiu certas direções.

Algumas cautelas na interpretação desta história intelectual são cabíveis. Embora as sequências acima citadas da evolução da teoria básica e da derivação das ideias acerca da mídia de massa pareçam agora óbvias e assaz lógicas, as vinculações na época não eram de forma alguma tão ordeiras como as faremos parecer. Nos anos iniciais da pesquisa sobre comunicação de massa (p. ex., antes da Segunda Guerra Mundial), não havia um campo acadêmico consolidado chamado ''Comunicação de massa'' no mesmo sentido em que havia disciplinas chamadas ''História'', ''Sociologia'', ''Psicologia'', ''Antropologia'' e assim sucessivamente. Os pesquisadores que estudavam a mídia eram em geral investigadores das ciências sociais básicas, ou com outros antecedentes acadêmicos, que usavam o comportamento das audiências da mídia como arena adequada na qual estudar e testar conceitos, hipóteses e teorias que de fato pertenciam a suas próprias disciplinas. Por exemplo, no contexto da comunicação de massa o educador podia estudar como as crianças recebiam lições dos filmes; o cientista político podia investigar o papel do jornal como influência na votação; o psicólogo podia estudar mudança de atitudes acarretada pela exposição ao rádio; e o sociólogo podia analisar como a delinquência juvenil estava sendo influenciada pela mídia. Uma vez realizada a pesquisa, tais especialistas regressavam para os respectivos campos de ação a fim de prosseguir suas pesquisas sem tentar desenredar as implicações de suas conclusões para explicar o comportamento da comunicação de massa como tal.

A despeito dos diversificados antecedentes dos primitivos pesquisadores e da natureza descoordenada de suas investigações, *acumulou-se* conhecimento. Numerosos conceitos, hipóteses e generalizações acerca do processo e dos efeitos da comunicação de massa foram gerados por um crescente número de estudos. Ao mesmo tempo a estrutura — ou, mais exatamente, a *ausência* de estrutura — do nascente campo era tal que não havia base real para reunir, consolidar e sintetizar formulações suscetíveis de serem denominadas ''teorias da comunicação de massa''.

A evolução teórica nos primeiros anos, pois, foi descoordenada e mesmo caótica. Ela não acompanhou o modelo ordeiro e preciso de uma ciência em desenvolvimento, onde investigadores subsequentes sistematicamente testam as deixas dos que os precederam. Assim, diversas teorias citadas aqui — ''bala mágica'', "influência seletiva", ''diferenças individuais'', ''diferenciação social'', além de outras a serem apresentadas mais adiante — são, em muitos casos, *criações retrospectivas*. Pelo menos alguns destes nomes não serão encontrados na bibliografia do período inicial por não existirem então. Foram reunidos, sintetizados e rotulados *post hoc*, principalmente por estes autores mas às vezes por outros, de maneira a facilitar a compreensão do que os pesquisadores primitivos realizaram. Não é nada incomum estudiosos ulteriores tentarem sistematizar e classificar as contribuições de pioneiros, em novas formas e sob novos títulos. Em filosofia, por exemplo, vários eruditos são hoje classificados como ''racionalistas'', ''empiristas'', ''pragmatistas'', e assim sucessivamente. Na época em que formularam suas ideias, estas classificações não existiam, mas usar os rótulos hoje facilita contemplar a maneira pela qual a filosofia evoluiu e entender as contribuições de vários indivíduos. Assim é também com a evolução da teoria da comunicação.

A despeito da natureza desorganizada da pesquisa da comunicação de massa nos primeiros anos, gradativamente foi se formando um corpo de conhecimentos acerca da mídia e de seus efeitos, bem como um crescente consenso quanto à maneira pela qual devia ser estudada. De tal acúmulo de conhecimentos acabou emergindo uma disciplina denominada *Comunicação de massa* — décadas depois, quando escolas e departamentos de pós-graduação em comunicação ofereceram programas sistemáticos de graduação em estudos de comunicação de massa. A disciplina nasceu quando tais instituições começaram a formar especialistas, em nível de doutorado, para a pesquisa científica sobre a mídia. Esses fatos são relativamente recentes (pós-Segunda Guerra Mundial). Com efeito, a discussão para saber se o estudo da comunicação de massa pode ser considerado uma disciplina, ou apenas um campo organizado frouxamente, de interesses interdisciplinares, ainda se acha em curso. O problema não é crítico. Com efeito, há razões para concluir que se trata de ambas as coisas: há um corpo central de pesquisadores que se dedicam exclusivamente ao estudo da comunicação de massa, e esse grupo, juntamente com suas unidades acadêmicas, sociedades profissionais e revistas técnicas, forma algo muito parecido com uma disciplina que se acha sistematicamente acrescentando conhecimentos sobre o processo e os efeitos das comunicações de massa; todavia, há também um vasto corpo de cientistas sociais, professores de jornalismo, especialistas em comunicação oral, e outros, que contribuem para esse acúmulo de vez em quando, apesar de seu interesse maior permanecer centrado nas disciplinas matrizes.

Geralmente, pois, podemos revisar a evolução das teorias da comunicação de massa tomando as cautelas acima mencionadas, reconhecendo que muitos dos nomes que aplicamos a conceituações do passado não eram vigentes na época e nem foram claramente formulados durante aquele período como agora os fazemos parecer. Reveremos uma série de explicações do processo de comunicação de massa que, em conjunto, pode ser denominada "teorias de influência seletiva". Elas consistem em três formulações, distintas porém correlatas, brotadas do crescente reconhecimento pelos cientistas sociais dos modelos do comportamento de indivíduos e grupos. Quando estes modelos são empregados para ajudar-nos a entender como as pessoas são atingidas e influenciadas pelas comunicações de massa, eles são denominados *Teoria das diferenças individuais, Teoria da diferenciação social* e *Teoria dos relacionamentos sociais*. Como ficará claro, cada uma se apoia em hipóteses básicas acerca do comportamento humano concebidas neste século pelas ciências sociais fundamentais.

A TEORIA DAS DIFERENÇAS INDIVIDUAIS

A psicologia sofreu uma transformação um tanto drástica após a virada do século.[2] A psicologia primitiva tinha raízes na filosofia,[3] mas com o passar do século XIX, o campo começou a caracterizar-se por duas marcas fundamentais que iriam influenciar fortemente sua evolução ulterior. Tratava-se de uma preocupação com a *base fisiológica do comportamento* e um empenho em empregar o *método experimental* como meio legítimo para reunir conhecimentos válidos. Isso virou artigos de fé arraigados dentro do fluxo principal da disciplina.

Cedo no século XX, irrompeu um grande debate acerca de ''natureza *versus* criação'', centralizado na questão das fontes de variabilidade ou unicidade da personalidade humana. À medida que psicólogos empreenderam estudos acerca de aprendizagem e motivação humanas, tornou-se cada vez mais claro que as pessoas eram todas diferentes em sua constituição psicológica. Como as impressões digitais, constatou-se que a personalidade de cada ser humano é diversa de qualquer outra. Embora todos compartilhassem os padrões de comportamento de sua cultura, cada indivíduo possuía uma diferente *estrutura cognitiva* de necessidades, hábitos de percepção, crenças, valores, atitudes, habilidades, e assim por diante. Por conseguinte, o estudo de *diferenças individuais* a esses respeitos — e sua distribuição pela população — acabou se tornando importante foco da pesquisa psicológica.

Aprendizagem *versus* Herança como Fonte de Diferenças Individuais

Uma questão crítica atinente à fonte de nossa natureza humana foi saber se herdamos a estrutura cognitiva individual como parte de nosso dote genético, ou se de algum modo a adquirimos como resultado de vivermos num determinado ambiente social. Foi em torno desta questão em particular que girou o debate natureza/criação.

Muitos psicólogos pioneiros eram, de fato, fisiologistas que investigavam maneiras pelas quais o comportamento era influenciado pela estrutura corpórea. Após 1860, o novo campo passou a ser fortemente influenciado pelas notáveis perspectivas evolutivas de Charles Darwin acerca do relacionamento entre fatores biológicos e adaptação ao meio ambiente. Os psicólogos prontamente adotaram a ideia de os seres humanos não serem de todo criaturas singulares, conforme pensadores religiosos de há muito alegavam, porém uma espécie animal situada no final de um *continuum* de desenvolvimento evolutivo. Para entender os seres humanos, por conseguinte, era mister estudar o comportamento animal de modo geral. Destarte, psicólogos voltaram-se entusiasticamente para o estudo de animais numa tentativa de formular princípios de comportamento aplicáveis a *todos* os organismos, incluindo a humanidade. Perceberam que o comportamento de criaturas vivas era em grande parte produto de capacidades, tendências e modelos *herdados* com que enfrentar situações, que chegaram às pessoas modernas graças a um extenso processo de evolução. Essa psicologia "comparativa" subentendia seriamente que o comportamento estava radicado na fisiologia. As pessoas, admitia-se, eram neurologicamente "previamente dotadas de uma fiação" a fim de agir de determinadas maneiras porque milênios de adaptação haviam afeiçoado sua natureza através de seleção natural.

Foi por tais razões que uma das mais populares concepções da época foi o "instinto", usado para explicar todos os tipos de comportamento, tanto humano quanto animal. A generalização de que o comportamento era biologicamente determinado e governado por instintos pareceu ajustar-se a observações de comportamento de toda a sorte de espécies do reino animal, e, como o ser humano era muito claramente um animal, presumiu-se ser uma interpretação válida da padronização da conduta humana. Por outras palavras, pareceu decorrer logicamente que as explicações para as ações e escolhas humanas tinham de ser encontradas no âmbito da estrutura biológica herdada. Esse era o lado "natureza" do debate natureza-criação.

Do outro lado da controvérsia achavam-se os que insistiam em que os seres humanos *adquiriam* suas características e capacidades individualizadas graças a experiências no respectivo ambiente. Apontavam para a natureza padronizada da organização social humana e a complexidade da cultura humana que os antropólogos vinham descrevendo. Viram que os seres humanos eram socializados e aculturados em um meio complexo no qual os jovens aprendiam seus hábitos, predisposições, habilidades e individualidades. Esse era o lado "criação" do debate.

De certa maneira, esse debate nunca foi completamente resolvido. Campos como a sociobiologia ainda tentam vincular o comportamento humano a tendências herdadas que, por hipótese, sobreviveram de fontes antigas da história humana. Assuntos tais como as diferenças do temperamento masculino e feminino e de seus papéis tradicionais são reputados como derivados das maneiras pelas quais seres humanos evoluíram em culturas de colheita e caça, desde os tempos pré-históricos até séculos relativamente recentes. Assim, os homens são considerados como tendo uma tendência herdada para assumir papéis de provedores e membros dominantes no lar, ao passo que as mulheres são consideradas como biologicamente propensas à criação de filhos, tarefas domésticas e posições subordinadas na família. Os do lado oposto no debate continuam hoje a sustentar que tais papéis e temperamentos são produtos da socialização diferenciada de homens e mulheres em ambientes sociais e culturais institucionalizados.

Logo após a virada do século, o campo da psicologia cresceu rapidamente, tanto em números quanto em prestígio. As fascinantes teorias de Sigmund Freud eletrizaram o mundo intelectual e deram ao campo enorme projeção. Os estudos de ''administração científica'', levados a cabo por pioneiros psicólogos industriais atraíram os norte-americanos de mentalidade pragmática. O movimento de testes de inteligência, começando em grande escala com centenas de milhares de recrutas do Exército convocados durante a Primeira Guerra Mundial, pareceram reafirmar que a psicologia era um importante campo de estudo capaz de solucionar muitos problemas práticos.

Contudo, os psicólogos não iriam permanecer devotados à ideia de que a ''natureza'' era a fonte de todas as características humanas. Um novo ramo da psicologia teve origem na virada do século. Iria manter sua atenção em animais e seu devotamento à estratégia experimental, mas sua meta central consistia em entender como o indivíduo humano era modelado pelo meio graças a um processo de *aprendizagem*. Os membros desse ramo da psicologia tentavam descobrir como as experiências da aprendizagem em um ambiente social deixavam influências duradouras no indivíduo. Particularmente achavam-se interessados na maneira pela qual uma organização psicológica interior — estrutura cognitiva — adquirida pelo indivíduo, iria modelar as espécies de respostas que a pessoa apresentava ao ambiente exterior.

Essa ''psicologia da aprendizagem'' acabaria sendo de importância central para o estudioso dos efeitos da comunicação de massa. A mídia eram os meios pelo qual as ideias eram transmitidas a vastos números de pessoas que compunham suas audiências. Parecia óbvio que tais ideias acarretariam mudança na organização psicológica (estrutura cognitiva) dos que recebessem a mensagem. Tal aprendizagem, por sua vez, alteraria o comportamento deles.

A Evolução da Teoria da Aprendizagem. A especulação acerca dos aspectos mentais dos seres humanos data dos filósofos gregos. Um interesse mais específico pela aprendizagem (por ''associação'') foi firmemente implantado no século XVII, quando encontrou manifestação nas obras de John Locke, David Hume e outros filósofos britânicos. Experiências concretas sobre a memória humana, contudo, não tiveram início até a década de 1880. O psicólogo alemão Hermann Ebbinghaus levou a cabo experiências meticulosas em si mesmo como sujeito que aprendeu e tentou recordar "sílabas sem sentido".[4] Mostrou os efeitos da aprendizagem baseado em variáveis independentes, tais como extensão do material e número de repetições da apresentação do assunto. Ao estudar lapsos de memória, formulou sua famosa "curva do esquecimento". Estudos pioneiros assim foram inovadores e meticulosos, mas o emprego de seres humanos em experiências incluía muitas limitações. Indivíduos dispostos eram difíceis de conseguir, o controle sobre as condições externas, árduo, e seres humanos só podiam ser submetidos a certo limite de condições experimentais.

Concentrar-se em animais apresentava um meio de estudar a aprendizagem evitando tais riscos. Notamos que crescera uma convicção na psicologia comparativa de que processos característicos de animais também seriam encontrados em seres humanos, e vice-versa. Durante a primeira década do século XX, esta perspectiva filogenética concentrou a atenção dos psicólogos no estudo da aprendizagem entre os animais, como maneira de desvendar princípios fundamentais e universais do processo. Tal como animais podiam ser usados para experiências médicas, que forneceriam conclusões aplicáveis a seres humanos, pareceu aos psicólogos comparativistas que estudos da aprendizagem animal poderiam fornecer a chave para saber como seres humanos adquirem novas formas de comportamento. Os animais estavam facilmente disponíveis, introduziam bem menos condições estranhas (tal como a linguagem) capazes de confundir a pesquisa, e poderiam ser empregados em experiências sob condições impossíveis para seres humanos.

Mesmo antes do final do século, Edward L. Thorndike (na época, ainda estudante universitário) levou a cabo experiências engenhosas com gatos para verificar como aprendiam a fugir de uma caixa com um quebra-cabeça para conseguir comida como recompensa.[5] Constatou que os gatos aprendiam mais depressa quando as recompensas eram rápidas e garantidas. Em agora famosas experiências de "tentativa e erro", estudou o comportamento de pintinhos em labirintos toscamente formados com livros apoiados de lado. Conseguiu traçar curvas de aprendizagem e alcançar importantes conclusões acerca da relação da aprendizagem com o que posteriormente seria denominado "reforço" (oferecendo recompensas para respostas corretas).

Essas várias experiências levaram-no a formular sua "Lei do Efeito", uma variação do antigo princípio de prazer-dor. Suas conclusões proporcionaram a base para posteriores e mais rebuscadas teorias de B.F. Skinner acerca do condicionamento operativo, extinção de respostas e a formação do comportamento através de reforço periódico.[6]

Aproximadamente ao mesmo tempo, logo após a virada do século, um fisiologista russo chamado Ivan Pavlov realizou algo com animais que na época pareceu quase incrível. Foi capaz de associar um padrão de comportamento, que fazia parte da atividade natural de um cão (salivação), com um estímulo completamente extrínseco (uma campainha surda).[7] Parece provável que nenhum cão em seu ambiente natural jamais haja salivado ao escutar uma campainha ou cigarra, mas a experiência de Pavlov vinculou ambos em um padrão de hábito estável. Foi um dos raros adiantamentos da ciência que levou a uma total reformulação do pensamento — neste caso a respeito da importância da herança em contraste com a aprendizagem, nas vidas de animais complexos. A notável experiência de Pavlov lançou os alicerces para a criação de numerosas variações de teorias do "condicionamento clássico".

A importância de toda essa experimentação pioneira foi que demonstrou como animais podiam, graças a um processo de aprendizagem, adquirir do ambiente padrões de comportamento que não eram simplesmente produzidos pela herança genética ou herdada. Embora retrospectivamente esta possa parecer uma ideia muito evidente, na época não pareceu assim. Os psicólogos daquele período estavam convictos de que todos os animais, inclusive os seres humanos, *herdavam* o que quer que lhes guiasse o comportamento. Subitamente, várias formas de condicionamento e aprendizagem foram postas em evidência, provocando revisões excruciantes no pensamento, não só a respeito de animais como também de seres humanos. Nos Estados Unidos, particularmente, o estudo das experiências de aprendizagem de animais saltou para o primeiro plano das preocupações da disciplina. Cresceu a crença em que o estudo de como os animais aprendiam sob diversas condições acabaria proporcionando uma chave para a compreensão da aprendizagem humana.

Durante sucessivas décadas, diversas teorias competitivas de aprendizagem foram criadas. Elas incluíam não só condicionamento clássico, instrumental e operacional, mas alternativas tais como aprendizagem verbal, cognitiva e social por meio de modelagem.[8] Todas visavam mostrar como "organismos" (incluindo seres humanos) eram psicologicamente modificados por experiências em seu ambiente, de maneira tal a serem estabelecidos padrões estáveis de ação e de comportamento dadas circunstâncias específicas.

Hoje, a missão de entender a aprendizagem humana permanece inacabada. Há debate aceso quanto a se as teorias de aprendizagem oriundas de estudos de laboratório de animais como ratos, gatos e macacos serão sequer aplicáveis de algum modo a seres humanos que empregam linguagem! Não obstante, afigura-se agora inegável seres humanos terem uma capacidade extraordinária para aprender, e o fazerem de várias maneiras.

Sejam quais forem os princípios de aprendizagem corretos para seres humanos, este foco criado por psicólogos mostrou por que as pessoas de uma sociedade são tão diferentes em sua constituição psicológica. Embora todos os indivíduos herdem um dote biológico que lhes proporciona diferentes potenciais para desenvolvimento, seus padrões de conduta são modificados de incontáveis modos devido ao que aprendem da sociedade e da cultura. Portanto, entender pessoas é entender que cada uma é psicologicamente diferente. Não há duas pessoas com experiências de aprendizagem idênticas. Por conseguinte, não existem duas que acabem tendo os mesmos padrões interiores de modo aprendidos para adaptar-se ao mundo que as rodeia. Diferenças individuais (na estrutura cognitiva), pois, têm suas origens no processo de aprendizagem.

Aprender a Ser Motivado. A par do reconhecimento da importância de aprender chegou o de um interesse associado à *motivação.* O estudo de incentivos no laboratório adquiriu proeminência nas experiências com animais, junto com uma ênfase na aprendizagem. Com efeito, ambos os conceitos estavam intimamente vinculados. Foram oferecidos a animais diferentes espécies de prazeres ou recompensas, ou foi-lhes causado sofrerem diversos tipos de privação ou dor, para averiguar se aprendiam mais depressa ou mais devagar sob tais condições. Uma longa relação de fatores motivacionais foi estudada em experiências com animais. O emprego de indivíduos humanos em muitas das investigações teria sido impensável. Ratos, cães, macacos e outros gêneros de criaturas foram submetidos sob várias condições a fome, choque, queimaduras, danos ao cérebro, superalimentação, privação de água, sono, sexo ou espaço, e tratados de inúmeras formas que pudessem proporcionar indicações do que os motivava ou não a dar determinadas respostas aos estímulos. O resultado final foi uma compreensão de que as necessidades biológicas em animais, tanto quanto em seres humanos, podem ser poderosos motivadores. Uma conclusão mais relevante, talvez, foi que muitas das motivações que impelem a conduta humana são adquiridas. Isto é, nós *aprendemos* a precisar de certas substâncias, situações e experiências que nos impelem ou urgem a empenhar-nos em determinadas espécies de comportamento. Enquanto nossas motivações herdadas, biológicas (fome, sede, apetite sexual) podem ser relativamente semelhantes de uma pessoa para outra, os motivadores adquiridos ou aprendidos são produtos de nossas experiências sociais. Como todos temos um conjunto diferente de experiências de aprendizagem em ambiente exclusivo, as motivações que um indivíduo adquire contribuem para grandes diferenças individuais. Com o tempo, essa compreensão acarretou novos rumos do pensamento para estudar as influências da comunicação de massa.

De Instintos para Atitudes. A formulação clássica de uma forma motivadora baseada na biologia foi o *instinto.* Este conceito foi profundamente consagrado na psicologia fisiológica bem cedo neste século. A mais conhecida formulação foi a de William McDougall, que apresentou mais de uma dúzia de instintos fundamentais que propulsionavam e modelavam a conduta humana de maneiras complexas.[9] O conceito também tornou-se popular nas teorias psicanalíticas. Freud ressaltou muito ideias como instintos de vida e morte, e um impulso inato para a gratificação sexual que gerava comportamento complexo. Todavia durante a década de 1920 psicólogos sociais passaram a encarar cada vez com mais má vontade a ideia de seres humanos terem sistemas motivacionais universais e complexos que seriam herdados. A crescente evidência de variabilidade humana e a cada vez maior avaliação da importância da socialização, aculturação e aprendizagem como forjadoras da personalidade eram totalmente incompatíveis com a ideia de instinto. O resultado final foi que, ao terminar a década de 1920, o conceito de instinto foi simplesmente descartado e desacreditado pelos psicólogos sociais. As provas eram esmagadoras. Em muitas sociedades estavam ausentes os padrões descritos tanto por McDougall como por Freud, ou até invertidos, devido à natureza da cultura. Hoje, conquanto o conceito permaneça importante para entender o comportamento animal, as teorias sobre instintos humanos são sobretudo uma curiosidade histórica.

Com o desaparecimento do conceito de instinto, a psicologia social ficou numa espécie de vácuo. Precisava-se era de um conceito teórico capaz de ser encarado como motivador e suficientemente amplo para ser um agente motor de uma série de comportamentos. Acima de tudo, todavia, tinha de ser um produto da aprendizagem.

O conceito que apareceu para ocupar o lugar central que havia sido do instinto foi o de *atitude.* Era ideal para a época. Salientava as diferenças entre seres humanos adquiridas através da aprendizagem, em lugar de semelhanças devidas à constituição biológica. Ao final dos anos 20, ela crescera de importância como meio de explicar diferentes direções e intensidades das preferências, gostos, aversões, aceitações e repulsas humanas. Era um conceito cognitivo em torno do qual muitas disciplinas diversas podiam integrar sua pesquisa e conceituação.

O conceito de atitude foi introduzido como instrumento sistemático de análise nos trabalhos dos sociólogos W.I. Thomas e Florian Znaniecki, ao término da Primeira Guerra Mundial. Definiram-no como "um processo de conscientização individual que determina atividade real ou possível do indivíduo em um mundo social".[10] Centenas de definições semelhantes foram em breve oferecidas. A maior parte conservava a ideia de que atitudes eram uma espécie de "predisposição" aprendida, e que desempenhava papel relevante na formação do comportamento.[11] Atitude rapidamente virou o mais básico e central conceito teórico da psicologia — e em muitos aspectos mantém-se assim hoje em dia.

O significado do conceito de atitude para a psicologia social recebeu destaque adicional nos anos 20, com a invenção de diversas técnicas matematicamente requintadas para avaliação de atitudes. Tendo estas disponíveis, a busca de correlações e consequências das atitudes das pessoas assumiu proporções quase maciças. Dentro duma década, todavia, centenas, até milhares, de artigos, dissertações e monografias estavam disponíveis tendo como foco central a atitude.

Houve pelo menos três razões para a grande popularidade do conceito. Conforme assinalamos, diversas espécies de escalas estavam disponíveis e eram relativamente de fácil construção (se bem que se tornassem, e ainda sejam, um dos instrumentos mais mal utilizados da ciência social). Eram ideais como instrumentos de medida em levantamentos onde as pessoas pudessem preencher formulários. Igualmente relevante, forneciam dados numéricos que se prestavam prontamente à análise estatística, que se tornava rapidamente o modo consagrado de descrição científica e a base da tomada de decisões para testar hipóteses. Finalmente, o conceito era fácil para utilizar em experiências "antes/depois" a fim de averiguar se uma experiência interveniente modificava atitudes das pessoas. Como resultado, o número de experiências e levantamentos de atitudes subiu tremendamente durante a década de 1930, em todos os campos dedicados ao estudo do comportamento humano. O estudo da comunicação de massa não foi exceção.

Houve dois aspectos adicionais do conceito de atitude que prontamente o trouxeram para o centro do placo no estudo dos efeitos da comunicação de massa: o primeiro foi que na época da Segunda Guerra Mundial se acreditava firmemente que *as comunicações sob a forma de mensagens persuasivas poderiam alterar atitudes.* Com efeito, maciços projetos e programas da pesquisa da época repousavam nesse conceito psicodinâmico (de que tais fatores cognitivos modelam o comportamento). Especificamente, estudos do emprego de filmes para treinar soldados durante a guerra e o Programa Yale de Pesquisa sobre Comunicação e Mudança de Atitudes foram diretamente centrados nos apelos, estrutura de mensagens e outras condições de estímulos, suscetíveis de serem utilizados para conseguir tais mudanças.[12] O segundo aspecto do conceito era a aceitação sem qualquer dúvida, de que *atitudes e comportamento eram altamente correlacionados.* Com efeito, a ideia de que atitudes modelavam comportamento havia sido parte de sua definição desde o princípio. Assim, se se pudessem modificar atitudes dos membros da audiência pela utilização de mensagens persuasivas, por certo ocorreriam modificações correlatas de seu comportamento ostensivo.

Foi esse gênero de conceituação que tornou o conceito de atitude tão importante para o novo campo da pesquisa sobre comunicação de massa. Numa perfeita visão retrospectiva, vemos agora que as suposições adotadas no período de 1930 à década de 1960 eram injustificadas. Atitudes e comportamento público raramente são coerentes um com o outro. De fato, uma massa considerável de pesquisa revela, sem dúvida, que não são geralmente correlatos.[13] A despeito desta pesquisa desfavorável, contudo, muitos pesquisadores da comunicação continuam obstinadamente a assumir que a mudança de atitude alcançada pela exposição a mensagens persuasivas alterará correspondentemente o comportamento.

De qualquer forma, o papel das diferenças individuais na formulação das respostas às comunicações de massa foi a principal manifestação orientadora para a pesquisa relativa à mídia desde pouco antes da Segunda Guerra Mundial até bem dentro da década de 1960. A ideia básica foi que as diferenças individuais na estrutura psicológica ou cognitiva dos membros da audiência eram fatores decisivos para influenciar a atenção para a mídia e o comportamento diante dos problemas e objetos ali discutidos. Conforme veremos, nada há de particularmente errado nessa ideia; sua principal limitação é apresentar um quadro incompleto do relacionamento entre seres humanos e comunicações de massa.

Psicografia e Segmentação do Mercado

À medida que se manifestava a significação das diferenças individuais para se compreender o comportamento das audiências, isso não passou despercebido das pessoas que usavam a mídia na prática. Grandes e poderosos grupos da sociedade foram responsáveis pela revelação de resultados vinculados a publicidade, relações públicas, campanhas de caridade, eleição de políticos e de persuasão do público.

Quer a finalidade fosse vender mais sopa, conseguir eleger um candidato ou impedir que se pusesse fogo às florestas, todos estes esforços compartilhavam um problema comum. Quando se usa a mídia de massa para persuasão, como se deve transmitir a mensagem de maneira a aumentar a probabilidade de aceitação por parte da audiência? Uma estratégia é conseguir espaço ou tempo na mídia e apresentar anúncios, comerciais ou apelos numa base de "uma mensagem basta para tudo"; isto é, vise a audiência toda com uma mensagem geral e torça para dar certo. A crescente compreensão da grande amplitude das diferenças individuais, em matéria de estrutura cognitiva entre os seres humanos, provocada pela pesquisa básica da psicologia, contudo, insinuou que uma estratégia diferente tinha mais probabilidade de se sair melhor. A implicação lógica foi que mensagens persuasivas deveriam ser feitas sob medida para atender aos interesses, necessidades, valores, crenças e tudo mais de específico. Era mais provável que a abordagem segmentada alcançasse as metas desejadas do que uma abordagem de "uma mensagem serve para tudo". Antes de ser concebida uma campanha persuasiva, pois, era preciso identificar as características cognitivas específicas de vários tipos de pessoas a quem as mensagens seriam dirigidas. Para tornar mais eficaz a mensagem, apelos, argumentos, chavões e outros aspectos podiam ser inseridos no conteúdo a fim de atrair a atenção daquele específico segmento da audiência e — esperemos! — desencadear a ação visada.

Assim, estava preparado o terreno para o conceito de *segmentação do mercado* como um princípio de compreensão e criação de estratégias para a venda de bens, políticas e comportamentos favoráveis à sociedade, entre grandes audiências da mídia. Esta abordagem, por sua vez, ressaltou a necessidade de *pesquisa de mercado* visando identificar que tipos de pessoas compravam, votavam, davam, ou de qualquer outra forma agiam, baseadas naquelas motivações, interesses, atitudes ou outras condições psicológicas. Esta pesquisa da "psicodinâmica" da persuasão, adotada em propaganda, nas campanhas de informação ao público e na comercialização, trouxe a metodologia da experimentação e mensuração à pesquisa de mercado. A medição de variáveis psicológicas, tais como preferências, atitudes, necessidades e valores, proporcionou um discernimento das motivações do consumidor e do eleitor. Dessa maneira, o formato experimental que psicólogos utilizaram tão extensamente no estudo da aprendizagem animal e os processos psicométricos que se haviam mostrado tão úteis para medir variáveis cognitivas foram adotados para testar fatores tais como identificação de marca pelo consumidor, reconhecimento do candidato, preferências por determinados apelos, e assim por diante.

Isto não subentende que ninguém no mundo prático houvesse pensado em tais ideias antes de 1930. Uns poucos haviam, mas não representavam sua atividade como um todo. Aqueles anunciantes ou gerentes de campanha que entenderam o princípio da segmentação de mercado, e a necessidade correlata de realizar pesquisa de mercado psicodinâmica, tendiam a fazê-lo intuitivamente e sem relacionar sistematicamente seus discernimentos com teorias subjacentes da psicologia. Em resumo, pois, os grandes avanços da aprendizagem básica e da teoria motivacional em psicologia deram uma base firme para o princípio de segmentação de mercado. Isto, por sua vez, levou à generalização do emprego da pesquisa de mercado para estudar o relacionamento entre a estrutura psicológica individual e as mudanças de comportamento desejadas pelos que empregavam a mídia com finalidades persuasivas.

Por mais importante que veio a se mostrar a teoria das diferenças individuais no comportamento da comunicação de massa, ela não era a única preocupação. Da sociologia brotara uma orientação de pensamento que também exerceria profundo impacto na conceituação da pesquisa relacionada com a mídia, tanto básica quanto aplicada. Esta linha de pensamento, baseada em estudos empíricos de comunidades e outros grupos em escala grande, não encararia a estrutura psicológica de indivíduos mas sim a estrutura social da emergente sociedade urbano-industrial.

A TEORIA DA DIFERENCIAÇÃO SOCIAL

Gradativamente, as suposições feitas anteriormente por sociólogos do último século — de que pessoas em sociedades modernas eram indiferenciadas, anônimas e carentes de vínculos sociais — tiveram de ser substituídas. Armada com a técnica do levantamento social quantitativo, suplementada por estudos de campo qualitativos e sensíveis, a pesquisa lentamente revelou um quadro diferente. Tornou-se claro que os membros das sociedades urbano-industriais contemporâneas não eram todos semelhantes. Podiam ser conceitualmente arrumados em *categorias* sociais na medida em que compartilhassem características comuns, tais como classe social, religião, identidade étnica, residência rural-urbana, e assim sucessivamente. Mas o estudo de tais categorias revelou que as pessoas de qualquer determinado agrupamento, tais como classe média, católicos, fazendeiros ou ítalo-americanos, tinham muitas *semelhanças* que haviam tido impacto relevante em seu comportamento. Essas semelhanças teriam importantes implicações para a pesquisa do nascente campo da pesquisa de comunicação de massa.

A sociologia ingressara no século XX com uma rica herança de amplas formulações teóricas referentes à natureza da sociedade moderna, e bastante pouco em matéria de pesquisa empírica. Segundo vimos no Capítulo 6, uma importante conclusão teórica a que chegaram autores como Comte, Spencer, Tönnies e Durkheim foi que o início da industrialização gerara uma nova espécie de relacionamento impessoal entre pessoas da nascente ordem social. Em sociedades agrícolas, notaram eles, vínculos robustos entre as pessoas baseavam-se em alicerces tais como laços de família, amizades antigas, lealdades tradicionais, e residência por muito tempo numa determinada área. Essas ligações uniam as pessoas firmemente. Nas emergentes sociedades industriais, em contraste, tais laços tradicionais cediam lugar a relacionamentos bem menos íntimos e pessoais. Não obstante, os novos elos efetivamente mantinham a sociedade unida. Exemplos eram relacionamentos contratuais apoiados pela autoridade do Estado, ou qualquer interdependência funcional (como a ligação interdependente de fazendeiros que produziam alimentos e operários urbanos que consumiam os produtos deles, por sua vez abastecendo os fazendeiros com lucro para estes poderem adquirir os bens produzidos pelo operário urbano). Assim, a organização da sociedade estava sofrendo alterações fundamentais.

O Significado da Mudança Social

Estes novos relacionamentos eram produtos de mudanças sociais especiais que ocorriam com o aumento do ritmo de industrialização. Era difícil separar, mas o quadro que surgia focalizava diferentes formas significativas de mudança que estavam acrescendo a complexidade da sociedade: urbanização, modernização, migração, expansão da divisão do trabalho, crescente estratificação e maior mobilidade social.

A *urbanização,* isto é, o crescimento de vilas e cidades, era consequência inevitável da industrialização. Era uma tendência constante que começou a aumentar lá para o final do século XVII e continuou até o presente. Ela concentrava pessoas dessemelhantes em centros urbanos ao chegarem para pegar empregos nas novas fábricas e nas atividades de serviços que as apoiavam. Gradativamente, essa tendência tornou a moradia urbana o predominante estilo de vida das sociedades industriais.

A *modernização* sobreveio com o prosseguimento da industrialização e da urbanização. Os produtos da organização industrial e a concentração de gente em vilas e cidades suscitaram não só nova tecnologia como alterações em aspectos básicos da vida humana. Cada vez mais as pessoas viviam de olho no relógio, abandonando os costumes tradicionais, e usando máquinas eficientes para desde o transporte até o funcionamento da atividade doméstica. As famílias foram transformadas de unidades de produção (na fazenda) para unidades de consumo (como moradores urbanos). Valores básicos transformaram-se na medida em que a busca de uma vida feliz era redefinida para abranger a fruição de amenidades urbanas e a aquisição e consumo dos produtos do mundo industrial.

A *migração* acompanhou o surto da industrialização. Vastos deslocamentos demográficos misturaram gente de muitos antecedentes diversos e concentraram-na em novas áreas. A Europa de há muito estivera tumultuada, mas no século XIX o Novo Mundo aguardava a chegada dos destituídos de direitos civis, dos deslocados e dos descontentes. Eram necessárias urgentemente pessoas para instalar fazendas, abrir canais, rasgar florestas, trabalhar nas fábricas, assentar trilhos, minerar carvão, lidar nas usinas de aço e fazer os demais serviços pesados de uma sociedade dinâmica. Vieram aos milhões de toda parte do mundo, não só para os Estados Unidos e o Canadá, como para Argentina, Brasil e dúzias de outros países do hemisfério ocidental que estavam se industrializando num grau ou noutro. Dentro dos Estados Unidos, as pessoas movimentavam-se num fluxo constante de Leste para Oeste, do Sul para o Norte, e da fazenda para a cidade, à procura de uma vida melhor. Tais movimentos misturavam ainda mais gente de características diversas e efetivamente retardaram a formação de novas formas de tradicionalismo.

A *divisão do trabalho* cresceu enormemente com o prosseguimento da industrialização. As novas fábricas e empresas comerciais grandemente expandidas provocaram o surto de uma força de trabalho crescentemente especializada. Novos tipos de técnicos, empreiteiros, operários especializados, pessoal dos serviços e exércitos de administradores em diversos níveis fizeram-se necessários dentro das indústrias e burocracias das sociedades se industrializando. Este tipo de força de trabalho aumentou a necessidade de educação e de treinamento especializado, que se tornaram a principal escada usada pelas pessoas para subirem nos sistemas de classes emergentes.

A *estratificação,* isto é, sistemas societários de hierarquia social, sofreu uma transição importante. Os sistemas de estratificação das sociedades industriais urbanas ficaram cada vez mais abertos e complicados. Os limites entre classes sociais tradicionais, que haviam sido entidades distintas — baixa, média e superior — estavam ficando enevoados e indistintos. Pessoas que teriam ficado em uma destas posições nos antigos sistemas estavam agora subindo e descendo. Mesmo os critérios para definir classe social mudaram. O significado de posição de família herdada declinou após a aristocracia ter sido desalojada nas sociedades europeias. Por outras palavras, os novos sistemas de estratificação eram menos baseados em critérios prescritos e mais em critérios conquistados, tais como renda, nível de educação alcançado e prestígio ocupacional.

A *mobiliadade ascendente* virou meta comum. O mito de Horatio Alger* proporcionou uma visão crescentemente importante para grande

---

* Horatio Alger, Jr. (1832-1899). Autor norte-americano de inúmeros livros para meninos, a maioria girando em torno da fórmula de um rapaz pobre porém digno que começa a vida como jornaleiro ou engraxate, supera obstáculos impossíveis e atinge absoluto sucesso. (N.T.)

número de pessoas. Estavam determinadas a "subir trabalhando" — algo que não havia sido possível nos sistemas mais rigídos das sociedades tradicionais. Nem todos "subiram", mas o sonho de fazê-lo foi amplamente compartilhado, e, de fato, a melhoria de *status* tornou-se necessária para evitar-se ser rotulado um "fracasso". A emergente cultura urbano-industrial ressaltou o sucesso como princípio central dos estilos de vida e pensamento de milhões de indivíduos.

Diferenciação Social na Sociedade Moderna

Devido às grandes mudanças sociais acima referidas, as sociedades urbano-industriais, e particularmente as do hemisfério ocidental, criaram estruturas sociais grandemente *diferenciadas.* Em linguagem corrente, "diferenciação social" quer dizer complexidade societária. As pessoas em sociedade assim compõem numerosas categorias sociais diferentes, quando classificadas com base em características específicas compartilhadas. Não só podem ser distinguidas em masculino e feminino, velho e jovem, rural e urbano, como em um incontável número de divisões distintivas baseadas em origem étnica, afiliação religiosa, raça, orientação política, renda, ocupação e educação, só para citar umas poucas.

O fato da diferenciação social pesou seriamente no pensamento de sociólogos que procuravam entender e descrever a sociedade na virada do século. Para alguns, isso pareceu uma situação ameaçadora. A nova era, segundo Gustave Le Bon, era uma *idade de multidões,* na qual a emoção, em vez da razão, guiava a ação coletiva. Influenciado pelas interpretações do movimento psicanalítico, ele a viu como aquela em que os traços psíquicos irrefreados, até irracionais, do indivíduo, ao invés dos vínculos estáveis de uma ordem social, eram os fatores determinantes da civilização.[14] A história, contudo, provou que Le Bon estava errado. A conclusão pessimista — de que a sociedade era composta de indivíduos carentes de laços sociais expressivos com outros e, por isso, acionados pelo lado não racional de sua natureza humana — estava prestes a ceder caminho a outra visão revelada pela pesquisa sociológica. Embora a sociedade se tivesse tornado assaz complexa, muitos laços informais entre pessoas perduravam.

O Surto da Pesquisa Empírica em Sociologia

Se bem que estudos quantitativos de populações tenham sido levados a cabo através da história, a pesquisa empírica básica ou acionada por uma teoria teve início em sociologia com o clássico estudo do suicídio por Durkheim.[15] No âmago do estudo achava-se a influência de categorias sociais sobre a propensão de certos indivíduos para cometer este último ato. Os casados apresentavam taxas menores do que os não-casados. Católicos tinham taxas inferiores às dos protestantes. Os índices entre militares diferiam dos entre os civis, e assim sucessivamente. A teoria durkheimiana acerca do relacionamento entre pertencer a uma categoria e a probabilidade de suicídio permanece expressiva até hoje. De qualquer forma, o estudo foi um ponto de crucial relevância na transformação da sociologia de um campo de amplas formulações teóricas atinentes à estrutura global da sociedade, em uma outra onde a pesquisa empírica quantitativa sobre formas específicas de comportamento social era a base para alcançar novos conhecimentos.

Bem cedo no século, sociólogos principiaram a desenvolver o *levantamento de amostragem* como sua principal metodologia de pesquisa. Baseava-se em uma combinação de ideias antigas e modernas. No século V a.C., Heródoto relatou que já em 3050 a.C. autoridades levaram a cabo um recenseamento completo, uma contagem sistemática, da população e da riqueza do Egito. Necessitavam das informações e dos fundos para erguer pirâmides. Outros líderes, incluindo vários imperadores romanos e Guilherme o Conquistador, haviam feito levantamentos da riqueza e populações taxáveis (exemplo, o *Domesday Book*)*. Com efeito, a ideia do recenseamento estava assaz consagrada na época do aparecimento das modernas nações-Estados.[16]

Acima de tudo, a nova metodologia era possível por causa da disponibilidade de técnicas estatísticas apropriadas para analisar os resultados dos levantamentos. Ao término do século XIX, um conjunto crescentemente aperfeiçoado de teorias e processos estatísticos achava-se disponível. No espaço de três séculos, haviam sido criados por uma combinação de astrônomos, jogadores, agrônomos, matemáticos e biólogos.[17] Os traçados das amostras e técnicas de análise estatística usados hoje em pesquisas para levantamento pouco diferem dos disponíveis na década de 1920. Os computadores permitem que os cálculos sejam concluídos mais depressa, mas as concepções fundamentais mudaram relativamente pouco.

---

* Livro com registro do recenseamento da Inglaterra, citando proprietário, extensão, valor etc., de todas as diferentes posses, organizado por ordem de Guilherme o Conquistador em 1086. Também chamado *The King's Book* e *The Winchester Roll* por ter sido guardado em Winchester. Foi reproduzido em fac-símile em 1783 e 1816. (N.T.)

Dois aspectos tornam a técnica de levantamento moderna diferente da mais antiga de recenseamento completo. Primeiro, ela se baseia em uma *amostra* da população a ser estudada, ao invés da totalidade. Em segundo lugar, utiliza horários de entrevista para medição objetivamente organizados. Assim, ela reúne os conceitos de recenseamento traçado das amostras, probabilidade, teorias estatísticas das estimativas de parâmetros da população e técnicas de cuidadosa mensuração quantitativa de variáveis sociais e psicológicas. Desta forma ela é comumente considerada como tendo começado em 1855 com Frederic Le Play ao estudar as famílias francesas de mineradores de carvão.[18] Após a virada do século, o uso do levantamento por amostragem tornou-se cada vez mais consagrado em sociologia. Foi então adotado amplamente e acabou virando a principal ferramenta da análise quantitativa em pesquisa social.

À medida que cresceu a tradição da pesquisa por levantamento, comparações estatísticas de comportamento das pessoas, baseadas em categorias sociais, viraram estratégia corriqueira. O resultado final foi que reiteradamente se constatou que *a diferenciação social produzia modelos distintos de comportamento.* Por outras palavras, pessoas que compartilhavam uma identidade comum em termos de categoria social frequentemente se comportavam de maneiras semelhantes. Este princípio teria grande importância para ulterior evolução teórica no estudo da comunicação de massa.

Subculturas

Com a acumulação de conhecimentos referentes à complexa estrutura das sociedades contemporâneas e sua grande amplitude de diferenciação social, emergiu um segundo conceito importante da pesquisa sociológica. Foi o conceito de *subcultura.* Empregando um método que denominaram "observação participante", adaptado dos métodos de estudo de campo da antropologia, observadores sensíveis viveram entre pessoas de todo imaginável estilo de vida e ambiente social — favelados, presos, estudantes de medicina, drogados, vagabundos, grupos étnicos, soldados combatentes, homossexuais, moradores de subúrbios,* fazendeiros, médicos, operários da indústria automobilística, e uma porção de outros. Esses pesquisadores constantemente se depararam com o fato de den-

* Os subúrbios das grandes cidades norte-americanas são preferidos pelas classes média e média alta como local de residência. (N.T.)

tro de tais categorias as pessoas compartilharem um estilo de vida um tanto diferenciado que compunha uma espécie de "microcultura" distinta da da sociedade maior.[19] Por exemplo, seus membros usavam um jargão que não participava da língua geral; compartilhavam atitudes, valores, crenças e habilidades diferentes, relacionados com sua posição e suas atividades na estrutura social. Ademais, cada categoria se defrontava com um conjunto de certa forma ímpar de problemas não idênticos aos da sociedade em geral.

Um exemplo das crenças e técnicas subculturais para lidar com problemas ímpares seria o dos operários industriais no começo do século. Criaram crenças negativas firmes acerca da gerência e formaram sindicatos como um meio para fazer face à sua carência de poder, *status* limitado e baixa renda. Sua subcultura incluía orientações compartilhadas face ao trabalho, cada um dos outros, os empregadores, os sindicatos, a legitimidade da greve, e um rol de crenças a isso vinculadas. Foi uma estratégia relativamente bem-sucedida, e dentro de pouco tempo muitos dos seus primitivos problemas haviam sido melhorados.

Logo ficou evidente que virtualmente todas as demais categorias significativas de pessoas da sociedade possuíam um modelo característico de habilidades, crenças, preocupações, linguagem e valores. Algumas tinham sucesso em conseguir mudanças; outras não. De qualquer forma, as microculturas diferentes da cultura geral ou principal existiam em virtualmente cada canto da sociedade. Geralmente tais subculturas eram, e permanecem sendo, produtos da diferenciação social, e desempenham papel expressivo na formação de tipos de comportamento dotados por membros de cada categoria.

Não foi difícil aplicar tal generalização ao comportamento vinculado às comunicações de massa. Quase sem se dar conta, investigadores estudando a influência da mídia de massa nas pessoas começaram a fazê-lo em um quadro de diferenciação social. Mesmo antes da Segunda Guerra Mundial, comparações do comportamento de diferentes tipos de pessoas diante dos veículos de comunicação revelaram que integrantes da audiência, dentro de categorias sociais nítidas, tinham probabilidade de escolher conteúdo diferente da mídia, interpretar a mesma mensagem de maneiras diferentes das de outras categorias, recordar as mensagens seletivamente, e agir bastante diversamente em consequência da exposição às mensagens.

A Perspectiva dos Usos e Gratificações

Durante a década de 1940, a percepção das consequências das diferenças individuais e da diferenciação social, quanto a comportamento relacionado com as comunicações de massa, conduziu a uma nova perspectiva sobre a relação entre audiência e mídia. Foi uma mudança de uma visão da audiência como *passiva* para a percepção de seus membros serem *ativos* na escolha de conteúdo e mensagens preferidos da mídia. Teorias anteriores (p. ex., a formulação da bala mágica) consideravam a audiência como relativamente inerte, aguardando passivamente a mídia transmitir informações que eram então percebidas, recordadas, e (presumivelmente) utilizadas mais ou menos uniformemente. Uma vez esclarecido o papel poderoso das variáveis cognitivas e subculturas, não mais foi possível conceituar audiências dessa maneira.

A busca de tipos de necessidades atendidas e das gratificações proporcionadas pelo conteúdo na mídia começou cedo. Durante os anos 30, foram levados a cabo numerosos estudos dentro desta perspectiva sobre leitura de livros, novelas do rádio, o jornal diário, música popular e o cinema, a fim de sondar por que as pessoas prestavam atenção aos produtos da mídia e quais as retribuições proporcionadas por isso. Substancial acervo de conclusões sobre necessidades e gratificações estava disponível na época da Segunda Guerra Mundial.[20] Hoje, o estudo das razões pelas quais as pessoas dizem prestar atenção à mídia, e das compensações que acham ser proporcionadas por tal atenção, é uma estratégia consagrada, se bem que um tanto controvertida, para entender o papel ativo dos membros da audiência.[21]

Alguns críticos acham que a abordagem dos usos e gratificações é uma teoria menos independente por conta própria ao invés de ser mais exatamente uma redefinição, um tanto limitada, de certos aspectos das teorias de influência seletiva. Assinalam o fato de sua proposição principal ser que as necessidades e compensações individuais obtidas influenciam os padrões de atenção das pessoas para o conteúdo da mídia e quais os usos que dão às informações assim obtidas. Isto é simplesmente uma versão da teoria das diferenças individuais baseada em considerações sobre a estrutura cognitiva.

Outra limitação é que, até agora, a pesquisa utilizando a perspectiva dos usos e gratificações produziu pouco mais do que listas de "razões" (vários tipos de "necessidades" auto identificadas) que as pessoas alegam empregar ao selecionar e atentar para diferentes categorias de conteúdo da mídia (p. ex., noticiários, livros, peças na televisão etc.) ou listas de "satisfações" (p. ex., "gratificações" auto identificadas) que as pessoas dizem obter ao atentarem para a mídia. A perspectiva não proporciona grande coisa em matéria de explicação sistemática além dessa. Se tais fatores auto identificados são as reais razões e satisfações por detrás da atenção dispensada à mídia, permanece em aberto. Assim, conquanto esta formulação e sua concomitante estratégia de pesquisa possam no futuro conduzir a uma abordagem mais sistemática, a perspectiva das necessidades e gratificações por enquanto permanece limitada e assistemática.

A "Demografia" como Base para a Segmentação do Mercado

O acúmulo de conhecimentos a respeito das características distintivas, e dos comportamentos correlatos das pessoas dentro de categorias sociais específicas, forneceu uma segunda base na qual o princípio de segmentação do mercado foi criado no âmbito do comércio, governo e indústria. Estes conhecimentos indicaram a necessidade de se utilizar o método de levantamento para estudar os conjuntos de predisposições, preferências e outros aspectos do comportamento do consumidor ou eleitor no que estes diferissem dentre diversos tipos de pessoas. Por exemplo, em breve tornou-se lugar-comum haver diferenças significativas entre os hábitos de compra e comportamento de consumo de pessoas de diferentes faixas de renda, idades, níveis de educação, antecedentes étnicos, e assim sucessivamente. Com efeito, a utilização de técnicas de levantamento para estudar a demografia dos mercados agora virou rotina.

A Conexão entre Pesquisa Básica e Aplicada

Tais aperfeiçoamentos em psicologia, sociologia e nas disciplinas nascentes da comunicação de massa têm importante aplicação, que deve ser assinalada. Notamos como os conceitos de diferenças individuais e diferenciação social, gerados no laboratório experimental e em estudos de pesquisa para levantamentos, proporcionaram uma base para teorias de influência seletiva referente aos efeitos da comunicação de massa sobre audiências. Notamos, igualmente, como essas ideias foram apanhadas e utilizadas no mundo prático das atividades relacionadas com a mídia para melhor compreensão da segmentação e de pesquisa do mercado.

O que tais aperfeiçoamentos confirmam é existir um *vínculo de dependência* entre a ciência social acadêmica e as preocupações do negócio da comunicação no desenvolvimento de novos conhecimentos fundamentais, explicações e metodologias de pesquisa atinentes ao comportamento humano. Semelhante ligação de dependência é bastante reconhecida pela indústria com relação a teorias produzidas pelas ciências físicas e biológicas, porque a compreensão básica gerada em numerosas disciplinas possibilitaram-lhe criar muitos produtos de consumo. Mas nas ciências sociais em geral, e na comunicação especificamente, esta dependência só é reconhecida relutantemente, se é que chega a ser reconhecida.

Os que se acham em atividades motivadas pelo lucro têm se mostrado manifestamente impacientes com a pesquisa sobre comportamento social, sob o pretexto de amiúde parecer pouco prática. Eles não conseguem entender, pouco ligam, ou resolvem ignorar, o fato de que a máxima responsabilidade de toda disciplina científica é realizar *pesquisa básica* visando o desenvolvimento de explicações de causa e efeito — isto é, teoria. Para muitos, tal busca de conhecimento por amor a ele mesmo parece exótica, efêmera ou sem sentido. Às vezes, grande parte o é. Contudo, os que rejeitam *toda* esta pesquisa como despropositada, frequentemente estão obtendo grandes lucros ao utilizar explicações teóricas e metodologias de pesquisa originariamente criadas pelas próprias disciplinas que eles criticam. Esse hiato de compreensão fica especialmente claro no caso dos pesquisadores acadêmicos de comunicação e das indústrias da mídia de massa.

Influências Seletivas no Processo da Comunicação de Massa

Houve, é claro, muito mais assuntos para o estudo da mídia do que os efeitos do conteúdo em audiências e dos fatores que levaram estas a ser seletivas na escolha dos veículos. Ficara claro, aí por volta de 1940, que entre os fatores que tinham de ser estudados se achavam as características do *comunicador,* o *conteúdo* das próprias mensagens, e os *canais* pelos quais as pessoas recebiam informação. Em 1948, Harold D. Lasswell resumiu estes fatores em seu famoso ditado quando enunciou:

> Uma forma conveniente de descrever um ato de comunicação
> é responder às seguintes perguntas:
>
> Quem
> Diz o Que
> Em Que Veículo
> A Quem
> Com Que Efeito?[22]

Claro, a teoria das diferenças individuais e a da diferenciação social dizem respeito especificamente ao fator "a quem" no cômodo resumo de Lasswell. Nesta acepção, não são teorias de alcance geral ou que a tudo abrangem no processo da comunicação de massa como um todo. Não obstante, acrescentam elementos críticos à nossa compreensão de como a pesquisa sobre comunicação de massa pode prosseguir — isto é, quais fatores têm de ser levados em conta. E isto, afinal de contas, é uma das mais importantes funções da teoria. Assim, o desenvolvimento das teorias das diferenças individuais e da diferenciação social deram aos pesquisadores, tanto no mundo acadêmico quanto nas atividades vinculadas à mídia, diretrizes claras sobre pelo menos *alguns* dos fatores que tinham de ser levados em conta para desenvolver teorias básicas mais abrangentes, ou ao planejar estratégias eficazes para utilização prática das comunicações de massa visando manipular o comportamento das audiências.

As duas formulações já revistas, contudo, não fornecem um quadro completo da base do comportamento seletivo entre as audiências dos veículos de massa. Cada teoria tornou-se e continua importante por direito próprio, mas uma terceira consideração veio à luz quase como uma reflexão retardada. Esse terceiro fator foram os relacionamentos sociais entre membros da audiência. A descoberta de que laços das pessoas com família, amigos, colegas de trabalho e outros poderiam exercer forte influência no comportamento ligado à comunicação de massa, conduziu à formulação de uma terceira teoria de influência seletiva.

A TEORIA DOS RELACIONAMENTOS SOCIAIS

Como muitas outras descobertas expressivas da ciência, o papel dos relacionamentos de grupo no processo da comunicação de massa parece ter sido descoberto quase por acidente. Como também outras muitas ideias importantes, parece ter sido encontrado independentemente, aproximadamente ao mesmo tempo, por mais de um pesquisador. Do ponto de vista da pesquisa de comunicação de massa sobre como as pessoas enfrentam e reagem à mídia, sobressai um estudo como sendo o contexto em que se constatou a importância dos laços de grupo, como um complexo de variáveis intervenientes entre a mídia e influência da audiência. No começo de 1940, antes de a televisão estar acessível como veículo de massa, Lazarsfeld, Berelson e Gaudet conceberam um complicado projeto de pesquisa a fim de estudar o impacto nos eleitores da campanha das eleições presidenciais daquele ano divulgada em massa. A princípio, estavam interessados em como os membros de dadas categorias sociais escolheram o material da mídia relacionado com a eleição e como tal conteúdo desempenhou um papel influenciando as intenções de voto dos eleitores.[23]

O estudo ocorreu no município de Erie, no estado de Ohio, uma área razoavelmente típica do centro do território norte-americano, que havia décadas votara acompanhando o voto do resto da nação. O conteúdo da mídia em estudo eram os discursos de campanha e outras mensagens políticas apresentadas em jornais, revistas e no rádio durante a competição entre Wendell Willkie (o candidato republicano) e o Presidente Franklin D. Roosevelt (o candidato democrata). As pessoas eram diversas amostras representativas dos moradores do município.

Uma concepção imaginativa da composição do grupo foi empregada no estudo, pela primeira vez em um levantamento em grande escala. Uma amostra principal de 600 pessoas foi entrevistada com intervalos mensais entre junho e novembro. Amostras adicionais, de 600 cada uma, foram entrevistadas durante vários dos meses intermediários. Os resultados das amostras recentes foram comparados com os dos que estavam sendo entrevistados reiteradamente, a fim de ver se eram introduzidas diferenças por causa da repetição da entrevista do principal grupo. Não se constatou terem ocorrido tais diferenças.

Alguns dos efeitos estudados foram *participação na campanha*, buscando informações acerca dos candidatos e dos pontos controversos; *formular decisões de voto* como resultado de ter sido exposto à campanha; e comparecer mesmo para *votar.* Como ocorreu, outros tipos de efeitos foram descobertos: alguns respondentes foram *ativados* pela campanha da mídia. Isto é, eles tinham ''predisposições latentes'' para votar em uma dada direção (devido a pertencerem a determinada categoria social) e as mensagens da campanha cristalizaram essas predisposições a ponto de se tornarem manifestas. Outros tinham estado bem decididos no começo da campanha, e as decisões de voto foram *reforçadas* por uma continuada seleção partidária do conteúdo adicional da mídia. Intenções iniciais de voto foram invertidas pelas mensagens da comunicação de massa em apenas pequena proporção dos casos. Assim, a *conversão* não foi um efeito generalizado.

A teoria da diferenciação social explicou muitos dos resultados bastante bem. A influência de várias categorias sociais nas intenções de voto e no comportamento da mídia foi acentuada em muitos casos. Idade, afiliação partidária, sexo, residência rural ou urbana, *status* econômico e educação foram variáveis decisivas. Essas afiliações de categoria social determinaram ''interesse'' e conduziram a decisões iniciais ou ulteriores. Atuando em conjunto, esse complexo de variáveis influenciou não só o grau e a direção da exposição das pessoas ao material da campanha divulgado em massa, mas também as espécies de influências que tal conteúdo teria nelas.

Foi dispensada escassa atenção no estudo a um possível papel de relacionamentos sociais informais, tais como seriam subentendidos pelo conceito de *grupo primário* (pequenos números de pessoas que possuem laços íntimos e afetivos, como parentes e amigos mais chegados). Afinal de contas, na época acreditava-se firmemente que esse tipo de relacionamento social estava em declínio na emergente sociedade urbana-industrial. Elihu Katz expôs esta posição convincentemente nos seguintes termos:

> Até bem recentemente, a imagem da sociedade nas mentes da maioria dos estudiosos da comunicação era de indivíduos atomizados, vinculados à mídia de massa mas não entre si. A sociedade — a "audiência" — era concebida como agregados de idade, sexo, classe social, e coisas assim, mas pouco se pensava nos relacionamentos subentendidos mais ou menos como relacionamentos informais. O que importa não é que o estudioso da comunicação de massa estivesse na ignorância do fato de os membros da audiência terem família e amigos, mas sim que ele não acreditava que pudessem afetar o resultado de uma campanha; relações impessoais, por conseguinte, eram consideradas irrelevantes para as instituições da sociedade moderna.[24]

Mas quando os entrevistadores conversaram com a gente do município de Erie, colheram respostas, de certa forma antecipada, para uma de suas principais linhas de questionamento:

> Sempre que os respondentes eram solicitados a informar acerca de suas recentes exposições a comunicações de toda sorte da campanha, as *discussões políticas* (grifo nosso) foram mais frequentemente mencionadas do que a exposição ao rádio ou à palavra impressa.[25]

Com efeito, durante a campanha eleitoral, num dia comum, cerca de 10% a mais de pessoas empenharam-se em alguma espécie de troca informal de ideias com *outras pessoas* do que foram expostas a materiais da campanha diretamente vindos da mídia. Aproximadamente no meio do projeto, os pesquisadores reformularam a estratégia das entrevistas. Começaram a sondar mais sistematicamente esses contatos informais como uma fonte de "influência pessoal". Queriam entender que parte a comunicação de pessoa-a-pessoa desempenha para modificar as influências da comunicação de massa.

O Fluxo em Dois Tempos de Comunicação e Influência

O resultado final do descobrimento acidental do papel dos relacionamentos sociais informais no ambiente do município de Erie foi a formulação de uma nova perspectiva do processo da comunicação de massa. Após terminada a pesquisa, pareceu evidente que relacionamentos sociais informais haviam desempenhado um papel para modificar a maneira pela qual os indivíduos escolheram o conteúdo da campanha da mídia e foram influenciados por tal conteúdo. Parentes, amigos e outros trouxeram ideias da mídia à atenção de votantes que pessoalmente não haviam sido expostos diretamente. Assim, houve um fluxo de ideias e influências indireto, porém importante, da mídia para os que *haviam sido* diretamente expostos a ela, e deles para outras pessoas que não haviam lido ou escutado as mensagens originais.

Assim, a pesquisa apresentou um movimento de informação através de duas etapas básicas: primeiro, da mídia para indivíduos relativamente bem informados que frequentemente recebiam comunicações de massa; segundo, daquelas pessoas através de canais interpessoais para indivíduos menos expostos diretamente à mídia e que dependeram de outros para sua própria informação. Este processo de comunicação foi denominado "fluxo de comunicação em dois tempos".[26]

Aqueles indivíduos que estavam em maior contato com a mídia foram denominados "líderes de opinião", por ser descoberto em breve não serem meros transmissores neutros da informação: desempenhavam um importante papel ao prover *interpretações* da campanha que ajudavam a moldar as intenções de voto daqueles a quem passavam informações. Essa forma de "influência pessoal" tornou-se imediatamente reconhecida como importante processo interveniente, que funcionara entre a mensagem comunicada à massa e as respostas dadas a esta.

Esta conclusão desencadeou intenso esforço para investigar a natureza dos líderes de opinião e o processo da influência pessoal. Vasta literatura acumulou-se indicando que os relacionamentos sociais informais eram, de fato, importantes fatores intermediários que influíam na maneira pela qual as pessoas escolhiam o conteúdo da mídia, interpretavam-no e em consequência agiam. Destarte, a teoria dos *relacionamentos sociais* foi acrescida a um cada vez melhor entendimento da base da seletividade desempenhada pelas audiências ao reagirem às comunicações de massa.

A Adoção de Inovações

Foi mencionado anteriormente que o papel dos relacionamentos sociais informais no processo das comunicações de massa foi descoberto, separadamente, por mais de uma equipe de pesquisa, mais ou menos ao mesmo tempo. Enquanto se achava em marcha o estudo do município de Erie, estudantes de sociologia rural investigavam como os fazendeiros adotavam novas técnicas e produtos para tornarem mais produtivas suas propriedades. Ao contrário dos estudantes de comunicação de massa, eles de há muito haviam reconhecido que relacionamentos sociais informais desempenhavam papel relevante na tomada de decisões. Em particular, achavam que a influência de um agricultor junto a outro seria fator importante em decisões para adotar determinada inovação agrícola. Na sociedade rural, a família conservava laços sólidos com os vizinhos. Quando novas ideias chegavam de fora, as interpretações dadas por vizinhos poderiam ser de importância decisiva para determinar a probabilidade de adoção.

A aceitação de nova tecnologia agrícola pode afigurar-se como um tópico muito diferente da influência em uma campanha eleitoral com comunicação de massa. No entanto, em termos conceituais, as duas têm muitos traços em comum. Novas ideias são apresentadas aos fazendeiros inicialmente através de algum meio de comunicação, talvez um programa de rádio orientado para a audiência agrícola, um panfleto distribuído por um órgão municipal, um boletim dum posto experimental agrícola, ou até um opúsculo publicitário de uma companhia especializada em produtos agrícolas. A questão é saber se o fazendeiro individualmente reagirá a essas comunicações das formas esperadas pelo comunicador, isto é, adotando o artigo recomendado. Nesta acepção, o processo é como persuasão em outros setores. Um fazendeiro adotando um novo tipo de pulverização contra ervas daninhas não é diferente de uma dona de casa mudando para um novo detergente, ou cereal para desjejum, em consequência de propaganda. Ambos podem adotar a novidade ou resistir, e as causas para fazê-lo podem ser bastante parecidas.

A pesquisa empírica em breve consagrou que a adoção da novidade era em geral um processo social semelhante ao ocorrido durante campanhas eleitorais. Estudos intensivos foram levados a cabo a fim de identificar líderes da opinião e a natureza de sua influência pessoal em uma diversidade de cenários ocupacionais e comunitários. Constatou-se existir um fluxo de duas etapas de informação e influência, em quase toda situação onde as pessoas têm de tomar decisões acerca de compras, candidatos, causas ou outras questões, e onde careçam de informação de primeira mão. Elas se viram para outras, em cujas opiniões confiam, para receber conselhos que em última análise influenciam suas decisões e ações.

De maneira geral, constatou-se que os líderes de opinião que são influentes no processo de adoção parecem-se muito com aqueles a quem influenciam. Tendem a conformar-se mais cerradamente com as normas de seus grupos, e tendem a ser encarados como particularmente bem informados acerca de determinada área, mas não forçosamente de outras.[27] A liderança de opinião não é obrigatoriamente exercida por pessoas mais elevadas na hierarquia do que as que são influenciadas. A influência parece ocorrer entre pessoas de posição algo semelhante, embora nem sempre isto seja verdade.

No estudo definitivo sobre o tema, Katz e Lazarsfeld constataram que a "posição no ciclo vital" era uma variável crítica determinante de quem influenciaria a quem e em que área. Por exemplo, jovens trabalhadoras, em contato mais próximo graças às fontes da mídia com o mundo da moda, estilos de penteado e cosméticos, eram procuradas como líderes por donas de casa em tempo integral menos "por dentro" em tais assuntos. Mulheres casadas com famílias grandes, pelo contrário, eram buscadas para aconselhar sobre produtos domésticos, mercadologia, pechinchas do supermercado, e assim sucessivamente. Por conseguinte, considerações referentes a categorias sociais como idade, estado conjugal, tamanho da família e emprego predispuseram alguns a monitorar os veículos de massa seletivamente de modo a tomar conhecimento de tópicos específicos e, como consequência, pareceram boas fontes para aconselhamento acerca destes problemas para os que careciam de tal exposição à mídia.

Globalmente, pois, os modelos de relacionamentos sociais das pessoas mostraram-se fator significativo que influenciava como a informação provinda da mídia as atingia e o que elas faziam em decorrência. Algumas eram expostas diretamente e escolhiam informações coerentes com sua constituição psicológica. Outras assistiam, ouviam ou liam os veículos e eram influenciadas por estes de maneiras típicas de outras pessoas de suas respectivas categorias sociais. Outras, ainda, recebiam suas informações filtradas através das interpretações de outros e eram, por conseguinte, influenciadas tanto por seus líderes de opinião quanto pela informação da própria mídia. Ao todo, as três teorias de influência seletiva apresentaram um quadro bem diferente do exposto por suposições anteriores a respeito da natureza das comunicações de massa e de suas influências sobre as pessoas.

O SIGNIFICADO CONTEMPORÂNEO DAS TEORIAS DE INFLUÊNCIA SELETIVA

A mudança da teoria da bala mágica para as perspectivas de teorias de influência seletiva foi de uma conceituação relativamente simples para outra bastante complexa. De repente, todos os fatores — tanto psicológicos quanto sociológicos — que distinguiam as pessoas uma das outras viraram variáveis potencialmente intervenientes. Elas agiam entre o *estímulo* (E) de um lado — o conteúdo apresentado pela mídia de massa — e a *resposta* (R) — mudanças de sentimento, pensamento ou ação ocorridas entre membros da audiência que foram expostos àquele conteúdo. Em lugar da situação simples E-R da formulação da bala mágica, sem fatores agindo entre a mídia e a massa, agora havia novos diversos conjuntos de variáveis *intervenientes* modificando o relacionamento (ver Figura 7.1).

À medida que estas formulações começaram a ser empregadas como orientadores na conduta da pesquisa, ficou claro que cada conjunto de fatores contribuía de certa forma para a seletividade com que as audiências prestavam atenção à mídia, interpretavam aquilo a que eram expostas, lembravam do conteúdo, e por conseguinte eram influenciadas em suas ações. Por outras palavras, eram conjuntos diferentes de variáveis caracterizando audiências, mas suas influências eram de certo modo análogas no processo da comunicação de massa. Esta ideia pode ser melhor entendida se encararmos quatro princípios básicos que governam as ações das audiências influenciadas pelos três conjuntos de variáveis intervenientes. Tais princípios dizem respeito a atenção seletiva, percepção, lembrança e ação, e se encontram no âmago das teorias de influência seletiva.

1. *O princípio de atenção seletiva.* Primeiramente, diferenças individuais da estrutura cognitiva resultam em diversos modelos de atenção ao conteúdo da mídia. Nossas sociedades "de mídia" estão a tal ponto saturadas com mensagens concorrentes que as pessoas não podem simplesmente atentar para tudo que lhes é dirigido. Mesmo que tentassem, sofreriam quase instantaneamente uma sobrecarga. Para evitar isso, as pessoas criam "filtros mentais" que vasculham colossais doses de informação. Sua atenção é confinada a apenas um limitado segmento do que está disponível diariamente. Assim como muitos atiram fora correspondência sem sequer a abrir, retendo apenas as cartas pessoais, as pessoas deixam de lado conteúdo da mídia em que têm escasso ou nenhum interesse e atentam para aquilo de que gostam. Por exemplo, os motivados

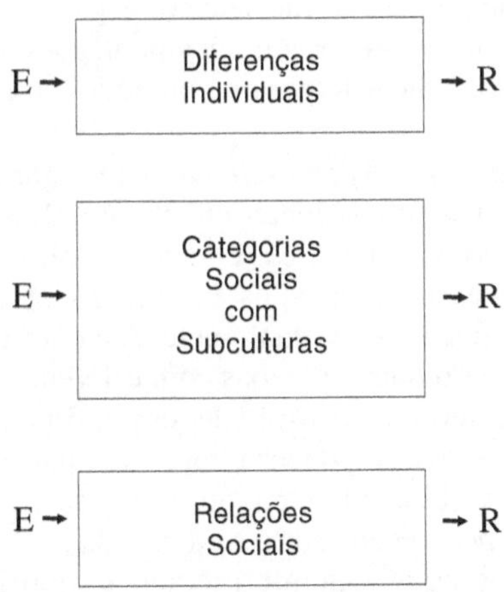

Figura 7.1. Teorias de influência seletiva.

para se manterem a par dos fatos correntes prestam mais atenção ao noticiário do que os que têm menos interesse ou menor compreensão. Analogamente, aqueles com preocupação séria com a saúde prestam mais atenção às notícias sobre temas médicos do que os mais indiferentes.

Analogamente, o pertencer a categorias sociais influi na atenção. Por exemplo, noticiários religiosos apresentam escasso interesse para audiências seculares mas são entusiasticamente recebidos pelos devotos. Os de educação e renda limitadas podem acompanhar animadamente luta livre na televisão, enquanto os com mais escolarização e dinheiro com frequência evitam tais programas. Semelhantemente os rurais, os urbanos, homens, mulheres e os de outras categorias sociais com subculturas marcantes, revelam diferenças claramente definidas na atenção dispensada às diferentes modalidades de conteúdo da mídia.

Em terceiro lugar, pessoas com vínculos sociais arraigados provavelmente prestarão mais atenção a questões e tópicos que sabem ser de interesse para seus amigos ou familiares do que a temas não relacionados com eles. Outrossim, modelos de amizade podem ser influências poderosas para dirigir ou até redirigir a leitura, ao que assistem ou o que ouvem das pessoas. Relações sociais podem até fazer voltar a atenção para veículos de que o indivíduo não gosta! Muita esposa tem aguentado pacientemente noitadas de futebol só para agradar o marido, e muito homem tem assistido a episódios de novelas para resguardar a paz no lar.

Assim, o princípio de atenção seletiva é que a estrutura cognitiva, o pertencer a determinada categoria e ter vinculações sociais expressivas, ocasionam modelos de atenção para o conteúdo da mídia atinente a tais fatores.

2. *O princípio da percepção seletiva.* Um segundo princípio fundamental funciona de maneira bastante semelhante. Devido a diferenças em fatores cognitivos como interesses, crenças, conhecimentos anteriores, atitudes, necessidades e valores, os indivíduos perceberão — isto é, atribuirão um significado — virtualmente qualquer estímulo complexo diferente do que o farão outras pessoas com diferentes estruturas cognitivas. Por exemplo, determinado artigo de jornal, filme, programa de rádio ou apresentação na televisão pode ser apreciado por um certo número de indivíduos e cada um sairá com uma interpretação algo diversa daquilo a que foi exposto. A percepção refere-se à atividade psicológica por meio da qual os indivíduos organizam interpretações significativas de estímulos sensórios recebidos do ambiente. Variações da estrutura cognitiva levam indivíduos a reunir diferentes padrões de significado e interpretação para qualquer dado modelo de estímulos como uma apresentação pela mídia.

Analogamente, membros de categorias sociais específicas que apoiam subculturas atribuirão padrões diferentes de significado a determinado conteúdo da mídia. Negros por exemplo, muitas vezes interpretam notícias acerca de pena capital, andar de ônibus, reprovações na escola e outros problemas sociais, como tendo um impacto sobre pessoas de cor diferente das interpretações dadas pelos brancos. Veteranos da Segunda Guerra Mundial leem diferentes sentidos nas mensagens da mídia sobre japoneses e alemães do que jovens que não participaram daquele conflito.

A percepção seletiva e a atribuição de significados também são influenciadas pelos relacionamentos sociais. Pais com filhos pequenos podem interpretar um programa de televisão particularmente violento ou com sexo explícito de maneira diferente da de pessoas sem filhos pequenos. Pessoas apaixonadas podem ler significados profundamente compartilhados em canções ou cenas de filmes que deixem outros bocejando.

Assim, o princípio de percepção seletiva é que pessoas de diferenciadas características psicológicas, orientações subculturais e afiliação a determinados setores da rede social interpretarão o mesmo conteúdo da mídia de formas bastante diferentes. A percepção seletiva tem sido associada a estes conjuntos de variáveis em literalmente milhares de estudos levados a cabo por cientistas sociais, e é um dos mais expressivos fatores para se entender as teorias de influência seletiva.

3. *O princípio da recordação seletiva.* Situação paralela existe com o lembrar-se. Alguns tipos de conteúdo, para alguns tipos de pessoas, serão lembrados por longo tempo. Para outras, com diferentes estruturas cognitivas, vinculações associativas e ligações sociais, o mesmo material pode ser esquecido prontamente. Assim, o princípio de recordação seletiva corresponde aos de atenção e percepção. Esse princípio também foi consagrado profundamente pela pesquisa durante décadas.

4. *O princípio da ação seletiva.* Finalmente, nem todos agirão da mesma forma por terem sido expostos a determinada mensagem da mídia. A ação é o elo final da corrente. Antes de ela poder ocorrer, um membro de uma audiência tem de comparecer à apresentação da mídia, perceber seu significado, e lembrar de seu conteúdo. Todas essas respostas dependerão das influências intervenientes de variáveis cognitivas, categorias e suas subculturas, e de vínculos sociais com outras pessoas.

O resumo acima revela que as teorias de influência seletiva podem ser resumidas de duas formas. A primeira é em função da natureza das condições que se colocam entre o conteúdo da mídia e as respostas dadas pelas pessoas. A segunda é em termos dos quatro princípios de seletividade que levam indivíduos a frequentar, interpretar, recordar e agir conforme as mensagens da mídia, de maneiras diferentes. Correndo o risco de excesso de simplificação, podemos combinar estas ideias e resumir as propostas básicas das teorias de influência seletiva nos termos das seguintes propostas:

1. Variações das estruturas cognitivas de indivíduos decorrem das experiências de aprendizagem nos ambientes social e cultural.
2. Categorias sociais em sociedades complexas fomentam subculturas nítidas ao seus membros inventarem e compartilharem crenças, atitudes e modelos de ação que atendam a suas próprias necessidades e ajudem a enfrentar seus problemas específicos.
3. As pessoas em sociedades urbano-industriais retêm vínculos sociais expressivos com a família, amigos, vizinhos, colegas de trabalho, e assim por diante.
4. Diferenças individuais em estruturas cognitivas, subculturas de categorias e relacionamentos sociais entre membros de audiências conduzem-nos a padrões seletivos de atenção, percepção, recordação e ação, relativamente a formas específicas de conteúdo da mídia.

Dada a complexidade do quadro de influências da mídia apresentado pelas teorias de influência seletiva, não é de admirar que prever as respostas das audiências a várias formas de conteúdo da mídia veio a ser encarado como tarefa bastante árdua e até desencorajadora. Também não é de espantar que uma chave eficaz para saber como persuadir as pessoas a adotar determinadas modalidades de comportamento, graças a apelos apresentados pela mídia, sempre escapou aos investigadores pioneiros, e deveras continua de muitas maneiras a fazê-lo ainda hoje.

Contudo, malgrado sua complexidade, as teorias de influência seletiva ainda fornecem orientações bem seguras sobre tipos de fatores a serem pesquisados a fundo, antes de sermos capazes de entender e prever efeitos da comunicação de massa nas audiências. São relevantes para estudar as influências atuais, da mídia como o foram nas décadas em que estavam sendo criadas. É verdade que elas colocam uma extensa lista de variáveis intervindo entre mídia e massa. Felizmente, centenas de experiências e levantamentos sondaram essas variáveis no passado, e pelo menos algumas das influências são compreendidas. Espera-se que pesquisadores continuem a seguir esta estratégia teórica de modo a essas teorias poderem ser formalizadas com mais eficácia.

CAPÍTULO 8

Socialização e teorias de influência indireta

Um aspecto relevante das teorias de influência seletiva examinadas no capítulo anterior é elas serem focalizadas no *aqui* e *agora*. Quer dizer, tentam explicar o que ocorre com indivíduos, mais ou menos num contexto imediato, quando os veículos de massa apresentam tipos específicos de conteúdo para audiências com determinadas características. Não se destinam a explicar influências a longo prazo sobre indivíduos ou a lidar com efeitos indiretos da comunicação de massa sobre a sociedade ou a cultura.

Há razões para desconfiar que o verdadeiro significado das comunicações de massa na sociedade reside não em seus efeitos imediatos sobre audiências específicas, mas nas influências indiretas, sutis e a longo prazo que têm sobre a cultura humana e a organização da vida social. Devido ao desdobramento dos fatos da história, como guerras, depressões e o progresso da tecnologia, a sociedade e a cultura se acham em constante processo de mudança. Isso se reflete, às vezes sendo influenciado, nas mudanças das crenças e comportamento de seus membros individualmente. No plano social e cultural, o estabelecimento de novas regras para a interação social, ou a modificação das antigas, traz novas orientações para o comportamento.

É improvável que as formulações teóricas que descrevemos no capítulo anterior venham a ser de muito valor para estabelecer sutis compreensões das influências a longo prazo das comunicações de massa. Observamos que tais teorias concentram-se em resultados imediatos, e foram criadas com o emprego de metodologias emprestadas da ciência física — epistemologias que adotam sistemas causativos de variáveis dependentes e independentes. Esse arcabouço é bastante adequado ao estudo das conexões imediatas e diretas entre causas e efeitos, porém é, evidentemente, uma perspectiva a curto prazo. Lamentavelmente, temos ainda de criar processos igualmente aperfeiçoados para a identificação, avaliação e interpretação das consequências a longo prazo e indiretas de se participar de diferentes sistemas de comunicação humana, tais como existem em sociedades de tradição oral em contraste com as de mídia.

Antes de olharmos para algumas das consequências em potencial da exposição a longo prazo às comunicações de massa, será útil entender, com certo pormenor, *por que* as metodologias de pesquisa presentemente em uso no estudo dos efeitos da mídia de massa se tornaram tão solidamente entrincheiradas. Esta compreensão fornecerá uma base da qual poderemos tentar olhar para a frente. Pode ser entendido desde logo ser muito difícil imaginar as espécies de metodologias necessárias ao estudo futuro de influências a longo prazo, indiretas e sutis, das comunicações através da mídia. Na melhor das hipóteses, uma recapitulação dessas pode dizer-nos que espécie de projetos e metodologias de pesquisa *não* serão especialmente úteis com o avanço da teoria e da pesquisa daqui para a frente.

PERSPECTIVAS A CURTO PRAZO FACE ÀS DE LONGO PRAZO

Há duas principais razões pelas quais as teorias de influência seletiva ficaram atadas a um curto prazo, em vez de a uma visão de longo prazo. Uma foi terem se originado do paradigma básico cognitivo da psicologia, que pouco se preocupa com as mudanças das atividades sociais humanas durante um período de tempo prolongado. A outra foi terem sido descobertas por meio de emprego de estratégias metodológicas idealmente adequadas a descobrir influências imediatas de variáveis independentes sobre fatores dependentes num determinado ponto do tempo, em vez de um prolongado acúmulo de fatos retardados.

As Restrições do Paradigma

Examinamos no Capítulo 7 as origens da teoria das diferenças individuais de influências seletivas da mídia de massa em suas audiências. Basicamente, ela derivou do paradigma cognitivo básico que evoluiu dentro da psicologia. Tal paradigma propriamente dito é uma variante da visão fundamental E-R do comportamento humano, que é a base conceitual tanto da psicologia histórica quanto da contemporânea. A missão central da psicologia há mais de um século tem sido compreender por que indivíduos que recebem estímulos de seu meio físico ou social reagem, comportam-se ou ajustam-se segundo maneiras padronizadas.

Quando a psicologia trocou suas interpretações teóricas no decurso de décadas, imaginou-se funcionarem várias espécies de influências entre o lado do estímulo e o da resposta da expressão E-R. No decorrer da história da psicologia supôs-se que três conjuntos bem diversos de fatores intervinham entre a percepção dos estímulos pelos sentidos e a escolha individual das respostas apropriadas. O primeiro conjunto foi uma estrutura de faculdades mentais na consciência do indivíduo. Isto cedeu lugar a um extenso rol de instintos herdados que se presumiu serem mais ou menos análogos para todos os indivíduos. Mais recentemente, esse conjunto de fatores foi substituído por organizações de fatores cognitivos aprendidos. Isto é, intervindo entre E e R há um conjunto de atributos do "organismo" individual que influencia a maneira pela qual ele se ajusta aos estímulos percebidos. Assim, a psicologia chegou a assumir uma estrutura E-O-R, com o O representando características do organismo suscetíveis de serem empregadas para explicar diferentes tipos de respostas a determinadas categorias de estímulos.

Vimos que as teorias de influência seletiva são variações desta forma conceitual. Elas postulam que as características cognitivas, subculturais e sociais dos indivíduos são, todas elas, conjuntos um pouco diferentes de fatores-O que operam como influências intervenientes. Elas são consideradas como forjando padrões diferentes de atenção, percepção, recordação e ação ostensivas de indivíduos reagindo às comunicações de massa. A maioria dos primitivos estudos da mídia tentaram utilizar tais atributos individuais para explicar as respostas imediatas das pessoas que eram estimuladas por um determinado filme, mensagem impressa ou programa de rádio.

As Restrições do Método

Uma segunda razão pela qual as teorias de influência seletiva preocupam-se sobretudo com influências a curto prazo é terem sido desenvolvidas com o emprego de métodos adequados ao estudo dos efeitos diretos e imediatos antes do que a relacionamentos a longo prazo e indiretos entre variáveis. Especificamente, a *experiência* desde o começo tem sido a estratégia metodológica escolhida pela psicologia, e o *levantamento de amostras* serviu na mesma condição à sociologia.

A preferência pela experiência em psicologia provém dos primeiros dias da disciplina. As ciências já estabelecidas encaravam a psicologia com grande desconfiança, porque seu assunto eram fenômenos "mentais", tais como "pensamentos", "emoções" e "lembranças". Na época, tais tópicos pareceram esotéricos e efêmeros. Não eram definidos como objetos legítimos de estudo por cientistas sérios. Com efeito, alegar serem eles suscetíveis de análise científica foi encarado em certos círculos como perigosamente próximo da charlatanice, não muito diverso de lidar com fantasmas, espíritos e magia, a mistificação de charlatães e curandeiros.

Determinados a superar esse estigma, os psicólogos fizeram duas coisas. Primeiro, voltaram-se — como vingança — para a experimentação porque acreditavam ser ela praticamente a única maneira de colher conclusões confiáveis acerca de seu tema. Era o método consagrado das ciências físicas e biológicas oficializadas. Por conseguinte, tornou-se um meio importante pelo qual os psicólogos esperavam poder estabelecer a legitimidade de seu campo como disciplina científica. Em grande parte, esta crença continua predominante na psicologia ainda hoje.

Em segundo lugar, no começo do século, e por muitas das mesmas razões, John Watson propusera um rigoroso *behaviorismo*. Seu artigo de fé central era que os únicos dados legítimos sobre os quais desenvolver teorias explicando o comportamento humano eram observações diretas de ações ostensivas de indivíduos. Quaisquer explicações que postulassem conceitos ''mentais'' (que não são observáveis diretamente) para explicar a conduta humana eram tabu. Foram opiniões que tiveram ampla acolhida em psicologia.

O behaviorismo rígido de há muito cedeu lugar a um neobehaviorismo, que aceita inferências de conceitos suscetíveis de serem vinculados de perto à observação direta (tais como fatores cognitivos). Mesmo assim, muitos psicólogos continuam céticos acerca de conclusões que não sejam produtos da observação empírica direta. Por exemplo, relatos verbais de pessoas acerca de seus estados psicológicos interiores, chamados ''introspecção''a princípio e que foram postos de lado por terem escasso valor científico. Mesmo hoje, tais relatos merecem menos do que *status* científico de parte de alguns psicólogos. Por exemplo, perdura a controvérsia dentro da disciplina acerca dos méritos das observações ''clínicas'' que não sejam inseridas num formato experimental. Mesmo ''testes mentais'', tais como inventários de personalidade e medições de QI, que exijam das pessoas examinarem suas próprias crenças e fazer relatos pessoais, ainda são sujeitos a debates em alguns círculos. Assim, a observação direta do comportamento humano e a abordagem experimental para seu estudo são vistas como os mais legítimos métodos para o desenvolvimento de conhecimento válido.

De muitas maneiras, sociólogos orientados cientificamente sustentam opiniões análogas, conquanto à primeira vista o paralelo não seja evidente. O problema em sociologia é ser difícil (ou simplesmente impossível) projetar experiências para estudar as características e os comportamentos de grupos, comunidades e sociedades grandes, que amiúde são as unidades mais significativas de observação para os sociólogos. O que os sociólogos fizeram para desbordar esse problema foi não abandonar a estratégia da experiência, mas criar metodologias alternativas que incorporém sua lógica! Graças a isso, acharam poder manter sua reivindicação a *status* científico.

O problema foi assim manejado: precisava-se de um substituto para a experiência que retivesse as vantagens desta. A vantagem da experiência é a influência de variáveis extrínsecas poder ser controlada enquanto possam ser feitas observações empíricas do relacionamento entre variáveis independentes e dependentes. É possível elevado grau de controle porque o investigador pode manipular diretamente as condições experimentadas pelos sujeitos e, seja eliminar ou minimizar, fatores capazes potencialmente de influir nos resultados e conduzir a conclusões falsas.

Para obter estas mesmas vantagens, os cientistas sociais criaram o levantamento por amostragem como um processo de observação empírica. Aí, adaptaram complexas estratégias estatísticas — tais como análises da variância, e muitas outras — ao problema de controle. Tais processos estatísticos possibilitaram separar relacionamentos quantitativos entre variáveis dependentes e independentes e explicar a influência de outros fatores.

Hoje, estratégias empíricas, quantitativas e estatísticas permanecem sendo a metodologia preferida da sociologia. Outras abordagens mais ''qualitativas'' ao estudo de variáveis sociológicas, como ''observação participante'' e ''estudos de campo'', são empregadas por alguns, mas permanecem controvertidas. Carecem do respeito da pesquisa quantitativa propriamente dita e não são verdadeiramente metodologias predominantes. Contudo, em seu entusiasmo para serem ''científicos'', sociólogos e outros que utilizam inquéritos de opinião pública e levantamentos, praticamente se esqueceram das questões mais antigas acerca da natureza ''introspectiva'' de suas observações. As análises estatísticas complexas, com muitas variáveis, que são levadas a cabo hoje com a ajuda de computadores de grande capacidade, são impressionantes e parecem ''ultracientíficas'', mas os dados introduzidos nesses programas estatísticos ainda se acham baseados em ''introspecção'' — ao perguntarem às pessoas em entrevistas no que creem ou sentem, o que fizeram antes, ou o que preveem para o futuro.

Nossa finalidade ao anotar a preferência substancial da psicologia pela experimentação, e da sociologia por sua complexa contrapartida estatística, é que *ambas* as estratégias metodológicas são úteis sobretudo para o estudo do comportamento numa perspectiva de curto prazo. Uma experiência pode revelar o que as pessoas fazem dentro de condições específicas impostas pela montagem da experiência. Analogamente, um levantamento proporciona uma descrição do comportamento humano uma única vez, nas condições vigentes quando foram levadas a cabo as entrevistas. É difícil, contudo, usá-la para estudar mudanças de comportamento durante longos períodos de tempo. Assim, tanto os *paradigmas teóricos* subjacentes às teorias de influência seletiva quanto as *metodologias* usadas em seu estabelecimento, trancaram-nas em uma perspectiva a curto prazo e uma procura de efeitos imediatos da exposição às comunicações de massa.

Quando a pesquisa baseada nesses paradigmas e métodos deixou de apresentar efeitos significativos e imediatos da exposição ao conteúdo da mídia, poucos estudiosos atribuíram os resultados à natureza das teorias subjacentes que orientavam sua pesquisa ou às metodologias que estavam utilizando. Pelo contrário: chegaram à conclusão de que as comunicações de massa dispunham de pouco poder para modificar o comportamento humano! Só mais recentemente se percebeu que se teorias de influência seletiva pouco tinham a dizer acerca dos efeitos a longo prazo nos indivíduos, acerca da exposição continuada e acumulada ao conteúdo da mídia, ou a respeito das influências indiretas na cultura e na sociedade. Também, só relativamente há pouco tempo foi percebido que são estas exatamente as espécies de influência que se podem mostrar a longo prazo como as mais poderosas.

Nas seções a seguir reveremos os antecedentes e a natureza das teorias ligadas às perspectivas a longo prazo e às influências indiretas sobre indivíduos e sociedade. Uma perspectiva ampla que fornece um arcabouço dentro do qual se possa estudar as influências a longo prazo e indiretos das comunicações de massa é a *socialização*. É uma palavra tipo ''guarda-chuva'', abarcando diversos aspectos daquele processo pelo qual as crenças, atitudes e comportamento dos membros das sociedades são modelados pelos sistemas socioculturais dos quais participam. Um aspecto da socialização focaliza diretamente os sistemas pessoais de resposta do indivíduo — como essa pessoa adquire novas formas de ação, ou novas ideias, que modifiquem seus modos habituais de responder ao meio físico ou ao ambiente social. Outro aspecto da socialização encara indivíduos em um quadro de interação social, a fim de entender como se acham preparados para ingressar e participar em grupos organizados e efetuar transições pessoais durante seu ciclo vital.

A MÍDIA COMO AGENTE DE SOCIALIZAÇÃO

Platão foi o primeiro a proporcionar-nos uma explicação pormenorizada do processo de socialização. Em seu *República*, expôs um plano para assegurar que graças a cabal treinamento sistemático os líderes de sua sociedade ideal desenvolveriam os melhores atributos pessoais possíveis.[1] Em tempos mais recentes, o desenvolvimento a longo prazo do ser humano desde a infância até a idade avançada tem sido foco de estudo em todas as ciências sociais básicas desde seu início no século XIX.

A Natureza da Socialização

Observamos anteriormente que o desenvolvimento humano tem sido encarado por uma perspectiva tanto biológica quanto atinente ao comportamento. Hoje em dia, ambas as fontes da natureza humana são vistas como independentes. À medida que os indivíduos mudam biologicamente da infância até a adultidade, e daí prosseguem para os anos de velhice, também se modificam psicológica e socialmente. Ao avançar pelo ciclo vital, são convocados para assumir novos papéis, aceitar *status* diferente, mudar suas responsabilidades e modificar as maneiras pelas quais pensam a seu próprio respeito.

Em sociedades tradicionais, as etapas do ciclo vital estão claramente assinaladas por vários ritos de passagem. As definições do que cada um abrange são controladas pela família, tribo ou sociedade em geral. Este sistema proporciona transições ordeiras e a preparação adequada para o indivíduo passar de uma etapa para a outra. Nas sociedades urbano-industriais contemporâneas o processo não é absolutamente assim claro. Fontes competitivas, e muitas vezes contraditórias, de informação, variando de colegas até grandes empresas, disputam a atenção do indivíduo para fornecer-lhe definições e instruções sobre qual comportamento a ser imitado, que regras de ação são importantes, e que significados atribuir aos acontecimentos. Proeminentes entre estas fontes de informação competitivas são os veículos de massa. Em sociedades modernas, elas se tornaram uma fonte de definições inescapável, onipresente e constrangedora sobre como as pessoas devem comportar-se. Por tal razão, é indispensável que suas influências a longo prazo sobre o processo de socialização sejam estudadas.

O que é exatamente socialização? Podemos começar a responder esta pergunta recordando nossa discussão anterior do clássico debate natureza/criação. A questão em jogo era saber de que fontes o indivíduo obtinha as características que o separavam de outros animais. Especificamente, indagava se aprendemos ou herdamos a "personalidade" humana — essa ímpar organização psicológica íntima que constitui a "natureza humana" de cada indivíduo. Se bem que o debate haja arrefecido, e o papel crítico da aprendizagem tenha sido reconhecido, a questão é ainda vital. Como o indivíduo é preparado durante um período de anos a fim de tornar-se e permanecer um membro plenamente participante da sociedade? Isto é, de que fontes e como resultado de quais experiências cada um de nós adquire todas as orientações, controles e compreensões íntimas que possibilitam interpretar o mundo à nossa volta de formas significativas, competir com nosso ambiente físico e relacionar-nos com outros de forma aceitável por nossos semelhantes? A resposta é: por meio da socialização.

O termo "socialização"é, pois, muito amplo. É um rótulo para um conjunto complexo, a longo prazo e multidimensional, de trocas de comunicação entre indivíduos e vários agentes da sociedade, que resulte na preparação do indivíduo para viver em um ambiente sociocultural.[2] Segundo uma perspectiva *individual*, a socialização equipa-nos para comunicar, pensar e resolver problemas utilizando técnicas aceitáveis pela sociedade, e, de maneira geral, para conseguirmos nossas adaptações singulares a nosso ambiente pessoal. Do ponto de vista da *sociedade*, a socialização leva seus membros a um conformismo suficiente, de modo a poderem ser preservadas a ordem social, a previsibilidade e a continuidade.

A Socialização e o Indivíduo

A socialização tem sido encarada segundo diversas perspectivas um tanto diferentes, mas complementares, adotadas pelas principais ciências sociais de per se.[3] Cada uma dessas perspectivas é importante para a compreensão de como a mídia de massa pode contribuir para o processo:

Os *antropólogos* usam o termo para se referirem ao processo de aquisição pelo qual novos membros de uma sociedade interiorizam todos os aspectos da respectiva cultura. Isso inclui não apenas os costumes e tradições de sua gente, mas a língua, o uso de artefatos materiais e todo o contexto de lendas, mitos, crenças compartilhadas e folclore comum. Se as pessoas mudam de uma sociedade para a outra e ocorre ressocialização, o processo é denominado *assimilação*. A mídia de massa pode desempenhar o papel de mostrar, seja à criança a natureza de sua ordem social, ou ao imigrante os costumes da sociedade que o acolhe.

Os *psicólogos* tendem a encarar socialização como *aprender a controlar* impulsos inatos que, se se permitir que se desenvolvam sem controle, conduziriam a comportamento inaceitável e destrutivo. Exemplo informativo de uma visão psicológica da socialização acha-se contido nas teorias psicanalíticas de Sigmund Freud, que analisou a organização da personalidade humana em função de três elementos ou componentes — o *id*, o *ego* e o *superego*. Ele acreditava que esses três aspectos da natureza humana achavam-se competindo constantemente pelo controle do comportamento do indivíduo.[4] Conforme a teoria, o id é a parte em busca do prazer da (conforme ele denominou) psiquê; ele se compõe de impulsos inatos, inclusive os de satisfação sexual. O superego é a parte da personalidade humana que contém interiorizadas as regras morais da sociedade; é aquilo a que comumente se chama "consciência". O ego é a parte da personalidade que proporciona percepção consciente, ao mesmo tempo que o dirige, do comportamento corrente. Ao dirigir esse comportamento, ele é o aspecto da psiquê que medeia entre as exigências inconscientes do id e as restrições dos códigos aprendidos do superego para comportamento socialmente aceitável. Diz-se que o ego resolve conflitos entre os dois — por exemplo, canalizando a energia do id para formas de comportamento que não provoquem reprovação social. Nesta perspectiva, a socialização proporciona ao indivíduo conhecimento das regras da conduta social aceitável e definições de comportamento desviante. Assim, a tarefa da civilização de treinar a criança, disse Freud, é "enjaular a fera lá dentro". A socialização, por outras palavras, encoraja o indivíduo a aceitar os padrões da sociedade de certo e errado e a manter contidos os impulsos para gratificação que provocariam ruptura e reprovação sociais.

Nem todos os psicólogos aceitam as interpretações de Freud, ou, com efeito, qualquer outra modalidade de teoria psicanalítica. Não obstante, os princípios essenciais de definições psicológicas da socialização estão aí enunciados: impulsos socialmente inaceitáveis têm de ser controlados; os ditames morais da sociedade têm de ser aprendidos; e o comportamento cotidiano implica harmonizar conflitos entre ambos.

Para nossos fins no momento, a questão é: qual o papel dos veículos de massa como agentes de socialização para se alcançarem essas metas críticas? Ficar exposto ao conteúdo deles ajuda os indivíduos a controlarem anseios e impulsos fundamentais, ou encoraja-os a buscar a gratificação por formas inaceitáveis? A mídia ensina padrões morais amplamente aceitos na sociedade, ou apresenta versões deturpadas que possam colocar os indivíduos em conflito com a maioria conformista? A pesquisa da mídia enfatizando a apresentação de violência excessiva, comportamento sexual desviante, atividades criminosas, drogas ilegais, e outros problemas socialmente negativos, particularmente os que influem nas crianças, é uma forma padronizada de tentar formar discernimentos sobre as influências das comunicações de massa.

Os *sociólogos* ressaltam que a socialização prepara os indivíduos para *participação na vida do grupo*. Aí o foco está especificamente concentrado em dois tópicos. Um é a maneira pela qual as pessoas adquirem o conhecimento de que realmente carecem para se tornar *mem-*

bros de determinados grupos, como a família, uma escola, a Marinha, um clube, um grupo de trabalho, e assim sucessivamente. O outro é proporcionar aos indivíduos uma compreensão mais ampla de muitos tipos de grupos que compõem sua sociedade. Talvez nunca se tornem membros de tais grupos, mas têm de relacionar-se com eles em diversas ocasiões. Exemplos são hospitais, bancos, órgãos do governo, companhias de seguros, times de futebol, órgãos policiais, e muitos, muitos mais.

Estas são lições complexas. O que quer dizer que para se dar bem em um grupo, ou mesmo na sociedade como um todo, cada um de nós tem de possuir em sua cabeça boa noção dos minuciosos conjuntos de *expectativas* referentes aos afazeres de muitos diferentes tipos de grupos. Só se tivermos internalizado tais expectativas poderemos entrar em um banco, um supermercado, uma igreja, nosso local de trabalho, ou mesmo onde está nossa família, antecipando o que as pessoas farão, e participar tranquilamente de seu modelo de atividades sociais.

As pessoas também carecem de discernimentos a seu próprio respeito. Elas mudam de crianças para adolescentes, de jovens adultos para a meia-idade, de ativos cidadãos maduros para aqueles que se aproximam dos anos finais, e cada etapa exige um novo *conceito de eu*. O que significa, em determinada sociedade, ser jovem, de meia-idade, ou idoso? Tais definições e conceituações de si próprio são adquiridas por intermédio do processo de socialização. Já existem como parte da cultura em geral, e cada nova etapa é interiorizada como uma abordagem do indivíduo que nela ingressa.

As comunicações de massa nas sociedades modernas apresentam diariamente numerosas lições acerca de todos estes temas. As imagens do jovem, do idoso, de homens e mulheres — quer reais ou falsas, distorcidas ou realistas, certas ou erradas — são apresentadas repetidas vezes no conteúdo da mídia a que as pessoas se acham expostas reiteradamente, dia após dia. As implicações a longo prazo dessas experiências para o indivíduo evidentemente têm de ser compreendidas.

Socialização e Sociedade

A socialização é fundamental para a sobrevivência de uma sociedade como um sistema contínuo e estável. A despeito da constante mudança de sua composição graças a nascimentos e mortes, o sistema prossegue. Isso é possível porque os alicerces da organização social e a cultura geral são transmitidos para sucessivas gerações através do processo de socialização.

Treinar novos membros nas definições da linguagem da sociedade habilita-os a participar das interpretações compartilhadas ou convencionadas do mundo exterior da realidade. Graças a essa capacidade de comunicar, novos membros adquirem os *folkways* comuns, valores aprovados, sabedoria consagrada e crenças disseminadas que permitem às pessoas relacionar-se umas com as outras nas situações sociais de rotina. Por outras palavras, como resultado da socialização, os membros acabam aceitando como consagradas muitas coisas, fazendo as mesmas suposições acerca de numerosos aspectos de seu sistema social, e usando técnicas aceitáveis ao se relacionarem uns com outros. Se isso não acontecer, e se essas características da vida social tornarem-se toldadas ou indistintas, fica cada vez menos possível interação social previsível e eficiente. É importante, por conseguinte, descobrir maneiras pelas quais a mídia de massa crie ou modifique a base compartilhada de padrões estáveis de interação social.

A discussão acima da socialização, seu significado pessoal e social e os papéis potenciais desempenhados pela mídia apresentam um quadro complexo. Todavia, certos aspectos comuns estão presentes na maneira pela qual cada uma das ciências sociais encara a socialização. Não importa se a concentração é no controle de impulsos psicológicos, no treinamento para entender grupos, ou para interiorizar o estilo inteiro de vida de uma sociedade, uns cinco elementos essenciais sobressaem. Todas essas versões do processo de socialização estão interessadas no modo pelo qual várias formas de *cultura* — tais como crenças, estilos tradicionais de vida, linguagem, regras para vida moralizada, ou vários tipos de habilidades — que são *exteriores* ao indivíduo, tornam-se partes *internas* da organização psicológica dessa pessoa. Cada uma das ciências sociais admite que isso ocorre graças a um processo de *aprendizagem*, seja deliberada ou não planejada, e que é um produto de influências sociais. Isto é, há vários gêneros de *agentes* formais ou informais que funcionam como professores, de que o sujeito pode estar ou não ciente. Esses agentes podem ser não planejados, como é o caso de influências eventuais da família sobre filhos, ou podem ter sido deliberadamente designados pela sociedade, como seria o caso das escolas. Outros tipos ainda de agentes podem desempenhar sua função acidental, involuntária e inadvertidamente.

O importante é que entre esses agentes involuntários nas sociedades contemporâneas, a mídia de massa parece estar desempenhando papel crescentemente expressivo. Por enquanto, esse papel é mal-entendido, e provavelmente é seriamente subestimado. A pesquisa do passado, baseada em metodologias de causa-efeito e em suposições de curto prazo, pouco fez para esclarecer a situação. Por tal razão, a pesquisa nos anos à frente provavelmente focalizará cada vez mais questões de longo prazo e influências indiretas sobre indivíduos e a sociedade. Um sólido começo já foi feito. No restante deste capítulo, serão revistos alguns desses passos iniciais.

A TEORIA DA MODELAGEM

Uma importante contribuição para entender a maneira pela qual as comunicações de massa podem desempenhar um papel no processo de socialização é a *teoria de modelagem*, isto é, de modelos para a conduta. Embora não a chamasse por tal nome, foi originariamente formulada pelo psicólogo Albert Bandura e seus colegas na década de 1960, como parte de uma *teoria de aprendizagem social* mais ampla.[5] A fim de compreendermos sua aplicação ao estudo das comunicações de massa, é indispensável ter um entendimento básico da própria teoria da aprendizagem social.

Teoria da Aprendizagem Social ou Observacional

A teoria da aprendizagem social ou observacional não é especificamente um relato de como se aprende por estar exposto à comunicação de massa, mas é antes uma explanação geral de como as pessoas adquirem novas formas de comportamento. É chamada ''social'' porque tenta explicar como os indivíduos observam as ações de outras pessoas e como passam a adotar estes modelos de ação como maneiras pessoais de reagir a problemas, condições ou acontecimentos em suas próprias vidas, e como chegam a adotar tais modelos de ação como modos pessoais de resposta a problemas, condições ou acontecimentos de suas próprias vidas.

A despeito de sua natureza geral, a teoria da aprendizagem social é particularmente relevante para o estudo da comunicação de massa por ser a descrição da vida social tema frequente no conteúdo da mídia. Os atores que retratam pessoas reais em mídia visual ou auditiva, ou cujas ações são descritas em letra de fôrma, podem servir de modelos para outros imitarem. Dadas circunstâncias específicas, que examinaremos, membros de audiências que observam tais representações podem tentar adotar e acabar adotando o comportamento modelado em base mais ou menos permanente. Após considerarmos a teoria da aprendizagem social em uma acepção mais ampla, olharemos mais de perto para a maneira pela qual ela — na forma da teoria dos modelos — oferece explicações valiosas de como a mídia pode servir como agente de socialização.

Como uma explicação genérica da aquisição de novas formas de comportamento, a teoria de aprendizagem social compartilha muitos aspectos com outras fontes de aprendizagem. Todavia, também possui aspectos que a tornam bastante diferente de explicações alternativas. São esses fatores característicos que a tornaram particularmente aplicável ao estudo de como as pessoas aprendem e adotam novos padrões de conduta como resultado da exposição às comunicações de massa.

Tal qual outras explicações psicológicas, a teoria da aprendizagem social admite que as pessoas adquiram novos *vínculos* entre determinadas condições de estímulo de seu ambiente e padrões estáveis de ação (que se tornam capazes de aplicar) como respostas àquelas condições. Tais vínculos, designados pelos psicólogos como "hábitos", tendem a tornar-se relativamente estáveis ou periódicos quando são *reforçados* de algum modo. O reforçamento é em geral uma consequência de recompensa, isto é, de alguma experiência agradável por desempenhar aquele comportamento como resposta aos estímulos. A remoção de uma situação irritante ou punitiva também pode resultar em reforço. Se um modelo de ação usado como resposta a um estímulo for reforçado, a probabilidade desse determinado comportamento tornar-se a forma usual de responder às condições estimulantes se amplia. Com efeito, os psicólogos amiúde definem a própria aprendizagem como exatamente um aumento assim de probabilidade.

Em suma, reforço ou fortalecimento da conexão entre E e R geralmente ocorre quando a adoção de modelo pertinente de ação pelo indivíduo resulta em alguma gratificação, inclusive desafogo de uma situação tensiva. Teorias de aprendizagem contemporâneas postulam que esse processo de reforçamento pode ocorrer de várias formas, até acidentalmente. Não precisa ser sob a forma de uma recompensa deliberadamente proporcionada por um agente de socialização, tal como um dos pais ou professores.

Outro conceito importante da teoria da aprendizagem é o condicionamento "operacional". Refere-se à aquisição de um modelo de resposta, através de sequências de reforçamento de uma dada cadeia S-R, que ocorra de forma *não planejada*. Isso quer dizer que uma recompensa ou alívio de uma tensão ocorre quando aquela determinada resposta surge, pelo menos com frequência mais ou menos regular, e o indivíduo não precisa estar a par dos acontecimentos. Tais sequências de reforçamento acontecem de muitas formas em todo ambiente da pessoa, aumentando a probabilidade de que o emparelhamento E-R reforçado se torne habitual. Embora a teoria da aprendizagem social seja muito mais do que uma explicação da aquisição de comportamento decorrente de condicionamento operacional, ela admite que o reforço e a subsequente aprendizagem podem ocorrer bem incidentalmente.

No âmago da teoria da aprendizagem social acha-se um processo muito próximo da antiquada ideia de *imitação* comportamental, mas associada ao reforçamento conforme explicado acima. Por exemplo, se uma pessoa vê outra usando determinada técnica para enfrentar com sucesso um problema com o qual o observador de vez em quando tem de se haver, ela pode experimentar esse modelo de comportamento como uma solução pessoal em potencial. Se der certo, a experiência de ser capaz de enfrentar o problema mais eficazmente quando reaparecer será compensadora. Assim, é reforçada a conexão entre o problema e o comportamento que a soluciona.

Uma explanação de como tais sequências podem levar uma pessoa a adotar uma forma socialmente significativa de comportamento é o caso de aprender a usar álcool. Rapazes ansiosos por começarem a se pensar como ''homens'' procuram modelos adultos para identificar o que constitui comportamento ''masculino''. Um fértil campo para aprendizagem social comumente é o lar, onde exatamente tais definições são proporcionadas pelos pais, irmãos mais velhos e os amigos deles. Se o álcool é consumido livremente por adultos em tal ambiente, e se a capacidade de ingerir muita bebida é apreciada e dá *status* em tal ambiente, é grande a probabilidade de que um jovem comece a consumir álcool, assim que for permitido. Se vier a seguir um programa pessoal de reforçamento, com o novo bebedor sendo recompensado por ter feito a transição para a ''masculinidade'' dessa maneira, é improvável que ao crescer se torne um abstêmio. Com efeito, é maior a probabilidade de tornar-se um bebedor problemático.

Em outras palavras, se determinado padrão de comportamento é adotado como modelo, e se esse padrão é identificado como solucionador de problemas, compensador, ou de outra forma qualquer desejável por suas consequências, aumenta a probabilidade de ele ser adotado por um observador. Se sua adoção de fato resultar em consequências positivas, este modelo (hábito) em particular provavelmente persistirá como parte mais ou menos permanente do repertório do indivíduo.

A maioria das teorias de reação operacionistas, e especialmente as derivadas dos estudos de animais, não supõem que lições propostas pelo ambiente sejam deliberadamente apresentadas ou conscientemente adquiridas. Isso também poderia ser o caso da teoria da aprendizagem social. O modelo que exibe o comportamento pode estar totalmente alheio ao observador-adotante. Por sua vez, tal pessoa pode não ter reconhecimento ou recordação consciente do vínculo entre o desempenho do modelo e a aquisição da técnica para enfrentar a situação. Essa aprendizagem pode ocorrer de modo indesejado, sem consciência, planejamento ou manipulação. Há provas abundantes de tais efeitos ocorrerem na verdade.

Conquanto a teoria da aprendizagem social possa incluir tais aquisições incidentais, ela adota a posição de que a aquisição de resposta humana é comumente diferente. As pessoas frequentemente têm bastante claro reconhecimento, compreensão e recordação do comportamento segundo um modelo e provavelmente estarão completamente cônscias de estar adotando padrões de conduta observados anteriormente. Isto não quer dizer que percebam totalmente o que as está motivando a agir assim, mas em geral sabem o que viram no modelo e se dão conta de que o estão imitando.

Uma das principais razões por que os teóricos da aprendizagem social adotam a posição da adoção de comportamento baseado em modelos ser muitas vezes uma escolha deliberada é reconhecerem claramente que as pessoas usam *linguagem.* A teoria postula que o comportamento simbólico é um fator significativo no comportamento global de uma pessoa e que isso é muito importante para a compreensão de como se adquirem novos hábitos. Conforme Bandura coloca:

> A capacidade para empregar símbolos dá aos seres humanos um instrumento poderoso para enfrentar seu ambiente. Por meio de símbolos verbais e imaginados as pessoas processam e conservam experiências por formas representativas que sirvam como guias para comportamento futuro. A capacidade para ação intencional tem suas raízes na atividade simbólica... Sem poderes para simbolizar, os seres humanos seriam incapazes de pensamento reflexivo. Uma teoria do comportamento humano, por conseguinte, não pode dar-se ao luxo de negligenciar atividades simbólicas.[6]

Dito de outra maneira, as pessoas usam linguagem e, ao fazê-lo, ficam habilitadas a pensar, lembrar e planejar antecipadamente. Isto não é de forma alguma um novo discernimento na condição humana, mas é uma mudança acentuada de posição dos teóricos da aprendizagem.

Pode parecer surpreendente que os psicólogos, encabeçados por teóricos como Bandura, só em anos recentes tenham readmitido tais processos ''mentais'' como a linguagem em suas explicações do comportamento humano. Examinamos o retraimento psicológico para o rigoroso behaviorismo que teve início nos começos deste século. Também anotamos a preferência por experiências com animais. Ambas fizeram parte da estratégia geral para formular ''leis da aprendizagem'' que transcendessem as espécies e fossem aplicáveis a todos os ''organismos''. Como somente os humanos usam a linguagem e têm vidas subjetivas íntimas dependentes de comportamento simbólico, isso teve de ser deixado de fora. Com o surto de teoria da aprendizagem social e de formulações correlatas, contudo, os velhos tabus em admitir que seres humanos têm uma vida mental subjetiva estão começando a desvanecer-se.

Outro aspecto importante que a teoria da aprendizagem social compartilha com outras explicações psicológicas é uma perspectiva a longo prazo. A maioria das teorias da aprendizagem baseia-se na noção de que organismos não aprendem por meio de uma única experiência, mas sim por diversas ''tentativas'' nas quais o elo entre os estímulos e a reação a ser aprendida é reforçado de acordo com um determinado horário. A teoria da aprendizagem social dá certo destaque à aquisição numa única exposição de novo comportamento, mas não nega a aprendizagem como resultado da repetição do estímulo. A adoção pode ser um resultado de ver repetidamente o comportamento tomado como modelo. Assim, a teoria da aprendizagem social prevê tanto uma perspectiva imediata quanto outra, de longo prazo, na aquisição de novas respostas.

O Processo de Modelagem

O nome *teoria da modelagem* é valioso para descrever a aplicação da teoria social geral de aprendizagem à aquisição de comportamento novo através de descrições da mídia. Os veículos de comunicação são uma fonte de modelos facilmente disponíveis e atraentes. Eles proporcionam modelos simbólicos de quase toda forma concebível de comportamento. Uma vasta literatura mostrou que tanto crianças quanto adultos adquirem atitudes, respostas emocionais e novos estilos de conduta por intermédio da mídia, especialmente do cinema e da televisão.[7]

Quando a teoria é aplicada para explicar a aquisição de novas formas de comportamento através da exposição à comunicação de massa, o cerne da matéria é o processo de modelagem. Em suma, ele consiste em diversas etapas que podem ser resumidas da seguinte forma:

1. Um membro individual de uma audiência *observa* ou lê acerca de uma pessoa (modelo) empenhada em determinado padrão de ação no conteúdo da mídia.
2. O observador *identifica-se* com o modelo, isto é, acredita que ele ou ela é igual ao modelo, quer ser como o modelo, ou vê o modelo como atraente e digno de imitação.
3. O observador conscientemente *se dá conta* — ou inconscientemente chega à conclusão — de que o comportamento observado ou descrito será funcional. Isto é, a pessoa chega a acreditar que o comportamento produzirá certo resultado desejado se for imitado em uma determinada situação.
4. O indivíduo *recorda* as ações do modelo quando confrontado com as circunstâncias relevantes (situação estimulante) e *reproduz* o comportamento como um meio de responder a tal situação.
5. Realizar a atividade reproduzida na situação pertinente de estímulo traz para o indivíduo certo alívio, recompensa ou satisfação, com isso fazendo ser *reforçado* o vínculo entre esses estímulos e a resposta modelada.

6. O reforçamento positivo incrementa a probabilidade de que o indivíduo venha a usar a atividade reproduzida *repetidamente* como um meio de responder a situações análogas.

Isto não é mera formulação. Baseia-se em conceitos complexos como "identificação" e "concretização", que são claramente subjetivos e do íntimo do observador. Eles continuam a perturbar muitos psicólogos que preferem desenvolver explicações teóricas que não dependam de tais ideias "mentais". Contudo, o reconhecimento deles (um tanto atrasado) do papel da linguagem nos assuntos humanos levou a uma aceitação crescente, entre teóricos da aprendizagem, de que as pessoas de fato têm uma vida subjetiva e esta é poderosa influência em sua conduta.

Uma coisa conseguida pela teoria dos modelos foi despertar interesse pelos processos da *análise de conteúdo* num nível muito elevado. A análise de conteúdo de apresentações da mídia pode revelar quase ilimitadas variedades de modelos de comportamento, que ali estão como exemplos para uma potencial adoção. Assim, o aspecto estímulo da expressão E-R tem sido o tema de centenas, talvez milhares, de investigações descritivas. Foram concluídas cuidadosas contagens e medições de quase toda forma de conteúdo da mídia. Abrangem descrições minuciosas de atividade sexual em videoteipes pornográficos, o tipo e quantidade de violência mostrado nas redes de TV, como os papéis dos sexos são apresentados, que alimentos são anunciados, como as minorias são retratadas, como são descritos papéis ocupacionais específicos, e assim por diante, quase interminavelmente.

A proliferação de estudos de análise do conteúdo da mídia, desencadeados pela teoria de modelagem, parece estabelecer um paralelo com o que ocorreu quando ficaram disponíveis os primeiros instrumentos de medida de atitudes, no final dos anos 20 e começo dos 30: rapidamente tornou-se evidente que as atitudes de todos precisavam ser aferidas, e milhares de estudos foram publicados. Não importou que as atitudes não tivessem sido demonstradas como boas previsões do comportamento. (Com efeito, mais tarde foi revelado elas serem muito más nesse papel.) Simplesmente admitiu-se que se as pessoas tinham determinadas atitudes iriam comportar-se de maneira correspondente. Sabemos agora que não é assim e que há escassa coerência entre atitudes medidas e conduta declarada.[8]

Situação um tanto semelhante parece ter se mostrado em ligação com os numerosos estudos de análise de conteúdo, agora na moda. Como várias modalidades de comportamento são largamente retratadas no conteúdo da mídia, *não se pode admitir que serão amplamente adotadas.* Qualquer suposição assim carece de base, e, com efeito, fica incomodamente bem perto das suposições básicas da teoria da bala mágica. Por conseguinte, embora nada haja de errado com a descrição sistemática do conteúdo da mídia, esta não é um atalho para prever como os fatores S e R de fato estarão ligados. A análise de conteúdo nada diz acerca da aquisição de modelos de hábito estáveis entre pessoas expostas a ações específicas retratadas ou descritas nas comunicações de massa.

A teoria da aprendizagem social proporciona um bom relato das condições sob as quais indivíduos podem observar e adotar técnicas específicas de enfrentamento, e vários outros gêneros de modelos de comportamento estáveis em cenários de grupo. Sua aplicação às comunicações de massa, sob a forma de teoria de modelos, revela claramente que os veículos podem funcionar como agentes do processo de socialização. Os que planejam, produzem e distribuem o conteúdo da mídia podem não *ter a intenção* de seus retratos do comportamento humano servirem de modelo para outros. (Se ao menos pensarem nisso, podem até desejar que absolutamente não façam isso.) Os que adotam formas de comportamento mostradas ou descritas na mídia podem não haver deliberadamente procurado expor-se aos modelos de comportamento suscetíveis de serem copiados dos modelos, mas o fazem de qualquer forma, seja conscientemente ou não.

A despeito do fato de os psicólogos em geral estarem fascinados pela experiência como base para testar e desenvolver teoria, há algumas formas de comportamento que simplesmente não podem ser duplicadas, simuladas ou demonstradas com estudos a curto prazo tipo laboratório. Algumas influências modeladoras podem ser e têm sido demonstradas em experiências, mas a adoção a longo prazo de comportamento baseado em modelos, decorrente de reiterada exposição às comunicações de massa, não pode ser facilmente estudada desse modo. Isto não é uma deficiência da teoria de modelagem; é uma limitação do método experimental.

A percepção por um indivíduo da natureza funcional de tal comportamento baseado em modelos pode ocorrer em função de uma única exposição à mídia ou somente após um certo número dessas exposições. O padrão de ação particular pode ser adotado após uma única tentativa ou só depois de diversas experiências de reforço. A teoria não fornece orientações claras para essas questões, e elas continuam na vanguarda da pesquisa.

O que é claro é essa teoria de modelagem ser uma formulação bastante promissora para o estudo das comunicações de massa. Desde que não seja feita nenhuma pressuposição de que, devido ao comportamento ser modelado na mídia, as audiências certamente adotá-lo-ão como sendo delas mesmas, é uma teoria poderosa capaz de explicar pelo menos algumas influências diretas e imediatas, tanto quanto *indiretas* e *a longo prazo*, em indivíduos expostos ao conteúdo da mídia.

Ao mesmo tempo, há muitas influências da comunicação de massa para as quais a teoria de modelos não serve como guia para pesquisa. Tal como a mais geral teoria da aprendizagem social, ela visa à ação *individual* e não ao comportamento compartilhado. Isto é, é capaz de explicar por que determinada pessoa adotou uma forma particular descrita ou retratada em um dado caso de conteúdo da mídia, mas tem pouco ou nada a dizer seja com a modelagem da organização de qualquer grupo ou sociedade, seja com as contribuições das comunicações de massa para a cultura — duas influências assaz poderosas nas escolhas de comportamento de indivíduos que interagem com outras pessoas. Por conseguinte, diferentes abordagens são necessárias para explicar os efeitos a longo prazo, e indiretos, das comunicações de massa na formação das concepções compartilhadas pelas pessoas acerca das regras de conduta e conceitos sobre a padronização das atividades de grupo.

TEORIA DAS EXPECTATIVAS SOCIAIS

Os psicólogos encaram o comportamento humano em função dos processos íntimos que dão forma às ações e às escolhas de comportamento dos indivíduos. A missão da pesquisa é desvendar que forças, ou fatores, em ação nas mentes das pessoas explicam o que elas escolhem fazer quando respondem aos modelos de estímulos experienciados através de suas funções sensoriais. Dependendo da convicção teórica de um determinado psicólogo, estes processos íntimos podem ser considerados conscientes, inconscientes, aprendidos ou herdados. Todas estas variações são as variáveis independentes ou causais, enquanto a variável dependente ou de efeito é o comportamento ostensivo da pessoa a ser explicado pela teoria psicológica.

Os sociólogos (e igualmente alguns antropólogos) abordam o estudo do comportamento humano por uma perspectiva diferente. Reconhecem inquestionavelmente a necessidade de um nível psicológico-individualista de análise, mas acreditam que este apresenta um quadro muito incompleto da condição humana. Quiçá o fato mais óbvio acerca dos seres humanos é sua natureza intensamente *social*: são concebidos em um ato social; são criados em um grupo caracterizado por laços interpessoais íntimos; vivem suas vidas em teias de complexa interação social; e, finalmente, são mandados para as sepulturas em uma cerimônia social. Por outras palavras, eles são bem mais do que organismos individualistas reagindo a estímulos. Por tal razão, os sociólogos enfatizam sobretudo a interação social — fatos observáveis que ocorrem *entre* pessoas em vez de terem lugar no íntimo de seus sistemas nervosos ou estruturas cognitivas.

Teoria da Organização Social

A análise sociológica do comportamento humano principia com uma compreensão da natureza dos grupos humanos. O postulado fundamental das explicações sociológicas é que a modelagem estável de interação social humana é o que dá sentido a conduta humana. Na maior parte das circunstâncias da vida, quando as pessoas escolhem uma linha de ação a adotar, suas primeiras considerações são acerca das expectativas dos outros e de suas prováveis respostas. Simplificando, as pessoas se preocupam com "o que outras pessoas vão pensar" — acerca das aprovações, reprovações, recompensas, castigos, reconhecimento ou vergonha que seus atos possam provocar. Como o sociólogo pioneiro Charles Horton Cooley expressou:

> Os fatos concretos da sociedade são as imaginações que as pessoas fazem umas das outras.[9]

Cooley referia-se ao fato de as pessoas em grupos organizarem suas trocas umas com as outras dentro de regras mutuamente conhecidas. Tais regras proporcionam definições do comportamento aceitável, previsibilidade do que cada membro do grupo possa fazer, e compreensão do que cada um pode antecipar dos demais. Sem tal estabilidade, a vida como a conhecemos seria impossível; todo encontro humano teria de ser arquitetado como uma novidade na base de ensaio e erro. Não poderia haver vida grupal organizada, nem sociedade e, de fato, nem civilização; a existência humana seria um pesadelo hobbesiano — continuamente caótico, imprevisível, ineficiente, estafante, perigoso e provavelmente curto!

Os modelos que decorrem da estabilização de regras para interação interpessoal são chamados coletivamente de *organização social.* Este é um termo bem abrangente que se refere a diversas categorias de arranjos convencionados para assegurar estabilidade e previsibilidade do comportamento interpessoal em todo tipo de grupo humano. Seres humanos que são membros de grupos ou têm transações com grupos precisam compreender o modelo de organização social de cada grupo. São essas expectativas de provável comportamento social que lhes proporcionam diretrizes sobre quais modelos de ação e reação podem ser esperados em tais cenários de comportamento.

A organização social dentro dos grupos varia de relativamente simples a extremamente complexa. Os grupos podem variar em tamanho de dois membros (p. ex., marido e esposa) até centenas de milhares, ou, em alguns casos, até milhões. A organização social aumenta em complexidade com o crescimento do grupo. Em grupos grandes, tais como empresas, órgãos do governo ou forças armadas, os modelos de organização social são de fato complexos. Até sociedades inteiras podem ser encaradas como imensos grupos caracterizados por modelos extremamente complexos de organização social. Seus tipos de atividades econômicas, políticas, educacionais, religiosas e outros são levados a cabo dentro de regras, tradições e leis compartilhadas que definem como as pessoas devem comportar-se. No caso de sociedades como um todo, a expressão *estrutura social* é comumente empregada para indicar as divisões principais de sua organização em instituições sociais (tais como a família, a economia, o governo, e assim por diante) ou em classes socioeconômicas, ou outras divisões amplas.

Sejam quais forem o tamanho do grupo e o nível de sua complexidade, os principais componentes de sua organização social podem ser entendidos em função de quatro conceitos fundamentais: *normas*, *papéis*, *posição* e *sanções*. Estas são as subdivisões essenciais da organização social que proporcionam previsibilidade às atividades humanas interpessoais, e são esses conceitos que devemos examinar para entender a ideia de mapas sociais.

Em 1970, DeFleur expôs uma *teoria de normas culturais* relativamente simples que forneceu a base para a mais ampla teoria de expectativas sociais. Em suma, a formulação inicial incluiu a seguinte ideia:

> ... os veículos de massa, por meio de apresentações seletivas e o destaque dado a certos temas, criam impressões entre suas audiências de que normas culturais comuns referentes aos tópicos destacados são estruturadas ou definidas de determinada maneira. Como o comportamento individual geralmente é orientado por normas culturais (ou as impressões do ator de quais sejam as normas) com referência a um dado tópico ou consideração, a mídia serviria, então, para influenciar a conduta.[10]

Embora a teoria fosse desenvolvida com certa amplitude na melhor hipótese seria um primeiro passo para uma abrangente compreensão das influências indiretas das comunicações de massa sobre o comportamento. Por outras palavras, ela simplesmente não foi suficientemente longe. Por tal motivo, foi expandida nesta edição para incluir *todos* os componentes da organização social: papéis, posições e sanções, em acréscimo às normas. Após estes componentes serem discutidos sumariamente, a maneira pela qual as comunicações de massa podem influir na socialização se tornará clara.

Normas são regras gerais entendidas e seguidas por todos os membros de um grupo. Elas abarcam uma enorme gama de atividades, desde simples rituais (tal como o que fazer ao atender o telefone) até proibições emocionalmente expressivas sobre quem pode ter acesso sexual a quem. Algumas são de escassa consequência se as pessoas as desobedecerem (p. ex., arrotar em público). Outras são de natureza tão séria que as pessoas esperam que sejam rigidamente seguidas (p. ex., ''não matarás''). Algumas são informais, surgindo espontaneamente do intercâmbio diário das pessoas (p. ex., ferramentas emprestadas devem ser devolvidas). Outras viram legislação em códigos escritos sustentados pelo poder do Estado (p. ex., leis referentes a contratos). Assim, quer pertençam a formas triviais ou sérias de ação, e quer sejam formais ou informais, normas são regras gerais que presumivelmente se aplicam a todos os membros de um dado grupo, comunidade ou sociedade. O comportamento dentro do ambiente grupal exige que as pessoas tenham ''mapas'' interiorizados, isto é, adquiridos, dessas normas — que podem ser bastante sutis e complexas — se quiserem interagir tranquilamente com outros dentro dos limites da conduta aceita.

Papéis também são regras, mas aplicam-se a posições específicas na organização das atividades de um grupo. Definem atribuições especializadas que as pessoas desempenham nas atividades do grupo, antes do que orientações gerais de ação para todos os membros. Um exemplo evidente é o de que maridos, esposas e filhos desempenham papéis nítidos na família. Grupos maiores, como empresas comerciais, colégios ou unidades militares, com frequência têm muitos papéis característicos. Em comunidades e sociedades, a estrutura de papéis torna-se assaz complicada.

Papéis permitem às pessoas agir coletivamente de forma coordenada a fim de atingir metas que não seria possível alcançar se cada membro agisse independentemente. Os fatores-chave aqui são *especialização* de atividades e sua *interdependência.* Atuando num conjunto de papéis especializados e interdependentes as pessoas são como peças de uma máquina ou de um sistema orgânico. Cada função especializada na divisão de atividades dá sua contribuição, e o resultado final é uma consequência que emerge (consecução da meta) que é mais do que a soma das partes.

Pelas razões acima, às vezes faz-se referência a um grupo como um *sistema social*, com componentes entrelaçados que contribuem para a estabilidade e permanência global do grupo como um todo. Exemplo frequentemente usado para esclarecer este pormenor é um time de beisebol, com cada membro desempenhando determinado papel que é coordenado com as atividades dos demais. Se cada jogador simplesmente resolver fazer o que ele ou ela quiser fazer, e agir independentemente, poucos jogos serão ganhos.

Enquanto cada papel é um padrão de atividades especializadas, o conjunto entrelaçado de um grupo carece ser entendido por todos os seus componentes. Ou, se o grupo é grande e complexo, cada membro precisa, pelo menos, entender os papéis que de alguma forma se ligam ao seu. Isto quer dizer que o sistema de definições de papéis dentro dum grupo tem de ser razoavelmente bem aprendido por todos os membros a fim de o papel atribuído ao indivíduo poder ser coordenado com os dos outros a ele vinculados. Uma vez mais, isso pode ser esclarecido com o exemplo do beisebol. Imagine, se puder, uma equipe onde cada componente conheça seu papel bastante bem mas não tenha ideia do que outros jogadores farão se o rebatedor atingir a bola. Isso bem poderia resultar em uma comédia de erros! Portanto, a atividade eficiente do grupo impõe que cada componente tenha em mente uma espécie de ''mapa dos papéis'', de forma a que as reações de outros possam ser previstas em ampla variedade de circunstâncias.

Um terceiro componente da organização social é a *hierarquia*. Alguns membros dos grupos dispõem de mais poder, autoridade e prestígio do que outros. Frequentemente isso leva a expressivas diferenças em privilégios, remuneração e prerrogativas. Poder diferenciado representa alguém ser capaz de fazer outros obedecerem suas ordens. Autoridade implica tais indivíduos terem o apoio do grupo como um todo no exercício desse poder. Prestígio ou ''honra social'' significa que alguns membros recebem deferência ou desdém por uma ou outra razão. Com efeito, todo membro de um grupo adquire, ou lhe é atribuída, uma posição ou *status* em uma hierarquia de graduação baseada em alguma combinação dos fatores acima.

É indispensável para o funcionamento tranquilo de um grupo que as posições sociais sejam reconhecidas por todos os membros e que o comportamento para com os demais leve isso em conta. Quer se goste ou não dessa hierarquização, ela é um componente inevitável e provavelmente necessário da organização social, mesmo em grupos aparentemente igualitários.

Finalmente, *sanções* são aplicadas dentro dos grupos com a finalidade de assegurar o controle social. Sendo a natureza humana o que é, sempre existem tendências para comportamento desviante. As pessoas transgridem normas; deixam de desempenhar papéis segundo é esperado; desafiam os desejos ou ordens dos poderosos; ou deixam de aceitar o *status* dos que apreciam as honrarias sociais. Tal desvio interrompe o funcionamento do grupo como um sistema de comportamento social previsível e, por conseguinte, limita a eficiência para atingir metas, tornando a vida da maioria penosa. Por tais razões, são aplicadas sanções negativas para punir desviantes e sustar os que possam estar cogitando cometer tais transgressões. Sanções positivas são empregadas para recompensar os que se conformam conspicuamente, ajudando o grupo a atingir suas metas. Evidentemente, é criticamente importante ter expectativas confiáveis das práticas de controle social do grupo se se quiser evitar sanções negativas.

Em geral, portanto, a teoria da organização social ressalta fatos que ocorrem concretamente entre pessoas em vez de apenas em suas cabeças. Claro, as pessoas têm de *aprender* normas, papéis, e tudo o mais, mas essas mudanças internas da psique não são a história inteira. O comportamento social é mais do que a soma de suas partes. Grupos cuidam de sua própria existência que é, pelo menos conceitualmente, independente de seus membros atuais. Como pessoas formam grupos e coletivamente buscam objetivos através de interação social padronizada, suas expectativas compartilhadas tornam-se sistemas sociais estáveis por conta própria. Cooley andou certo ao identificar as "imaginações que fazemos uns dos outros" como os "fatos concretos" da sociedade. Portanto, a teoria da organização social mostra como as expectativas estáveis que caracterizam um sistema social podem ser poderosas influências no comportamento.

Descrições da Mídia como Fonte de Expectativas Sociais

Os veículos de massa são uma importante fonte de expectativas sociais padronizadas acerca da organização social de grupos específicos na sociedade moderna. Quer dizer, em seu conteúdo eles descrevem ou retratam normas, papéis, posições e sanções de praticamente toda espécie de grupo conhecido da vida social contemporânea.

Ao ler livros, assistir à televisão, ir ao cinema e coisas semelhantes, jovens que ainda não saíram de casa podem ver as normas de dúzias de grupos — quadrilhas de criminosos, restaurantes da moda, equipes cirúrgicas, a polícia, famílias ricas, bandas de rock, — a lista é quase infindável. Das mesmas fontes, podem aprender que comportamento de papel seria esperado deles se se tornassem um investigador particular, professor, dançarino de balé, mergulhador profissional ou treinador de tênis. Analogamente, podem ver os padrões de honra ou desonra social, os atos de deferência ou desprezo, que são concedidos às pessoas em várias posições dentro dos grupos. Finalmente, podem experienciar vicariamente as recompensas e castigos que acompanham a reprovação social de desvio das normas ou o reconhecimento de realização conspícua.

Essas são lições poderosas e complexas. Evidentemente, nem todos os jovens ingressarão e participarão de todos os grupos cujos modelos de organização social são retratados pela mídia. Mas, provavelmente ingressarão em pelo menos *alguns* dos grupos dos quais as descrições da mídia lhes proporcionaram sua única forma de socialização. Mesmo os mais pioneiros estudos da influência das comunicações de massa sobre crianças (os estudos do Fundo Payne, levados a cabo durante a década de 1920) revelaram que os jovens internalizavam normas, definições de papéis e outros discernimentos da organização social do que haviam visto na tela.

A teoria das expectativas sociais, por conseguinte, refere-se às influências de socialização das comunicações de massa decorrentes de seus retratos de modelos estáveis da vida em grupo. Tais modelos estáveis definem o que se espera que as pessoas façam quando se relacionam umas com as outras em famílias, interagem com colegas de trabalho, reverenciam a Deus, estudam, fazem compras de bens de consumo, e de muitas outras maneiras participam da vida na comunidade. Especificamente, os retratos de tudo, desde o relacionamento filho-mãe até as homenagens sociais aos mortos, definem as expectativas que membros potenciais de grupos têm, antes de participar de atividades sociais organizadas dos mesmos. São também uma causa de antecipações acerca de como pessoas se comportarão em outros tipos de grupos que compõem a sociedade. As ideias básicas podem ser resumidas nas seguintes propostas:

1. Modelos de organização social sob a forma de normas, regras, hierarquia e sanções, referentes a tipos específicos de grupos, são frequentemente *retratados* no conteúdo da mídia.
2. Esses retratos de qualquer tipo especial de grupo podem ter ou não *autenticidade*. Quer dizer, podem ser confiáveis ou enganadores, precisos ou deturpados.
3. Seja lá qual for a relação deles com a realidade, componentes das audiências assimilam tais definições que se tornam assim aprendidas como *enunciados de expectativas sociais* de como é esperado que os membros de tais grupos se comportem.
4. Tais expectativas são parte importante das interpretações prévias de comportamento que as pessoas esperarão de participantes de grupos dos quais se tornem membros.
5. O conjunto de expectativas de comportamento de membros dos muitos outros grupos que compõem sua comunidade e sociedade são parte importante do *conhecimento por eles da ordem social.*
6. As definições proporcionadas por tais expectativas servem de *guias para a ação*, isto é, definições sobre como indivíduos devem comportar-se pessoalmente para com outros desempenhando papéis em grupos específicos, e como outros agirão para com eles em uma diversidade de circunstâncias sociais.

Tais afirmações congregam duas áreas de estudo refinado das modernas ciências do comportamento: aprendizagem sob a forma de socialização, e a estruturação da atividade humana sob a forma de organização social. Aprendizagem e organização social são os dois conceitos centrais da psicologia e da sociologia. Seria difícil imaginar uma teoria viável das influências a longo prazo das comunicações de massa ignorando-as. Ademais, a teoria das expectativas sociais contribui para uma contabilização da ação social que não depende de forças cognitivas e de fatores que controlam o comportamento humano. A ideia mais antiga segundo a qual as comunicações de massa: (1) transmitem *informação* (2) de que o indivíduo se lembra de maneira tal que modela forças interiores, como *atitudes*, que (3) estão intimamente correlacionadas com e (4) tanto motivam quanto imprimem direção ao *comportamento* ostensivo, se torna desnecessária. A teoria das expectativas sociais é uma formulação conceitualmente mais simples: baseia-se na ideia de que (1) a mídia transmite informações referentes às regras do comportamento social de que o indivíduo se lembra e (2) que diretamente modela o comportamento ostensivo. O complexo mecanismo da formação ou mudança de atitude, suposições de correspondência entre atitude e comportamento, e todas as outras difíceis suposições das explicações cognitivas, são simplesmente desnecessárias. Sendo este o caso, a teoria é mais *parcimoniosa* — consideração importante no desenvolvimento de explicações.

Em suma, a teoria das expectativas sociais é uma explanação ou relato das influências de longo alcance e indiretas da mídia. Como muitas teorias, ela deriva de considerações mais básicas. Mostramos que é uma aplicação de teorias mais genéricas de socialização e organização social. Ela descreve a mídia como um agente (involuntário e não planejado) de instrução que une as duas.

Nessa acepção, a teoria das expectativas sociais é muito parecida com a teoria de modelos, que é também uma explicação de influências de longo alcance. Ela igualmente se deriva de fontes mais genéricas — tanto a teoria da socialização quanto a da aprendizagem social mais ampla. Ambas ajudam a mostrar como as pessoas podem utilizar a mídia de massa como fontes, seja deliberada ou inconscientemente, de que adquira orientações para o comportamento apropriado que as ajude a adaptar-se ao mundo complexo em que vivem.

Nem a teoria dos modelos nem tampouco a das expectativas sociais são particularmente úteis como guias para pesquisar se as estratégias estão limitadas à experiência ou ao levantamento por amostragem. Ambas auxiliam a explicar como certos tipos de apresentações e conteúdo da mídia podem exercer um papel na socialização a longo prazo das pessoas, em uma sociedade onde as comunicações de massa abundam. Contudo, seria difícil projetar uma experiência controlada na qual todas as ações modeladas no conteúdo da mídia durante qualquer período de tempo longo pudessem ser tabuladas cuidadosamente para um indivíduo qualquer. Analogamente, é difícil imaginar um levantamento social capaz de revelar em uma única avaliação, ou mesmo em reiteradas reavaliações, a espécie de normas, papéis, hierarquia e sanções que uma amostra de pessoas encontrasse na mídia durante um período de tempo relativamente extenso.

O que isto parece dar a entender é que tanto a teoria dos modelos quanto a das expectativas sociais são aplicações *de uma ordem diferente* daquelas derivadas do paradigma cognitivo. Elas não são conjuntos de propostas tão cerradamente articuladas que enunciem relacionamentos sistemáticos entre umas poucas variáveis dependentes e independentes, seguindo o modelo das ciências físicas. São *molduras conceituais* relativamente amplas que ajudam a organizar e interpretar relacionamentos entre várias categorias de conteúdo da mídia e influências a longo prazo sobre indivíduos e a sociedade. Cada uma oferece, em miniatura, um *princípio sintetizador*. Cada uma o faz na acepção em que a moldura conceitual da evolução, de Darwin, possibilitou ver relacionamentos entre adaptação ao meio e o surto das espécies. Seria absurdo sugerir que, seja a teoria de modelos seja a de expectativas sociais, jamais terão, ou deveriam ter, o elevado *status* da afamada formulação de Darwin. Mas não é disso que se trata. O importante é que, em escala bem pequena, sua estrutura conceitual é a mesma.

Ninguém jamais realizou uma experiência, ou um levantamento de amostragem dos fenômenos biológicos, que "prove" ou "reprove" o famoso princípio sintetizador de Darwin. Não é provável, nem sequer necessário, que jamais o consigam. Na mesma acepção, é altamente improvável que uma prova assim definitiva jamais apareça referente às duas teorias de influência indireta aqui discutidas. Todavia, elas podem estimular um bocado de observação sistemática do conteúdo da mídia, em função tanto das ações baseadas em modelos quanto na descrição de expectativas sociais. Elas também encorajam a observação a longo prazo de populações visando encontrar as marcas de seu funcionamento no comportamento cotidiano de cidadãos, em nossa nascente sociedade de mídia.

CAPÍTULO 9

Comunicação de massa e a construção do significado

O estudo da comunicação, em termos bem gerais, tem uma história antiga, mas nunca desfrutou do prestígio popular ou das realizações visíveis de muitas das disciplinas científicas tradicionais. Isso é o que ocorre indiscutivelmente por muitas razões, incluindo a complexidade do assunto e o fato de que o que *tem sido* aprendido fica em grande parte escondido do público em obras esotéricas de filósofos, cientistas sociais e outros eruditos.

O estudo da comunicação de *massa* como disciplina isolada mal teve início. Embora o público se mostre amiúde ansioso para ter respostas sobre como certa forma específica de conteúdo está agindo sobre ele, a pesquisa das comunicações de massa ainda não criou uma imagem favorável entre a comunidade acadêmica. As razões são mais do que claras. Tentativas para converter a pesquisa de mídia num empreendimento científico só atingiram plena força há poucas décadas. Tais tentativas estão tendo sucesso, mas no início os mais recentes sofrem da mesma síndrome que outros tipos mais antigos de estudos da comunicação. Uma desvantagem suplementar é o fato de muito do conteúdo da mídia achar-se em baixo nível intelectual, variando de comerciais e desenhos animados até novelas e esportes para serem assistidos. Isso insinua que grande parte do conteúdo da mídia é superficial, seus efeitos são provavelmente destituídos de importância e, por conseguinte, os que estudam tais coisas devem ser pessoas intelectualmente limitadas empenhadas em buscas de escassa consequência. Conforme uma dupla de observadores consignou:

> O estudo do processo de comunicação tem uma história extensa, mas em geral foi tratado trivialmente. A nosso ver, várias formas de comunicação têm sido preocupação primordial de mentes de segunda classe e secundária de mentes de primeira classe.[1]

Em defesa contra essas alegações, a gente é tentada a citar Mark Twain, que, ao saber que havia sido publicamente denunciado como sendo um bronco e um valentão, que comumente chegava em casa cambaleando bêbado e batia ferozmente na mulher, simplesmente alegou que "dificilmente metade disso é verdade!".

Quiçá mais pertinente seja o fato de que com frequência uma nova disciplina leva tempo para deslanchar. Antes de ela poder ser aceita por outros, tem de identificar claramente seus limites, estabelecer credenciais de diversas maneiras, organizar ensinamentos, concordar acerca de métodos, identificar critérios para aceitar novos conhecimentos, e conceder certificados ou diplomas a seus praticantes. Por fim, um passo importante é identificar e apreciar suas raízes intelectuais.

Os fundamentos intelectuais de uma disciplina são frequentemente encontrados nos trabalhos escritos de pensadores antigos, que se debateram com alguns dos problemas com que se defrontam os eruditos contemporâneos, embora evidentemente dentro dos limites impostos pela época. Quando uma nova disciplina está em suas fases iniciais, comumente não é claro que autores anteriores hajam focalizado os problemas que agora estão sendo vistos como contemporâneos. A certa altura, a gente se dá conta de que os antigos estudiosos de fato colocaram alguns conceitos e conclusões dentro da cultura intelectual geral e estes se tornam inevitavelmente incorporados aos princípios da nova disciplina. Essas ideias então têm de ser estudadas minuciosamente e tornadas partes da herança intelectual da referida disciplina.

Ser influenciado pelo pensamento de filósofos cujos nomes a gente mal conhece, ou cujas obras nunca leu, é um processo sutil. As influências estão impregnadas em nossa herança da língua e de verdades evidentes por si mesmas, mas são difíceis de identificar. Mesmo se forem redescobertas, as conclusões acerca de sua influência permanecerão controvertidas. Não obstante, cada disciplina tem de buscar e aceitar seus ancestrais intelectuais.

Uma vez identificados os alicerces do setor, ocorre um muito necessário amadurecimento. A disciplina torna-se uma versão contemporânea de uma busca pelo conhecimento iniciada há muito, com os atuais investigadores apoiando-se nos ombros daqueles gigantes que primeiro buscaram descobrir os princípios dela. Antes de mais nada, esse amadurecimento ajuda a estabelecer a legitimidade da disciplina entre a comunidade cultural. Mais importante, porém, é que confere *eficiência* à sua busca de conhecimento. Seus investigadores estão de há muito fadados a um repetido redescobrimento dos princípios básicos. Ao invés de ingenuamente reinventarem conceitos e interpretações conhecidos desde séculos atrás — como a proverbial redescoberta da roda — podem tratar de rastrear suas consequências para preocupações atuais.

Outras disciplinas passaram por esta maturação. As primeiras foram as ciências físicas, que encontraram raízes nos escritos de antigos sábios que iniciaram o estudo da matemática, do céu, da matéria e do corpo humano. Durante o século XIX, cientistas sociais rastrearam suas raízes nos filósofos que discutiram teorias sobre a vida virtuosa e estruturas de governo capazes de proporcionar uma ordem social justa. No mesmo período, psicólogos retraçaram sua história até antigos estudiosos que tentaram entender as diferenças entre o corpo e a mente do homem.

O mesmo agora tem de ocorrer no estudo das comunicações de massa. Muitas das ideias sendo expostas hoje em dia tiveram seu início faz muito tempo. Certamente não havia jornais ou televisores em séculos anteriores, não mais do que havia antibióticos ou veículos espaciais, mas não se trata disso. Não é a tecnologia dos veículos propriamente ditos que tem de ser rastreada no passado desta forma; o que importa é certos aspectos da comunicação humana, e particularmente da comunicação *veiculada*, terem de ser examinados na perspectiva da história intelectual. É a identificação de *princípios* da condição humana que pode auxiliar estudiosos da mídia a entender como a comunicação veiculada de hoje em dia é um processo tanto similar como diferente da comunicação interpessoal das sociedades humanas primitivas. Sem esse esforço, o setor continuará a engajar-se em redescobrir ''rodas'' intelectuais.

A BUSCA DE PRINCÍPIOS EM UMA ERA DE TRANSIÇÃO

Uma busca de princípios intemporais de comunicação que sejam relevantes hoje em dia — em uma era de televisão a cabo, transmissões via satélite e sistemas de jornais computadorizados — tem de ser levada avante com plena compreensão de quão longe os seres humanos chegaram, vindos de suas primeiras tentativas para trocar significados. Uma *teoria de transições*, exposta nas primeiras páginas deste livro, baseia-se na observação de que modificações muito nítidas e criticamente importantes dos sistemas de comunicação foram criadas pelos seres humanos durante diversos períodos de sua pré-história e história. A primeira foi a longa mudança de uma era de símbolos e sinais para uma de fala e linguagem. Essa foi seguida por um período onde evoluiu a escrita. A transição para a impressão veio mais de repente, e acabou levando à nossa atual era da comunicação de massa em rápida mudança.

Os aspectos importantes dessas transições não são suas tecnologias específicas ou as datas em que ocorreram. O importante são os *princípios* da comunicação e as consequências para a vida humana que se revelaram. Cada uma dessas mudanças aumentou radicalmente a capacidade das sociedades humanas para armazenar, recuperar e transmitir informação. Cada uma delas lançou os seres humanos mais para adiante das outras espécies, já que significativas expansões seguiram-se a cada etapa da ímpar capacidade humana para inovar e acumular soluções para problemas de enfrentar seus meios físico e social. Algumas dessas transições levaram muito tempo; outras foram mais breves. Qualquer que tenha sido o ritmo, suas consequências foram verdadeiramente impressionantes na organização da sociedade, nos aumentos do requinte da cultura, e na melhoria da capacidade de pensamento dos indivíduos.

Esses acontecimentos tiveram importantes implicações profundas para a evolução do saber na disciplina da comunicação de massa. A despeito das espantosas realizações na área das imagens em movimento, e da transmissão instantânea, as comunicações de massa permaneceram total e fundamentalmente dependentes da utilização da linguagem — a primeira das grandes realizações que foi real e unicamente humana. Por conseguinte, compreender os princípios da linguagem figura no cerne da disciplina. As maneiras pelas quais as pessoas compartilham ou deixam de compartilhar *significados* por intermédio do uso da linguagem são decisivas para se compreender como a comunicação ocorre, bem como suas consequências para as audiências. Assim, o estudioso sério das comunicações de massa tem de entender a natureza das palavras e de outros símbolos, convenções da linguagem, a natureza do significado, as implicações dos significados compartilhados para a percepção, e o relacionamento entre linguagem, conhecimento adquirido e comportamento.

A segunda grande transição foi a invenção e difusão da escrita. Os princípios da comunicação escrita permanecem tão importantes em nossa sociedade quanto o eram quando as primeiras obras de filosofia estavam sendo elaboradas. Enquanto outros veículos cresceram de popularidade, a escrita permanece sendo nosso mais respeitado sistema de armazenar, recuperar e trocar informações. Apesar de muitos cidadãos nas sociedades contemporâneas não estarem completamente alfabetizados, a escrita é o meio de comunicação de que depende a civilização contemporânea. Por conseguinte, continua sendo crítico para a disciplina comunicação de massa continuar a estudar como seus princípios influenciam nossas vidas pessoal e social.

Somente há uns poucos séculos ocorreu outra transição com a invenção da imprensa. Ela ampliou enormemente a utilização da escrita e tornou-se o alicerce para o moderno desenvolvimento da ciência, das artes, literatura, universidades, cultura, e do conhecimento do mundo em geral. Dentro de um tempo incrivelmente curto, livros impressos proporcionaram o meio pelo qual eruditos, exploradores, poetas e cientistas da época puderam registrar, intercambiar e disseminar suas ideias. Com sua difusão, a impressão em todas as formas foi o veículo por meio do qual grandes ideias foram disseminadas através da sociedade ocidental. Elas modificaram, para todo o sempre, a natureza de religião, governo, educação, arte, comércio, teatro, literatura, e até cultura popular. Hoje, os princípios regendo a comunicação impressa em jornais, revistas e livros tendem a ocupar segundo lugar, pois interesses mais requintados preferem a televisão. Entretanto, a contínua busca desses princípios é tão importante para a disciplina em evolução quanto o foi nos primeiros tempos.

Seria deveras miopia admitir que nossa atual transição terá influências na sociedade, na cultura e em cada indivíduo menos profundas do que as ocorridas mais cedo. Ao mesmo tempo, é difícil entender as mudanças que estão ocorrendo. Ainda que estejamos tão intensamente imersos nelas, as tendências a longo prazo de natureza sutil e complexa podem ser tudo menos impossíveis de identificar, compreender ou avaliar. Um bom exemplo deste problema acha-se na conclusão de Thomas Hobbes, em 1651, acerca do significado da imprensa. Um século inteiro desde que o uso da imprensa inundara a Europa toda, e a despeito de aumentos astronômicos da disponibilidade de livros, ele desdenhou a nova forma de comunicação como sendo de pouco alcance. Todavia, estava bem a par de anteriores grandes transições das quais dispunha de perspectiva de um intervalo de séculos:

> A invenção da *Impressão*, malgrado engenhosa, comparada com a das *Letras* [escrita alfabética], não é de grande alcance... [Escrever, porém] é uma invenção proveitosa para prolongar a lembrança do tempo passado... Mas a mais nobre e proveitosa invenção de todas foi a da FALA, consistindo em *Nomes* ou *Apelativos*, e sua Coerência; por meio dos quais homens registram seus Pensamentos; recordam-nos quando são do passado; e declaram-nos entre si para utilidade e conversação mútua...[2]

Parece provável, pois, que as consequências de nossa atual transição não serão plenamente entendidas até estudiosos de futuras gerações poderem relembrar nossa época e ver como as comunicações de massa modificaram a vida humana.

O que pode ser útil é exatamente fazermos agora essa virada para trás e encarar o lento desenvolvimento de certos princípios da comunicação oriundos da antiguidade. Talvez não consigamos agora olhar para trás, para nossos sistemas contemporâneos de comunicação, a fim de ver como funcionam ou precisamente como estão alterando nossas vidas. Contudo, podemos escolher mais princípios eternos de comunicação que foram descobertos no passado e ver se podem ser de ajuda para compreendermos as consequências da comunicação em uma era de veículos de massa.

Uma área onde esta abordagem pode ser de especial ajuda é a referente à maneira pela qual seres humanos criam compreensões do mundo físico e social que os cerca. Antes da época da linguagem, isso talvez tenha sido em grande parte uma questão de experiência pessoal, tal como a aprendizagem por ensaio e erro, com alguns elementos de compreensão obtidos dos sinais e acenos de outros. Esse método não foi muito diferente das maneiras pelas quais outros animais complexos dominaram seus ambientes.

A linguagem proporcionou um meio mais eficaz de conceituação, e, é claro, uma capacidade bem aumentada de obter conhecimentos de outros. Todavia, durante milênios a aquisição de conhecimentos por parte do indivíduo teve de ser conseguida sem comunicação intermediária. As sociedades orais dispunham de pouco além da linguagem e da voz humana com que transpor a brecha entre as realidades objetivas da natureza e o mundo interior subjetivo de significados do invidíduo.

A questão de como indivíduos chegaram a conhecer o mundo em torno deles, conversar uns com outros a respeito dele, e concordar em interpretações, permanece sendo fundamental para entender como os seres humanos diferem dos animais. Esse, por certo, foi um dos primeiros problemas que foram pensados, ainda em torno das fogueiras de cozinhar dos tempos pré-históricos, quando os seres humanos conquistaram a capacidade de abstrair, raciocinar e analisar. Quiçá por tal motivo, isso tenha sido uma das questões centrais tratadas de forma requintada nos mais remotos ensinamentos conhecidos de filósofos ocidentais. Na época em que se usou a escrita, tornando possível registrar tais ensinamentos, o problema de como as pessoas apreendem compreensões íntimas do mundo exterior já era antigo.

Desde que a comunicação é ainda o processo central por meio do qual as pessoas conseguem entendimento subjetivo da realidade objetiva, esse processo permanece sendo um tópico intemporal de estudo, cujos princípios estão por ser cabalmente revelados. A parte desempenhada pela comunicação *mediata* neste processo torna-se cada vez mais importante, na medida em que seres humanos contemporâneos recorrem crescentemente à mídia de massa. Por tal razão, o restante deste capítulo dedica-se à maneira pela qual evoluíram, durante vários séculos, as compreensões do relacionamento entre realidade exterior e construções interiores dessa realidade. A finalidade de uma análise assim não é simplesmente mostrar que o problema é antigo, mas indicar como alguns dos princípios da compreensão humana, descobertos em séculos passados, se acham vinculados a questões centrais do impacto das atuais comunicações de massa. Em uma acepção bastante real, pois, nossa compreensão de muitas das influências indiretas das comunicações de massa contemporâneas apoia-se em uma base intelectual de origem vetusta.

A ANTIGA PERGUNTA: COMO CONHECEMOS A REALIDADE?

Sugerimos, acima, ser bem provável que, mesmo durante períodos pré-históricos, estivessem sendo suscitadas perguntas críticas acerca dos principais aspectos do mundo físico, das origens da humanidade, da natureza fundamental dos seres humanos e da maneira de planejar uma ordem social justa. Infelizmente, não dispomos de um registro das conclusões acerca desses problemas antes do aparecimento da filosofia. O próprio termo ''filosofia'' provém das palavras gregas para ''amor'' e ''sabedoria''.

Filósofos anteriores a Platão não deixaram uma herança de palavra escrita, malgrado conheçamos alguns de seus ensinamentos graças a ideias a eles atribuídas por autores posteriores. É claro que estavam preocupados com o estudo dos princípios fundamentais da natureza do *ser*, isto é, do corretamente existente, e do *conhecimento*, ou contraparte subjetiva dessa realidade.

O estudo do ''ser'' proporcionou os primitivos alicerces das ciências físicas por se dirigir à própria natureza da realidade. Foram procuradas compreensões das substâncias de que as coisas se compunham, do funcionamento do sol, lua e da natureza dos animais, e assim por diante. O problema do ''saber'' acabou levando ao que hoje denominamos psicologia e a todas as ciências sociais nossas contemporâneas, porque se preocupava com a relação entre representações interiores, subjetivas, da realidade (significados), e a influência que o saber tinha na conduta humana. Assim, o relacionamento entre saber e fazer foi o problema criticamente importante para os pensadores gregos, por ser o alicerce sobre o qual poderiam se desenvolver os conceitos de *virtude* e justiça. Eles compreenderam que quando uma pessoa adquire conhecimento íntimo da natureza das coisas, esse conhecimento fornece a base para determinar os modos de comportamento apropriados para com tais coisas. Isso é particularmente verdadeiro nas relações sociais. Somente se a natureza social básica dos seres humanos puder ser conhecida é que será possível fazê-los agir virtuosamente uns com os outros. Se isso puder ser logrado, então poderão ser desenvolvidos planos para organizar a sociedade de modo a prevalecer a justiça na vida humana. Estas questões assaz fundamentais acerca da natureza, e da natureza humana, pois, foram preocupações prioritárias milhares de anos atrás. Foram os marcos iniciais da ciência, da psicologia, e do estudo da política — intermináveis buscas com que ainda nos debatemos hoje em dia.

Em muitos sentidos, a filosofia sistemática começa com Platão. Sua *República* foi o primeiro livro sobre análise filosófica que sobreviveu completo. Platão foi aluno de Sócrates, cujos ensinamentos proporcionaram a base para muitas de suas importantes ideias. De seu mestre, Platão adotou o método socrático como meio de analisar ideias: ele propunha uma pergunta significativa e depois tentava chegar a respostas em discussões em grupo com seus alunos. Nossos atuais seminários de pós-graduação empregam esta abordagem.

Sócrates convenceu Platão que certos princípios tinham de ser empregados para desenvolver o saber. Por exemplo, salientou a importância das *definições*. Isto é, admitiu que para *saber* algo não bastava nomeá-lo, mas se tinha de defini-lo em termos exatos e utilizar esse significado *coerentemente* nos debates. Só principiando com definições claras e concisas, e depois obedecendo a regras que especificassem seu significado de forma padronizada, sustentava Sócrates, poder-se-ia raciocinar logicamente de premissas a conclusões para chegar à verdade.[3] Ainda hoje, permanecemos firmemente dedicados a esses princípios de conceitos, significados e convenções como alicerces da análise lógica.

Porém, como podemos criar significados sobre os quais as pessoas possam concordar? Essa tornou-se uma questão de magna importância para Platão. Com efeito, a questão de como os seres humanos conseguem interpretações interiores, subjetivas, do mundo objetivo da realidade foi o problema mais central da filosofia durante milhares de anos, e permanece de importância dominante por se voltar para a mais fundamental perquisição da comunicação humana. Se não pudéssemos criar, rotular e concordar acerca de significados subjetivos para aspectos da realidade objetiva, não poderíamos nos comunicar como fazemos — e não poderíamos funcionar num plano humano. A questão da mente *versus* realidade, e como uma conhece a outra, pois, acha-se no cerne da existência humana. Os filósofos gregos entenderam totalmente esta ideia.

Essencialmente, há três questões em jogo incorporadas ao antigo problema de "como sabemos". Um é o de dividir o mundo com que nos contatamos através dos sentidos em segmentos mentalmente manipuláveis e fornecer um rótulo para cada um deles. Inseparável disso é o problema correlato de separar em nossa memória feixes específicos de experiências interiores que possamos rotular e reiteradamente identificar como o sentido de cada rótulo. Esses rótulos fornecem nossas definições pessoais referentes a algo específico — coisa, condição ou estado da situação no ambiente físico ou social a que aplicamos um rótulo. O termo *conceito* refere-se a ambos esses elementos de saber tomados em conjunto.

Parte intrínseca do desenvolvimento de conceitos é a de concordar acerca de regras de que um determinado rótulo será associado a uma definição específica que incorpore o significado do conceito. Isso não é apenas comportamento individual, porém uma espécie de combinação social. Tais regras contribuem com nossas *convenções* de significado e definição, padronizando as conexões entre nossas palavras para aspectos de nosso ambiente e as experiências subjetivas de significado que elas suscitam.

Finalmente, o conhecimento que temos acerca de algum aspecto de nosso ambiente fornece a base para o como a gente age em relação a ele. Esta é uma questão extremamente complexa, e de muitas maneiras é a mais importante de todas. O saber pode ser digno de ser buscado por si mesmo, mas é de nossa compreensão tanto do mundo físico quanto do social que conseguimos nossas diretrizes sobre como deveremos viver. Foi esta questão que levou os filósofos gregos, e uma interminável lista posteriormente, a propor vários sistemas de governo e de sociedade, de sorte a tornar a vida tão equitativa quanto possível para todos os seus componentes.

Essas três questões — conceituação, convenções e consequências comportamentais — de há muito têm sido básicas na análise do saber humano e da condição social humana. São igualmente as fundações do relacionamento entre linguagem e comportamento. Por tal razão, as formas pelas quais têm sido analisadas e entendidas por alguns dos grandes pensadores do passado carecem ser revistas sumariamente.

Conceitos: Os Fundamentos do Conhecimento

Platão expôs uma análise rebuscada do ''significado'' em sua Teoria das Formas. Se tivéssemos de redenominar essa sua análise hoje em dia, poderíamos chamá-la uma teoria de ''conceitos''. Platão estava se referindo ao mais fundamental problema do saber — como definimos e entendemos coisas que existem fora de nossa experiência subjetiva. Esta é a primeira questão que deve ser enfrentada ao tentar-se solucionar o problema de como conhecemos a realidade. Platão sustentou que o conhecimento humano se desenvolve baseado em *universais*, ou seja ideias gerais acerca das principais características de cada categoria de coisas sobre as quais os seres humanos pensam. Ele denominou *formas* essas ideias gerais[4] e acreditou que a própria realidade se compunha de tais formas. Elas não tinham de ser coisas com existência concreta, como uma pedra, uma árvore, ou um animal; podiam ser abstrações, como um triângulo, a justiça, a beleza.

Platão sustentou que formando uma compreensão dos atributos essenciais de uma definitiva classe de objetos, reais ou abstratos, poderíamos facilmente identificar, entender e debater qualquer *exemplo particular* desta categoria. Portanto, se conhecemos os elementos essenciais que separam um gato de um crocodilo, ou um círculo de um quadrado, independente de variações de cor, tamanho ou outros atributos não essenciais, podemos identificar exemplos específicos de cada um, sem considerar variações de cor, tamanho ou outros atributos não essenciais daqueles exemplos em particular. O significado de um objeto, pois, consiste de sua forma — configuração de atributos essenciais que distinguem uma categoria de objetos de outra.

Com a teoria das formas de Platão, filósofos posteriores e outros estudiosos tiveram bastante dificuldade. Particularmente em época contemporânea, abordagens para definição e significado adotaram diversas outras aproximações, especialmente nos campos da ciência.[5] Não obstante, quando tiveram de ser criados esquemas para classificação, mesmo em trabalho científico, tornaram-se importantes as características que distinguissem uma classe de outra. Ou, quando pessoas comuns têm de explicar significados de conceitos que empregam em conversas informais, amiúde fazem-no em termos do que acreditam ser seus atributos essenciais — a ideia central da abordagem de Platão ao elo entre mente e realidade.

Quer se goste ou não da análise de Platão, é expressivo entender que em 400 a.C. já se achavam assentados os alicerces de uma teoria do conhecimento humano. Esses alicerces baseavam-se na ideia de conceitos como conjuntos de atributos significativos de algum aspecto da realidade, identificado por um nome ou rótulo que fazia parte da linguagem. Tal princípio não foi inventado por Platão. Provavelmente provém das origens da linguagem na antiguidade. O significado da obra de Platão é ter apresentado uma análise sistemática, empregando a forma alfabética de escrita que recentemente havia sido padronizada na Grécia. Suas obras permanecem como nossa principal fonte para entender o nível de sofisticação com que estava sendo tratada a questão do saber, naquele importante ponto de inflexão do desenvolvimento humano. De qualquer maneira, foi impressionante.

Conceitos, portanto, são as fundações do saber e o ponto inicial de uma teoria da comunicação humana. Representam nossa maneira de relacionar-nos com a realidade, porporcionando-nos as experiências subjetivas interiores de coisas, condições e relacionamentos em nosso ambiente físico e social.

Convenções: A Base da Comunicação

Seja qual for o sistema usado para se chegar a uma definição de um objeto, condição ou estado de coisas, permanece o problema de empregar esse significado *coerentemente*. Isto é uma questão antes social do que psicológica. É assunto de concordância coletiva acerca das regras que vinculam conceitos e seus significados. Isso foi tema de importância crítica para Platão. Ele empregou o método de Sócrates — discurso e debates sistemáticos (comunicação) entre um professor culto e seus alunos — para chegar a uma definição de um conceito. Após examinar todos os aspectos e atributos da ideia, alcançariam um acordo acerca dos seus significados. Ao fazer isso, possibilitavam enunciar suas implicações ou consequências para a conduta humana, tal como a organização da vida social. O *República* de Platão, por exemplo, abre com a pergunta "o que significa Justiça?"[6] A análise se processa relatando uma discussão imaginária entre Sócrates e um grupo de estudantes e colegas, levando a uma descrição ampla de todos os aspectos do conceito. Com estes significados em mente, Platão prossegue expondo um sistema social ideal que proporcionaria um máximo de justiça para seus cidadãos.

Afigura-se claro que a importância das convenções de significado — isto é, que a interpretação subjetiva da realidade é tão *social* quanto igualmente uma questão individual — foi bem entendida na época de Platão. O conhecimento do mundo onde vivemos, sustentou ele, dependia não apenas do que percebemos pessoalmente com nossos sentidos, mas com o em que nós concordamos com nossos semelhantes como sendo os significados compartilhados por todos do mundo exterior. Eruditos modernos passaram a referir-se a esta ideia como a "construção social da realidade", mas um nome melhor podia ser "concordância social sobre significados". Os discernimentos de Platão sobre o papel de convenções para estruturar significados são revelados em sua tão conhecida Alegoria da Caverna.[7]

"Imaginem", disse Platão, "a condição de homens que sempre viveram no fundo de uma câmara cavernosa embaixo da terra, com uma entrada aberta apenas para a luz e um longo corredor até a caverna." Ele ainda pediu ao leitor para imaginar que os homens tinham estado desde a infância acorrentados de modo tal que só podiam ver bem em frente de si. Atrás deles há um muro, com um parapeito em toda sua extensão. Os homens não o podem ver porque estão de frente para o lado oposto. Logo atrás do parapeito há um caminho paralelo pelo qual pessoas passam transportando objetos diversos, como estatuetas de animais e de homens, que possam ser suspensas apenas ultrapassando a parte superior do muro. Atrás há uma fogueira ardendo com muito brilho, de sorte que reluz na parede oposta da caverna. Um arranjo assim projetará sombras dos objetos suspensos pelas pessoas ao avançarem, gerando uma espécie de fantasmagoria, como um espetáculo de fantoches de sombras capaz de ser visto pelos homens acorrentados. Eles podem falar sobre as sombras, mas não conseguem ver as estatuetas reais nem as pessoas que as fazem mover-se.

Platão acrescentou som a seu espetáculo de sombras. Suponhamos, disse ele, que as pessoas levando os objetos conversassem livremente, mas que a prisão tivesse um efeito de eco produzido pela parede onde se projetavam as sombras, de modo que os acorrentados só pudessem supor que as vozes que ouviam vinham diretamente das imagens das sombras.

A lição proposta por ele era a seguinte: como homens assim poderiam conceber significados para as sombras que percebiam com seus sentidos? De toda maneira, sustentou Platão, tais prisioneiros creriam que as sombras *eram* realidade. Achou que eles construiriam suas vidas segundo regras para interpretar esses significados. Teriam nomes diferentes para os diversos tipos de sombras. Respeitariam e elogiariam o homem com o olhar mais apurado para ver as sombras passando e a melhor memória para reter a ordem em que passavam. Poderiam premiar aquele que pudesse prever que sombras viriam a seguir.

Ora, argumentou Platão, suponhamos que um deles fosse subitamente libertado, e fosse permitido ver o muro, a passagem, as pessoas, os objetos, o fogo — o todo da realidade objetiva da qual haviam sido criadas as sombras. Poderia ser-lhe contado que o que vira anteriormente não passara de uma ilusão e que o que experienciava agora era o verdadeiro significado daquele mundo anterior. Com o tempo, é claro, ele poderia ser retreinado e acabaria reconhecendo e entendendo que o novo mundo ao qual estava agora exposto era deveras a natureza objetiva da realidade.

Mas, tente agora predizer o que sucederia se o homem fosse agora levado de volta para a caverna, sentando-se em seu antigo lugar. Procure também, pediu Platão, predizer o que sucederia quando ele tentasse explicar aos antigos companheiros que o que estavam vendo não era absolutamente real, mas meras sombras do mundo real. Como reagiriam os outros? Platão estava convencido de que rejeitariam suas explicações como delírios de um louco, ririam dele, e, se tentasse libertá-los para experienciarem a nova realidade que ele descobrira, matá-lo-iam.

Transportando-nos para o mundo de hoje, seremos a contrapartida daqueles homens da caverna? A informação que nos é mostrada por nossos televisores ou no cinema, onde vemos sombras projetadas na tela (ou até as recebemos impressas), levou-nos a construir significados compartilhados para o mundo da realidade que não têm contrapartidas reais nesse mundo? É uma ideia vetusta com uma aplicação contemporânea espantosamente clara. Além disso, há razões sobejas para predizer que de fato construímos significados convencionais para a realidade com base no que nossa mídia apresenta!

Discussões modernas acerca da natureza da comunicação continuam a salientar a importância de vincular rótulos e significados mediante acordos sociais. As *convenções* da linguagem referem-se a regras aceitas socialmente para interpretar palavras que se desenvolvem dentro duma comunidade de fala que compartilha determinada linguagem. Convenções ligam um determinado vocábulo (conjunto específico de sons produzidos oralmente) a experiências subjetivas internas (determinado conjunto de sons produzidos oralmente) que membros da comunidade de fala mutuamente concordam que corresponderão àquela palavra. Para a comunicação ser possível, esses significados têm de ser os mesmos, ou no mínimo bastante semelhantes, de uma pessoa para a seguinte que compartilha as convenções. Simplificando, palavras têm significados que podem ser compartilhados devido a regras ou convenções vinculando ambos.

Contemporaneamente, temos ampliado de certo modo a ideia de conceitos e convenções especificados ao notar que criamos convenções de significado não só para palavras pronunciadas verbalmente, mas para muitas outras espécies de símbolos. Assim, a linguagem estende-se para além das expressões orais. Gestos não verbais frequentemente servem como palavras. Assim também objetos materiais desempenham um papel na comunicação. Exemplos seriam sacudir um punho fechado, ou fazer fiau com o dedo na ponta do nariz olhando para outra pessoa. Nossas convenções são bastante claras quanto ao significado de tais gestos. Usamos centenas de objetos que têm convenções de significado do tipo linguagem. Assim, as duas estrelas no uniforme de um militar significam ser ele primeiro-tenente do Exército*. O casaco de pele de vison usado ostensivamente "significa" que a mulher não é de uma camada pobre da sociedade. Outros exemplos de símbolos não verbais seriam sinais de trânsito, o crânio com duas tíbias numa garrafa de líquido venenoso, e logotipos de empresas bastante conhecidos. As palavras, é claro, permanecem sendo a maior e mais importante categoria de símbolos para que criamos e compartilhamos convenções de linguagem.

Embora devamos muito a Platão e seus congêneres, descobrimos princípios do conhecimento recentemente que teriam perturbado os filósofos gregos. Isto é, conceitos e convenções pouco têm a dever à "verdade". O fato de termos uma convenção que ligue uma determinada

---

* Isto no Brasil, pois nos Estados Unidos significaria "Major-General", ou seja, general-de-divisão. (N.T.)

palavra (ou outro símbolo) e algum significado previamente combinado nada diz se o significado é "certo" ou "exato". As pessoas são capazes de associar praticamente *qualquer* palavra e *qualquer* significado para desenvolver um conceito, quer se trate ou não de uma representação do mundo real. Assim, temos palavras para conceitos tais como fantasmas, discos voadores, pé grande, e o Triângulo das Bermudas. As pessoas dispõem de significados internos para essas ideias, independente de existir "lá fora" alguma realidade que a eles corresponda.

Notamos anteriormente que convenções de linguagem que ligam símbolos e significados contribuem para as fundações da comunicação humana. Evidentemente, ao conversarmos, lermos um jornal, escutarmos o rádio ou assistirmos à televisão, sabemos das regras e símbolos para interpretação que despertem significados subjetivos interiores nos receptores das mensagens. Essa, de fato, é uma definição da comunicação *humana* (não necessariamente da animal): provocadora de significados em outros. Dois princípios importantes deste processo foram compreendidos faz muito tempo, conquanto as maneiras de discutir os problemas fossem bastante diferentes. Primeiro, conceitos (rótulos e seus significados) são a base de nosso conhecimento pessoal da realidade (e às vezes da irrealidade). Segundo, podemos comunicar por que criamos regras sociais, isto é, convenções de linguagem, que exigem elos coerentes entre rótulos e seus significados.

Conduta: As Consequências de Conhecer a Realidade

Outro grande princípio bem consagrado em época primitiva foi que o conhecimento modela a ação. Isto é, uma das mais significativas consequências do saber é a escolha entre alternativas de comportamento. Foi ao considerar como o saber modela o comportamento que filósofos passaram a interessar-se pela natureza da vida virtuosa e pela justiça nas relações humanas. Esta preocupação levou ao problema de que tipo de ordem social ampliaria essas qualidades para a maioria dos cidadãos. Códigos de leis, tais como os de Hamurabi, Justiniano e outros, pretenderam especificar as leis.

Posteriormente, quando o cristianismo veio a dominar o pensamento ocidental, tanto filósofos morais como teólogos passaram a chamar essas questões de natureza do livre-arbítrio. A escolha entre comportamento *bom* e *mau* foi assunto de preocupação altamente crítica. Injunções poderosas e listas de mandamentos foram incluídas em todas as escrituras das grandes fés como diretrizes para escolher um e evitar o outro.

Mesmo em teorias mais seculares de governo e poder, o problema de como seres humanos escolhem comportamento desviante ao invés do conformista foi vinculado há séculos ao vetusto problema do conhecimento. Os sistemas legais das nações ocidentais desde há muito admitiram que seres humanos *conhecem* o comportamento exigido de parte deles por sua sociedade e que se dele se desviam o fazem deliberadamente, de propósito, e de maneira maldosa. A frase ''ignorância da lei não justifica'' é uma forma em que se pode identificar tal princípio. Até recentemente, quando foi admitido que o conhecimento de um indivíduo poderia estar prejudicado e que, por isso, o comportamento poderia ser causado por fatores fora do controle da pessoa, admitia-se que qualquer criminoso ''conhecia o certo e escolhia agir errado''.

A questão do relacionamento entre conhecimento e comportamento continua fundamental para se compreender a vida contemporânea. O bom senso diz-nos que nossas crenças acerca da natureza da realidade montam o palco para nossas decisões sobre como agir. Por exemplo, se estamos planejando uma excursão para acampar em certas partes do país, podemos preocupar-nos com o pé grande e os atributos da besta-fera. Podemos debater o problema com outras pessoas se compartilham nossas convenções sobre significados e avaliar a probabilidade de um ataque. Podemos também fervorosamente acreditar no Triângulo das Bermudas e evitar velejar em tais águas traiçoeiras se nós e outros cremos ser o risco uma realidade.

O princípio neste caso é que ao modelar nosso comportamento ostensivo, tanto quanto nossos pensamentos, o que conta são nossas convicções *compartilhadas* — nosso conhecimento subjetivo modelado pelas convenções de significado que sustentamos com outros — e não a natureza da realidade. Se algumas palavras não têm contraparte no mundo objetivo, mas *acreditamos* que têm, podemos ainda empregá-las para pensar e comunicar-nos. Essas crenças assumem significado verdadeiramente compulsivo, quando sabemos que outros acreditam como nós (p. ex., que o pé grande existe, ou que o Triângulo das Bermudas seja realmente uma zona perigosa). Quando crenças assim sustentam uma determinada interpretação da realidade, todos que compartilham o sistema acabam entendendo aquela realidade conforme as definições de significado compartilhadas.

A Extensa Busca dos Princípios do Conhecimento

Os caminhos para o conhecimento nunca foram simples ou constantes. Por exemplo, entre os séculos IX e XIII, a filosofia evoluiu para uma busca de verdades muito diferentes das preocupações que haviam predominado em séculos anteriores, e no entanto, como veremos, estava ainda concentrada no antiquado problema do conhecimento — que é a natureza definitiva da realidade, como chegamos a conhecê-la, e quais são as consequências de se dispor deste conhecimento.

Foi uma época de consolidação da religião. A Grécia nada mais era que uma tênue lembrança. Roma caíra séculos antes, e o cristianismo era a Igreja universal do mundo ocidental. Esforços doutos eram realizados no ambiente protegido de mosteiros e escolas, inicialmente instaladas por Carlos Magno. (As grandes universidades medievais acabaram surgindo daí.) Devido à sua associação com esses centros de saber, os filósofos da época acabaram sendo denominados escolásticos. Seus trabalhos eram dedicados a fundir a teologia com a filosofia. O mais importante conhecimento que buscavam era o de Deus e da natureza do plano social d'Ele para a humanidade. Se o conhecimento do plano de Deus para a vida virtuosa pudesse ser descoberto, então a verdadeira estrada para a salvação moral seria revelada.

Os escolásticos tinham uma vantagem: já sabiam que Deus existia! Suas profundas convicções religiosas não podiam levá-los senão para essa posição. Por conseguinte, nas suas mentes já tinham a mais importante verdade nas mãos antes mesmo de empreender a busca. Entretanto, tinham outras verdades a buscar. Ao mesmo tempo, havia três maneiras pelas quais se podia conseguir o saber. Uma era através da *revelação e fé*, de que dispunham em abundância. Outra era *autoridade*. Não havia ciência para desvendar a natureza e o funcionamento do universo físico. A terceira era através da aplicação de *raciocínio metafísico* — a lógica não dependente de premissas, considerações ou limitações físicas. O raciocínio metafísico e as conclusões conseguidas por tal método, a par das revelações da verdade de que já dispunham graças à sua fé, seriam seu itinerário para o conhecimento válido.

Os escolásticos preferiam a lógica metafísica à observação do mundo físico como meio de obter conclusões confiáveis, por duas razões. Primeira, realmente não se achavam muito interessados em questões mundanas; os temas importantes eram teológicos. Outrossim, o sobrenatural não poderia de qualquer modo ser observado. Segundo, achavam já terem entendido tudo que precisavam saber acerca do mundo físico, porque dispunham dos ensinamentos de uma grande autoridade. Os escolásticos haviam sido reapresentados às obras de Aristóteles, que haviam sido levadas à atenção da Europa pelos mouros que invadiram a Espanha. As ideias de Aristóteles tinham sido praticamente perdidas pela sociedade ocidental durante séculos, mas preservadas vivas por sábios árabes. Cerca de 95% dos escritos de Aristóteles eram acerca do mundo da natureza e ele passou a ser encarado como a fonte definitiva sobre tais assuntos. Chamavam-no "O Filósofo", ou "O Mestre", ele era tido como a fonte absolutamente final da verdade sobre tudo que dizia respeito ao mundo natural. A principal preocupação deles era com o sobrenatural.

De Aristóteles, os escolásticos haviam herdado um requintado sistema de raciocínio baseado no *silogismo.* A forma clássica deste abrange duas proposições denominadas premissas, com um termo médio comum, e uma conclusão que forçosamente decorre das duas primeiras. A forma clássica é comumente dada como:

Omne animal est substantia
Omnis homo est animal
Ergo: Omnis homo est substantia.

Versões complexas desse sistema de raciocínio serviriam para demonstrar através de pura lógica a existência de Deus (só para o caso de alguém não querer aceitar por pura fé). Uma vez conseguido isso, descobririam das escrituras e do raciocínio metafísico o Seu plano para a vida virtuosa. Com isso, poderiam verificar suas conclusões a respeito da sociedade justa — as regras para viver ensinadas e impostas pela Igreja deles.

Assim, partindo da verdade revelada em relatos bíblicos, mais os sistemas de raciocínio de Aristóteles, os escolásticos criaram um corpo de conhecimentos abrangente consistindo de interpretações da teologia e de diretrizes para a conduta humana. A conclusão central deles era que os ensinamentos de sua Igreja eram *infalíveis* e tinham de ser seguidos. Os que não aceitassem tais ensinamentos eram heréticos que tinham de ser vigorosamente extirpados da sociedade. Esta atividade veio a ser adotada com bastante entusiasmo.

Com o passar dos séculos, outros filósofos buscaram outras espécies de conhecimentos, propuseram outras formas para se estabelecer a verdade, e apontaram outras consequências para a vida humana que suas conclusões revelaram. A questão da sociedade justa continuou no centro do palco, mas novos entendimentos a respeito da natureza e do papel da linguagem foram parte importante da herança intelectual. Estes foram importantes discernimentos no íntimo da natureza humana. Se a verdadeira natureza dos seres humanos pudesse ser entendida, tal conhecimento mostraria o caminho para desenvolver o sistema político que melhor servisse à humanidade.

As grandes figuras dos séculos XVI e XVII foram filósofos como Thomas Hobbes e John Locke, ambos profundamente preocupados com a natureza da linguagem e como esta se relacionava com a vida mental do ser humano. Hobbes, por exemplo, em seu ensaio sobre a fala viu que era por meio de palavras e linguagem que desenvolvemos a capacidade para pensar e lembrar:

> O uso generalizado da Fala é para transferir nosso Discurso Mental para Verbal; ou o Trem de nossos Pensamentos em um Trem de Palavras; e isso para duas utilidades, das quais uma é O Registro das Consequências de nossos Pensamentos; que sendo capaz de fugir de nossa memória, e dar-nos de novo trabalho, pode outra vez ser recordado por tais palavras conforme foram registradas... Usos especiais da Fala são estes: Primeiro, Registrar, o que cogitamos ser a causa de qualquer coisa, presente ou pretérita; e o que acharmos que coisas presentes ou pretéritas possam produzir, ou realizar; o que, em suma, é adquirir Artes. Em segundo lugar, mostrar a outros esse conhecimento que conseguimos; que é, Aconselhar e Ensinar um ao outro. Em terceiro lugar, fazer sabido de outros nossas vontades, e finalidades, para que possamos ter a ajuda mútua um do outro. Em quarto lugar, agradar e encantar a nós mesmos, e a outros ao brincar com nossas palavras, por prazer ou para enfeitar, inocentemente.[8]

É claro, em meados do século XVII o princípio segundo o qual o pensamento depende do uso dirigido pela pessoa da linguagem estava bem entendido. O papel das palavras na memória era também evidente, assim como a ideia toda de que o conhecimento do mundo objetivo, incluindo suas causas e consequências, estava impregnado na fala e na linguagem.

John Locke levou esses princípios um passo adiante e fez da linguagem a base igualmente da ordem social. Descreveu um relacionamento entre palavras, significados íntimos, e o papel da linguagem como fundamento tanto da mente quanto da sociedade:

> Tendo Deus designado o Homem para ser uma Criatura sociável o fez não só com uma inclinação, e com a necessidade de ter companheirismo com os de sua própria espécie, mas dotou-o também de uma Linguagem, que deveria ser o grande Instrumento e Laço comum da Sociedade. O *Homem*, portanto, teve seus Órgãos de tal modo elaborados pela Natureza, de molde a estar *preparado para emitir Sons articulados*, que chamaremos de Palavras. Mas isso não foi bastante para produzir linguagem; pois Papagaios, e diversos outros Pássaros, serão ensinados a fazer Sons articulados suficientemente claros, que contudo, não são de forma alguma capazes de Linguagem.
>
> Além de Sons articulados, por conseguinte, era também necessário que fosse capaz de *usar esses sons*, como Sinais de Concepções Internas; e fazê-los apresentar-se como marcas de suas Ideias em sua própria Mente, podendo por conseguinte serem dados a conhecer a outros, e os pensamentos das Mentes dos Homens serem transmitidos de um para outro.[9]

A ideia de sociedade como um conjunto de entendimentos baseados em interação simbólica põe juntos o antigo princípio do conhecimento como conceitos, o princípio da linguagem como uma construção social de convenções de palavras e significado, e a ideia de que comunicação é a base da ordem social — ''o grande Instrumento e Vínculo comum da Sociedade.'' Todas essas propostas seriam grandemente aperfeiçoadas em séculos posteriores no âmbito das ciências sociais.

Um dos grandes debates ocorrido entre os séculos XVI e XVIII foi o valor do conhecimento *racional* face ao *empírico* — isto é, se o verdadeiro entendimento da realidade objetiva poderia ser alcançado somente pelo exercício da razão, ou se seria alcançável através do contato sensório com a realidade objetiva. Alguns sustentavam que os sentidos não eram um guia confiável para o conhecimento e que as impressões resultantes causadas na mente eram indignas de confiança e enganadoras. Foi um debate assaz importante na época em que a ciência estava evoluindo vigorosamente. Que espécie de conhecimento era esse que os novos tipos de filósofos produziam? Insistiam em *observação* e *experimentação* para tornar mais sistemáticas as contribuições.

O grande modelo para o saber racional foi a matemática. As verdades matemáticas podiam ser alcançadas somente pela razão, e era um tipo impressionante de conhecimento devido à sua exatidão e precisão. Todavia, outros insistiam que a razão não bastava; era necessário olhar para o mundo de forma muito objetiva, e experimentar. Só por meio da abordagem empírica, sustentavam eles, seria revelado o verdadeiro conhecimento. Enquanto prosseguia o debate entre os racionalistas e os empiristas, autores como Descartes, Hume, Berkeley e Kant ofereciam diferentes teorias explicando como seres humanos alcançavam suas construções mentais da realidade. Uma linha de pensamento, os idealistas, rejeitava ambas as abordagens e sustentava que não podemos absolutamente apreender a verdadeira natureza do mundo exterior — tudo que conhecemos são ideias de nossas próprias mentes.

Lentamente, contudo, as interpretações dos *empiristas* acabaram dominando a filosofia. O mundo, diziam eles, era percebido através dos sentidos, e imagens e compreensões interiores eram criadas na mente humana. Essa mente, acreditavam eles, estava claramente separada do mundo objetivo lá fora, mas poderia construir representações da realidade e era necessário admitir que os significados de uma pessoa fossem mais ou menos os mesmos de outras. Por outras palavras, realidades subjetivas interiores eram semelhantes duma pessoa para a outra, possibilitando uma troca interpessoal de significados por meio da linguagem. Este foi um consenso assaz importante.

Posteriormente, esta mesma questão de como os seres humanos conhecem a verdadeira natureza do mundo objetivo exterior tornou-se o maior contraponto de debate na filosofia da ciência. Era crítico para a criação de uma nova abordagem da compreensão baseada *simultaneamente* na razão e na observação. A tarefa daqueles grandes pioneiros que iniciaram o emprego do método científico — como Bacon, Galileu, Copérnico e Kepler — era revelar o funcionamento do mundo físico.

Levaria muito tempo, depois da sua época, para a ciência acabar expandindo-se para explorar os mundos psicológico e social.

Baseadas em que critérios, todavia, deveriam ser aceitas ou rejeitadas as respostas reveladas pelo método científico? A necessidade de uma adequada *epistemologia* era preeminente — uma teoria do conhecimento graças à qual investigadores pudessem decidir quanto à verdade ou falsidade de conclusões a que haviam chegado por meio da observação empírica. No século XIX, uma das principais respostas a essa indagação virou *probabilidade*. Se uma condição pudesse ter sido produzida pelo acaso, mesmo que só raramente, não se poderia concluir que fosse acarretada por fatores casuais sendo estudados. Era uma nova e incomum resposta à antiga pergunta de como conhecemos a realidade, mas teve consequências profundas.

Se as ideias complexas debatidas nas seções anteriores puderem ser representadas por um diagrama simples, poderia ser o da Figura 9.1. Durante séculos de análise e debate filosófico, cinco grandes princípios acerca da existência humana foram visados. O debate prossegue acerca de todos os cinco, mas pode ser resumido da seguinte forma: (1) Há uma realidade em que vivemos (incluindo tanto um mundo objetivo da natureza quanto um mundo sobrenatural sobre o qual carecemos de consenso); (2) seres humanos criam alguma forma de representações mentais que fornecem significados para a realidade; (3) há um processo interveniente por meio do qual os indivíduos constroem significados subjetivos para a realidade; (4) nossos significados e interpretações subjetivas orientam nossa conduta pessoal; e (5) os padrões de conduta da humanidade são tais que se torna necessária uma ordem social controladora de regras justas. Esta ordem, por sua vez, influencia a conduta.

A questão central na presente análise é o processo pelo qual sabemos — o segundo quadrado a partir da esquerda na Figura 9.1. O que é esse processo por meio do qual obtemos nossos significados para a realidade? Mostramos que no início do século XIX haviam sido propostas muitas respostas para essa antiga pergunta. Alguns dos que lidaram com este problema através dos tempos alegaram que o mais importante conhecimento de todos era como conhecemos Deus e Seu plano para nosso comportamento pessoal e a ordem social. Isso poderia ser obtido aplicando-se lógica rigorosamente. Outro conhecimento — acerca do mundo da natureza — estava disponível vindo de fonte limpa, de Aristóteles que era citado como O Filósofo, que havia muito elaborara tudo de que realmente precisávamos saber. Analistas posteriores insistiram em que conseguíssemos nossas interpretações e significados subjetivos mediante o exercício da razão. Não precisávamos preocupar-nos com aspectos objetivos da realidade como de fato existem; são nossas imagens interiores que real-

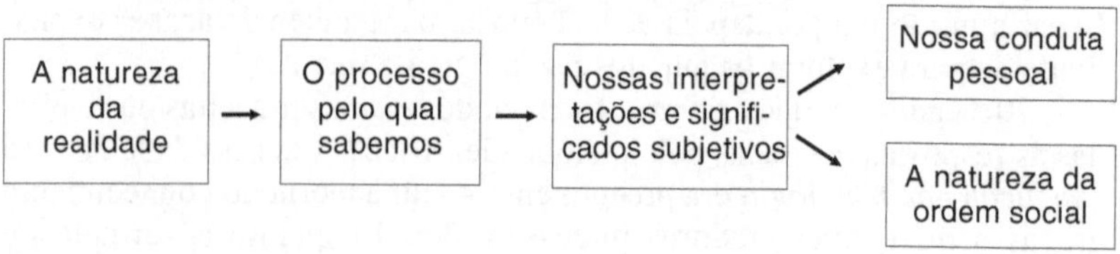

Figura 9.1. A Resposta Secular ao Relacionamento entre Realidade, Conhecimento, Conduta Pessoal e a Ordem Social

mente contam. Alguns chegaram ao ponto de alegar não existir realidade externa; tudo existiria apenas em nossas mentes.

Posteriormente foi apresentada a conclusão mais moderna de que o conhecimento se baseia em contato empírico com a realidade objetiva. O elo crítico entre a mente humana e os significados dela oriundos são os sentidos. Por conseguinte, nossas imagens, ideias e interpretações — nossos significados — são construídos subjetivamente a partir de impressões sensórias. Tal opinião tornou-se especialmente importante para os que queriam adquirir conhecimentos acerca da natureza do mundo físico por meio de experiências e observações controladas. Com o amadurecimento da ciência, foram inventados critérios complexos baseados em considerações de probabilidade para decidir se o conhecimento assim obtido era confiável.

A despeito da quase esmagadora acumulação de conhecimentos produzida entre o tempo de Platão e o início do século XIX, contudo, pouco se sabia acerca de como pessoas comuns adquiriam e verificavam *seus* conhecimentos. As populações do mundo eram compostas de pessoas de origens humildes, que careciam do grande saber dos filósofos, não tinham acesso aos sistemas de lógica de Aristóteles, pouco ou nada sabiam da ciência e de suas teorias epistemológicas. Contudo, na fazenda, na cidade, pessoas de toda sorte de atividade ainda tinham de enfrentar a realidade. Como é que *elas* ligavam significados a conceitos que rotulam vários aspectos da realidade? Como eram estabelecidas as suas convenções para ligar rótulos de maneiras padronizadas a interpretações subjetivas do mundo exterior? Outrossim, quais eram as consequências sobre o comportamento dos conceitos e convenções originais de sentido que existiam no sistema particular delas? As respostas a essas perguntas chegariam vagarosamente, de maneira descoordenada, de novos ramos da filosofia que seriam estabelecidos durante o século XIX. Foram denominadas ciências sociais.

RESPOSTAS CONTEMPORÂNEAS: TEORIAS DA CONSTRUÇÃO SOCIAL

Cada uma das ciências sociais apartou-se do cerne da filosofia durante o século XIX. Elas levaram avante a veneranda pergunta de como os seres humanos criam conhecimento da realidade dentro de suas disciplinas especializadas. Cada uma criou seus próprios conceitos, suposições, teorias e métodos de investigação. Partindo do início do século, foi criada a ciência da linguística.[10] Hoje em dia, os linguistas sondam a estrutura e a semântica da linguagem. Durante a última metade do século emergiu o amplo e abrangente campo da antropologia, estudando tudo desde ossadas antigas e as ruínas de grandes civilizações até as culturas de contemporâneos primitivos. Um ramo do setor dedicou-se a entender como as línguas de vários povos modelam originalmente suas experiências subjetivas do ambiente físico e social.[11] Após resistir inicialmente a tal assunto, os psicólogos passaram a estudar como as pessoas adquirem significados e como a linguagem influi na percepção, na memória e no comportamento social. A sociologia apartou-se da filosofia no começo do século para focalizar padrões amplos de organização e mudança da sociedade. No início do atual século ramos da sociologia assumiram o estudo da forma pela qual significados e conhecimento emergiram da interação social baseada em linguagem, e como esse processo modela a vida pessoal e social.[12]

Embora cada uma dessas disciplinas tenha se desenvolvido de alguma forma independentemente das outras, é claro que focalizaram certo número de problemas comuns. Particularmente, cada uma estudou como indivíduos constroem significados subjetivos interiores para os projetos e acontecimentos da realidade, como tal conhecimento possibilita aos seres humanos comunicarem-se uns com os outros de maneiras diferentes das de outros seres, e como tal fato modela o comportamento tanto individual quanto coletivo. Em suma, prosseguiram no estudo dos problemas antigos. Uma breve recapitulação de alguns dos principais conceitos de cada disciplina nos proporcionará uma visão panorâmica de como cada uma delas abordou o princípio geral de que os significados usados pelas pessoas são construções derivadas do social.

Linguística: Conhecimento da Realidade Através da Linguagem

Bem cedo no século XIX, ficou cada vez mais claro existir um evidente relacionamento entre a organização ou estrutura de uma língua e a forma pela qual as pessoas empregam-na para suscitar sentidos uma na outra.

Pareceu indispensável, portanto, fazer um estudo especializado das diferentes línguas em uso de modo a entender princípios comuns de como significados eram transmitidos por sons, palavras e arranjos de palavras. O campo da linguística iniciou-se como o estudo comparativo das línguas. Este levou rapidamente a tentativas para reconstruir línguas antigas. Mais tarde, a linguistica virou uma disciplina complexa preocupada não apenas com origens, mas com a organização, modelos de mudança e características comparativas de línguas contemporâneas pelo mundo afora.

A busca das mais primitivas linguagens alcançou resultados interessantes. Linguistas que se especializaram em estudos comparativos dentro em pouco descobriram características comuns e diferenças significativas entre e em meio às línguas contemporâneas. Entretanto, certas famílias de línguas tinham muitas similaridades, subentendendo que poderiam ter se originado de uma fonte comum. Os linguistas trabalhavam sempre recuando no tempo. Análises infatigáveis foram levadas a cabo das coisas que eram designadas e das regras para agrupar palavras nas mais antigas línguas, das quais restavam mesmo só fragmentos de coisas escritas. Graças a isso, os linguistas puderam reconstruir pelo menos alguns aspectos de uma bastante antiga língua-mãe, das quais parecem ter derivado línguas conhecidas no mundo antigo. Por exemplo, a língua matriz continha palavras para plantas, animais e condições de clima que caracterizavam vida em um ambiente setentrional assaz áspero. Um ambiente exatamente assim existiu durante a última Era do Gelo em áreas situadas entre o que é agora a Europa setentrional e a parte ocidental da União Soviética. Foi a mesma área na qual indivíduos Cro-Magnon iniciaram o primeiro grande período de inovação cultural que vinculamos à transição para a Idade da Fala e da Linguagem.

Sejam lá quais fossem as origens da linguagem, seu uso disseminou-se há longo tempo por todos os povos do mundo. Cada uma tem um complexo sistema oral para descrever, entender e fazer face ao meio ambiente. Foi para esses sistemas que os linguistas se voltaram para expandir seus estudos. Intrinsecamente, a linguística hoje em dia consiste na investigação sistemática de três aspectos capitais da linguagem que auxiliam a entender como as pessoas a usam para transmitir significados. Uma área está interessada em *fonologia*, os sons produzidos pelas pessoas para formar palavras. Outro interessa-se pela *sintaxe*, as regras com que as pessoas usam modelos de palavras para transmitir significados além do de cada uma delas. Finalmente, a *semântica* ocupa-se dos vínculos entre as palavras (ou outros símbolos) e seus referentes, isto é, os aspectos da realidade de que elas são substitutos, e os significados que provocam se o orador seguir as convenções consagradas em sua comunidade linguística.

Essas três áreas do estudo da linguística fizeram avançar grandemente nossa compreensão das formas pelas quais as pessoas vinculam vários tipos de símbolos a referentes físicos e sociais, de sorte a despertar significados convencionados que possam ser empregados em comunicação. Em primeiro lugar, é claro que a seleção de um determinado símbolo para usar como rótulo para algum referente, algum aspecto da realidade física ou social, é assunto puramente *arbitrário*. Não há conexão natural entre determinada palavra, som, marca escrita ou objeto e aquilo que ele significa em nosso mundo de experiência. As convenções construídas por gente para despertar significado com determinados gestos, palavras ou objetos são apenas isso — construções.

Uma conclusão interessante dessas considerações é que à parte o atrativo pernóstico, não existe uma linguagem inerentemente "correta". Os significados "certos" das palavras e a gramática "apropriada" tornam-se questões de como os falantes concordam na questão de quais símbolos e modelos devem suscitar quais significados. Se o consenso se desgastar, claro, torna-se impossível a comunicação. Por conseguinte, há um entendimento compreensível para preservar as convenções através do tempo sob a forma de dicionários e de gramáticas. Não obstante, a língua é uma construção permanentemente mutável de símbolos, referentes, sintaxe e significados.

Com o desenvolvimento da especialidade da semântica, alguns entusiastas começaram a crer que muitos dos males do mundo eram provocados pela manifestação de tipos errados de significados nos outros, por pessoas que tentassem ludibriar ou manipular eleitores, consumidores ou seguidores. O campo da *semântica geral* foi criado pelos reformadores que se devotaram a limitar tais atividades. A semântica geral é um campo mais orientado para a missão do que a semântica como tal, que permanece sendo um estudo mais técnico de rótulos, títulos, referentes, significados, e as convenções que os unem.

De qualquer maneira, o estudo do significado é incompleto sem uma compreensão das contribuições da linguística. De muitas formas a disciplina concentra-se no mesmo comportamento estudado por outras ciências sociais. Todas são extensões dos esforços dos filósofos que tentaram desvendar como nós sabemos e que diferença isso faz na condução dos assuntos humanos.

Antropologia: Relatividade Cultural na Construção de Significados

Os antropólogos frequentemente definem sua disciplina como o estudo dos seres humanos, suas origens, sociedades humanas, e suas culturas, tanto passadas quanto atuais. Se isso estiver certo, é uma disciplina muito ampla, com interesses que se sobrepõem em grande medida aos de outras ciências sociais. Um dos primeiros rebentos desse campo foi realmente a linguística. Como a língua é parte crítica da cultura humana, era natural para os pioneiros antropólogos fomentar seu estudo. Assim, é às vezes difícil distinguir entre a linguística como especialidade técnica separada e o estudo da língua e da cultura no âmbito da antropologia. Com efeito, isso realmente não importa. O importante é o que foi descoberto e não o rótulo profissional do descobridor.

Um dos pioneiros no estudo da linguagem e da cultura foi Edward Sapir, que, na primeira década deste século, empreendeu estudos das línguas de várias tribos indígenas norte-americanas. Posteriormente, expandiu suas investigações para abranger línguas de muitas outras partes do mundo, tanto antigas quanto contemporâneas, primitivas e modernas. Na década de 1920, os estudos de Sapir levaram-no a dar-se conta de não apenas as línguas de cada grupo serem diferentes, como também o serem as compreensões pelos grupos dos seus mundos físico e social. Por outras palavras, não se tratava simplesmente de cada grupo ter diferentes nomes para o mesmo grupo de objetos, condições e situações de uma realidade mais ou menos uniforme; o que parecia ser o caso eram as pessoas que usavam diferentes línguas estarem de fato experienciando realidades assaz diversas! Seus vocábulos, convenções de linguagem e significados modelavam suas construções comuns do próprio sentido da realidade, proporcionando a cada grupo orientações subjetivas distintas acerca das características do mundo em que viviam.

A tese de Sapir está muito nitidamente resumida em um trecho frequentemente citado que expõe suas ideias básicas e suas ilações:

> A língua é um guia para a ''realidade social''. ...a língua condiciona fortemente todo o nosso modo de pensar acerca de problemas e processos sociais. Os seres humanos não vivem sozinhos em um mundo objetivo nem no mundo da atividade social, como é geralmente admitido, mas se acham bem à mercê da língua em particular que se tornou o meio de expressão para a sua sociedade. É bastante ilusório imaginar que a gente se ajusta à realidade essencialmente sem recorrer ao emprego da língua e que esta seja um mero meio incidental de resolver problemas específicos de comunicação ou reflexão. O que importa é que ''o mundo real'' é em grande parte construído inconscientemente com base nos hábitos de linguagem do grupo. Não existem duas línguas suficientemente semelhantes para poderem ser consideradas representantes da mesma realidade social. Os mundos em que vivem sociedades diferentes são mundos distintos um do outro, não meramente o mesmo mundo sendo chamado por diferentes apelidos.[13]

As descobertas de Sapir e as conclusões um tanto ulteriores de Benjamin Whorf, que estendeu os conceitos ao estudo da percepção e do pensamento, acabaram sendo denominadas *hipótese Sapir-Whorf*, ou *princípio da relatividade linguística.*

As implicações deste conjunto de ideias para entender a natureza e as fontes dos significados humanos são de grande alcance. Representam uma extensão realmente expressiva das mais antigas generalizações da filosofia, a saber o que conhecemos da realidade por intermédio dos sentidos, e que tal experiência empírica fornece a base para criar significados para o ambiente externo. Isto certamente permanece de pé, mas *os processos de comunicação singulares de que o indivíduo faz parte* agora são encarados como um complexo adicional de fatores que modelam e influenciam a maneira pela qual são experienciadas as realidades.

Sociologia: Interação Simbólica e Concepções da Realidade

Vimos anteriormente que Platão fez uma análise intrigante do relacionamento entre linguagem, significado e realidade. Essa análise evidentemente nada teve a ver com comunicações de massa, porém é uma exemplificação intemporal do princípio de que convenções de linguagem vinculam significados a palavras que têm influência poderosa no comportamento das pessoas. Esse princípio emergiu em sociologia como um meio importante de analisar como as pessoas podem adquirir definições compartilhadas do significado das coisas, inclusive regras da vida em sociedade e até sua própria natureza pessoal, ao interagirem umas com as outras por meio da linguagem — ou como os sociológos expressam, por meio de *interação simbólica.*

Há dois encadeamentos um tanto separados, que surgiram em torno da ideia de interação social e significados compartilhados, como base para interpretações individuais do mundo objetivo. Uma proveio das origens da psicologia social no início do século. Charles Horton Cooley ficou convencido de que as pessoas são capazes de relacionar-se umas com as outras, não baseadas em suas características objetivas como de fato existam na realidade, mas somente através das *impressões* que criam umas das outras graças a suas interações. Ele denominou esses conjuntos de impressões ''ideias pessoais''. Criamos uma ideia pessoal para cada indivíduo que conhecemos e ideias mais gerais para pessoas de diferentes categorias tomadas como coletividades. A ideia pessoal, pois, é uma construção de significado, um conjunto de atributos imaginados que projetamos em cada um de nossos amigos e conhecidos como interpretações de suas reais *personae.*

Cooley estava convicto de só por podermos criar essas duplicatas de pessoas reais em nossas próprias mentes é que podemos nos empenhar em intenção social com as mesmas. Usamos a ideia pessoal que temos de cada uma como base para prever seu comportamento. Também usamos tais impressões para prever o comportamento de outras que se pareçam com elas. Desnecessário dizer que elas fazem o mesmo conosco:

> Na medida em que toca o estudo de relações sociais imediatas, a ideia pessoal é a pessoa real. Quer dizer, é só nela que um homem existe para outro, e atua diretamente sobre sua mente... *A realidade social imediata é a ideia pessoal;* nada pareceria poder ser mais evidente do que isso...
>
> A sociedade, pois, em seu aspecto imediato, *é uma relação entre ideias pessoais.* A fim de existir sociedade é evidentemente necessário que as pessoas se reúnam em algum lugar; e se reúnam apenas como ideias pessoais na mente.[14]

O que não se acha incluído na citação acima é um elemento adicional que Cooley discutiu como ingrediente indispensável à interação social: também temos de ter uma ''ideia pessoal'' minuciosa de *nós mesmos.* Isto nos proporciona conhecimento importante que ajuda a definir como devemos agir no relacionamento com as outras pessoas. O saber que somos masculinos ou femininos, gordos ou magros, obtusos ou brilhantes, simpáticos ou feios é crítico para a formação de nossas reações a outros acerca dos quais temos ideias pessoais. O conhecimento de nós mesmos também é conseguido por meio de interação social baseada na linguagem.

Cooley denominou nosso autoconhecimento pitorescamente de ''eu espelhado'', porquanto sustentava que obtemos uma impressão do que somos pessoalmente como um ser humano ao observar as ações dos outros. Há uma espécie de espelho social no qual vemos as pessoas nos aceitarem ou rejeitarem, admirar-nos ou desgostar de nós, e aprovar ou reprovar-nos as ações. É desses dados que tiramos conclusões acerca de nossa própria natureza.

> Cada um para outro um espelho
> Reflete o outro ao passar.[15]

Assim, a teoria de construção social de Cooley foi uma espécie de ''organicismo psíquico'' que concebia grupos humanos e sociedade como um sistema de ideias pessoais, com o acréscimo de uma ideia pessoal acerca do *self*, que cada pessoa desenvolvia como construções de significados internas e subjetivas.

A teoria das consequências pessoais e sociais da interação simbólica foi grandemente elaborada e sistematizada durante a fase inicial do século por George Herbert Mead.[16] Malgrado ele fosse por carreira um filósofo, exerceu profunda influência em sociólogos que buscavam compreender o relacionamento entre pensamento individual, comportamento pessoal e a ordem social. Mead empregou o termo *mente* para referir-se não a alguma entidade etérea mas à capacidade humana para aprender e usar símbolos cujos significados fossem compartilhados com outros. Sustentou que só devido a tal capacidade podem as pessoas comunicar-se por intermédio de linguagem baseada em significados convencionados.

Afirmou-se também que a capacidade para comunicar-se com outros é a chave do pensamento humano individual. Mead considerou o ato de pensar como uma resposta interior a símbolos autodirigidos. Devido aos seres humanos disporem desta capacidade, podem construir concepções do *self*, segundo as linhas sugeridas por Cooley, e podem aprender a antecipar tanto as ações de outros quanto o que eles encararão como comportamento socialmente aceitável.

Mead assinalou que, a fim de relacionar-se com outras pessoas, temos de "assumir o papel delas". Isto é, temos de aprender os requisitos para desempenhar todos os papéis específicos de um grupo e, a seguir, utilizar essas concepções a fim de antecipar como outras pessoas em determinados papéis reagirão a nossos atos. A princípio, fazemos isso em nossa família imediata quando crianças. Mais tarde, expandimos nossas concepções a fim de incluir a sociedade mais ampla que nos cerca, em sentido mais geral. Esta construção é o que Mead denominou o "outro generalizado". Mente, *self* e sociedade, pois, são todos construtos — estimativas e definições de papéis pessoais que conseguimos por meio de interação simbólica.

Um prolongamento contemporâneo da perspectiva interacionista simbólica de Cooley e Mead é o que sociólogos denominam *teoria da rotulação*. Este conceito é particularmente relevante para o estudo do comportamento desviante. A ideia básica é que a pessoa que viola a lei ou transgride alguma outra norma significativa é oficialmente "rotulada" por um órgão da sociedade. Esse rótulo, então, torna-se uma identidade ou significado público relevante para a pessoa, reestruturando como outros reagem a ele e acabando por acarretar mudanças no autoconceito da pessoa. Por exemplo, rótulos tais como "paciente mental", "delinquente juvenil" e "prostituta" evocam significados poderosos e levam a pessoa assim rotulada a ser tratada de formas negativas pela comunidade. É difícil escapar a tais rótulos, ainda que os acontecimentos que motivaram isso talvez tenham sido apenas uma fração da vida total da pessoa. Outrossim, eles podem ser assaz injustos. Por exemplo, as pessoas podem recuperar-se de doença mental, reformar seus hábitos delinquentes, e conter-se de comportamento sexual reprovável; uma vez, porém, rotulado como paciente mental (ou seja lá o que for), assim permanecerá pelo menos aos olhos do público, mesmo após recuperação total. Desta forma, os significados atribuídos pelas pessoas tornam-se guias de seu próprio comportamento para o indivíduo que carrega o rótulo. Exemplo contemporâneo é o que acontece quando uma pessoa se torna conhecida como uma "vítima da AIDS".

Uma teoria de construção um tanto independente surgida em sociologia volta-se para o problema do conhecimento em geral. Um ramo da disciplina é chamado "sociologia do conhecimento", expressão cunhada na década de 1920 sob a forma de *Wissenssoziologie* pelo filósofo alemão Max Scheler.[17] Suas raízes, entretanto, vêm de muito longe e de fato poderiam ser rastreadas até as origens mesmas da filosofia clássica discutidas anteriormente. Sua principal tese é que o conhecimento de *qualquer coisa* que se desenvolve em uma sociedade é modelado e limitado pela cultura predominante na época. Esta é uma ideia importante para avaliar os conjuntos de crenças tanto passados como presentes acerca da "verdade".

Para os sociólogos, são de particular interesse aquelas formas de saber que modelam a natureza da sociedade. Estas surgem sob o aspecto de ideologias, religiões, explicações científicas, e, é claro, de magia e superstições. Cada uma delas, numa ou noutra época, foi compartilhada por grandes populações como a única verdade tolerável acerca da natureza do mundo social. O tratamento das pessoas no âmbito das ordens sociais é moldado por tal conhecimento e pode exercer profundo efeito na qualidade da vida humana.[18]

Psicologia Social: Tipos Gerais como Significados para a Realidade

Mais recentemente, psicólogos sociais voltaram sua atenção com toda força para o problema das construções humanas de significado e como estas influenciam o comportamento. Os termos que empregam para designar as questões diferem dos de outras disciplinas, mas as preocupações subjacentes são muito semelhantes. Nesta linha de pesquisa, permanece a dedicação dos psicólogos à experimentação, assim como sua generalizada apreensão com explicações "mentais" da conduta humana. Tendem a evitar palavras tais como "mente" e "pensamento", e usam nomes como "cognição", "formação de impressões" e "processamento de informações", que de alguma forma se afiguram mais seguras.

Um recente importante simpósio debateu tais questões e umas onze teses sobre *cognição social* foram apresentadas. Nesse simpósio, que resume virtualmente todos os estudos de psicólogos sociais sobre cognição social até 1981, quase duas mil referências a relatórios de pesquisa (principalmente de outros psicólogos) foram citadas. A imensa maioria foi publicada durante as três últimas décadas, indicando súbito ressurgimento de interesse pela questão de significado e comportamento.[19] Embora pouca atenção fosse dispensada à comunicação de massa nesse simpósio específico, ele contribui com um excelente resumo de recentes provas acumuladas por experiências psicológicas atinentes ao antigo problema da natureza do conhecimento humano e de suas implicações para o comportamento. Conforme indicamos anteriormente, esse problema continua a ser decisivo para se compreender o significado da comunicação de massa na sociedade moderna.

"Cognição social" é um conceito bastante abrangente que se afirma vincular "estruturas cognitivas" e "processos subjacentes ao julgamento e comportamento sociais".[20] O comportamento social abrange comunicação, que foi tratada em termos de uma formulação denominada "o jogo da comunicação". Outras disciplinas tradicionalmente se referiram a isso como "comunicação interpessoal". Outros tópicos de disciplinas correlatas, tais como o que George Herbert Mead denominou "assunção de papel", agora designado como "regra de comunicação 1", e o que Cooley chamou "ideias pessoais", agora apelidado de "representações cognitivas de pessoas". Houve uma única referência a um filósofo grego dentre as muitas citações (Aristóteles) e o nome foi grafado errado.

A despeito dessas diferentes orientações para estratégias de pesquisa, rótulos para conceitos, e a apreciação pelos pensadores do passado, diversas importantes linhas de pesquisa foram criadas paralelamente às de outras disciplinas sociais e da comunicação. Em particular, a natureza da memória e suas funções no relacionamento interpessoal foi sondada a fundo. Quiçá mais importante, psicólogos redescobriram a *linguagem* e seu papel na interação social.

A ideia básica em torno da qual a maioria da pesquisa de psicologia social se organiza é o conceito de *tipos gerais.* Foi introduzido em 1934 pelo psicólogo britânico Frederick C. Bartlett.[21] Ele estudou a comunicação interpessoal de contos populares entre vários grupos africanos, em uma tentativa para discernir o funcionamento e os limites da memória humana. Lamentavelmente, o nome tem dúzias de definições hoje em dia, mas geralmente refere-se à maneira pela qual a memória humana se acha psicologicamente estruturada e como essa estrutura possibilita percepção, comunicação e comportamento social.

> Um esquema é uma estrutura cognitiva que em parte consiste na representação de algum domínio de estímulo definido. O esquema contém conhecimentos gerais acerca desse domínio, incluindo uma especificação dos relacionamentos entre seus atributos, bem como exemplos ou casos específicos do domínio do estímulo. Como tal, uma das principais funções de um esquema é proporcionar respostas à pergunta "De que se trata?". O esquema fornece hipóteses acerca dos estímulos a serem recebidos, abrangendo planos para reunir e interpretar informações referentes a esse esquema. Também pode fornecer uma base para ativar sequências reais de comportamento das expectativas de sequências de comportamento específico, isto é, roteiros para como o indivíduo se comporta em uma situação social.[22]

Se tivesse podido penetrar no jargão psicológico, Platão teria entendido a ideia de esquemas muito bem. Fundamentalmente, são *organizações pessoais de significados subjetivos* para objetos, situações ou acontecimentos percebidos por intermédio dos sentidos. Eles são a maneira de o psicológo social falar sobre a forma armazenada de sabedoria humana — respostas interiores que são mobilizadas ao perceber algo diretamente, ou quando se usam palavras para se comunicar com os outros acerca dessa realidade. Um exemplo singelo é a ideia de uma ''casa''. No interior da memória humana há um conjunto de atributos, representações, traços de experiência, ou seja lá como se resolver chamá-los, que possibilitam a uma pessoa, ao se ver confrontada com uma casa de verdade, reconhecer a informação dos sentidos correspondente como coerente com a experiência previamente registrada de ''casa''. A organização dessas experiências na memória é o esquema. O esquema funciona não apenas na percepção de uma casa de verdade, mas como base para atribuir significado quando alguém *disser* ''casa'' em comunicação interpessoal. Presumivelmente isto funciona quando o indivíduo quer expressar a ideia para outrem e emprega o nome ''casa'' para fazê-lo. Além disso, o esquema habilita uma pessoa a dedicar-se a imaginar ou pensar acerca de casas e proporciona uma contribuição importante ao forjar o comportamento pessoal e social em relação a casas ou em situações relacionadas com casas.

Assim, a pesquisa contemporânea da psicologia social está confirmando o que era de há muito sustentado por filósofos, antropólogos, sociólogos e outros. Há uma relação crítica entre o conhecimento que adquirimos aprendendo na sociedade e a maneira pela qual reagimos diante do mundo físico e social. Os esquemas, que contêm muitas semelhanças com a ideia de *formas* de Platão, proporcionam um entendimento do funcionamento psicológico da memória, percepção, raciocínio e comunicação.

Coerente com muito do pensamento anterior acerca da natureza de significados e comportamentos é a ideia de que os esquemas são *construções* adquiridas em um processo de aprendizagem. Obviamente, as pessoas não nascem com tais estruturas internas de processamento; elas chegam ao indivíduo como resultado daquilo a que outras disciplinas se referem como socialização, dentro de determinada sociedade que tem suas regras próprias para estruturar o significado. Em suma, pois, brotando das experiências dos psicólogos sociais há uma confirmação adicional dos princípios profundamente consagrados que sugeriram significados como a base do conhecimento; que tais significados, a par de seus rótulos e convenções, são a base da comunicação, a qual por sua vez é o alicerce da ordem social.

O aspecto mais fascinante de nosso resumo sucinto de algumas das preocupações centrais de quatro disciplinas contemporâneas é que de muitas maneiras elas estão atrás dos mesmos tópicos básicos, mas por caminhos diferentes; usam vocabulários diferentes, e empregam epistemologias desiguais. Lamentavelmente, contudo, o que está ocorrendo em uma é amiúde desconhecido dos pesquisadores de outra. As disciplinas contemporâneas da ciência social tendem a converter-se em guetos intelectuais, onde as pessoas vivem e trabalham em isolamento do que se passa em outras partes. Também, lamentavelmente, pesquisadores contemporâneos frequentemente parecem não se dar conta de introvisões importantes da condição humana acumuladas durante vários séculos de pensamento social e diretamente relevantes para os temas que estão estudando presentemente. Quiçá por tais razões haja um considerável esforço de reinventar rotas conceituais e teóricas. Empolgados em seus limitados estudos empíricos e bem-aventuradamente alheios à sua própria herança intelectual, muitos pesquisadores modernos são o que o sociólogo Pitirim Sorokim chama "novos Colombos", redescobrindo e rebatizando, em cada disciplina, o que é de há muito conhecido. Não obstante, as contribuições dessas linhas de investigação contemporâneas podem ser decisivas e não há dúvida quanto a estarem avançando para o limiar da compreensão.

COMUNICAÇÃO DE MASSA E A INFLUÊNCIA DA REALIDADE TRANSMITIDA

Eruditos e pesquisadores que estudam o processo e efeitos da comunicação de massa criaram diversas formulações baseadas no princípio de que significados e interpretações da realidade são construídos socialmente. Cada vez vem se tornando mais claro que, como os homens na caverna de Platão, estamos crescentemente experienciando um mundo intermediário em vez da própria realidade. Ao contrário do espetáculo de sombras de Platão, contudo, nossa mídia atual expande, ao invés de reduzir, o que chega a nossos olhos e ouvidos. Todavia, o que percebemos são representações da realidade e não esta, e esse fato certamente tem de causar um impacto em nós. Um dos mais importantes aspectos de nossa transição em curso para a Era das Comunicações de Massa, pois, é estarmos crescentemente em contato com representações veiculadas de um complexo mundo físico e social em vez de somente com os traços objetivos de nossos limitados arredores.

Pesquisadores e teóricos da comunicação tentaram criar linhas de pesquisa e explicação a fim de perscrutar as implicações de nossa presente transição para uma sociedade de mídia. Em alguns casos, suas formulações e explicações foram construídas sobre a herança intelectual delineada neste capítulo. Em outros casos, as teorias da comunicação simplesmente seguiram rumos paralelos aos de outras ciências socias e ignoraram princípios descobertos anteriormente. De qualquer maneira, os estudiosos da comunicação criaram quatro formulações mais ou menos contemporâneas que, de certo modo, são versões ou derivadas do que denominamos o *paradigma de significado* geral. O paradigma baseia-se nos princípios do conhecimento, linguagem e conduta que foram acumulados desde que os membros de nossa espécie iniciaram pela primeira vez a lida intelectual para entender sua própria natureza e como eram diferentes das demais criaturas. O paradigma, portanto, é em parte uma herança intelectual que foi examinada e reexaminada durante séculos de análise e debates filosóficos. Também é, em parte, a contribuição das ciências sociais contemporâneas.

É difícil apreender tantas ideias em qualquer simples relação de declarações, mas essencialmente o paradigma de significado incorpora as seguintes proposições inter-relacionadas:

1. A memória humana possibilita a criação do *conhecimento.*
2. O conhecimento existe sob a forma de *conceitos,* que são estruturas intituladas ou rotuladas de significado lembradas pelos indivíduos.
3. Significados para conceitos podem ser criados por uma pessoa, seja por *contato sensório* direto com vários aspectos da realidade, ou por intermédio de *interação simbólica* em uma comunidade de linguagem.
4. A *linguagem* é essencialmente um conjunto de símbolos (verbais ou não verbais) que rotulam significados previamente ajustados.
5. Convenções padronizam os vínculos entre símbolo e significado, possibilitando a *comunicação* entre aqueles que adiram às regras.
6. Os símbolos e convenções da linguagem combinados e usados por determinadas pessoas modelam sua *percepção de*, *interpretação de*, e *conduta para* com seu mundo físico e social.

De uma forma ou de outra, os princípios acima têm de ser levados em conta no desenvolvimento das teorias de comunicação de massa que ajudarão a entender como a mídia desempenha um papel na construção social do significado. De fato, esse entendimento ainda não ultrapassou umas poucas formulações preliminares tratando de aspectos mais ou menos específicos das comunicações de massa. Não obstante, pelo menos podem ser identificadas quatro delas que tratam do tema de como a mídia modela significados, e as implicações disto para a conduta: (1) a *função de construção de significado da imprensa*, conforme esboçado inicialmente por Walter Lipmann na década de 1920; (2) a *teoria do refinamento*, que brotou das análises de George Gerbner sobre a influência da televisão nos temores do público acerca da violência; (3) a *função da imprensa de estabelecimento da agenda*, criada por Donald L. Shaw e Maxwell McCombs como um meio de compreender como o público classifica a importância dos temas políticos cobertos pelo noticiário; e (4) a *função da mídia como modeladora da linguagem*, inicialmente formulada por Melvin DeFleur e Timothy Plax.

A Função de Construção de Significado da Imprensa

A obra clássica de Walter Lippmann, *Public Opinion,* publicada pela primeira vez em 1922, compilou muitos exemplos de como os aspectos concretos do mundo com frequência pouco tiveram a ver com as crenças alimentadas pelo público a respeito do mundo.[23] Ela também discutiu como as interpretações dos acontecimentos pela imprensa podem alterar as interpretações da realidade pelo público e seus consequentes modelos de ação. Citou o exemplo da Europa em 1914, ao irromper a Primeira Guerra Mundial. Muitas pessoas não ouviram acerca do início da guerra durante vários dias (as notícias andavam devagar na época). No mundo inteiro, ele disse, pessoas continuaram a fabricar artigos que nunca embarcariam, compraram do estrangeiro artigos que nunca importariam, planejaram carreiras e sonharam com empreendimentos que nunca chegariam a ser concretizados. Estavam vivendo, por outras palavras, em um mundo cuja descrição estaria completamente mudada ao chegarem as notícias sobre a guerra.

O tema principal de Lippmann, contudo, foi que as descrições da imprensa foram muitas vezes *espúrias* pelo fato de serem enganadoras, criando "imagens em nossas cabeças" deturpadas ou até completamente falsas acerca do "mundo lá fora". Por exemplo, quando a 6 de novembro de 1918 a imprensa noticiou falsamente um armistício (cinco dias antes dele realmente ocorrer), as pessoas se rejubilaram baseadas em uma descrição falsamente construída da realidade. Entrementes, diversos milhares de jovens morriam nos campos de batalha.

Lippmann concluiu que as pessoas agem não baseadas no que realmente está se passando ou que tenha ocorrido, mas naquilo que imaginam seja a situação real conseguida de descrições fornecidas pela imprensa — significados e interpretações que amiúde têm apenas limitada correspondência com o que se passou. Isso pode levar a ações e comportamento inadequados, tendo apenas escassa relação com a real natureza do "mundo lá de fora".

Lippmann não deu nome à sua formulação. Contudo, é claramente uma construção da teoria de significado que focaliza a influência da realidade veiculada. É totalmente coerente com o paradigma do significado há pouco discutido. Sua importância é ser uma das primeiríssimas afirmações do papel das comunicações de massa na construção de significados que fornecem base para a ação humana. Não obstante, ela estava claramente interessada nas indústrias do noticiário existentes na época de Lippman. Isto é, é uma teoria restrita à *imprensa* na acepção tradicional desse termo. Por conseguinte, a descrição de como as pessoas adquirem conhecimentos através da mídia aponta para uma *função construtora de significado da imprensa.*

A mídia noticiosa não se propõe deliberadamente a criar ilusões ou enganar quem quer que seja, pelo menos na maior parte das sociedades ocidentais. Pelo contrário, os códigos éticos de jornalismo ressaltam dever ser "objetivo", "justo", "cuidadoso" e "factual". Mas isso é jogo perdido antes de começar a partida. Seletividade e distorções das notícias são produtos de fatores fora do controle de repórteres, redatores, editores e diretores. As descrições do "mundo lá de fora" apresentadas pela imprensa são consequências de condições anteriores, tais como recursos limitados de que os jornalistas dispõem para estudar em primeira mão qualquer determinado acontecimento. São também decorrência de constrangimentos no processo de preparar as notícias para se adequarem às exigências de um determinado veículo. Espaço e tempo são caros, e todos os relatos de notícias têm de ser sumários. Há uma inevitável perda de pormenores em qualquer relato que tente focalizar os fatos centrais e ignore outros. Além disso, há o problema de captar e prender a atenção em indústrias de mídia que dependem de anúncios como sua principal fonte de renda. As estórias e fatos que tenham probabilidade de aumentar a circulação, o que conduz a dar atenção a anúncios, que por sua vez leva a lucros, têm forçosamente forte apelo para conseguir espaço ou tempo.

Por conseguinte, as janelas dando para a realidade proporcionadas por nossa imprensa são em parte modeladas pela natureza da base capitalista da própria indústria noticiosa. Uma imprensa que funcione em uma sociedade socialista ou comunista é modelada por fatores econômicos e políticos de diferente tipo, mas, por muitas das mesmas razões, também deturpa imagens nas cabeças de sua audiência.

O que Lippmann não poderia antecipar em 1922 foi que a teoria se aplicaria igualmente bem a novos veículos que apresentariam as notícias na última metade do século vinte. Quando o rádio, e em seguida a televisão, se tornaram parte da "imprensa", também criaram imagens nas cabeças dos que assistiram às suas apresentações. Inevitavelmente, e pelas mesmas razões que atuaram no caso dos jornais durante a Primeira Guerra Mundial, essas imagens foram construções distorcidas da realidade em vez de apresentações exatas.

Um estudo clássico mostrando como a televisão proporciona a suas audiências interpretações de um acontecimento significativamente distantes dos fatos concretos, foi realizado durante os primeiros dias desse veículo. Kurt e Gladys Lang fizeram minuciosa comparação da descrição de um acontecimento na televisão com o fato real como ocorreu.[24] O tema foi a parada de MacArthur em Chicago em 1952. O General Douglas MacArthur, um dos grandes heróis norte-americanos da Segunda Guerra Mundial, regressava afinal à pátria. Ele comandara as forças terrestres na guerra contra o Japão e permanecera naquele país após o conflito para administrar a ocupação norte-americana. Quando irrompeu a Guerra da Coreia, foi posto à testa da operação militar. Finalmente, chegou a hora de regressar para os Estados Unidos. Após seus extraordinários serviços à nação, era cabível homenageá-lo, e muitas comunidades assim o fizeram. Chicago, por exemplo, respeitou o chamado Dia MacArthur, completando-o com uma parada em homenagem ao general.

Enquanto milhares de pessoas foram ver a parada pessoalmente, outros milhares permaneceram em casa para assistir pela televisão. Aí, então, houve duas versões do mesmo conjunto de acontecimentos reais — a parada tal como ocorreu nas ruas de Chicago e a parada como apareceu na tela dos televisores. Os Langs enviaram um grupo de observadores para assistirem à parada pessoalmente e preparar descrições minuciosas da realidade que experienciassem. O outro grupo de observadores assistiu à parada pela televisão e também preparou relatos assim. Como os homens da caverna que só viam sombras, comparados com aquele a quem foi mostrado o que realmente se passava, os dois grupos encontraram mundos diferentes. A parada na televisão esteve ativa e animada constantemente. Os espectadores tiveram a impressão de imensas multidões entusiastas. O general foi mostrado constantemente rodeado por admiradores. Foi uma experiência empolgante. Ao contrário, os que realmente compareceram à parada acharam-na bastante paulificante. Ficaram esperando na rua junto com outras pessoas. Não viram grandes turbas. O general passou depressa num automóvel. Acenou com a mão, prosseguiu, e foi só isso! Os Langs concluíram que a televisão apresenta uma ''perspectiva única'', selecionando cenas e usando ângulos da câmara cuidadosamente de modo a aumentar o mais possível a animação para os espectadores.

Outra pesquisa confirmou que o mundo real e o apresentado pela mídia podem ser substancialmente diferentes. Pessoas de outros países com frequência têm suas imagens dos Estados Unidos baseadas em espetáculos sobre crime e detetives, novelas, e outros dramalhões que os distribuidores da mídia norte-americana comercializam no estrangeiro. Nós mesmos, sem dúvida, formamos concepções da realidade acerca das sociedades *deles,* tão bem quanto da nossa, de forma semelhante. A crença de Lippmann, portanto, de que a imprensa cria imagens em nossas cabeças — ilusões — e que estas servem como conhecimento da realidade que modela nosso comportamento, afigura-se coerente com o que hoje conhecemos.

Teoria da Cultivação

Outra recente teoria de construção que discute a influência da realidade mediata é a obra de George Gerbner e seus colegas. A formulação surgiu da preocupação nacional com os efeitos da violência que caracterizou os anos 60 e 70. O estudo da violência televisada tornou-se quase uma obsessão, talvez como resultado de duas importantes tentativas federais para compreender o que estava em jogo. Uma foi a nomeação pelo Presidente Johnson de uma Comissão sobre as Causas e Prevenção da Violência.[25] A segunda foi a autorização pelo Congresso de um esforço em grande escala, o bastante conhecido Relatório do Diretor-Geral de Saúde.[26] Cada um deles incluiu um inventário minucioso das quantidades e formas de violência retratadas pela televisão nesse período. As análises de conteúdo, dirigidas por George Gerbner,[27] não pretenderam ser teóricas; foram contabilizações numéricas de quantos dos diversos tipos de violência estavam sendo exibidos na tela da televisão. As conclusões foram que era um bocado. O interesse generalizado do público pela questão da violência prosseguiu, por isso Gerbner e seus colegas fizeram uma avaliação anual durante os anos das décadas de 1970 e 1980, relatando a quantidade de violência exibida na televisão em função de um Perfil de Violência anual.[28]

Faz poucos anos, Gerbner e outros criaram tanto um quadro teórico como uma estratégia empírica para estudar o impacto da violência televisada nas convicções do povo. Ampliaram o âmbito de seu interesse de modo a abranger não só a retratação da violência como outras formas de comportamento mostradas pela televisão. Sua proposta central é uma bem tradicional, qual seja, a de que tais retratos influenciam o comportamento ao formar as crenças das pessoas.

O grupo Gerbner criou novos termos para se referir à ideia — bem distante de ser uma novidade — de que a realidade transmitida pela mídia pode influenciar crenças e consequentemente a conduta. Eles chamam isso de ''levar na corrente''. Em termos de televisão, sugerem que seu conteúdo "desenvolve" as crenças das pessoas. Não está claro que a introdução de novos termos assim tenha acrescentado muita coisa. A formulação deles se enquandra dentro das antigas tradições das teorias do paradigma de significado e da construção social, discutidas anteriormente.

De qualquer forma, em seu estudo de "efeitos da cultivação", Gerbner e seis colegas estiveram preocupados sobretudo com de que maneira a violência exibida na televisão exagera os temores que as pessoas têm acerca do crime em seus bairros. Para fornecer provas empíricas de assim ser, conceberam um processo de mensuração, chamado "diferencial de cultivação", que é essencialmente um processo de escolha forçada, para construir e utilizar quesitos de questionário. Por exemplo, um quesito é proposto a alguém, tal como "Durante uma dada semana qualquer, quais são suas probabilidades de se ver envolvido em algum tipo de violência (em seu bairro)?". Falando concretamente, essa probabilidade é pequena — certamente menos de um por cento, mesmo em uma vizinhança de elevada taxa criminal. Entretanto, se o respondente assistiu a um bocado de televisão, e se essa experiência modelou as crenças dele de que são elevados os níveis de violência provavelmente encontrados na realidade, as probabilidades de ser vitimado podem parecer subjetivamente muito mais elevadas (p. ex., uma em dez). Assim, "uma em dez" pode ser posta como uma resposta da *televisão* ao tópico do questionário, enquanto "uma em cem" pode ser a escolha da *realidade*. A predição da teoria é que se as crenças do espectador de TV foram "cultivadas" por violência revelada na televisão, ele ou ela escolherá a resposta da televisão. É uma estratégia interessante. Embora se apoie em todas as limitações de pesquisa por levantamento debatidas no Capítulo 7, atrai a atenção para várias formas específicas de comportamento e vincula-as a formas bastante específicas de conteúdo da mídia.

Dados reunidos com a abordagem do diferencial de cultivação parecem indicar que pelo menos algumas pessoas que assistem à televisão frequentemente têm medos exagerados acerca do nível de violência que esperam encontrar em seus bairros. Lamentavelmente, este tipo de pesquisa até aqui suscitou muitas questões metodológicas. Investigadores que tentaram replicar as conclusões não conseguiram dados em apoio à sua hipótese de ter a televisão modelado os medos de suas vizinhanças. Pelo contrário, o nível real de crime na respectiva área parece ter sido fator mais importante.[29]

Malgrado as controvérsias que gerou, e independente de isso ser ou não mais do que uma reinvenção com novos apelidos para noções teóricas assaz consagradas, a análise da cultivação é um esforço promissor para ir atrás da veterana questão de como conseguimos conhecimentos e como estes servem de guia para nossa conduta. Auspiciosamente, tais avaliações das crenças das pessoas ajudarão a revelar como a realidade mediata influencia nossos significados para o mundo objetivo.

A Função da Imprensa no Estabelecimento da Agenda

Uma tentativa suplementar para entender as implicações de realidade veiculada é a hipótese da *função de estabelecimento da agenda própria da imprensa*. A ideia básica é existir relação estreita entre a maneira pela qual a mídia noticiosa (a imprensa em sentido amplo) apresenta problemas em foco durante uma campanha política e a ordem de importância atribuída a esses problemas pelos que são expostos ao noticiário. Essa teoria de interpretação focaliza especialmente as notícias políticas em contraste com o espectro amplo do conteúdo da mídia em geral. Ademais, ela focaliza um tipo de significado interno ou conjunto de crenças resultantes de descrições da mídia — a ordem hierárquica de importância atribuída a um conjunto de questões políticas que são discutidas na imprensa. Não obstante, é coerente com o paradigma de significado mais amplo, e é uma construção social relatando a realidade mediata, a criação de significados subjetivos, e sua influência no comportamento.

A hipótese fundamental foi formulada em forma suscetível de pesquisa por Maxwell E. McCombs e Donald L. Shaw no final da década de 1960. Ela se tornou a formulação central para um estudo em escala reduzida do noticiário acerca da campanha presidencial de 1968 e de como as pessoas perceberam a importância dos problemas em jogo.[30] Uma análise de conteúdo foi levada a cabo acerca de como a televisão, jornais e revistas noticiosas apresentam noticiário político a respeito dos candidatos e dos pontos em debate durante um período de tempo extenso, e foi realizado um levantamento para avaliar as crenças dos respondentes a respeito da importância diferencial desses pontos em debate que haviam sido cobertos pela mídia.

Essencialmente foi constatado haver alto grau de correspondência entre a dose de atenção dada a determinada questão pela imprensa e o nível de importância a ela atribuído por pessoas da comunidade que estiveram expostas à mídia. Isso não quis dizer que a imprensa tivesse sido bem-sucedida levando suas audiências a adotar qualquer determinado ponto de vista, mas sim em fazer as pessoas encararem alguns problemas como mais relevantes do que outros. A agenda da imprensa virou agenda do público. Nessa acepção, houve correspondência estreita entre o mundo lá de fora e as imagens na cabeça dos eleitores estudados.

O sucesso do primeiro estudo para estabelecer esse relacionamento levou os pesquisadores a realizarem uma investigação mais ampla da eleição presidencial de 1972,[31] e esse esforço confirmou de modo geral o que fora constatado da primeira vez. O âmbito da pesquisa foi bem mais amplo, o que estava em jogo na campanha não era o mesmo, e o local do estudo foi diferente. Não obstante, as hipóteses gerais foram confirmadas. As agendas (níveis de atenção dada aos pontos em debate) estabelecidas pelos veículos estavam intimamente relacionadas com os graus de importância atribuídos às questões em jogo por suas audiências. Além disso, os pesquisadores estudaram grande número de variáveis intervenientes para entender as diferenças entre a mídia, o papel das diferenças individuais e a influência das categorias sociais no processo de estabelecimento da agenda.

O estudo da organização da agenda tornou-se agora uma tradição de pesquisa bastante consagrada. O que é importante acerca desta linha de evolução e pesquisa da teoria é que representa algo assim como uma "volta ao essencial" para os pesquisadores da comunicação. Segue as tradições consagradas do papel da imprensa em eleições e explora o "poder da imprensa" para ajudar a moldar o pensamento público a respeito do processo político e dos problemas para que ele se volta. À medida que evolui, os resultados da montagem da agenda talvez sejam mais plenamente visados, e sua importância no mais lato processo democrático talvez se torne cada vez mais clara. Por exemplo, se as pessoas passam a encarar determinado conjunto de pontos em debate como tendo maior ou menor importância, será que essa ênfase influenciará a forma pela qual votem em determinados candidatos? Essa agenda pública levará políticos a ressaltarem questões do alto da relação do público e ignorar as que estão em baixo? Não existem respostas claras acerca destas indagações, mas elas ampliam a importância da hipótese de montagem da agenda de mera formulação descritiva para outra com potencial significativo para o relacionamento entre imprensa, público e políticos.

As Funções de Fala e Linguagem da Mídia

À medida que prossegue a transição para a sociedade de mídia, proporção cada vez maior das atividades quotidianas de comunicação do cidadão comum será gasta com a mídia de massa. Nosso principal veículo de comunicação ainda é, e provavelmente sempre será, a conversa face a face. No entanto, a quantidade de tempo gasta pelas pessoas com os veículos de comunicação de massa cresceu espetacularmente nestas últimas décadas. Em 1985, o televisor da casa de família típica dos Estados

Unidos esteve ligado durante umas sete horas e dez minutos diariamente, substancial aumento das quatro horas e cinquenta e um minutos de 1955. O número de aparelhos de rádio do mesmo período aumentou de três em cada casa para quase seis. O uso de matéria impressa sob a forma de revistas, livros e jornais também cresceu.[32]

À proporção que aumentam nossas atividades totais dedicadas a apreciar os veículos de comunicação de massa, pode-se esperar que as apresentações da mídia aumentem sua influência nos modos por que os norte-americanos falam, nas palavras que empregam, e nos significados convencionalmente ligados a seus símbolos. Vamos nos referir a tais influências como sendo as *funções de fala e linguagem da mídia de massa*.

Há duas maneiras pelas quais a mídia modifica toda a gama de nossas atividades de comunicação. Uma é através de sua influência em nossos padrões de fala — pronúncia, gramática e sintaxe. A outra é na linguagem de forma mais genérica, através da ampliação e modificação do vocabulário. Ao fazê-lo, a mídia serve como uma espécie de feira livre de formas concorrentes para influenciar nossa comunicação. Essas influências tendem a modificar e estabilizar fala, linguagem e significados.

Até certo ponto, os livros fizeram isso para a linguagem escrita desde o seu início e os jornais desempenharam a mesma função quando se tornaram populares. Podem ainda fazê-lo apresentando diariamente versões de nosso vocabulário, regras de gramática coerentes e estilos de expressão escrita razoavelmente semelhantes de uma parte do país para outra. A televisão parece servir uma função paralela na comunicação oral. Atores e atrizes em novelas diárias, estórias de detetives ou comédias populares, todos pronunciam palavras aproximadamente da mesma maneira e usam as mesmas regras gerais de gramática. O mesmo se aplica a indivíduos que apresentam programas matutinos ou noticiários noturnos. Fazem-no com um sotaque típico do norte-americano médio de populações relativamente abonadas e educadas do Centro-Oeste. Seria estranho escutar tais programas apresentados por pessoas empregando pronúncias regionais ou as formas do falar típicas de camadas pobres da sociedade norte-americana. Embora os estilos de fala da mídia não tenham substituído absolutamente sotaques, gramática ou sintaxe usados em várias regiões, entre diferentes grupos étnicos, ou entre pessoas de níveis econômicos baixos, podem acabar tendendo a aplainar tais variações.

À medida que as comunicações de massa se tornarem proporção cada vez maior de todo o processo de comunicação dos Estados Unidos, também pode ser antecipado que terão influência crescente no vocabulário — os símbolos que usamos, os significados que associamos a tais símbolos e as convenções com que concordamos ligar os dois. Já está evidente que a mídia de massa ampliou enormemente nosso vocabulário.

Foram acrescentadas centenas de novas palavras que provavelmente não teriam penetrado na linguagem sem terem sido rapidamente apresentadas e difundidas pela mídia. Quem, por exemplo, ouviu falar de "*crack*" como um perigoso narcótico antes de 1985? Antes dessa data, era empregado como um termo de gíria entre usuários de drogas, em certas áreas urbanas para se referirem à cocaína sob determinada forma, mas a maioria dos norte-americanos só lembrava seu tradicional significado. Aí, de repente, ela apareceu nos noticiários que inundaram o país. Hoje os norte-americanos compartilham um novo e sinistro sentido para a palavra "*crack*". Todos "sabem" que se trata de uma forma de cocaína concentrada e perigosa usada até como "boca livre", acessível à juventude da nação, entre quem seu uso se espalhou, representando nova ameaça para uma sociedade já em dificuldades.

O problema com esse significado criado pela mídia é ser objetivamente incorreto. Não há uma insidiosa "epidemia" de *crack* alastrando-se pela juventude dos Estados Unidos. Neste caso, porém, sabemos como esta assustadora interpretação da realidade foi criada e como se espalhou. James Inciardi, uma das mais destacadas autoridades norte-americanas em matéria de drogas ilegais, rastreou sua origem até um artigo aparecido no *New York Times* de Nova York em 17 de novembro de 1985. A palavra *crack* foi usada pela primeira vez nesse noticiário como um termo para descrever o que se dizia ser uma nova forma de cocaína com implicações sinistras. Dali, espalhou-se para outros jornais. Seis meses depois a informação sobre *crack* aparecera em uns 400 relatos de jornais sobre abuso de drogas. Então, dentro de poucos meses, a rede de televisão CBS fez uma apresentação importante, em horário nobre, a respeito dos perigos do *crack*, alcançando uma audiência estimada de 15 milhões de espectadores. A NBC rapidamente a imitou. O nome *crack* já era então um termo solidamente implantado no vocabulário norte-americano com um novo e terrível significado. Pesquisas de opinião pública revelaram que as preocupações acerca do *crack* haviam se tornado o interesse número um dos norte-americanos no período imediatamente após essa divulgação.[33]

A mídia, pois, tem importantes influências em nossa linguagem e seus significados. Isso de várias maneiras. Ela *estabelece* novas palavras com significados a elas ligados; *dissemina* os significados de termos existentes; *substitui* significados antigos por outros novos; acima de tudo, oficializa convenções de significado existentes para o vocabulário de nossa linguagem.[34]

A função de oficialização pela mídia pode ser facilmente exemplificada pelo constante fluxo de novos vocábulos e significados vinculados que são apresentados às audiências dos veículos. Dez anos atrás muito poucos norte-americanos teria entendido o significado de palavras como ''*wimp*'', ''*couch potato*'' e ''*jazzercise*''. Hoje, poucos têm dificuldade para reagir subjetivamente a esses termos como rótulos para um indivíduo submisso, um preguiçoso espectador de muito tempo diário da televisão, e uma vigorosa modalidade de exercício acompanhando música de jazz. Não quer dizer que novos termos sejam constantemente inventados pelo pessoal da mídia e deliberadamente apresentados ao público. Simplesmente se disseminam mais depressa e eficientemente em base nacional porque a mídia tem audiências enormes.

A função de extensão da mídia é um tanto diferente. Muitas palavras já com definições consagradas recebem elementos adicionais de significado graças à apresentação pela mídia. Por exemplo, o nome ''ecologia'' foi outrora um termo técnico empregado sobretudo por uma restrita comunidade científica para referir-se a um sistema de relacionamento equilibrado entre organismos de um determinado ambiente. Sua popularização pelos veículos de massa acrescentou significados mais gerais e menos técnicos, subentendendo vagamente uma preocupação com a proteção do ambiente físico contra a degradação.

Observamos acima, no caso do *crack*, a função de substituição da mídia. Era uma simples palavra, com um sentido bastante claro. Aí, com o emprego quase frenético do termo de maneira a substituir antigos sentidos pelo novo, a mídia criou uma interpretação totalmente nova. Tais substituições ocorrem frequentemente. Outro exemplo é o termo ''*gate*''. Se indagados hoje o que o nome ''Watergate'' quer dizer, a maioria dos norte-americanos se referirá a um escândalo político (admitida familiarização razoável com a história recente). Em certa época, contudo, referia-se meramente a um hotel com um anexo de apartamentos, muito na moda, ao lado do rio Potomac, em Washington, D.C. Publicidade maciça ligada ao governo Nixon transformou seu significado, fazendo-o referir-se a fatos escandalosos. Presentemente, o termo *gate* (portão) pode ser comodamente vinculado a qualquer nome para sugerir a mesma interpretação. Por exemplo, em anos recentes questões políticas relacionadas com negócios de armas gerou ''*Irangate*''.

Finalmente, a função estabilizadora da mídia é que os veículos reforçam empregos em uso. A despeito das mudanças notadas acima, a maioria dos significados em nossa língua permanecem relativamente constantes. Além disso, conforme notamos tanto na forma falada quanto na escrita a mídia nos lembra diariamente os significados padronizados e compartilhados de nossas palavras. No que as pessoas leem seus jornais, escutam o rádio, assistem filmes no cinema e contemplam a televisão, recebem aulas e prática diárias das convenções de linguagem de nossa sociedade.

Acima de tudo, a contribuição das comunicações de massa para nossos sistemas de significados compartilhados é tanto complexa quanto profunda. Nessa acepção, as funções da mídia na modificação do comportamento de suas audiências são, a longo prazo, sutis e acumulativas. Ademais, os veículos estão de tal forma entrelaçados com todas as outras formas de comunicação de nossa sociedade que seus efeitos são quase impossíveis de isolar e examinar de per si.

Nossa recapitulação do paradigma de significado neste capítulo mostrou suas origens antigas. Desde os mais remotos tempos de registro do pensamento social, e provavelmente até antes disso, os seres humanos preocuparam-se com a questão do conhecimento, ou seja, os significados que subjetivamente construímos para o mundo exterior. A preocupação intensa com essa questão surgiu por ser fonte das decisões individuais relativas ao comportamento. Isto é, as ações das pessoas são modeladas por seus significados para o mundo físico e social. Os mais remotos filósofos e teólogos viram nesse tema a necessidade de compreender as regras para conter a conduta humana — a ordem social ideal que produziria justiça e o triunfo do bem sobre o mal. Embora muitos caminhos fossem seguidos e muitas conclusões alcançadas ao buscar a compreensão da natureza do conhecimento e como o conseguir lentamente chegou-se a um consenso acerca de certos princípios. Quando as ciências sociais especializadas se destacaram da filosofia, continuaram a busca da compreensão, estudando a construção do significado em linguagem, cultura, interação simbólica e forma essencial da memória. Hoje, esses esforços foram suplementados pelo estudo das comunicações de massa na procura das maneiras pelas quais a realidade apresentada por meio de veículos, isto é, intermediada, proporciona uma base para construir significados.

CAPÍTULO 10

Estratégias teóricas para persuasão

Nos Capítulos 8 e 9 revisamos diversas teorias de comunicação de massa extraídas seja de paradigmas básicos das ciências sociais ou de análises bem mais antigas de tópicos que de há muito preocuparam filósofos. Destas teorias foi possível explicar como as pessoas atentam seletivamente para o conteúdo da mídia, percebem seu significado, adquirem conhecimentos do conteúdo a que foram expostas e utilizam esses conhecimentos para reagir a seu ambiente físico social. Nunca foi feita a pergunta sobre o emprego *deliberado* do conteúdo da mídia para modelar ou controlar essas respostas. É exatamente a tal pergunta que se dedica este capítulo.

Mostraremos como as mesmas formulações que servem como bases para entender a aquisição a longo prazo, incidental e involuntária, de influências da comunicação de massa sobre o comportamento, podem proporcionar uma base para desenvolver explicações de como influências *deliberadas* podem ser alcançadas. Isto é, reveremos estratégias alternativas para projetar mensagens a serem divulgadas em massa, ou conteúdo de mídia utilizado juntamente com outros tipos de informações com finalidades persuasivas.

A ideia fundamental de *persuasão* tem raízes antigas. Muito antes da Era da Comunicação de Massa, o termo *retórica* era empregado com referência à arte de utilizar a linguagem para influenciar os julgamentos e a conduta dos outros. Durante uma época em que a voz humana era o *único* veículo de comunicação passível de ser empregado para persuadir as pessoas a mudar suas crenças e ações, ela era deveras uma habilidade importante. Com o aumento da sofisticação das sociedades, floresceu a arte da persuasão oral. Na Grécia, e depois em Roma, por exemplo, era uma habilidade valiosa para vencer nos tribunais e para apresentar propostas perante fóruns políticos.

Este tipo de persuasão continua importante hoje em dia. Os pesquisadores contemporâneos com frequência estudam os princípios de persuasão fora do contexto das comunicações de massa.[1] Contudo, concentraremos nossa análise no emprego premeditado de mensagens da mídia para influenciar as *ações* de indivíduos nesse contexto, pois persuasão refere-se primordialmente ao emprego da mídia de massa para apresentar mensagens visando deliberadamente aliciar formas específicas de ação da parte de audiências. Típicas de tais ações são *votar* por um candidato político, *comprar* um produto de consumo, *doar* para uma causa meritória, ou de qualquer outra maneira *aquiescer* a solicitações para ação que um comunicador deseje incitar. Evidentemente, há muitas formas de comportamento capazes de serem influenciadas por mensagens persuasivas, mas aqui nos referimos a comportamento ostensivo e observável antes que a mudanças psicológicas íntimas.

Alguns teóricos da comunicação podem achar esta ênfase no comportamento ostensivo como uma variável dependente francamente rígida; afinal, há outras formas para definir persuasão. Por exemplo, algumas definições destacam mudanças nas crenças, opiniões ou atitudes subjetivas de um indivíduo como critério suficiente para saber se a persuasão foi bem-sucedida.[2] Tais definições são comumente baseadas na suposição de que se fatores subjetivos desse gênero forem modificados, seguramente se seguirão mudanças na ação. Para algumas finalidades, conceituar a persuasão desta maneira talvez seja importante. Neste capítulo, contudo, encararemos *modificação real do comportamento* como a meta a ser alcançada, como a variável dependente de formulações teóricas destinada a explicá-las, e como o critério para decidir se o processo foi ou não bem-sucedido.

Há duas razões para conceituar persuasão desta forma relativamente realista. Uma é que ela introduz *comparabilidade* no processo de desenvolvimento e avaliação de teorias. Isto é, ao construir explicações competitivas da mesma coisa, têm de ser definidos conjuntos de variáveis independentes, descrevendo-os e sintetizando-os em sistemas de proposições que os vinculem a alguma variável dependente. Evidentemente, cada um pode ter bem *diferentes* conjuntos de variáveis independentes, mas têm de focalizar a *mesma* variável dependente. Do contrário, seria o equivalente teórico de tentar comparar maçãs com laranjas.

Uma segunda razão para salientar o comportamento ostensivo como o critério de persuasão bem-sucedida é que *ação* é o fator significativo no mundo prático da propaganda, campanhas políticas, solicitação financeira, campanhas de saúde pública, e assim sucessivamente. Talvez seja gostoso mudar as ideias e os sentimentos das pessoas e deixar as coisas assim, mas tais resultados empalidecem em importância quando comparados com a conduta ostensiva na tentativa de comprar, votar, doar ou, de qualquer outra forma, aquiescer. A questão é, pois, pode qualquer uma das análises teóricas descritas nos capítulos anteriores ser usada como estratégia subjacente na preparação de campanhas de persuasão bem-sucedidas, onde a meta seja promover algum tipo determinado de comportamento?

Confessadamente, a esta altura realmente não sabemos por certo por que a maioria dos esforços publicitários, campanhas eleitorais ou outros tipos de promoção têm sucesso ou falham. Às vezes o fazem — até espetacularmente. Aí, novamente, às vezes não o conseguem, e são insucessos desoladores. Predizer quando uma estratégia de persuasão será uma ganhadora e outra um desastre e, na melhor hipótese, um negócio arriscado. Compreender como conseguir persuasão sistematicamente tem custado a ser alcançado. Sabemos pouco mais hoje em dia do que há vinte anos atrás. Karlins e Abelson resumiram a situação como era vinte anos atrás:

> A persuasão é uma *arte* que tem sido praticada há séculos. A nascente *ciência* da persuasão é um produto do século XX, e se acha ainda na infância... Com base nas informações atuais, pois, ''é ainda cedo demais para se estar certo'' parece ser a resposta mais apropriada à pergunta ''A ciência criou apelos persuasivos capazes de controlar o comportamento humano?''. Mesmo assim, é razoável admitir que, à medida que as técnicas de persuasão evoluam de arte para ciência, sua eficácia para controlar o comportamento será acentuada. *Até que ponto*, está ainda por ser descoberto.[3]

Hoje em dia, a situação permanece praticamente a mesma. Ainda é ''cedo demais para se estar certo'' se podem ser concebidas teorias apoiadas em base científica até um ponto onde o processo de persuasão possa ser adequadamente explicado, para não mencionar ser usado à vontade para manipular pessoas. Eruditos contemporâneos continuam a ressaltar a ausência de progresso teórico na compreensão da persuasão. Alguns até já desistiram!

> A despeito do vasto número de páginas escritas e dos incontáveis estudos dedicados à persuasão, muitos estudiosos da comunicação acham impossível descartar-se da sensação de intranquilidade de dispormos de escassíssimo conhecimento socialmente relevante do assunto. Lamentações acerca de nossa ignorância coletiva a respeito da persuasão são lugar-comum e de mais de um pesquisador do assunto ouviu-se dizer que a pesquisa da persuasão é academicamente um beco sem saída.[4]

Mesmo diante desta desalentadora avaliação, é importante continuar tentando entender essa complexa e amiúde frustrante atividade. Uma maneira de incentivar isto é enunciar formulações que sejam candidatos relativamente não estudados para explicar a persuasão. Tais candidatos, assim, tornam-se o foco da pesquisa que acabará selecionando as que funcionam, até que ponto, em que circunstâncias, com que tipos de pessoas, e assim por diante.

Nas seções a seguir, por conseguinte, serão descritas três estratégias teóricas bem diferentes de persuasão. Cada uma delas é dirigida para o mesmo fator dependente — ação ostensiva. Tem de ser reconhecido que tais estratégias em si mesmas não são teorias deveras cuidadosamente articuladas, apresentadas em postulados e teoremas formais. Na melhor hipótese, são diretrizes que indicam quais tipos de fatores e variáveis podem e devem ser introduzidos em explicações mais minuciosas da persuasão. De qualquer maneira, tentaremos mostrar como estas três estratégias são relacionadas com paradigmas básicos, conclusões filosóficas e teorias de comunicação de massa, que foram expostas em capítulos anteriores. Especificamente, esboçaremos estratégias de persuasão extraídas do *paradigma cognitivo*, da teoria da *organização social*, e do *paradigma do significado*, todos os quais foram debatidos anteriormente com certo pormenor.

A ESTRATÉGIA PSICODINÂMICA

As suposições fundamentais da psicologia acham-se incorporadas dentro da expressão E-O-R, que examinamos no Capítulo 8. Ela indica uma sequência geral de acontecimentos psicológicos que se supõe estarem envolvidos na determinação de direções do comportamento. Primeiro, estímulos são recebidos e detectados pelos sentidos vindos do ambiente externo. Segundo, as características do organismo modelam o tipo de resposta que será dada. Finalmente, alguma forma de comportamento vem a seguir. Já que estamos interessados não em ‘‘organismos’’ em geral, mas em seres humanos exclusivamente, podemos ir em frente com a suposição de que os fatores intervenientes incluam: (1) algum conjunto de características biológicas ou processos humanos que são herdados; (2) outro conjunto de fatores que podem ser em parte baseados na biologia e em parte na aprendizagem, tais como estados e condições emocionais; e (3) um conjunto de fatores adquiridos ou aprendidos que compõem a estrutura cognitiva de um indivíduo. Assim, para seres humanos, o O interveniente da expressão é uma estrutura complexa de componentes biológicos, emocionais e cognitivos da personalidade que dão direção ao R, ou seja, à conduta.

Dentre essas três categorias, as estratégias de persuasão têm de concentrar-se seja em fatores emocionais ou cognitivos; é evidentemente impossível modificar um fator biológico herdado (altura, peso, raça, sexo etc.) com mensagens transmitidas pela comunicação de massa. É possível utilizar estas mensagens para despertar um estado emocional, como raiva ou medo, que pode então ser importante para dar forma a uma resposta. Com efeito, algumas estratégias persuasivas de fato tentam ligar a evolução de emoções a determinadas formas de comportamento.

Embora as emoções representem uma base óbvia de estratégias persuasivas, só podem ser utilizadas num número limitado de situações. Um plano de jogada bem mais frequente na concepção de campanhas de persuasão tem sido o de tentar manipular fatores cognitivos. As suposições que apoiam este são assaz lógicas. Já que a maioria dos fatores cognitivos são *adquiridos* em um processo de socialização, eles são um alvo prioritário para campanhas que tentem promover nova aprendizagem de sorte a modificá-los da maneira desejada pelo comunicador.

A segunda suposição é que fatores cognitivos são influências relevantes no comportamento humano. Por conseguinte, se fatores cognitivos puderem ser mudados, então com certeza o comportamento poderá ser mudado. Tal suposição encerra a torturante possibilidade de que informações habilmente projetadas fornecidas pelas comunicações de massa podem ser usadas eficazmente para controlar a conduta humana. Este controle em potencial de há muito tem sido um temor dos críticos da mídia e um alvo prioritário para os que desejam utilizar comunicações de massa com essa finalidade. É como a antiga visão da pedra filosofal, que poderia transformar metais não preciosos em ouro. Se o segredo de controlar o público com mensagens argutas pudesse ser descoberto, riqueza, poder e prestígio estariam ao alcance da mão. Foi a visão que, há décadas, impulsionou a busca do conteúdo da mensagem e de estruturas mágicas capazes de se desincumbirem desta missão. Todavia, perduram algumas perguntas ranhetas. O comportamento será controlado sobretudo por fatores cognitivos? Muitos estudiosos do comportamento humano acreditam que sim.

Fatores Cognitivos e Comportamentais

A crença de que a ação humana recebe direção de processos subjetivos do íntimo do indivíduo está tão arraigada que parece uma verdade axiomática. Não é mister procurar mais longe, admite-se de modo geral, para entender a mola-mestra do comportamento. Entre os processos íntimos considerados como determinantes do comportamento há um fértil conjunto de conceitos — necessidades, impulsos, crenças, interesses, ansiedades, temores, valores, opiniões e atitudes. Poderiam ser acrescentadas ainda dúzias de outros, dependendo da preferência de cada um por determinados autores de psicologia. Seja qual for sua genealogia teórica, contudo, alguns desses processos ou forças são considerados herdados, tais como necessidades fundamentais, ou a serem aprendidos, tais como atitudes ou ansiedades. Parece que as aprendidas exercem maior fascínio.

Um bom exemplo de um estado psicológico interior adquirido que se diz influenciar o comportamento é a *dissonância cognitiva.* Segundo Leon Festinger, que apresentou esta ideia em 1957, a necessidade de experienciar um mundo coerente é um forte fator motivador que modela nosso comportamento.[5] Se detectarmos incoerências em nossas crenças, atitudes ou comportamento, sofreremos de um intenso sentimento de desassossego (dissonância cognitiva), e este funcionará como um impulso para mudar o que estivermos fazendo de modo a restaurar a coerência. Por exemplo, se um amigo nos pede ajuda para "colar" em um exame, e se achamos que "colar" é errado, somos colocados em um estado de dissonância cognitiva. Para reduzir essa intranquilidade, temos de fazer *alguma* coisa.

Neste caso, haveria três opções. Temos de repelir nosso amigo, convencê-lo a abandonar o plano de "colar", ou modificar nossa convicção de que "colar" está errado. Uma dessas mudanças reduzirá a dissonância cognitiva. A de fato escolhida dependerá de quanto valorizamos a amizade, ou de quão seriamente detestamos a "cola". De qualquer maneira, a dissonância — um estado psicológico íntimo — age como um impulso. Este nos motiva a mudar algo, seja nosso comportamento ou nossa crença.

Motivos e motivação são conceitos importantes para se entender a persuasão. Os termos "necessidade" e "impulso" têm sido utilizados há algum tempo em psicologia para explicar influências no comportamento, e necessitam de uma breve elucidação. Uma *necessidade* é essencialmente um estado de privação. O "organismo" acha-se desprovido de alguma substância essencial, tal como comida ou água, necessária para seu adequado funcionamento. Ou talvez seja uma atividade, como sexo ou exercício, que por hipótese é exigida pelo corpo a fim de continuar suas ocupações normais. O estado de privação gera uma mobilização de energia para conseguir o que satisfará a necessidade. Esse estado de estimulação é o *impulso.* Algumas necessidades são produto de nossa natureza biológica. Outras são produtos da aprendizagem em um ambiente social. Os psicólogos debateram uma extensa relação de nossas necessidades adquiridas. Elas incluem necessidades de realização, de aprovação social, de garantir a nutrição, de divertir-se, de ser ordeiro, cobiçoso e respeitoso, para mencionar apenas poucas. Todas são candidatas a estratégias persuasivas supondo-se que possam ser mudadas.

Embora os conceitos acima sejam importantes, o fator psicológico íntimo mais debatido acerca da modelagem do comportamento complexo graças à persuasão é a *atitude*. Desde que este conceito foi pela primeira vez apresentado no início do século, e sobretudo depois que passaram a ser usadas sofisticadas escalas de atitude, ficou profundamente consagrada a convicção de muitas categorias de comportamento estarem diretamente vinculadas a atitudes. Foi aceito que se a gente conhece a atitude de uma pessoa ante determinado tópico, ou questão, é possível predizer seu comportamento ostensivo para com aquela atitude objetiva. Notamos, em capítulos anteriores, que esta suposição não é apoiada pela grande bibliografia existente sobre o assunto. Não obstante, a suposição adquiriu vida própria, e muitos autores que discutem a persuasão ignoram a pesquisa e continuam a assumir estarem intimamente relacionados atitudes e comportamento.

Geralmente, pois, a visão psicodinâmica do comportamento ressalta a poderosa influência na conduta de fatores, condições, estados, e forças no íntimo do indivíduo que modelam o comportamento. A abordagem cognitiva como estratégia para persuasão salienta que a estruturação interior da psique é um produto de *aprendizagem*. É esta ênfase que possibilita o emprego das comunicações de massa para modificar essa estrutura de molde a mudar o comportamento.

Modificar Fatores Cognitivos para Influenciar o Comportamento

A essência da estratégia psicodinâmica é que uma mensagem eficaz tem propriedades capazes de *alterar o funcionamento psicológico* de indivíduos de maneira tal que reajam ostensivamente (à informação que é o objeto da persuasão) com estilos de comportamento desejados ou sugeridos pelo comunicador. Por outras palavras, foi aceito que a chave para a persuasão eficaz reside em nova aprendizagem, baseada em informação proporcionada pelo persuasor. Isto presumivelmente modificará a estrutura psicológica interior do indivíduo (necessidades, receios, atitudes etc.) originando o desejado comportamento ostensivo.

Tem havido muitas versões e variantes dessa abordagem geral, baseadas no fator psicológico em particular que estiver sendo manipulado, e no conjecturado relacionamento dinâmico imaginado como predominante entre o processo psicológico e os modelos ostensivos de comportamento que se supõe que ele ative. Observamos anteriormente que se tem usado amplamente mensagens persuasivas visando as *atitudes* individuais, admitindo haver relacionamento estreito entre a posição das atitudes de um indivíduo — positivas ou negativas — e a maneira pela qual uma pessoa assim se comportará em uma situação social — aceitando ou rejeitando. Exemplo comum seria uma campanha de comunicação de massa destinada a reduzir a discriminação étnica (comportamento ostensivo) ao tentar diminuir o preconceito étnico (atitude negativa passando por conduzir à discriminação).

O medo é um fator amplamente utilizado em anúncios e outras tentativas de persuasão. Exemplo comumente visto é a promoção da compra de um remédio industrializado (ação ostensiva) através de uma ameaça à saúde caso ele não seja usado. Também é comum advogar o uso de um produto para diminuir o receio de se ser socialmente desagradável.

Uma lista quase interminável de fatores psicológicos foi apresentada como base para estratégias persuasivas admitindo-se que, se forem modificadas, então as ações desejadas provavelmente ocorrerão. Em uma simples expressão gráfica, a estratégia da persuasão psicodinâmica pode ser diagramada na Figura 10.1.

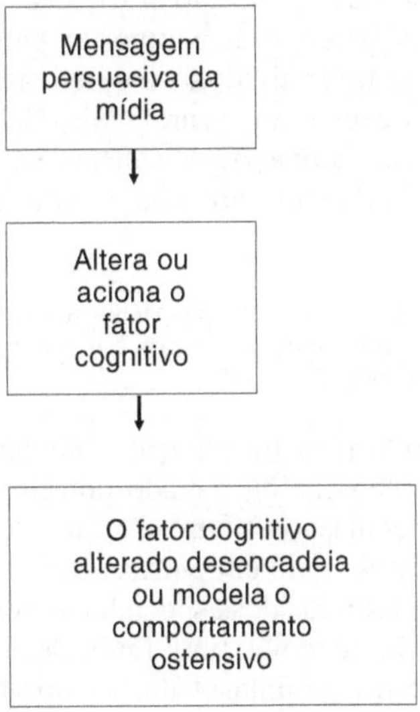

Figura 10.1. A estratégia de persuasão psicodinâmica.

Um dos problemas desagradáveis com esta estratégia é ela não parecer funcionar coerentemente, sem ninguém saber por quê. Ela se afigura bastante lógica. O bom senso determina ser este o modo pelo qual a mídia deve ser usada para conseguir persuasão, a despeito da ausência de provas corroborando isso. Por exemplo, John Phillip Jones, que passou vinte e cinco anos como dirigente de agência de propaganda antes de tornar-se pesquisador da comunicação, comentou a propósito disso:

> Tudo — aprendizagem, atitudes e comportamento — é de alguma forma influenciado pela propaganda, mas para entender como esta funciona precisamos conhecer a ordem dos acontecimentos... A teoria primitiva baseava-se em uma simples corrente de causalidade, descrita por Charles Raymond como ''aprender-sentir-fazer''. Nessa teoria, as pessoas recebem conhecimentos factuais acerca de determinada marca. Em consequência, suas atitudes face a essa marca mudam e elas passam a preferi-la. Aí, compram-na.[6]

Jones prossegue para indicar que ''houve apenas tentativas limitadas para validar esta teoria, com resultados aquém de conclusivos''.[7] Embora publicitários tenham encarado outras teorias promissoras, a abordagem *aprenda-sinta-faça* permanece no centro do palco.

Everett Rogers e J. Douglas Storey revisaram as estratégias de persuasão de campanhas de informação destinadas a conseguir mudanças em algumas formas significativas de comportamento pró-social, incluindo amplo espectro de ações individuais e coletivas variando de controle da natalidade à adoção de tecnologia rural mais eficiente. Como é comum em propaganda, algumas campanhas alcançam seus objetivos e outras não, e ninguém sabe exatamente por quê. Conforme esses dois autores expressam:

> Um levantamento da bibliografia de campanhas revela grande massa de pesquisa ligada por uns poucos princípios gerais, mas sem muitas generalizações ou teorias tentando englobá-las a todas.[8]

O tênue domínio mantido pela formulação ''mudar atitudes para mudar comportamento'' foi recentemente notado por Gerald Miller, que reviu toda a pesquisa sobre persuasão acumulada durante várias décadas, tanto em comunicação de massa como em outros setores. Ele também observa as limitadas realizações teóricas dos especialistas nessa área, e a continuada concentração na atitude como um fator decisivo. Conclui que, a despeito de sua duradoura popularidade, as provas simplesmente não apoiam a estratégia cognitiva como uma abordagem confiável para se conseguir mudanças comportamentais por meio de persuasão, especialmente tomando a atitude como variável decisiva:

> Diversas considerações óbvias respondem por esta contínua e generalizada fidelidade. Intuitivamente, apresentar a persuasão como um processo onde os estímulos simbólicos (mensagens persuasivas) acionam predisposições avaliadoras internas (atitudes), que posteriormente motivam comportamentos ostensivos desejados (de acordo com objetivos persuasivos) faz sentido. Afinal, prossegue a argumentação, como se pode esperar as pessoas se comportarem das maneiras prescritas se não estiverem favoravelmente inclinadas para seguir as recomendações?[9]

Assim, a despeito da ausência de provas científicas em apoio, e até mesmo a despeito de provas em contrário em alguns casos, a estratégia de persuasão apresentada esquematicamente na Figura 10.1 tornou-se institucionalizada como parte de nosso conhecimento de bom senso. Parece fora de dúvida para muitos praticantes que as mensagens persuasivas da comunicação de massa podem conquistar corações e mentes, e, assim eles esperam, os dólares dos que recebem informações destinadas a modificar sentimentos e, por conseguinte, o comportamento. A única coisa que resta fazer, acreditam eles, é descobrir exatamente qual a informação que dará conta do recado.

Infelizmente, depois de décadas de pesquisa intensiva, essas características mágicas da mensagem ainda não foram reveladas. Por conseguinte, precisa-se de mais provas para apoiar a validade da estratégia psicodinâmica. Até a missão da pesquisa ter sido concluída, essa explicação da persuasão tem de permanecer em caráter experimental.

A ESTRATÉGIA SOCIOCULTURAL

Enquanto as suposições fundamentais da psicologia baseiam-se na ideia do comportamento ser controlado de dentro, as de outras ciências sociais admitem que grande parte do comportamento humano é modelada por forças *fora* do indivíduo. A antropologia salienta o impacto poderoso da cultura no comportamento; a ciência política ressalta as estruturas do governo e do exercício do poder; a sociologia estuda a influência da organização social no comportamento do grupo. Todas essas abordagens possuem méritos, e cada uma delas de certo modo fornece uma base legítima para se prever a natureza da ação humana.

Explicações do comportamento humano que consideram fatores alheios ao indivíduo desempenharam papel bem menor na criação de estratégias para persuasão do que a estratégia cognitiva, que olha para dentro. Entretanto, apresentam uma base pródiga sobre a qual formar teorias alternativas. Para criar tais teorias, contudo, precisa-se ter uma noção clara de como o comportamento humano pode ser orientado por considerações *outras* que não os fatores internos biológicos, emocionais e cognitivos com os quais a psicologia se tem preocupado.

Expectativas Sociais e Comportamento

Não é difícil mostrar a poderosa capacidade da cultura para controlar o comportamento humano. Pode-se com facilidade apontar exemplos de ações espetaculares difíceis de explicar de outras formas. O poderoso Código Bushido, instilado nos militares japoneses durante a Segunda Guerra Mundial, levou indivíduos a cometerem atos simplesmente incompreensíveis para as tropas americanas a eles opostas. Pilotos Kamikaze decolavam ansiosamente de navios em aviões carregados com bombas, com combustível apenas bastante para alcançar seus alvos, e deliberadamente atiravam-se de encontro aos navios de guerra norte-americanos. Submarinos japoneses regularmente lançavam grandes torpedos guiados por navegadores humanos que se sacrificavam deliberadamente ao se atirar contra os costados de navios aliados.

Esta gente não era maluca. Comportava-se normalmente dentro das exigências de sua cultura. Mesmo soldados terrestres comuns se lançavam de despenhadeiros, explodiam-se com granadas de mão, ou estripavam-se com facas para evitar serem capturados. Não era por temerem ser maltratados como prisioneiros. Era a vergonha de render-se a um inimigo, profundamente instilada por socialização nas crenças do Bushido, que fazia a captura ou rendição ultrapassar aquilo que poderiam suportar. A morte infligida a si mesmo era uma solução honrosa e uma alternativa bastante preferível.

Uma relação interminável de comportamentos assim, inteiramente incoerentes com o que acreditamos estar certo, poderia ser elaborada. Poderia incluir a prática do *sati* na Índia tradicional — o dever de uma esposa fiel arrojar-se na pira funeral do marido morto; ritos de passagem de índios norte-americanos em que indivíduos buscando tornar-se adultos sofriam torturas autoinfligidas; e práticas esquimós tradicionais de deixar os pais idosos, não mais capazes de produzir para o grupo, fora do abrigo para morrerem congelados. Todas estas praxes eram tanto normais quanto honrosas no âmbito dos grupos onde ocorriam.

Mesmo em nossa própria sociedade, podem ser identificadas formas de comportamento que para outros talvez pareçam exóticas, irracionais ou perigosas para a saúde. O uso de sapatos de salto alto pelas mulheres deveria fazer parte da lista. O consumo de álcool a ponto de entorpecer os sentidos e produzir uma ressaca na manhã seguinte podia ser acrescido. Ouvir música de roqueiros a níveis de decibéis suficientemente elevados para danificar a audição é outro candidato. O fato é, contudo, que são formas culturalmente consagradas de comportamento normal entre categorias importantes de nossa sociedade.

Em nossa recapitulação da teoria de expectativas sociais, no Capítulo 8, vimos que os componentes da *organização social* representam outro conjunto muito poderoso de influências na conduta individual. Devido a tais influências, as pessoas podem escolher linhas de ação opostas a seus sentimentos e predisposições íntimos.

Considere-se, por exemplo, o estudante já diplomado que deseje completar um mestrado em comunicação ou em uma das ciências sociais. Para fazê-lo, o estudante é muitas vezes obrigado a tirar cursos de estatística. Se examinarmos variáveis cognitivas, como atitude, para entender como o estudante típico se sente acerca dessa matéria, encontraríamos um quadro bem negativo. Poucos bacharéis parecem ter atitudes francamente positivas impelindo-os a estudar estatísticas. Ano após ano, coortes de tais alunos rangem os dentes, tranquilizam os nervos, e inscrevem-se em cursos assim. É bem claro que suas ações não se enquadram na fórmula aprender-experimentar-fazer.

O fato é, naturalmente, que tais escolhas de comportamento pouco têm a ver com atitudes ou preferências. A explicação está em outro lugar. O papel do estudante já formado inclui dominar estes assuntos. A promoção de candidato ao mestrado depende de completar o trabalho. Se alunos não se conformam, serão banidos do grupo, e tal banimento de há muito vem sendo uma forma significativa de controle social. A sequência real, pois, não é aprender-sentir-fazer, mas sim *aprender-conformar-se-ou-ser-punido*!

Poder-se-ia provar que muito mais de nosso comportamento é controlado por expectativas sociais existentes dentro de sistemas sociais nos quais interagimos com outros do que por nossas predisposições íntimas. Todo grupo a que pertencemos — família, escola, grupo de trabalho, um clube, ou apenas uma patota informal de amigos — exerce um conjunto vigoroso de controles sobre nós. Em alguns grupos, podemos desgostar cada minuto da experiência, mas se quisermos permanecer participando teremos de aderir às normas do grupo, desempenhar o papel a nós atribuído, submeter-nos ao sistema hierárquico, e concordar com o sistema de controle social. São esses fatores externos que modelam nosso comportamento — as expectativas e exigências sociais dos outros — e não apenas sentimentos, preferências ou atitudes íntimas.

Há escassa dúvida, portanto, de que tanto fatores sociais quanto culturais proporcionem orientações que modelam o comportamento humano. São as compreensões e aceitações do indivíduo com relação a formas culturalmente aprovadas de conduta e as expectativas de procedimento dos outros que determinam como agirá em um contexto social. Por tal razão, esses fatores externos podem fornecer uma base para persuasão, admitindo-se que as definições deles para o indivíduo possam ser modeladas ou controladas.

Modificar Expectativas Sociais para Influenciar o Comportamento

Enquanto a estratégia psicodinâmica tem sido estudada há anos, bem menos pesquisa foi devotada à abordagem sociocultural para a persuasão.

Com efeito, teorias existentes de persuasão que reexaminaram o papel desempenhado pela cultura e pela organização social concentraram-se em maneiras pelas quais tais fatores são *obstáculos* a conseguir-se mudanças de comportamento. Por exemplo, na literatura sobre a adoção de uma novidade como resultado de campanhas informativas, a resistência à mudança é muitas vezes descrita como sendo devida a praxes culturais institucionalizadas que se opõem ao emprego da modificação proposta.

O que uma estratégia sociocultural eficaz exige é que mensagens persuasivas definam para o indivíduo regras do comportamento social, ou as exigências culturais para ação, que dirigirão as atividades que o comunicador está tentando provocar. Ou, se já existirem definições, a missão converte-se em *redefinir* tais exigências.

Semelhante estratégia foi utilizada há muitas décadas no mundo publicitário para reformular a maneira de pensar do público acerca de um produto. Um dos exemplos clássicos foi a propaganda de cigarros logo após a Primeira Guerra Mundial, quando era socialmente inaceitável as mulheres fumarem. Projetar uma campanha de publicidade para levar as mulheres a adquirirem o hábito foi uma dura missão, por estar amplamente consagrado entre o público o estereótipo de que as mulheres que fumavam tinham costumes dissolutos. Não obstante, os publicitários se deram conta de que metade da população não estava comprando cigarros, e caso pudessem redefinir as normas para levar as mulheres a fumarem suas vendas cresceriam astronomicamente.

Levou algum tempo, mas é claro que conseguiram. Um dos anúncios famosos do período foi uma cena onde um homem bem vestido e uma linda mulher achavam-se sentados em uma encosta coberta de relva. Ele fumava um cigarro com o rosto cheio de contentamento. A mulher estava virada para ele com olhar desejoso, dizendo "sopre um pouco para meu lado". Pouco tempo depois, os anúncios começaram a mostrar mulheres "simpáticas" fumando em público, e a transformação estava em marcha.

Uma estratégia consagrada, pois, é apresentar as expectativas sociais do grupo no qual a ação deve ocorrer, fornecendo definições culturais de qual conduta é a apropriada. A chave está na mensagem ter de fornecer a aparência de consenso. Isto é, deve ser mostrado que as definições fornecidas são apoiadas pelo grupo relevante e que deixar de segui-las constituiria inaceitável comportamento desviante. Representada esquematicamente, essa estratégia para propagar uma teoria de persuasão apareceria como na Figura 10.2.

A estratégia sociocultural é com frequência empregada juntamente com pressões interpessoais para o conformismo. Isso significa uma combinação de mensagens dos veículos com intercâmbio individual. Essa estratégia em muitos níveis pode ser exemplificada concretamente se tomarmos a tática de uma campanha muito bem-sucedida com que quase todos estão familiarizados.

Muitas comunidades têm uma campanha anual de fins caritativos, chamada Apelo Unificado, Fundo Comunitário ou algo parecido. Tais campanhas abrangem diversas iniciativas para alcançar suas metas, mas a estratégia sociocultural com frequência está no âmago do esforço.

A fim de esclarecer o contraste com a abordagem psicodinâmica, admitiremos um conjunto de cidadãos que preferem não fazer seus donativos de caridade dessa maneira. Têm obras preferidas a que fazem doações anualmente, e gostam de fazê-lo anonimamente. Desta maneira podemos começar com uma atitude negativa para com o comportamento que os comunicadores irão tentar provocar, assim como uma preferência pelo anonimato ao doar em favor de uma causa. Conforme veremos, todavia, muito provavelmente farão um donativo de maneira bastante pública ao Apelo Unido, a despeito dos sentimentos em contrário.

O primeiro passo em uma solicitação típica do Apelo Unido é um anúncio (via mídia de massa) de que a comunidade organizou a campanha e que tem uma meta específica a ser preenchida nesse ano. Assim, um *objetivo* do grupo é definido com a sugestão de ter sido aprovado amplamente pelos membros da comunidade. Com efeito, a meta foi formulada arbitrariamente pelos organizadores da campanha e não deriva necessariamente do sentimento individual de parte dos membros da comunidade como um todo. Não obstante, é bem provável isso não ser contestado. As metas têm em si mesmas uma característica bastante compulsória quando se acredita terem apoio generalizado (consenso). Os organizadores podem criar uma impressão assim ao conseguir pessoas socialmente proeminentes (categoria elevada) da comunidade participando da divulgação da quota. Muitas pessoas anseiam confirmar publicamente sua elevada posição social participando de tais acontecimentos. E, é claro, a mídia sempre dá amavelmente ampla cobertura a cerimônias desse gênero validando em consequência sua importância.

Outro passo importante é anunciar para a comunidade que a "quota justa" para cidadãos é determinada percentagem de seus rendimentos ou vencimentos. Este conceito receberá ampla cobertura da mídia. A idéia de uma "quota justa" é socialmente expressiva. Ela é compulsória para o indivíduo porque parece ser uma norma aprovada e compartilhada. Quem quer ser identificado como "injusto" e, portanto, *desviante* das definições socialmente aprovadas? Se os indivíduos forem levados a crer que outros estão de fato contribuindo segundo essa norma, sentir-se-ão pressionados ao conformismo.

No cerne da campanha de persuasão acha-se a tarefa de criar *sistemas de papéis* vinculados ao esforço de arrecadação dentro do traba-

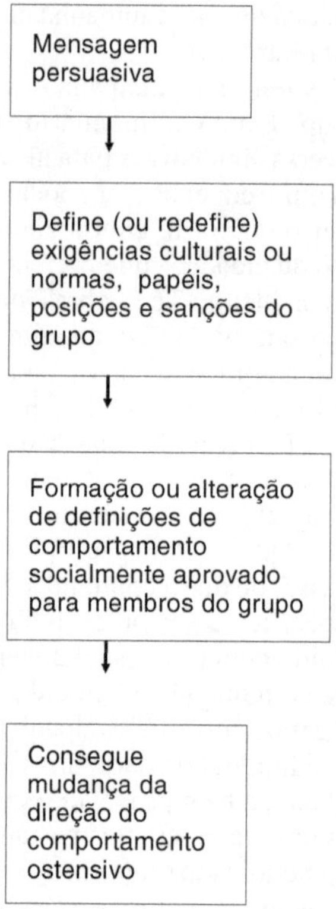

Figura 10.2. A estratégia sociocultural de persuasão.

lho da comunidade e dos grupos de vizinhança. Em lojas, fábricas, escolas, e tantas outras organizações quanto possível, um ''dirigente'' da campanha é nomeado com bastante divulgação. Diretores de grandes empresas sentem-se particularmente compelidos a cooperar nesse tipo de esforço, devido à necessidade de manter a imagem de boas relações públicas da sua organização funcionando em benefício da comunidade. O ''dirigente'' comumente designa ''cobradores'' para várias divisões da organização se esta for grande. O participante comum do grupo tem de desempenhar um papel réplica do dos cobradores. Quando se é solicitado pessoalmente por outro colaborador a fazer um donativo, fica constrangedor recusar.

Uma tática às vezes usada nessa estratégia sociocultural é distribuir a participantes um cartão com o respectivo nome já impresso e com um espaço para marcar quantos estão se "comprometendo" (a ser cobrado depois). Isso indica estarem eles sendo vigiados, possivelmente por patrões poderosos. Pessoas que resolvem não se comprometer com coisa alguma devem assinalar sua discordância ao assinar o cartão que indica recusa. Ademais, talvez tenham de dizer pessoalmente ao cobrador de seu grupo que não farão uma contribuição (e, portanto, estão de passo errado).

Se nossos infelizes indivíduos, que realmente queriam dar seus fundos para outra causa, não forem persuadidos por tais estratégias, se verão confrontados por outra situação irresistível ao chegarem em casa. Os organizadores da campanha designam "cobradores voluntários" em cada bairro para visitar residentes em sua área imediata e solicitar um donativo. Aí temos o papel de *bom vizinho* e o de *bom cidadão* (ambos incluindo a ajuda aos menos afortunados). Esses papéis estão encerrados em um sistema de controle social recíproco em miniatura. É constrangedor recusar a um vizinho um pedido razoável e socialmente aprovado de um donativo modesto. Sanções negativas potenciais rodeiam a recusa, isto sem falar acerca de uma queda de *status*. Quem quer ser conhecido pelos vizinhos como um sovina que se recusa a doar modesta soma para uma causa de caridade apoiada pela comunidade?

Portanto, a despeito de suas atitudes negativas e preferências opostas, nossos amigos a essa altura metem a mão no bolso à procura de algumas notas, e possivelmente rangem os dentes um pouco enquanto se conformam sorridentes. Entretanto, por sua boa conduta merecerão uma recompensa, destinada a proporcionar um reforço positivo. Receberão um botãozinho para usar na lapela, ou no mínimo um cartão para colocar na janela, que indicará aos outros como foram bons cidadãos.

A estratégia sociocultural tem sido amplamente utilizada para promover produtos comerciais de formas paralelas às da situação da campanha de fundos. Dois exemplos esclarecerão como definições culturais, expectativas sociais e todos os componentes da organização social proporcionam uma base conceitual para projetar uma estratégia eficaz para a venda de produtos. Uma é o caso de uma linha de vasilhames plásticos inquebráveis para cozinha. O outro uma linha de cosméticos distribuída através de venda a domicílio.

O fabricante de uma bem conhecida marca de recipientes plásticos duráveis utiliza alguma propaganda através da mídia, mas o principal meio de promoção da firma é o emprego de "reuniões" em casas particulares. É uma variante da estratégia sociocultural, com mais destaque para mensagens interpessoais do que as veiculadas pela mídia. No entanto, ela oferece úteis discernimentos acerca da dinâmica dessa estratégia de persuasão. Eis como funciona:

Um representante da companhia escolhe uma dona de casa em um bairro e oferece-lhe uma doação ''grátis'' de utensílios de cozinha, se ela for a anfitriã de uma ''reunião'' onde as mercadorias possam ser demonstradas. Muitas concordam com isso e convidam as amigas para a função social. Na ocasião, o representante exibe os produtos, explica o bonito presente que a anfitriã receberá por patrocinar o encontro, e demonstra a linha de utensílios de diversas maneiras. A anfitriã serve salgadinhos e refrigerantes, e o acontecimento tem de fato uma aparência de ''reunião''. As convidadas entendem a natureza da reunião mas aproveitam os contatos sociais ali oferecidos. O traço principal é que após as demonstrações terminarem, as convidadas são ''seduzidas'' a comprar artigos da linha exposta. E, como todos se divertiram, isso parece o mínimo que podem fazer pela anfitriã. Vários artigos são amavelmente comprados.

Este pequeno drama social depende de definições e normas culturais, requisitos de papéis e sistemas de controle social, tal como o sistema de arrecadação de fundos acima descrito. Nossa cultura valoriza a habilidade da dona de casa para gerir eficientemente sua cozinha. O produto vendido na reunião é definido como uma ajuda importante para fazer isso. A ''reunião'' tem sua própria definição cultural, que inclui muitos elementos positivos. A norma é que convidada, espera-se que a pessoa aceite. Se assim o fizer, outra norma é evitar ser descortês enquanto lá estiver. Outrossim, estar na casa de outrem em tais circunstâncias subentende um relacionamento de papel significativo entre anfitriã e convidada. Um comportamento que transgredisse tais expectativas seria encarado como algo mais do que indelicado.

Tudo isso se traduz em uma virtual *obrigação* de comprar algo que a representante esteja vendendo. Não o fazer deixaria mal a anfitriã. Se até as amigas recusam apoiá-la, sua posição social ficaria drasticamente abalada. Pessoas sensíveis não fazem isso a amigos. Portanto, a reunião acontece, são comidos quitutes, a conversa fiada se processa, dá-se atenção cortês ao papo da vendedora, e (acima de tudo) são comprados artigos. Seria impensável uma ''convidada'' pular fora, ser rude com a anfitriã, denunciar a linha de produtos, insultar a representante, e dar um estouro enraivecida por ter sido pressionada a comprar. Isso pode ser exatamente o que as atitudes e preferências da pessoa podem estar querendo, mas impulsos assim inadequados são mantidos sob controle pelas exigências sociais da ocasião.

Diversos fabricantes empregam uma versão da estratégia sociocultural que poderia (talvez com ironia) ser denominada *variante epidemiológica*. Esta também se baseia mais em comunicação interpessoal do que de massa, mas os que a utilizam contribuem também com comunicação de massa como publicidade de apoio. Um bom exemplo é uma linha de cosméticos vendida na casa de uma vendedora que é representante direta do fabricante.

A estratégia começa quando uma vizinha ou conhecida é convidada para a casa da vendedora com a promessa de receber um "tratamento facial" grátis. O nome refere-se a um processo bastante complicado para limpar a pele e aplicar vários produtos para ressaltar a aparência facial da pessoa. Poderosas definições culturais subjacentes à definição da beleza feminina e sua importância em nossa sociedade tornam esse tratamento facial gratuito uma recompensa significativa.

Quando a pessoa chega, a linha de cosméticos é trazida para a sala e colocada em cima duma toalha de mesa de cores brilhantes, e cada garrafa, caixa, lata e tubo é discutido. A pessoa tem permissão para ver, cheirar e sentir cada substância. Aí, vem o facial. Cosméticos velhos são retirados com um "creme de limpeza". Um líquido estimulante é em seguida espalhado para "condicionar" o rosto. Aplica-se uma "base". Após isso, são acrescentadas várias camadas, tais como *blush* e pó de arroz. Por fim, "sombra" e "máscara" são usados para ressaltar os olhos, e batom nos lábios encerra a tarefa. Nesta altura, após quase uma hora de interação, a pessoa não tem outro recurso senão comprar algum produto.

Mas isso seria um meio ineficiente de vender cosméticos, não fossem as etapas que virão depois. O tratamento facial cimenta um vínculo social amistoso entre a representante e a consumidora. O nome dela entra em uma relação, e são feitas visitas regularmente para sugerir reabastecimento e para chamar atenção para novos cosméticos. O marido é visitado ou lhe telefonam antes de datas especiais para dar presentes (aniversários natalício e de casamento, Dia das Mães, Natal etc.). Também se solicita a essas clientes que reúnam um grupo de amigas para receberem tratamento facial, expandindo a base da atuação. Ainda mais importante é a solicitação à pessoa para que ingresse na "equipe" (às vezes referida como a "família"), para por sua vez virar empresária de cosméticos por conta própria. A representante que atraia esses novos vendedores consegue recompensas e reconhecimento especiais de parte da companhia. Assim, a proliferação de vendedores de cosméticos pode obedecer a um padrão epidêmico.

Esta é uma modalidade eficiente de vendas. Pode não dar certo com muitos produtos, mas tem sido particularmente bem-sucedida com cosméticos. De uma forma ou outra, estratégias semelhantes têm sido utilizadas na venda de revistas, produtos de limpeza doméstica, enciclopédias e aspiradores de pó.

Embora estas exemplificações um tanto complexas da estratégia sociocultural não sejam baseadas em comunicação de massa exclusivamente, ocupam posição central nas atividades dos persuasores. Todo o esforço persuasivo, contudo, é às vezes empreendido apenas pela mídia. Se houver qualquer dúvida quanto à estratégia sociocultural ser amplamente utilizada na propaganda pela mídia, o leitor é convidado a passar uma noite diante do televisor assistindo a comerciais dentro da perspectiva desta estratégia. Gente sorridente e contente representa pequenos dramas referentes a cerveja, laxativos, desodorantes e pasta dentifrícia. Explicam para os espectadores normas aprovadas e condenadas, comportamento aceitável, como conseguir ou conservar *status*, e que controles sociais podem despencar sobre a cabeça da pessoa caso se desvie das regras. Deixa-se muitíssimo claro que ser apanhado com a cerveja errada, um cheiro corporal perceptível, intestino preguiçoso ou dentadura frouxa coloca a pessoa bem longe do pálio da aceitabilidade social.

A ESTRATÉGIA DE CONSTRUÇÃO DE SIGNIFICADOS

Uma terceira abordagem à persuasão é proporcionada pelas manipulações de significados. Vimos no Capítulo 9 que o vínculo entre conhecimento e comportamento foi percebido bem no começo da história escrita. Durante séculos de existência humana, o conhecimento — quer dizer *significados* para o mundo da realidade objetiva — foi talhado por indivíduos graças a processos de socialização baseados exclusivamente na transmissão verbal. As pessoas aprendiam os significados aceitos para símbolos, para os fatos da natureza, e para as complexidades da ordem social. Mais tarde, a escrita trouxe novas rotas para a aquisição de significados. A imprensa expandiu-as enormemente. Agora, em uma Era da Comunicação de Massa, a mídia proporciona canais ao alcance de populações imensas com o fim de estruturar deliberadamente os significados. Esses canais são evidentemente utilizados por um número esmagador de fontes de informação competitivas que desejam moldar, monitorar ou modificar o significado que as pessoas possuem para tudo, desde produtos comerciais até orientações políticas.

Construções de Significados e Comportamento

A proposta de que *o conhecimento dá forma à ação* foi o primeiro grande postulado do que hoje chamamos ciência do comportamento. Foi consagrada há muito tempo, provavelmente até antes do início da filosofia devidamente documentado. Certamente, o relacionamento entre significados subjetivos e conduta foi um fundamento da análise da natureza humana durante a época de Platão e Aristóteles. Notamos, no Capítulo 9, que o elo entre conhecimento e conduta continuou como princípio fundamental do comportamento humano na época da Escolástica, durante o Renascimento, e prosseguiu nos tempos modernos quando os estudiosos de cada século buscaram estabelecer como a conduta devia ser modelada pelo conhecimento, seja de uma fé religiosa ou de um sistema secular de governo.

Mais recentemente, à medida que cada uma das ciências sociais brotou da filosofia, este princípio foi redescoberto por autores contemporâneos. Os antropólogos constataram que significados são ligados à linguagem e que cada uma fornece uma forma ímpar de entender e agir no mundo externo. Os sociólogos verificaram que nossas concepções interiores (conhecimento) da ordem social nos proporcionam ''definições da situação''. E, se achamos ser real uma situação, agiremos como se ela assim o fosse. Os psicólogos também redescobriram o antigo princípio com seu conceito de *esquemas* como significados para a realidade e a vigorosa influência que tais estruturas de significado exercem sobre o comportamento humano.

Mais recentemente ainda, estudiosos da comunicação incorporaram esse antigo princípio em suas formulações para explicar como o conteúdo da comunicação de massa influencia o comportamento de suas audiências. A imprensa modela as ''imagens em nossas cabeças'' e influi nas formas pelas quais atuamos diante dos problemas cotidianos. A mídia ''cultiva'' nossas crenças acerca do mundo real e influencia nossa conduta. A imprensa ajuda-nos a ordenar significados internos sob a forma de uma ''agenda'' de temas sobre o que pensar e uma hierarquia da respectiva importância. Finalmente, as comunicações de massa estabelecem, ampliam, substituem e estabilizam significados para palavras de nossa linguagem. Essas mudanças de significado influem em nossas respostas às coisas e às questões que são rotuladas.

Há escassa dúvida, por conseguinte, quanto ao relacionamento entre conhecimento e conduta permanecer como princípio fundamental do comportamento humano. Significados deveras modelam nossas ações. A validade deste teorema sobreviveu milhares de anos.

Modificar Significados para Influir no Comportamento

As teorias de construção de significados, examinadas no Capítulo 9, delineiam maneiras pelas quais o comportamento das audiências da mídia pode ser influenciado sem intenção deliberada. Isto é, os que colhem, editam e divulgam as notícias não fazem isso tendo em mente um plano para criar imagens em nossas cabeças, ou até para organizar nossa agenda pessoal. Os que incluem violência em seus textos e levam-na à tela da televisão não o fazem para deixar as pessoas com medo dos seus bairros. Analogamente, a extensa cobertura pela televisão de um assunto como o *crack* não é transmitida visando criar novos significados em nossa linguagem. Trata-se de influências não propositais que provavelmente não são compreendidas nem desejadas pelos que dirigem a mídia.

Mas se as comunicações de massa podem modificar significados e influenciar sem querer o comportamento, há base suficiente para se procurar uma estratégia de construção de significados com a finalidade de *deliberadamente* alterar o comportamento. A informação dada pela comunicação de massa deve ser tão eficiente quanto qualquer outra para mudar os significados atribuídos pelas pessoas a alguma coisa, produto, causa, candidato ou questão. Se tais mudanças podem ser obtidas, daí devem decorrer modificações de comportamento no sentido daquele alvo de persuasão.

Esta é uma ideia relativamente simples: o conhecimento influi no comportamento. O que está faltando são suposições pormenorizadas acerca das predisposições e processos internos, tais como mudança de atitude, dissonância cognitiva, ou até expectativas sociais ou culturais complexas. Em linguagem simples, esta estratégia deve ser caracterizada como *aprenda-faça*, oposta a aprenda-sinta-faça e a aprenda-conforme-se, anteriormente examinadas.

Embora a expressão ''estratégia de construção de significado'' possa ser nova, a abordagem em si mesma não o é de forma alguma. Um bom exemplo de quão significativa essa estratégia foi no passado pode ser visto em uma importante mudança na propaganda de automóveis ocorrida em meados dos anos 20. Até então, fabricantes de carros como Henry Ford, William Durant, os irmãos Dodge, Walter Chrysler e dezenas de outros, empregavam uma abordagem razoavelmente sensata. Seu material publicitário ressaltava a confiabilidade, segurança, economia e durabilidade mecânica de seus produtos. Isto, todavia, mudou da noite para o dia quando um pioneiro fabricante de automóveis descobriu a estratégia de construção de significado.

O caso refere-se a Edward S. Jordan, fundador da Jordan Motor Car Company. Sua fábrica produzia o Playboy, um carro aberto comum de qualidades mecânicas relativamente medíocres. Ele não estava vendendo muito bem, e Jordan percebeu que algo tinha de ser feito. Aí, durante o verão de 1923, viajava em seu vagão ferroviário particular de Detroit para San Francisco. Quando o trem estava se afastando vagarosamente de uma cidadezinha do Oeste, ele olhou para fora e deparou com uma visão que o agitou enormemente. Uma linda jovem conduzia o cavalo ao lado do trem a meio galope. Ela era bronzeada, desportiva e aparentemente desinibida, com os cabelos esvoaçando ao sopro da brisa. Jordan mal pôde desviar os olhos dela, mas virou-se e indagou de um companheiro aonde estavam. A resposta foi ''Num lugar a oeste de Laramie''.

O incidente todo, e especialmente a frase da resposta do amigo, impressionaram tanto Jordan que ele mandou seus publicitários promoverem o carro de uma nova forma. Em breve, apareceram anúncios em revistas e jornais da nação inteira mostrando o automóvel sobreposto no meio de um desenho grande, romântico, de uma linda mulher galopando num cavalo possante com os cabelos esvoaçando para trás. O anúncio dizia:

> Nalgum lugar a oeste de Laramie há uma moça capaz de domar cavalos xucros e perita no manejo do laço que sabe do que estou falando... o PLAYBOY foi feito para ela.
>
> Feito para o broto cujo rosto está bronzeado pelo sol quando acaba o dia feito de folguedos, traquinagens e corridas...
>
> Há um sabor de campo à beira-mar nesse carro — de risos, canto alegre e luminosidade — uma sugestão de velhos amores — de sela e rebenque...
>
> Entre no PLAYBOY quando a hora ficar enfadonha...
>
> E aí parta para a terra onde se vive de fato com o ânimo da garota que monta o cavalo, esguia e esbelta, rumo ao horizonte avermelhado de um crepúsculo do Wyoming.[10]

E foi isso aí! Não havia informação acerca de cavalos-vapor, número de lugares e de cilindros, capacidade de carga, ou sequer número de rodas. Mas o ''significado'' do Playboy de Jordan ficou nítido e altissonante. Ele era, acima de tudo, *empolgante*. Comprar o Playboy estava ligado a significados de risada, liberdade, aventura, e, quiçá, mera insinuação de sexo desinibido. A venda do carro de Jordan cresceu disparada e prosseguiu até bem depois de o modelo ter saído de linha. Como até mesmo a mais distraída contemplação dos comerciais de televisão sobre automóveis atuais revela, eles dependem intensamente dessa estratégia.

A utilização de duplo sentido em campanhas, propaganda e outras tentativas para persuadir, prossegue com todo vigor. Nestes últimos anos vimos uma velha dama indagar ''Cadê o peru?'', para se referir a um determinado sanduíche. Aviões agora voam em céus ''camaradinhas''. Certos laxativos e antiácidos produzem ''alívio da poupança''. Candidatos políticos procuram expressões breves, tipo *slogans*, capazes de ligar significados positivos a suas imagens na comunicação de massa (Nova

Jogada, Mãos Limpas, Grande Sociedade, Novo Começo, Pai dos Pobres, e assim por diante).

Nem parece necessário mostrar um diagrama da estratégia de construção de significado. Suas pretensões são bem mais simples do que as vistas anteriormente. Não obstante, um diagrama desses teria os componentes mostrados na Figura 10.3.

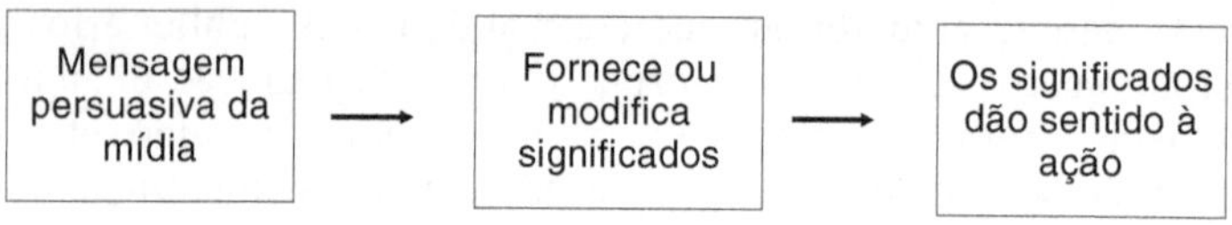

Figura 10.3. A estratégia de persuasão pela construção de significado.

Esta formulação tipo aprenda-a-fazer funciona? O mundo da publicidade prática parece pensar que sim. Por outro lado, as revistas técnicas de ciência social e de pesquisa da comunicação fornecem poucas respostas. A despeito de sua antiga origem, relativamente escassa pesquisa foi realizada acerca das estratégias de construção de significado.

Este capítulo mostrou que a estratégia psicodinâmica de persuasão ocupa um lugar de destaque na propaganda, informação, campanhas e outras formas de persuasão há várias décadas. Ultimamente, contudo, estão sendo feitas perguntas sérias acerca de ela poder ou não produzir resultados confiáveis. Às vezes se afigura funcionar, mas muitas não, e ninguém sabe com certeza por quê. Estratégias socioculturais, por outro lado, nunca foram populares, seja por estimularem pesquisa seja como base para propaganda real ou outras formas de persuasão pela mídia. As estratégias de construção de significado permanecem ainda menos entendidas. Esta estratégia aparece frequentemente na propaganda contemporânea, mas não se sabe se funciona confiavelmente para desencadear as reações desejadas.

Uma coisa está bem clara. É difícil adaptar e aplicar princípios que pareçam caracterizar a capacidade do conteúdo da comunicação de massa para influenciar comportamento de forma não deliberada em missões práticas tais como a de vender mercadorias, candidatos ou comportamento pró-social. A despeito dos intensos esforços levados a cabo para encontrar as bases teóricas de estratégias de persuasão eficazes, elas continuam evasivas.

PARTE III

A Mídia na Sociedade Contemporânea

CAPÍTULO 11

Teoria de dependência do sistema de mídia

Uma considerável variedade de teorias foi discutida nos capítulos precedentes, e foram examinados seus vínculos com diversos paradigmas teóricos da sociologia e da psicologia. Está claro que o estudo da comunicação de massa sofre de um constrangimento de riquezas teóricas em lugar de uma insuficiência de formulações explicativas. Como o campo evoluiu, este excesso foi ao mesmo tempo valioso e problemático. Cada uma das teorias que examinamos serviu para orientar pesquisa importante em sua época e conduziu a uma crescente compreensão dos efeitos da mídia. Todavia, não está absolutamente claro qual das teorias concorrentes melhor explica o relacionamento entre a mídia de massa e as pessoas que compõem as sociedades onde ela dissemina mensagens. Nenhuma explicação de per si prediz plenamente esse relacionamento. Ademais, algumas das teorias contradizem-se ostensivamente. Uma diz que haverá influências imediatas, universais, diretas e poderosas nos integrantes da audiência devido à exposição às comunicações de massa; outra afirma que tais influências serão a longo prazo, indiretas, seletivas e limitadas.

A dessemelhança entre as teorias contemporâneas da comunicação de massa existe devido a cada uma focalizar diferentes configurações de variáveis independentes e dependentes e, por conseguinte, cada uma utilizar hipóteses diferentes, de formas exclusivas, para fazer predições acerca de influências nas pessoas e na sociedade. Por exemplo, uma se concentra em crenças, atitudes e comportamento em um plano individual, enquanto outra tenta explicar convenções compartilhadas de significado e sua repercussão na organização social, sociedade e cultura.

Por tal razão, seria ilógico e prematuro admitir que uma teoria seja "correta", ou sequer "completa", ao passo que outras estejam completamente "erradas" ou devam ser abandonadas. A maciça pesquisa básica necessária para identificar a "melhor" teoria ainda está por ser levada a cabo. Com efeito, falta muito tempo para uma teoria geral se destacar nas comunicações de massa, incluindo ou sintetizando todas as concorrentes, como, digamos, a teoria da relatividade de Einstein o fez no campo da física.

Entrementes, todas as abordagens teóricas aqui examinadas permanecem como explanações viáveis *potencialmente* de pelo menos *alguns* tipos de influências da mídia. Ao mesmo tempo, não se pode contestar que certas teorias anteriores agora parecem bem menos atraentes do que outrora. Poucos estudiosos hoje em dia sustentariam que a teoria da "bala mágica" contribui com explicações adequadas de como a mídia influi nas pessoas. As provas acumuladas pela pesquisa não conseguiram sustentar tais alegações. Outras formulações anteriores analogamente começaram a ser postas em dúvida. Contudo, a maioria das teorias ainda subsiste como fontes de importantes hipóteses de pesquisa, e até serem acumulados dados de todo convincentes, não será ainda tempo para rejeitá-las de todo.

A despeito do número de teorias disponíveis, mais ainda são necessárias! Conforme indicamos, nenhuma das teorias existentes provou propiciar uma análise *total* das influências das comunicações de massa. Realmente, nem estamos certos, a esta altura, de quais influências de fato existem! Cada nova perspectiva teórica desvendou fatores inéditos. Por exemplo, as primeiras teorias ignoraram as diferenças individuais e sociais assim como as influências seletivas delas decorrentes. As teorias destacando influências seletivas não examinaram a socialização a longo prazo. Teorias voltadas para os efeitos da socialização não tentaram explicar o papel da mídia na construção do significado, e o papel desempenhado por tais construções na configuração do comportamento. Cada nova perspectiva teórica desvendou, assim, terreno novo ao atrair a atenção da pesquisa para novas categorias de variáveis independentes e dependentes.

Esse processo de descobrimento não se acha completo. Não é fora do razoável admitir restarem ainda muitas influências da e sobre a mídia de massa em nossa sociedade a serem identificadas. Por tal razão, o desenvolvimento teórico tem de continuar a tentear, para além dos limites de nossa compreensão presente, os processos e efeitos da comunicação de massa.

De acordo com esta situação, pode ser proposta outra formulação teórica, qual seja uma *teoria de dependência do sistema de mídia*, uma formulação complexa que tente vincular em uma única configuração diversas ideias abordadas em capítulos anteriores.[1] Ela se inspira em diversos dos paradigmas teóricos gerais que foram examinados no Capítulo 10. É adequado iniciar nossa discussão relembrando certos traços dos paradigmas gerais que proporcionam as raízes intelectuais das teorias da comunicação de massa, porquanto estes aspectos também contribuem com uma base para a teoria de dependência do sistema de mídia.

AS RAÍZES DAS TEORIAS DE EFEITOS DA MÍDIA

As teorias que formulam perguntas acerca dos efeitos gerais e poderosos da mídia de massa tendem a basear-se em três dos paradigmas debatidos no Capítulo 1: a perspectiva funcional estrutural, a do conflito, e a evolutiva (social). Conforme foi esclarecido, tais formulações não se restringem ao estudo da comunicação de massa. Elas são amplamente utilizadas por cientistas sociais para o estudo de praticamente *qualquer* instituição ou processo em larga escala. Geralmente, os sociólogos empregam estes três paradigmas como arcabouços estruturais para análise *macro*, quer dizer, para o estudo de sistemas sociais em grande escala, tais como grupos complexos formais ou burocráticos, sociedades inteiras, ou para a avaliação de processos sociais bastante gerais, tais como estabilidade, conflito e mudança. Por exemplo, em discussões acerca das primeiras tentativas para criar interpretações teóricas dos efeitos da comunicação de massa (Capítulo 6), foi realizada uma macroanálise da natureza e origens da sociedade "de massa". A análise aproveitou-se de diversas macroconceituações de estrutura social e de processos de mudança sociocultural, contribuindo com a "imagem grande" das condições da vida social dentro das quais os novos veículos de massa eram encarados como onipotentes. Por exemplo, Durkheim recorreu ao paradigma funcional estrutural em sua análise (macro) das consequências da complexidade societária crescente. Ele assinalou como a crescente especialização, resultando em uma divisão do trabalho imensamente diferenciada, conduz a um decréscimo no consenso social. Este acarreta uma redução da comunicação interpessoal efetiva e um acréscimo da confusão referente às normas orientadoras da sociedade. Durkheim denominou esta situação de *anomia* (estrutural). Esta, por sua vez, deixa os membros individuais de tais sociedades em um estado de confusão psicológica (anomia pessoal), porquanto suas concepções subjetivas de normas societárias são correspondentemente ambíguas. Uma situação assim reduz os laços mais chegados e íntimos, restringindo influências significativas da comunicação interpessoal, e deixando tais indivíduos cada vez mais expostos a influências de outras origens.

Teóricos pioneiros da mídia aproveitaram-se da lógica de Durkheim para formular a opinião de que é uma combinação de complexidade societária, consenso limitado, carência de normas, confusão pessoal, e alienação ou isolamento psicológico que podem tornar poderosas as comunicações de massa. Nessas condições de "multidão solitária", acreditou-se, as pessoas poderiam ser facilmente manipuladas pela mídia. Assim, o paradigma estrutural funcional, empregado no nível macro de análise, conduziu a conclusões específicas acerca da natureza da sociedade. Isto, por sua vez, forneceu corolários referentes à explicação de influências da mídia.

Em contraste, um nível *micro* de análise preocupa-se com unidades bastante específicas. Em ciências sociais, isto usualmente significa o *indivíduo*. Enquanto sociólogos focalizam grupos e sociedades, teorias psicológicas de efeitos da mídia são formuladas no nível micro, focalizando variáveis e processos específicos que afetam indivíduos. As microteorias mais comuns têm raízes no paradigma cognitivo, examinado nos Capítulos 1 e 7.

As teorias psicológicas de efeitos da mídia, pois, ignoram o "grande quadro" e a maneira pela qual forças a longo prazo ou em grande escala podem afetar a probabilidade de indivíduos serem influenciados por comunicações de massa. São também limitadas a exames de consequências relativamente imediatas de exposição a curto prazo ao conteúdo das comunicações de massa. Claro que uma das atrações de uma abordagem assim é permitir aos teóricos e pesquisadores focalizar variáveis mais simples, exercer maior controle, e serem assaz específicos. O efeito das necessidades, atitudes, valores e interesses individuais sobre a maneira pela qual eles se expõem seletivamente à mídia, percebem o conteúdo da mensagem e seletivamente retêm informações, pode ser examinado sem se ter de considerar influências dos sistemas sociais onde a pessoa vive (Capítulo 7). Analogamente, teorias psicodinâmicas de persuasão preocupam-se com processos psicológicos internos que, por hipótese, podem ser ativados por mensagens da mídia a fim de conseguir fazer as pessoas comprarem produtos ou comportar-se das maneiras desejadas.

Um tanto mais genéricas são as teorias de efeitos da mídia oriundos da psicologia *social*. Elas levam em conta pelo menos alguns relacionamentos sociais que influenciam as pessoas, tais como as teorias de influência seletiva (Capítulo 7), teorias de efeitos indiretos da mídia (Capítulo 8), e estratégias de persuasão baseadas em construção do significado (Capítulo 10). Tais abordagens tendem a combinar elementos do paradigma cognitivo com aspectos do paradigma funcional estrutural. Por exemplo, os processos de exposição, percepção e retenção seletivas combinam-se com a ênfase que o funcionalista estrutural atribui à estabilidade e à ordem. Neste caso, supõe-se que os indivíduos vivam em ambiente de estabilidade interpessoal, não no meio social instável de uma sociedade de massa. Afirma-se que as redes interpessoais dos indivíduos e laços de grupos dotam-nos de normas e crenças estáveis — em oposição às condições de anomia — que os isolam contra a influência arbitrária da mídia. Atitudes e formas específicas de comportamento são examinadas numa tentativa de demonstrar que resultam de influência interpessoal, e não de influência da mídia. O modelo de persuasão sociocultural (Capítulo 10) baseia-se em modo de pensar análogo. As decisões de um indivíduo de contribuir para uma organização, comprar um produto ou votar num candidato são conceituadas como produtos tanto de características pessoais (necessidades, atitudes etc.) quanto de pressões sociais para conformar-se com normas de um grupo ou comunidade significativos.

As teorias de construção de significado, examinadas no Capítulo 9, estão intimamente ligadas ao paradigma simbólico interacionista. Segundo notamos, formulações deste tipo estão se tornando crescentemente populares no estudo dos efeitos da mídia. Tais teorias de construção atribuem mais força à mídia do que o fazem as teorias de influência seletiva, ainda que se diga que essa força é a longo prazo e indireta.

O fato de as teorias de construção de significado atribuírem considerável poder à mídia não escapou à atenção de um grupo de estudiosos da mídia, às vezes chamados teóricos "críticos". Eles assinalam que utilizar comunicações para moldar os significados compartilhados pelas pessoas é uma estratégia bastante eficaz para conseguir e manter controle social, político ou econômico. Esta ideia nada tem de novo. O velho adágio de que a pena é mais forte do que a espada expõe a crença de que quem quer que controle ideias — isto é, o produto do conhecimento — pode potencialmente controlar o comportamento das pessoas sem jamais ter de empregar a força. Se Karl Marx estivesse escrevendo hoje em dia, sem dúvida apreciaria o fato de a mídia de massa fornecer um fluxo constante de informação capaz de moldar significados. Sem dúvida, ele concluiria que os que possuem ou controlam os meios econômicos de produção também seriam fortemente motivados para controlar a natureza e a difusão das comunicações de massa como um meio de preservar seus interesses e manter suas posições de dominação. Assim, controlar os meios *econômicos* de produção exigiria controlar os meios de produção *mental* a fim de fixar significados favoráveis à sua continuada posse do poder.

Não seria surpresa para Marx descobrir que nossos veículos contemporâneos — jornais, revistas, rádio, livros, cinema e televisão — são todos caracterizados por modelos semelhantes de posse: grandes cadeias, grupos econômicos, conglomerados e sociedades anônimas são os donos da mídia norte-americana. A época do mal-humorado editor-dono do jornal local, ou da editora de livros pertencente a uma família, desvaneceu-se na história faz muito tempo. Igualmente, seria deveras difícil, em uma sociedade de mercados complexos, caracterizada por diversas demografias e psicografias, mostrar que a posse concentrada leva a qualquer controle expressivo das crenças, atitudes, opiniões ou significados compartilhados amplamente em nossa sociedade.

Quer a gente esteja ou não atraída por interpretações marxistas, o controle da informação pode ser importante. Parece haver pouca dúvida de que a informação capaz de modelar significados seja um recurso crítico na sociedade atual para muitas finalidades específicas. Mostramos, no Capítulo 10, como são feitas tentativas para afeiçoar crenças e comportamento, não só no mercado como através do espectro das instituições sociais: dependência do controle da informação existe também em educação, vida familiar, religião e, especialmente, política. Candidatos a cargos políticos constantemente se debatem para convencer as pessoas que as versões *deles* sobre o que deve ser feito são as corretas interpretações subjetivas da realidade, que levarão às melhores consequências. Dependência análoga pode ser pleiteada por outras instituições sociais. Evidentemente, é necessária uma teoria que leve em conta essas conexões.

As teorias contemporâneas de comunicação de massa tendem a ficar no nível micro e não a focalizarem as dependências em nível macro. Cada uma delas parte de postulados diferentes, flui de suas próprias configurações ou hipóteses subjacentes, incorpora um modelo particular de variáveis independentes, e fornece explicações e predições para um conjunto singular de variáveis dependentes. Nenhuma está de todo errada, mas certamente nenhuma tampouco se dedica à forma pela qual vários componentes da estrutura social global estão ligados à existência de um sistema de mídia profundamente institucionalizado dentro da sociedade. Por conseguinte, como observamos acima, uma limitação séria do estudo atual da comunicação de massa é terem sido feitas poucas tentativas para reunir as teorias de forma mais integrada. A teoria de dependência do sistema de mídia, examinada no restante deste capítulo, representa uma tentativa assim.

CONCEITUAÇÃO DOS RELACIONAMENTOS DE DEPENDÊNCIA DA MÍDIA

Um alvo importante da teoria de dependência do sistema de mídia é explicar por que as comunicações de massa às vezes têm efeitos poderosos e diretos e, outras, efeitos indiretos e bastante débeis. Para isso, a teoria recorre aos temas centrais dos cinco paradigmas gerais expostos no primeiro capítulo: a preocupação funcionalista estrutural com a *estabilidade* societária, a ênfase na *mudança* do paradigma do conflito, a ênfase em *adaptação* social do paradigma evolutivo, a concentração na construção de *significado* da perspectiva simbólica interacionista, e a explicação de fatores *individuais* (motivações, valores, atitudes e comportamentos) extraídas do paradigma cognitivo.

Uma maneira de descrever a teoria de dependência da mídia é dizer que se trata de uma teoria "ecológica" (com o sentido original desse termo): ela focaliza os relacionamentos entre sistemas pequenos, médios e grandes e seus componentes. Uma teoria ecológica encara a sociedade como uma estrutura orgânica; examina como as partes dos sistemas sociais micro (pequenos) e macros (grandes) relacionam-se entre si e depois procura explicar o comportamento das partes em termos desses relacionamentos. O sistema de mídia é considerado parte importante do tecido social da sociedade moderna, e é visto como sendo relacionado com indivíduos, grupos, organizações e outros sistemas sociais. Esses relacionamentos podem ser dominados por conflitos ou cooperativos; podem ser dinâmicos e mutáveis ou estáticos e ordeiros. Também podem variar de diretos e poderosos até indiretos ou fracos. Sejam quais forem os pormenores do relacionamento, é o *relacionamento* que se incumbe de explicar.

Conforme o nome da teoria sugere, o relacionamento-chave em torno do qual se baseia a lógica da abordagem é de *dependência*. Esses relacionamentos podem ser com o sistema de mídia como um todo ou com uma de suas partes, tais como as indústrias da televisão, rádio, jornal ou revista.

Os relacionamentos de dependência da mídia apoiam-se em *metas*, por um lado, e *recursos*, do outro. Parte do que significa viver em sociedade é que para os indivíduos, grupos e grandes organizações atingirem suas metas pessoais e coletivas, têm de depender de recursos que outras pessoas, grupos ou sistemas controlam, e vice-versa. O sistema de mídia é visto como um sistema de divulgação controlando três tipos de recursos de divulgação "causadores de dependência", a que outros têm de ter acesso a fim de alcançarem suas metas. O primeiro recurso é *coleta* ou *criação* de informação. Os repórteres, por exemplo, colhem informação acerca de pessoas e acontecimentos que precisamos conhecer, ou simplesmente estamos interessados em conhecer. Os redatores de texto criam notícias acerca de acontecimentos reais ou imaginários que nos deixam atender à meta de representar ou nos divertir com outras pessoas ao ir ao cinema. O segundo recurso, *processamento* da informação, refere-se à transformação de informações brutas que foram colhidas ou criadas. Um redator, por exemplo, processa a informação bruta do repórter de maneira a poder ser aproveitada em uma matéria; um diretor processa a informação gerada por um escritor, convertendo-a em um filme. O terceiro recurso controlado pelo sistema de mídia é a *disseminação* ou *difusão*, ou seja, a capacidade de distribuir a informação a uma audiência de massa. O encargo primordial do homem-âncora do noticiário de televisão, por exemplo, é divulgar a informação colhida pelo repórter e processada pelo redator. O negócio da firma distribuidora de filmes é pegar o filme que foi criado pelo autor do texto e pelo diretor e editá-lo levando-o à audiência frequentadora de cinemas.

O termo "informação" é empregado aqui de maneira genérica, com referência à produção e distribuição de *todos* os tipos de mensagens. Diferenciações convencionais que sugerem que as "notícias" são informativas, enquanto o "divertimento" não o é, são enganosas. Tais diferenciações insinuam que as pessoas compilam as informações que orientam suas construções de significados e suas ações sobretudo através das notícias. Há pelo menos duas limitações importantes a esta maneira de pensar. Primeiro, ela ignora as formas pelas quais as pessoas usam o entendimento dos divertimentos para se compreenderem a si mesmas, a seu mundo, ou aos muitos mundos fora de sua experiência direta, e para orientar suas próprias ações e as interações com outros. Limitar a ideia de informação a noticiário sugeriria, por exemplo, que o que as pessoas aprendem dos divertimentos não tenha consequências importantes para os significados que elas constroem e que atuam sobre sua socialização, ou são nesta baseados.

Em segundo lugar, ao afastar o divertimento do reino da informação, reduzimos o papel da brincadeira e dos jogos na vida pessoal e social. A despeito da sabedoria psicológica e antropológica, que diz o contrário, o divertimento é em geral, e erradamente, tratado como dimensão sem importância da motivação humana. Não obstante, ele é, sob muitos aspectos importantes, "sério". É sério, por exemplo, no desenvolvimento da criança (p. ex., aquisição da linguagem e formação da identidade) e sob a forma de cerimônias, competições e celebrações que contribuem para a solidariedade social. Por tais razões, preferimos a concepção mais lata de informação, na qual todas as mensagens são consideradas como tendo potencial para influir em como as pessoas pensam, sentem e agem.

A Natureza Dupla dos Relacionamentos de Dependência da Mídia

O poder do sistema de mídia reside em seu controle dos escassos recursos de informação de que indivíduos, grupos, organizações, sistemas sociais e sociedades dependem a fim de alcançar as respectivas metas. O relacionamento da dependência metas-recursos determina o grau relativo de poder da mídia em qualquer determinada situação e é a variável decisiva para saber se a questão formulada é acerca de unidades sociais grandes (macro) ou pequenas (micro).

Esse relacionamento de dependência não é em mão única. A força da equação não inclui apenas como outros dependem dos recursos da mídia para alcançar suas metas, mas também de como o sistema de mídia depende dos recursos controlados por outros. O sistema de mídia também possui suas metas, e — a fim de alcançá-las —, carece de acesso a mais do que apenas os recursos por ele controlados. O sistema de mídia pode ser concebido em função dos relacionamentos entre suas múltiplas partes, incluindo suas formas impressa (p. ex., jornais) e eletrônica (p. ex., televisão), todas as organizações multimídia envolvidas na coleta, criação, processamento e difusão das informações (p. ex., agências de notícias, anunciantes, companhias produtoras), associações profissionais, sindicatos, e outras organizações que participam da elaboração de produtos da comunicação de massa.

Para esclarecer a natureza de mão dupla das relações de dependência da mídia, podemos olhar para as relações entre o sistema de mídia e o sistema político. De uma forma reminiscente do paradigma funcionalista estrutural, denominamos o relacionamento do sistema de mídia com o sistema social político (ou qualquer outro) uma *relação de dependência estrutural*, porque diz respeito a *padrões repetitivos de interdependência* entre unidades macro de análise — neste caso, sistemas sociais.

Alguns recursos controlados pelo sistema político são necessários para se alcançar metas do sistema de mídia. A meta primária do sistema de mídia em sociedades capitalistas modernas é conseguir *lucro* (Capítulo 5). Outra importante meta é a *legitimidade* ou a boa vontade de outros para conceder à mídia o direito a certas liberdades, tais como a de imprensa, e o direito a desempenhar certos papéis sociais como os de vigilância e investigação. Outras metas abrangem expansão e estabilidade econômicas. O sistema político controla a legislação, órgãos regulamentadores, e as tarifas e normas comerciais que afetam a lucratividade, oportunidades de expansão e estabilidade econômica do sistema de mídia. Ele também controla o mais sutil recurso da legitimidade. O sistema político endossa o sistema de mídia, garantindo-lhe direitos constitucionais e outros para funcionar como um sistema de informação, baseado no fato de a mídia ser essencial à direção de uma sociedade democrática. Caso fosse negado acesso do sistema de mídia a tais recursos, sua estabilidade econômica seria severamente ameaçada.

A relação de dependência estrutural entre a mídia e sistemas políticos é aprofundada em seções posteriores, quando as contribuições de paradigmas estruturais funcionais, de conflito e evolucionário são debatidas. De maneira geral, admite-se que o grau relativo de poder do sistema de mídia face a outro sistema social, seja ele político, econômico, religioso, familiar, educacional, militar, recreativo ou legal — é um produto da distribuição de recursos e dependências de cada sistema (isto é, a relação de dependência estrutural). Uma vantagem da teoria de dependência dos sistemas de mídia é podermos utilizar os mesmos conceitos básicos aplicáveis às relações macro abstratas entre sistemas para examinar as relações mais concretas (e micro) entre indivíduos e a mídia de massa.

Dependências entre os Indivíduos e os Sistemas de Mídia

Os indivíduos, como sistemas sociais, criam relacionamentos de dependência com a mídia, por serem eles indivíduos, dirigidos por metas e por exigirem algumas de suas metas acesso a recursos controlados pela mídia de massa. Os tipos de relações de dependência que os indivíduos estabelecem com a mídia são apresentados, com exemplos, na Figura 11.1. Admitimos que sobrevivência e crescimento são motivações humanas fundamentais que impelem os indivíduos a alcançarem três importantes metas: *compreensão, orientação* e *divertimento*. Os seres humanos são motivados para se compreenderem e a seus ambientes sociais. Usam essas compreensões para orientar suas ações e interações com outros. O divertimento é considerado igualmente uma meta indispensável. Ele é um aspecto de todas as sociedades e é mais do que mera fuga ou liberação de tensões; é também uma forma de nos tornarmos "sociais", aprender papéis, normas e valores, ao lidar com outros. Outrossim, em nosso divertimento expressamos a nós mesmos e a nossas culturas, tais como na dança, esporte, cerimônias e comemorações.

Compreensão	Orientação	Divertimento
Compreensão de si mesmo, p. ex., aprender a seu próprio respeito e crescer como pessoa.	Orientação da ação, p. ex., decidir o que comprar, como se vestir ou como permanecer magro.	Divertimento solitário, p. ex., descontrair-se quando só ou ter alguma coisa para fazer sozinho.
Compreensão social, p. ex., conhecer e interpretar o mundo ou a comunidade.	Orientação de interação, p. ex., conseguir indicações acerca de como lidar com situações novas ou difíceis.	Atividade social, p. ex., ir a um cinema ou ouvir música com a família ou amigos.

Figura 11.1. Tipologia das relações de dependência do sistema de mídia individual.

A *compreensão social* gera dependências quando os indivíduos utilizam informações da mídia para compreender e interpretar pessoas, culturas e acontecimentos do presente, passado ou futuro. A *compreensão de si mesmo* refere-se a relações da mídia que expandem ou mantêm a capacidade do indivíduo de interpretar suas próprias crenças, comportamento, conceitos de si mesmo, ou personalidades. Questões de significado e conhecimentos são básicas, tanto para compreender dependências, com o objeto da compreensão sendo extrínseco ao indivíduo no caso da compreensão propriamente dita, e intrínseco no caso de autocompreensão. Nas dependências de orientação são básicas as questões de comportamento. A *orientação da ação* refere-se à multidão de maneiras pelas quais os indivíduos estabelecem relações de dependência com a mídia a fim de obterem diretrizes para seus próprios comportamentos. Alguns são comportamentos mundanos, atinentes a fatos do cotidiano, como levantar pela manhã, ir levando o dia inteiro e dormir à noite. Outros são mais requintados, como políticos (votar), econômicos (comprar uma casa), religiosos (apoiar ou opor-se ao tele-evangelismo), legais (ir ao tribunal de pequenas causas), médicos (fazer exercícios físicos ou desistir de fumar), ou comportamentos para solucionar problemas (enfrentar uma catástrofe natural). Dependências de *orientação de ação recíproca* exigem que o objeto da ação seja uma ou mais pessoas. Quando os indivíduos compilam informações da mídia acerca dos tipos de comportamento (incluindo comportamento da comunicação) que sejam aprovados ou eficazes para seus relacionamentos pessoais (seres amados, parentes, ou pais) ou com ocupantes de posições sociais ou profissionais (um empregador, agentes da lei, ou clero), estão revelando uma dependência de orientação de interação. Outro exemplo comum deste tipo de dependência ocorre quando indivíduos procuram na mídia sugestões sobre como se comportar face a ''grupos de fora'', tais como grupos étnicos, socioeconômicos ou desqualificados, com quem se tenha tido escassa experiência ou contato.

Finalmente, a mesma distinção pessoal *versus* distinção social é feita relativamente a tipos de dependências no divertimento. A dependência do *divertimento solitário* refere-se a casos onde as propriedades estéticas, de fruição, estímulo ou descontração do conteúdo da mídia são a própria atração. Outras pessoas podem estar presentes mas sua presença é secundária, como, por exemplo, quando se está escutando uma sinfonia ou assistindo a um filme. Nas *atividades sociais* pelo contrário, a dependência baseia-se na capacidade da mídia para proporcionar conteúdo que estimule o intercâmbio entre as pessoas; neste caso, o conteúdo é secundário para amigos, família, ou outros reunidos como coparticipantes do comportamento da mídia. Por exemplo, quando duas pessoas em um relacionamento romântico vão juntas ao cinema a qualidade estética do filme será menos importante do que o fato de estarem juntas.

Um fato da vida "social" é que compreensão, orientação e divertimento não podem ser facilmente conseguidos sem acesso aos recursos de outros, e informações são um dos mais indispensáveis desses recursos. No Capítulo 1 vimos que os detentores do poder tendem a controlar o acesso a fontes de informação, tais como linguagem escrita ou livros, e, ao restringir o acesso, tornam os recursos escassos e, portanto, valorizados. Em sociedades pré-modernas, onde não existia sistema de mídia, os recursos de informação mais valorizados, e por conseguinte escassos, estavam geralmente controlados pelos chefes da esfera política/militar (chefes tribais e reis, por exemplo), o domínio religioso/médico (xamã/feiticeiro), ou sistemas de parentesco (os anciãos). Em sociedades modernas, a mídia controla algumas das escassas fontes de informação, incluindo aquelas de que os indivíduos precisam para conseguir suas metas básicas de compreensão, orientação e divertimento. É em parte por tal razão que geralmente encaramos a mídia como um sistema de informação. Também admitimos que seja qual for o poder que a mídia tenha quanto a seus efeitos nas crenças, percepções e comportamento dos indivíduos, ela é, em última análise, uma consequência do controle de recursos de informação escassos e valorizados. Em termos práticos, seria simplesmente mais difícil para indivíduos conseguir toda sua compreensão, orientação e divertimento sem acesso aos recursos de informação da mídia.

Não devemos, contudo, exagerar a importância da mídia de massa. Os veículos de comunicação facilitam obter-se orientação, compreensão e divertimento, mas não são o único meio de alcançar tais objetivos. Os indivíduos, afinal de contas, estão ligados a redes interpessoais de amigos e parentes assim como a sistemas educativos, religiosos, políticos e outros que também ajudam as pessoas a alcançar seus objetivos. A teoria de dependência da mídia não compartilha a ideia da grande massa da sociedade de que a mídia é poderosa porque os indivíduos estão isolados, desvinculados de grupos. Pelo contrário, ela concebe o poder da mídia como controlando certos recursos de informação de que os indivíduos precisam para alcançar suas metas pessoais. Além disso, quanto mais complexa a sociedade, tanto mais ampla a faixa de metas pessoais que exigem acesso aos recursos de informação da mídia.

A tipologia apresentada na Figura 11.1 destina-se a abarcar toda a faixa de relações de dependência básica desenvolvida pelos indivíduos — isolada, ou coletivamente em audiências. Deveria ser também aplicável a determinadas categorias sociais de indivíduos. Por exemplo, homens e mulheres podem visar diferentes metas através de seu relacionamento com a mídia; pessoas mais idosas podem depender da mídia para divertimento solitário antes que para social, que talvez predomine nas relações com a mídia do pessoal em idade de namorar. Também podemos esperar encontrar a espécie de diferenças individuais de que cuidam os psicólogos, com alguns indivíduos relacionando-se com a mídia sobretudo para divertimento, outros para compreensão, e ainda outros para orientação. Em qualquer caso, podemos empregar a mesma tipologia e o mesmo conceito de dependência para descrever e analisar audiências inteiras, grandes categorias sociais e indivíduos.

Também podemos usar essa tipologia a fim de descrever a dependência do indivíduo com determinado veículo de comunicação. Por exemplo, audiências podem depender abundantemente de livros e revistas para compreensão social (p. ex., literatura de não ficção) ou para autoentendimento (livros populares sobre psicologia), ao passo que dependam mais do rádio para se orientarem ativamente (boletins sobre o tráfego e as condições meteorológicas) ou para interação (palestras e debates sobre amor e sexo). Não esperamos, todavia, que um tipo de veículo de massa venha a gerar apenas um tipo de relação de dependência. Com efeito, Ball-Rokeach, Rokeach e Grube[2] constataram que a televisão está implicada em todos os tipos de dependência relacionados na Figura 11.1. Sem que isso surpreenda, eles constataram ser a compreensão social o tipo mais comum de relação de dependência da televisão, mas, mais inesperadamente, verificaram que a dependência para compreensão de si próprio também é bastante importante. Estas conclusões sugerem algo relevante acerca das relações da audiência individual com a televisão: as pessoas procuram obter mais do que mero divertimento ao usarem a televisão. A mídia televisiva dispõe dos recursos de informação que os indivíduos julgam necessários para se conseguir compreensão e orientação, tanto quanto dos objetivos de divertimento.

Além do emprego da tipologia de dependência para descrever relações de indivíduos com o sistema da mídia em geral ou com um meio qualquer em particular, podemos também usar a tipologia para descrever as relações de dependência que eles mantêm com produtos específicos da mídia, tais como um certo gênero de programas de televisão ou até mesmo um determinado programa de TV, filme ou revista. Os pesquisadores estão, por exemplo, tentando determinar os tipos de dependências criadas pelos que assistem a programas de ofertas em casa.[3] Descobrir tais relações de dependência pode proporcionar um discernimento sobre como novas formas de programação televisiva são incorporadas às vidas dos indivíduos.

As pessoas constroem seus próprios sistemas de mídia. Das múltiplas alternativas disponíveis — jornais, rádio, televisão, videocassetes e filmes, discos compactos e estéreos, livros, revistas, boletins de notícias e folhetos e assim por diante — as pessoas reúnem suas combinações pessoais de mídia e seus relacionamentos específicos com esses veículos.[4] As pessoas não diferem apenas na combinação de veículos que formam seus sistemas de mídia pessoais, mas também na natureza dos relacionamentos de dependência que estabelecem com qualquer determinado veículo. O rádio, por exemplo, talvez participe dos sistemas de mídia de algumas pessoas e não de outras, e talvez sirva primariamente à dependência de compreensão social de alguns e, sobretudo, dependência para divertimento de outros. Há igualmente variações de situação previsíveis. O sistema de mídia que construímos para nós muda conforme se modifique a situação em que nos achamos. Por exemplo, durante uma crise construímos um tipo de sistema de mídia que melhor atenda nossos objetivos pessoais mais importantes nessa ocasião. Quando a crise passar, poderemos retornar a nosso sistema de mídia do cotidiano, restabelecendo nossas relações de dependência com a mídia que sejam adequadas para atender a nossas metas cotidianas.

Não devemos exagerar a liberdade do indivíduo para construir sistemas de mídia. Há limitações nas escolhas que podemos fazer, e limitações compartilhadas explicam analogias entre os sistemas de mídia individuais. Diferenças de tecnologia e organização entre os veículos tornam certos veículos mais adequados do que outros para divertimento, compreensão ou orientação. Por exemplo, é próprio da produção de filmes e da edição de livros que filmes e livros sejam menos atualizados do que a televisão e o rádio. Esta diferença impõe importantes limitações à utilidade de filmes e livros para atender a objetivos do cotidiano ou de épocas de crise que exigem informação sem demora. Outra restrição importante que modela os contornos gerais dos sistemas de mídia é a tendência para a mídia especializar-se em seu conteúdo, especialização que afeta os tipos de objetivos a que provavelmente atenderá. A combinação característica de música, notícias, boletins sobre o tempo e o trânsito, e programas falados, provavelmente sugerirá ''rádio'', enquanto anúncios de secos e molhados, carros, roupas e eletrodomésticos combinados com notícias provavelmente sugerirão ''jornais''. A mídia varia também na diversidade de conteúdo por ela produzido, com as fitas de vídeo e os discos compactos sendo muito especializados no conteúdo, enquanto a televisão e os livros são mais diversificados.

Portanto, os indivíduos diferem nos sistemas de mídia que constroem por terem diferentes objetivos e interesses, mas, ao mesmo tempo, as características organizacionais, de conteúdo e tecnologias de diferentes vínculos constrangem a escolha individual e tais restrições resultam em uma similaridade de seus sistemas de mídia. Outrossim, embora os indivíduos possam diferir em objetivos pessoais, também tendem a *compartilhar* algumas metas pessoais e este fato contribui para as semelhanças em seus sistemas de mídia. Por exemplo, algumas pessoas são ''taradas por notícias'' que simplesmente têm de estar por dentro do que está ocorrendo o tempo todo, enquanto a maioria se contenta em saber das notícias quando se levantam ou quando chegam em casa de volta do trabalho. Ambos esses tipos de indivíduos, não obstante, compartilham a meta de entender seu ambiente; por conseguinte, terão de utilizar um veículo de uma limitada mídia de massa — jornais, televisão ou rádio, em contraste com filmes, vídeos, discos compactos ou estéreos. O fato de mais de 70% do povo americano dizer que conseguem o máximo de notícias nacionais através da televisão sugere considerável similaridade de pelo menos este aspecto dos sistemas de mídia do povo.

PARADIGMAS BÁSICOS E TEORIA DE DEPENDÊNCIA DO SISTEMA DE MÍDIA

Foi observado anteriormente que diversos dos paradigmas básicos para conceituar o comportamento humano e as relações sociais, enunciados no Capítulo 1, contribuem com uma base importante para a teoria de dependência do sistema de mídia. As seções a seguir são dedicadas a algumas das maneiras pelas quais as preocupações fundamentais dos paradigmas cognitivo, interacionista simbólico, de conflito e funcional estrutural contribuem com perspectivas para interpretar modelos de dependência entre indivíduos, a mídia e a sociedade.

Contribuições do Paradigma Cognitivo

Estamos interessados em mais do que apenas descrever as dependências de indivíduos. Estamos interessados também em como tais relacionamentos de dependência ajudam-nos a explicar os efeitos nas crenças e comportamento individuais da exposição às mensagens da mídia. Este é um interesse básico dos que empregam uma abordagem cognitiva para explicar os efeitos da comunicação de massa sobre suas audiências. Na teoria de dependência da mídia, a chave para explicar quando e por que indivíduos *se expõem* à mídia e os *efeitos* dessa exposição sobre suas crenças e comportamento, consiste em levar em conta as maneiras por que as pessoas empregam recursos de mídia para alcançar suas metas pessoais.

Pessoas que criaram relacionamentos de dependência com a televisão para alcançar compreensão social, por exemplo, deveriam escolher tipos de programas de televisão diferentes dos das pessoas que dependem da TV sobretudo para divertimento. Ou, se há duas pessoas assistindo ao mesmo programa de televisão, uma em busca de divertimento e outra de compreensão, deverão apreender coisas diferentes desse programa e, por conseguinte, serem afetadas por ele de maneiras diversas. Em seu estudo dos efeitos de exposição a um programa de televisão destinado a afetar crenças e comportamentos políticos, Ball-Rockeach e os colegas dela[5] contribuem com provas para sustentar seu modo de ver acerca de exposição seletiva e efeitos da mídia. Constataram que as pessoas se expuseram seletivamente, com base em sua relação de dependência já estabelecidas com a televisão, e que os espectadores que tinham certos tipos de dependência foram afetados diferentemente dos que não os tinham.

A teoria de dependência do sistema de mídia imagina um processo psicológico *cognitivo*, que incrementa a probabilidade de alguém ser afetado por determinado conteúdo da mídia, tal como um programa, história, ou um gênero de programas ou histórias. O processo, diagramado na Figura 11.2, começa seja com um indivíduo que corre os olhos e ouvidos pela mídia para decidir ativamente o que deseja escutar, assistir ou ler, ou com um outro que entra mais casualmente em contato com o conteúdo da mídia.

No primeiro passo, *selecionadores ativos* se expõem ao conteúdo da mídia que têm razão para esperar que os ajude a conseguir uma ou mais de suas metas de compreensão, orientação ou divertimento. Suas expectativas baseiam-se em (1) experiência anterior, (2) conversas com companheiros (amigos e colegas de trabalho), ou (3) palpites dados por fontes de informação da mídia (anúncios ou críticas). *Observadores casuais* topam com o conteúdo da mídia inicialmente, sem expectativas preconcebidas (p. ex., entrando em uma loja de lavagem automática de roupa, onde o televisor está ligado). Alguns, no discurso da exposição, podem achar que uma ou mais dependências são ativadas motivando-os a continuar se expondo. Outros podem não experienciar ativação de dependência e pode se esperar que terminem a exposição quando a situação permitir. Em casos onde o conteúdo não está se entrosando com as motivações do indivíduo, o prosseguimento da exposição seria devido a exigência da situação, tais como convenções de delicadeza ou incapacidade para escapar à situação de exposição, tal como em bares públicos com telas de vídeo ou então rádios ligados alto em um parque, ônibus, metrô ou numa praia. A maior parte das pessoas são selecionadores ativos a maior parte do tempo e observadores ocasionais durante algum tempo.

Na segunda etapa, tornaram-se importantes outros aspectos de dependência. Nem todas as pessoas que se expuseram seletivamente a certo conteúdo da mídia o farão com o mesmo grau de dependência, nem todas que tiveram suas dependências mobilizadas durante uma exposição incidental o farão. Variações de intensidades das dependências dos indivíduos face à mídia serão uma função de diferenças de: (1) suas metas pessoais,

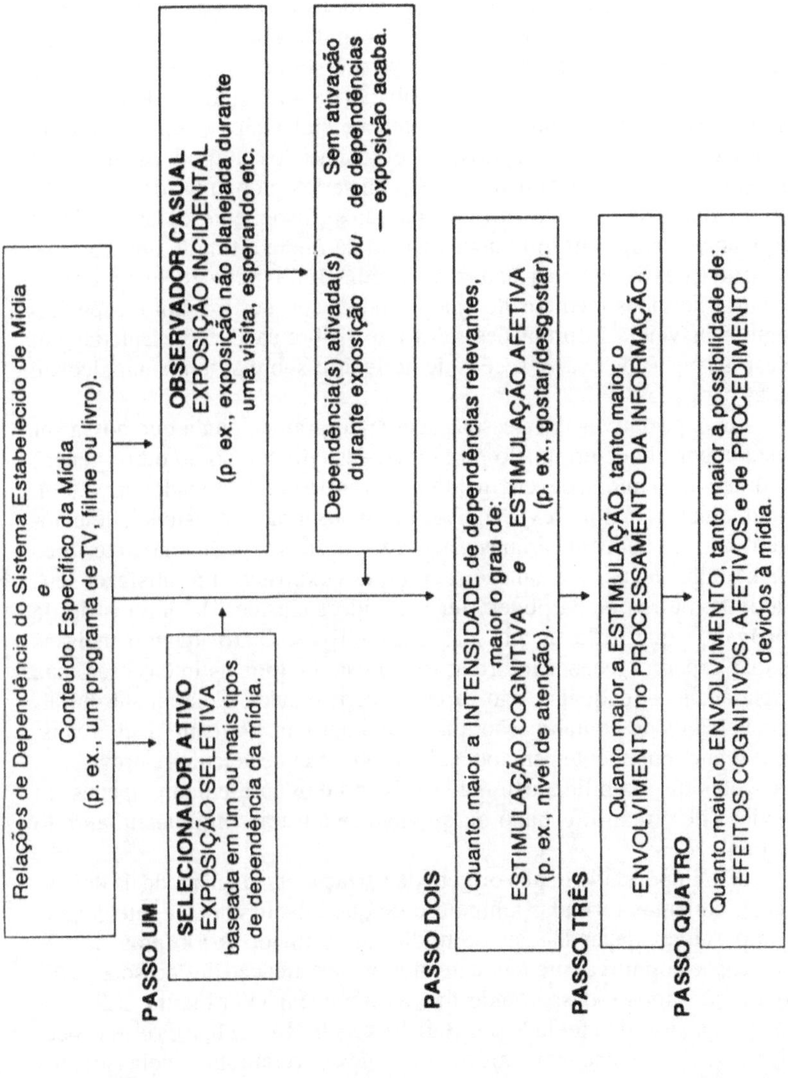

Figura 11.2. O processo de efeitos do conteúdo específico da mídia em indivíduos.

(2) seus ambientes pessoal e social, (3) expectativas face à utilidade potencial do conteúdo específico da mídia sendo considerado, e (4) facilidade de acesso a tal conteúdo. As variações das metas do indivíduo muitas vezes refletem variações dos respectivos ambientes.[6] Quando tais ambientes estão carregados de ambiguidades ou ameaças, por exemplo, as dependências do sistema de mídia do indivíduo devem ser bastante intensas. Isto ocorre porque o acesso aos recursos de informações da mídia é muitas vezes necessário para a resolução da ambiguidade deles, assim como para a redução da ameaça real ou potencial. Outro exemplo de como as variações de ambientes pessoais e sociais dos indivíduos afetam a intensidade de dependência diz respeito a sérios problemas de saúde. As pessoas que estão doentes ou têm parentes gravemente enfermos, com frequência apresentam forte dependência da mídia a fim de obter acesso a informações relevantes capazes de contribuir para encontrarem os melhores serviços médicos de ajuda. Podem ser, por exemplo, especialmente sensíveis a informações relevantes sobre saúde apresentadas em palestras, peças de teatro, seções de noticiário sobre assuntos médicos, e coisas parecidas.

As expectativas das pessoas acerca do grau de ajuda que possa ser prestada por um determinado programa, caso dramático ou outro gênero de conteúdo da mídia, devem igualmente variar. O selecionador ativo tem, evidentemente, maiores expectativas que o observador ocasional. Selecionadores ativos também variam de acordo com suas experiências anteriores com a mídia que os leva, ou não, a crer que a exposição irá satisfazer seus objetivos; outros ainda podem ter recebido sugestões de amigos ou da propaganda que influam em suas expectativas. Claro, quanto mais as pessoas esperem receber informação valiosa, tanto mais intensa será sua dependência — enquanto não forem decepcionadas. Finalmente, há alguns veículos de comunicação que, conquanto amplamente disponíveis, não o sejam igualmente para todos. Isto compreende veículos e programas caros, com disponibilidade limitada, tais como os apresentados apenas em televisão de circuito fechado ou que não sejam transmitidos em âmbito nacional.

Não importando qual a origem da variação da intensidade da dependência, podemos formular a hipótese de que quanto maior a intensidade de importantes dependências da mídia, tanto maior será o grau de: (1) provocação cognitiva (prender e manter presa a atenção das pessoas) e (2) provocação afetiva (despertando-lhes as emoções). (Ver Figura 11.2). Por exemplo, no estudo efetuado por Ball-Rokeach, Rokeach, e Grube, espectadores de alta dependência informaram que estiveram sumamente atentos ao assistir ao programa na TV e que gostaram dele e dos coanfitriães. Quando a dependência das pessoas em relação a um programa de TV é baixa ou nula, esperaríamos achá-las conversando ou fazendo outras coisas enquanto a televisão está ligada, e, portanto, seria improvável se sentirem francamente pró ou contra o programa.

No terceiro passo, um conceito decisivo é o envolvimento. O político que diz ''queira-me bem ou deteste-me, mas simplesmente não me ignore'' está falando da importância do envolvimento da audiência. Envolvimento, na atual concepção do processo de efeitos, refere-se a mais do que a estimulação; refere-se à participação ativa no processamento da informação. Nossa hipótese é de que as pessoas que foram estimuladas cognitiva e afetivamente se empenharão em um tipo de cuidadoso processamento das informações que lhes permitirá recordar ou relembrar as informações após lhes serem expostas. A pesquisa insinua que um alto envolvimento é uma consideração particularmente importante nas campanhas de mídia bem-sucedidas sobre saúde pública, destinadas a levar as audiências a mudar suas crenças ou comportamento, tais como parar de fumar, começar a fazer exercício, ou submeter-se a exames médicos.[7]

O quarto e final passo do processo de efeitos do sistema de dependência da mídia não deve ser evidente: indivíduos que se tornaram intensamente envolvidos no processamento da informação tendem mais a serem afetados por sua exposição ao conteúdo da mídia. A maioria das pesquisas sobre efeitos da mídia diz respeito a efeitos *cognitivos*, ou efeitos nas percepções, atitudes, conhecimento ou valores. Efeitos *afetivos*, tais como sentimentos de medo, felicidade, afeto ou ódio, recebem bem menos atenção.[8] É difícil ver como dimensões cognitivas e afetivas possam ser separadas na realidade. A maioria das mudanças de atitude, por exemplo, encerram algum gênero de preferência ou repulsa por um objeto ou situação. Menos óbvia é a conexão entre dimensões de efeitos cognitivos ou do comportamento. Tem havido uma tendência para abandonar esforços para mostrar efeitos da mídia nas mudanças do comportamento, mormente porque as tentativas para revelar que a mudança de atitude gera mudança do comportamento têm sido desalentadoras. Outra razão é o projeto de pesquisa rigorosa e cara exigido para demonstrar convincentemente efeitos a longo prazo da mídia no comportamento (p. ex., pesquisa conduzida em ''situação de exposição natural à mídia,[9] ao invés de num laboratório). Não obstante, no principal teste empírico da teoria de dependência da mídia, Ball-Rokeach e seus colegas demonstraram que a elevada dependência da mídia aumentava a probabilidade, tanto dos efeitos cognitivos quanto dos do comportamento a longo prazo. A pesquisa foi levada a cabo de forma tal a preservar a ''situação natural de exposição à mídia'' e referiu-se a valores, atitudes e comportamentos políticos.

Assim, as hipóteses de dependência do sistema de mídia acerca de exposição a conteúdo específico e os efeitos dessa exposição nas crenças, sentimentos e comportamento individuais, conforme esboçamos na Figura 11.2, receberam alguma sustentação pela pesquisa. Lamentavelmente, nem todos os efeitos da mídia de massa são efeitos de determinados conteúdos da mídia, nem são efeitos sobre indivíduos. A fim de explicar efeitos mais complicados, tais como os de exposição acumulada a muitos tipos de conteúdo da mídia, ou efeitos sobre organizações, sistemas ou sociedades inteiras, temos de ir além do paradigma psicológico para outros paradigmas do pensamento social.

Contribuições do Paradigma Interacionista Simbólico

A construção do significado, uma preocupação primordial do interacionista simbólico, também é uma preocupação central da teoria de dependência do sistema de mídia. Particularmente interessante é como o mundo criado pela mídia afeta as maneiras pelas quais indivíduos e grupos interpretam seus mundos interpessoal e social. Nós, que vivemos em modernas sociedades complexas, dependemos de recursos de informação do sistema de mídia nos dizerem acerca de uma grande diversidade de acontecimentos, lugares e pessoas com que nunca nos encontramos diretamente.

Nossas redes interpessoais de amigos, família e colegas de trabalho são também dependentes de recursos de informação da mídia. Pessoas que funcionam como nossos "líderes de opinião", por exemplo, muitas vezes não têm experiência mais direta com fatos importantes do que nós. Os líderes de nossa opinião criam sólida dependência para com a mídia, de sorte a poderem compreender o que está ocorrendo no mundo, na nação, ou até em aspectos da vida comunitária que escapam à sua experiência direta. Há tantas coisas que nós e nossos companheiros temos de entender, a fim de saber como agir neste mundo complexo e ambíguo... Nossos problemas de conhecimento variam desde as coisas mais específicas, como condições do tempo, do tráfego, assuntos de saúde e segurança, ou a última moda, esportes e artes, até as preocupações mais gerais com os mundos mutáveis da política, do poder, e da economia, relações ecológicas entre sociedades humanas e não humanas e seus ambientes físico e químico, ou as mudanças de valor e de estilo de vida que existem sob os conflitos de gerações e de religiões.

Ambiguidade, Ameaça e Mudança Sociais. A opinião do interacionista simbólico de que o mundo está mantido unido por frágeis compreensões subjetivas da realidade se reflete na ênfase dada à ambiguidade, ameaça e mudanças sociais na teoria de dependência da mídia. Admitimos que a dependência do indivíduo e do grupo face à mídia torna-se mais intensa quando o ambiente social é ambíguo, ameaçador e/ou em rápida mutação.[10]

Ambiguidade é "a incapacidade seja para definir uma situação ou para escolher entre definições conflitantes de uma situação".[11] Em tais condições, o conhecimento é problemático. Isto ocorre porque a ambiguidade é primordialmente um problema de informação; as pessoas carecem de suficiente informação para criar significados estáveis dos acontecimentos. Nas numerosas ocasiões onde nem sequer os líderes de nossa opinião podem diretamente experienciar ou observar os acontecimentos que buscamos entender, os veículos de massa se tornam o sistema de informação primária com recursos para criar significados. Ocasiões há quando a ambiguidade é acompanhada por ameaça evidente. Tais ocasiões abrangem crises econômicas, catástrofes naturais, sublevações políticas e conflito declarado entre grupos de nossa comunidade. Quando tais fatos ocorrem, indivíduos e os líderes de sua opinião tipicamente apelam para o sistema da mídia a fim de conseguir as informações exigidas para conceber o que está se passando, por que está ocorrendo e o que as pessoas podem fazer para diminuir ameaças ao bem-estar pessoal e coletivo.

Igualmente, senão até mais importante, são as maneiras menos evidentes pelas quais indivíduos e grupos dependem dos recursos de informação da mídia para obter compreensões do cotidiano. Em uma sociedade como a nossa, onde mudar é a palavra de ordem, onde a vida social se acha sempre em certo grau de trânsito, há uma ambiguidade crônica que leva as pessoas a criarem relações de dependência permanentes com a mídia. Esta é uma situação assaz diferente da de muitas sociedades do passado, onde as pessoas podiam contar que as coisas permanecessem na mesma de um dia para o outro, até mesmo de uma geração para outra! A natureza mutável de nossos mundos social e físico gera constante e cansativa situação de ambiguidade. Devido ao sistema da mídia ser não apenas acessível à maioria das pessoas, mas também o sistema de informação estar melhor situado com relação ao processo de coleta/criação/difusão de informações relevantes, naturalmente criamos relações de dependência que nos ajudam, individual e coletivamente, a solucionar as crônicas ambiguidades do cotidiano.

Efeitos do Conhecimento e do Significado. Essas relações correntes de dependência para com a mídia abrem a porta para efeitos da mídia sobre nossas crenças e comportamentos. Se, por força de hábito ou de necessidade, incorporamos o sistema da mídia como veículo importante para compreensão, então este sistema assume certo poder para influir em como pensamos, sentimos e agimos. Neste caso, esse poder é afim dos poderes baseados em informação de pais face a face filhos ainda crianças ou professores diante dos alunos. Em última análise, a questão para que estamos voltados é a criação e controle do *conhecimento*. A teoria do refinamento (Capítulo 9) de que a mídia cria cultura, e a ideia de influência indireta (Capítulo 8) segundo a qual a mídia socializa audiências, apoia-se nessa ideia extremamente básica de que o sistema da mídia está vivamente empenhado em criar conhecimentos compartilhados. Teóricos da influência indireta que ressaltam o paradigma do interacionismo simbólico localizam as origens de tais poderes nos processos linguísticos e cognitivos ativados por um "texto" ou mensagem da mídia. Teóricos do refinamento e, de maneira mais geral, "teóricos críticos", localizam a origem desse poder no controle da elite sobre os "meios de produção mental", onde a mídia cria conhecimentos que servem aos interesses da elite.

Sob o ponto de vista da teoria de dependência do sistema de mídia, as origens dos poderes de construção de conhecimentos incluem mas ultrapassam estas maneiras de ver. O teórico da dependência do sistema de mídia atenta para as consequências das relações de dependência geradas pelo controle dos sistemas de mídia sobre recursos de informação escassos e valorizados. Eles abrangem as microrrelações de dependência do indivíduo e de pequenas redes interpessoais e como são elas modeladas pelas relações de dependência que a mídia tem com partes mais vastas do tecido social (isto é, relações de dependência estrutural).

Efeitos Diretos e Indiretos dos Conhecimentos. Uma pressuposição "ecológica" básica na teoria de dependência da mídia é que as relações de microdependência de indivíduos e grupos não podem ser entendidas sem uma compreensão das relações de dependência estruturais (macro). Indivíduos e grupos simplesmente não decidem depender da mídia para seu conhecimento de si mesmos e de seus mundos. Parte importante da resposta à pergunta de por que indivíduos e grupos criam suas relações de dependência com a mídia diz respeito aos papéis e funções do sistema de mídia na sociedade em geral. Esta ideia pode ser esclarecida se considerarmos o sistema político e nos concentrarmos nas decisões de voto dos cidadãos.

Embora muita gente pudesse gostar de tomar suas decisões de voto para candidatos a cargos nacionais, estaduais e municipais com base no contato interpessoal, a maioria dos cidadãos não têm oportunidade de conversar diretamente com candidatos. O processo eleitoral é estruturado de maneira tal que os candidatos têm, gostem ou não, de depender da mídia como veículo primário de comunicação com os cidadãos. O sistema de mídia é mais do que mero canal neutro de comunicação. Ele utiliza seus recursos de informação para coletar, processar e difundir informações da campanha. O conteúdo desta informação ou conhecimento político não se acha sob o controle total dos candidatos, muito menos dos cidadãos.

Tanto efeitos diretos quanto indiretos da mídia podem ser vistos nesta elucidação, incluindo efeitos diretos sobre os ''limites do conhecimento'' — a gama de coisas que os cidadãos podem saber — e efeitos indiretos sobre as escolhas que as pessoas fazem ao votar em determinados candidatos. O processo de liderança de opinião em dois tempos pode ocorrer relativamente a determinadas decisões de voto. Ao mesmo tempo, porém, os líderes da opinião geralmente não têm maior controle sobre os limites de conhecimento construídos acerca dos candidatos do que outras pessoas em suas próprias redes. Com efeito, admitimos que faz sentido falar em *redes interpessoais* como tendo relações de dependência com o sistema da mídia. Isto é, as redes interpessoais — tais como amigos, colegas de trabalho e parentes — são grupos estáveis capazes de serem caracterizados expressivamente em função de suas relações de dependência com a mídia.

Há pelo menos três formas de influência da mídia capazes de ocorrer em tais grupos: (1) influência indireta, como socialização política, que ocorre devido aos membros ficarem expostos cumulativamente à mídia por longos períodos de tempo, (2) influência indireta através do processo de dois tempos onde líderes da opinião são influenciados pelas mensagens da mídia e aí passam suas interpretações de mensagens da mídia a outros membros do grupo, e (3) influência indireta da mídia de massa sobre os integrantes do grupo. A última forma de influência ocorre mais provavelmente quando nem os líderes de opinião nem os participantes em geral de um grupo têm conhecimentos políticos baseados, seja na experiência direta, seja em uma interpretação firme dos problemas em jogo.

Existem muitas outras esferas da vida — econômica, recreativa, saúde, legal, educacional, militar, familiar, religiosa — em que a mesma espécie de análise poderia ser feita acerca de efeitos diretos e indiretos dos veículos de massa.

Nenhuma teoria cerceada pelos limites dos paradigmas psicológicos ou do interacionista simbólico pode, contudo, responder pela ampla gama de efeitos da mídia sobre o funcionamento de organizações, sistemas, cultura e sociedade. A fim de explicar esses tipos de efeitos macro, temos de levar em consideração aspectos da teoria de dependência da mídia enraizados nos paradigmas de conflito, funcional estrutural e evolutivo do pensamento social.

Contribuições dos Paradigmas de Conflito e Funcional Estrutural

A relação de dependência metas-recursos, tão essencial no arcabouço explicativo da teoria de dependência do sistema de mídia é, em certo sentido, uma espada de fio duplo. De um lado, é uma relação de conflito e do outro, uma relação de interdependência funcional. A relação de dependência, pois, baseia-se tanto na teoria do conflito quanto na análise funcional estrutural. Analogamente, tanto a ênfase na mudança da teoria de conflito quanto a ênfase de estabilidade de análise funcional estrutural são incorporadas à teoria de dependência da mídia. Esta integração dos dois paradigmas não representa, no entanto, uma adoção global das hipóteses de ambos os paradigmas. Provavelmente a maneira mais simples de demonstrar as contribuições de ambos consiste em especificar as hipóteses de dependência da mídia cujas origens possam ser rastreadas até os paradigmas de conflito e os rastreados até os paradigmas funcionais estruturais.

De acordo com a análise funcional estrutural, admite-se que a sociedade tenha uma estrutura ''orgânica'' que pode ser melhor entendida em termos da interdependência de suas partes. Um sistema de mídia é um componente necessário das modernas sociedades complexas. Comunicação de massa é indispensável à organização social de sociedades que se tornaram tão complexas que a conduta de suas atividades essenciais, como produção e integração, não possa ser organizada com base exclusivamente na comunicação interpessoal. A relação de dependência da mídia é, por definição, uma relação de interdependência; a mídia e outros sistemas sociais são as partes e precisam uma da outra a fim de sobreviver e prosperar. Especificamente, carecem de acesso aos recursos uma da outra a fim de prosperar e sobreviver.

Relações interdependentes dos participantes produzem tanto *cooperação* quanto *conflito*. O destaque na análise funcional estrutural é dado à necessidade de cooperação entre as partes, baseada em sua admissão mútua de que a sobrevivência e bem-estar de uma depende da sobrevivência e bem-estar das demais partes. Este gênero de ''solidariedade orgânica'' entre as partes (Capítulo 6) é considerado como criando uma reciprocidade de interesses que assegura a estabilidade da sociedade como um todo; nenhuma parte deseja destruir a ordem social porque isso acarretaria sua própria destruição. Pelo contrário, a teoria do conflito enfatiza consequências de interdependência que produzem tensão e nervosismo entre as partes.

Ambos os pontos de vista são representados na estrutura de dependência da mídia. Descrevemos, por exemplo, uma cooperação entre a mídia e os sistemas políticos enraizada em sua mútua dependência.

Igualmente verdadeiro, todavia, é o fato de o sistema de mídia controlar recursos escassos e valorizados que outros prefeririam captar de modo a reduzir ou remover sua dependência da mídia. Embora a interdependência possa ser aceita, e assim produzir cooperação, também gera um conflito latente. Conflito, ou uma "contenda por recursos escassos", pode permanecer dormente por longos períodos, emergindo apenas em momentos oportunos. Por outras palavras, admite-se que a mídia, a política e outros sistemas buscarão conquistar o controle dos recursos uns dos outros quando as condições lhes possibilitem fazê-lo sem comprometer seu próprio bem-estar. Quanto a tais tentativas serem feitas é uma expectativa adotada na base de outra admissão extraída da teoria do conflito: todos os grupos (inclusive redes interpessoais, organizações e sistemas) são motivados não só para se conservar em, mas também para crescerem. Eles são, por outras palavras, *grupos de interesse.*

Os que conceberam o sistema de mídia como um Quarto Estado reconheceram este incipiente conflito entre grupos de interesse quando previram que outros "Estados" — o legislativo, o executivo e o judiciário — tentariam não só conquistar os poderes dos demais adquirindo o controle dos recursos uns dos outros, mas também visariam captar os recursos do sistema de mídia. Esta ideia revolucionária de um sistema de mídia independente, cujo controle sobre os recursos fosse assegurado constitucionalmente, não era uma negação da interdependência entre a mídia e outros sistemas sociais; baseava-se na suposição de que sempre que a mídia controle recursos a que o sistema político tenha de ter acesso para poder sobreviver, e vice-versa, haverá conflito.

O exame de duas hipóteses correlatas revela algumas das áreas de discórdia entre a teoria de dependência do sistema de mídia e paradigmas puramente funcionalistas ou de conflito. As relações de dependência da mídia *assimétricas* têm maior probabilidade de gerar conflito, e as de dependência *simétrica* mais provavelmente gerarão cooperação. Assimetria e simetria, neste ponto, referem-se ao poder relativo da mídia em suas relações com outros sistemas sociais, assimetria significando um desequilíbrio e simetria um equilíbrio de poder. Em nossa descrição anterior das relações mídia-políticos, descrevemos uma relação bastante simétrica. Ambos os sistemas dependem dos recursos um do outro aproximadamente no mesmo grau, de sorte que nenhum dos sistemas é muito mais poderoso do que o outro. Nesta situação, sua relativa igualdade de recursos e dependência serve para ampliar a probabilidade de eles cooperarem. Contudo, quando um sistema adquire mais recursos escassos de que o outro carece, então se forma uma assimetria: um é mais dependente (menos poderoso) e o outro é menos dependente (mais poderoso). Em tal situação, o conflito é mais provável do que cooperação, e esse conflito deve surgir de ambos os lados da relação, uma buscando incrementar sua dominância ainda mais e o outro procurando restaurar sua posição.

Muitos teóricos do conflito discordariam fundamentalmente desta forma de análise. Contestariam a própria ideia de um sistema de mídia independente controlando recursos escassos e valorizados. Eles encaram a mídia não como um sistema social por conta própria, mas como uma ferramenta empregada por elites dominantes para fomentar seus interesses. Sob este ponto de vista, não faria sentido sequer discutir relacionamento com a mídia pois esta abrange os únicos recursos controlados por "capitalistas", o "complexo industrial militar", ou alguma outra elite econômica.

Analistas funcionais estruturais clássicos, pelo contrário, rejeitariam a maneira de pensar sobre dependência da mídia por razões inteiramente diferentes. Repeliriam a suposição de sempre haver uma face de conflito nas relações da mídia com outros sistemas sociais. Pelo fato de os funcionalistas não compartilharem a suposição de ser o conflito consequência normal e inevitável da interdependência, tendem seja a ignorar os exames do conflito ou a encarar este como uma aberração que ameaça a estabilidade da ordem social. Na teoria de dependência da mídia, entretanto, o conflito é visto não só como um estado de coisas normal, mas também como uma força importante na criação de mudança social, particularmente mudança das relações de dependência do sistema de mídia.

Portanto, a teoria de dependência da mídia haure algumas, embora não todas, das principais preocupações e suposições dos paradigmas de conflito e estrutural funcionalista. Em suma, a mídia é melhor entendida como um sistema controlando recursos de informação apreciados e escassos que gerem relações interdependentes com outros sistemas, relações essas que produzem cooperação motivada pelo interesse mútuo, conflito motivado pelo interesse próprio, e mudança para maior simetria ou assimetria da dependência.

CONTABILIZANDO A MUDANÇA NAS RELAÇÕES DE DEPENDÊNCIA DA MÍDIA

Admitimos haver duas fontes básicas de mudança na natureza das relações de dependência da mídia, uma sendo *conflito* e a outra *adaptação*. Segundo sugerimos acima, a mídia, como outros sistemas, busca oportunidades para maximizar seu controle dos recursos e minimizar sua dependência, isto é, para criar relações assimétricas em que ela seja mais poderosa. Claro, outros sistemas tentam o mesmo reduzindo sua dependência dos recursos da mídia e aumentando a dependência do sistema da mídia com relação aos recursos *deles próprios*. Esse embate parece-se com o das crianças tentando reduzir sua dependência dos recursos controlados pelos pais criando seus próprios recursos financeiros, ou a luta das pessoas em seus empregos tentando adquirir autonomia ao conquistar uma posição na organização onde controlem mais os recursos de que dependam outros. Conforme crianças e empregados sabem, há custos para travar lutas assim; por exemplo, podem ser postos para fora de casa ou perder o emprego. Dessa maneira, o *desejo* de reduzir a dependência (aumentando o poder) é uma coisa e a *capacidade* para consegui-lo e ainda prosperar é outra. Este fato serve para reprimir muitas tentativas de sistemas de mídia ampliarem sua base de recursos.

Contribuições do Paradigma Evolutivo

A segunda fonte de mudança, adaptação, é a preocupação primordial do paradigma evolutivo (social). Teóricos evolutivos postulam que sistemas sociais nunca permanecem os mesmos, sempre evoluindo para formas mais complexas. Como o teórico evolutivo, admitimos que relações interdependentes entre a mídia e outros setores do organismo social têm de sofrer mudanças a fim de as sociedades sobreviverem perante ambientes em mutação. Tais mudanças adaptativas são em princípio lentas e frequentemente não planejadas, e, por isso, difíceis de perceber na ocasião em que estão ocorrendo.

Podemos ver um exemplo deste gênero de mudança na relação do sistema de mídia com a política. Uma mudança ambiental importante foi um declínio do poder de partidos políticos e o surto da eleição primária como um meio de escolher candidatos para cargos nacionais, estaduais e locais. Ao mesmo tempo que ocorriam estas mudanças, o sistema de mídia evoluía. Não só estava ficando mais complexo pela adição de novas formas de comunicação de massa, tais como transmissão da TV por cabo e satélite, como outras novidades proporcionaram maneiras novas de tornar mais rápidos e realistas a coleta, o processamento e a difusão das informações. Tais acontecimentos serão examinados em pormenor no próximo capítulo.

Estas modificações do ambiente político e do sistema da mídia alteraram aos poucos a relação de dependência da mídia. No mínimo dos mínimos, a relação tornou-se mais intensa. Conforme é evidenciado pelo declínio das visitas rápidas a povoados ou papos no cafezinho, e acréscimos espetaculares na proporção do orçamento de campanha dedicado a anúncios da mídia, é virtualmente impossível realizar hoje em dia uma eleição sem a mídia de massa. O sistema político tornou-se, pelo menos sob este aspecto, mais dependente dos recursos do sistema de mídia do que quando os partidos políticos eram poderosos e a comunicação de massa mera eventualidade. Não importa quanto esta situação deixe furiosos os candidatos ou frustrados os cidadãos; eles não podem fazer grande coisa para mudar isso. É um fato estrutural que forja o processo eleitoral.

O Efeito de Marola da Mudança

Essas mudanças do relacionamento no macrossistema político-mídia geraram um efeito de marola nas unidades políticas menores, tais como organizações políticas. A pesquisa revelou que candidatos e suas organizações de campanha exercem escasso controle sobre definições do que se trata na eleição.[12] Podem colocar e colocam na praça documentos definindo sua posição, mas têm de depender da mídia para inserir essas questões e declarações na agenda do público. Alguns organizadores de campanha são melhores do que outros para alcançar esses objetivos, mas subsiste o fato estrutural de sua dependência substancial face à massa de recursos de informações da mídia.

Por outro lado, o sistema de mídia não é tão poderoso a ponto de ser capaz de agir arbitrariamente para com o sistema político e suas organizações. A dependência da mídia face aos recursos controlados pelo sistema político também é um dado estrutural. Esse dado tem um semelhante efeito de marola nas organizações da mídia, afetando o que elas fazem e, igualmente importante, o que não fazem. É pouco provável, por exemplo, que tais organizações ataquem a legitimidade da eleição ou de processos políticos mais amplos, porque se o fizessem atrairiam a força total do sistema político com vistas a limitar o controle do sistema da mídia sobre os recursos de informação. A história recente está repleta de tentativas, de parte de políticos zangados, para imporem limites à imprensa ou para empregar órgãos reguladores a fim de solapar o bem-estar econômico das empresas de mídia transgressoras. A agravada dependência do sistema político para com a mídia, pois, traz em si conflitos potenciais de que as organizações da mídia, e até comunicadores individuais, podem tentar evitar não ultrapassando certos limites.

Conforme esclarece a Figura 11.3, mudanças nas relações de dependência da mídia produzem aquilo a que nos referimos como efeitos de *marola*, começando no topo do funil, pela posição do sistema da mídia na sociedade, e descendo em espiral através de suas relações de dependência com outros sistemas sociais, com organizações, com redes interpessoais, e, finalmente, com indivíduos. Mudanças ocorridas em níveis superiores afetarão relações de dependência nos níveis inferiores. Assim, mudanças nos papéis sociais do sistema de mídia, tais como sua crescente importância para a estabilidade e integração da sociedade norte-americana desde os dias dos jornais de tostão, têm ramificações por todos os demais níveis da atividade social. Esta mudança de papel exerceu o efeito de agravar as dependências da mídia diante dos sistemas sociais, organizações, redes interpessoais e indivíduos.

Mudança nos sistemas, contudo, não vão de cima para baixo ou de grandes para pequenas. Se bem que mudanças que venham do alto até em baixo (de macro até micro) provavelmente esmoreçam mais depressa, também podem ocorrer alterações em relações de dependência micro que, com o tempo, possam *aumentar* (micro para macro). Por exemplo, se, conforme receiam alguns observadores sérios do cenário norte-americano, pode-se esperar que a mídia produza informações destinadas a servir à compreensão social, de maneira que também divirtam ou atendam a finalidades de divertimento, ela igualmente pode afastar-se de qualquer informação ''séria'' que também não seja ''divertida''. As ramificações de indivíduos mudando sua dependência da mídia de uma época quando a compreensão social era por si mesma um objetivo a atingir para outra em que tal meta deva ser combinada com dimensões de divertimento, seria sentida em nível das organizações e, em última análise, no da sociedade igualmente. Sistemas e organizações dependentes da mídia para se comunicarem com os clientes teriam, por exemplo, de criar novos veículos de comunicação ou talentos e departamentos de relações públicas para criar mensagens informativas — mas interessantes. Neste processo, ficariam mais dependentes do sistema de mídia. Quando alguém contempla atentamente as esferas política, religiosa e outras da nossa vida contemporânea, cabe indagar se deveras esse efeito já não ocorreu.

MÍDIA E SOCIEDADE

No Capítulo 1, representamos as eras da comunicação e vimos como cada nova era trouxe com ela a capacidade dos seres humanos para enriquecer seus processos de pensamento e organizarem-se em sociedades cada vez mais complexas. Tal como o advento da linguagem descerrou novas portas para as pessoas escaparem às limitações de tempo e lugar da comunicação e organizarem-se com tal fito, o advento da comunicação de massa e sua evolução para sistemas complexos de comunicação permite aos seres humanos hoje em dia organizarem-se em uma escala mais global.

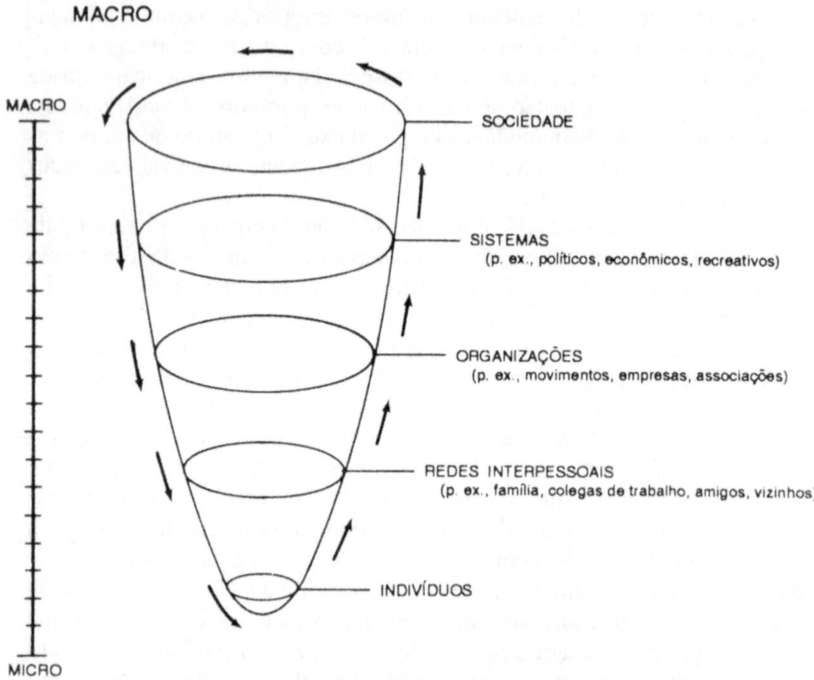

Figura 11.3. Efeitos de marola da mudança nas relações de dependência no sistema da mídia.

Através de sua complexa rede de relações de dependência com indivíduos, redes interpessoais, organizações e sistemas sociais, o sistema da mídia evoluiu de seu status da década de 1830 como mera curiosidade para situação contemporânea como um sistema de informação indispensável para a sociedade contemporânea tal como se acha presentemente organizada. Os papéis societários específicos desempenhados pela mídia variam de uma sociedade para outra, porque o sistema da mídia possui uma ecologia diferenciada de relações de dependência em sociedades diferentes. Na sociedade norte-americana, o crescimento histórico da importância do sistema da mídia para o funcionamento societário pode ser representado em função dos aumentos do número e da intensidade das relações de dependência da mídia. Tais aumentos nos informam acerca dos papéis societários cada vez maiores da mídia nos domínios institucionais centrais da vida social. As relações de dependência primária nos anos da década de 1830, por exemplo, eram com os sistemas econômico e político, tendo as capacidades da mídia para publicidade e elaboração do noticiário como seus principais recursos de informação. A princípio, esses recursos não eram escassos nem extremamente valorizados. Notícias de viva voz eram ainda encaradas como o canal mais viável para disseminar informações econômicas e políticas.

Quanto mais complexa se tornou a sociedade norte-americana, tanto mais mudaram essas coisas. O mais importante eram os limites do sistema de comunicação interpessoal que haviam outrora viabilizado a comunicação de viva voz. As exigências de organização duma sociedade crescentemente complexa foram cada vez menos capazes de ser atendidas pela comunicação interpessoal por si só. Com o tempo, o sistema de comunicação de massa preencheu o vazio, tornando-se cada vez mais necessária para se alcançar consenso societário, coordenação das atividades nacionais políticas e econômicas, mobilização dos cidadãos em ocasiões de ameaça ou crise, e outras finalidades sociais. Por outras palavras, os recursos de informação do sistema de mídia tornaram-se crescentemente importantes e valorizados.

Com o passar do tempo surgiu a penetração dos recursos da mídia nos esforços para atingir metas de outras instituições e isso continua a intensificar-se. Na instituição recreativa ou do lazer, por exemplo, os recursos de informação do sistema da mídia tornaram-se indispensáveis para as atividades que quase caracterizam o esporte norte-americano, tais como a *World Series* ou o *Super Bowl*.* A hoje intensa dependência da mídia face ao sistema recreativo pode ser vista mais facilmente na modificação dos valores e normas da cultura desportiva[13] e na reformulação das regras do tênis, basquete e todo esporte que pretende prosperar graças ao acesso aos recursos da mídia. Em todas as demais esferas de atividade, sejam elas os sistemas militar, educacional, familiar, religioso, científico ou de saúde, podemos ver o incremento da dependência da mídia. Analogamente, à medida que o sistema da mídia propriamente dito evoluiu para uma forma mais complexa, teve de estabelecer novos relacionamentos que se tornaram mais ou menos indispensáveis a seu progresso e sobrevivência.

A fim de apreciar quão importante se tornou o sistema da mídia, é educativo imaginar o que sucederia à organização da vida pessoal e social se, por uma razão inexplicável, todas as formas de comunicação de massa de que dispomos hoje em dia subitamente desaparecessem. Como poderiam as pessoas ser capazes de compreender o mundo em que vivem,

---

* Em beisebol, a "World Series" são as partidas travadas ao terminar a programação anual entre os times campeões das duas ligas de clubes desse esporte nos Estados Unidos, a American e a National. O primeiro time a ganhar quatro jogos é considerado campeão anual do mundo. (N. T.)

atuam e se divertem, se toda a mídia sumisse? Como grupos e organizações se desincumbiriam de suas metas de compreensão, atuação e recreação? Como seriam mantidas a ordem e a estabilidade, como ocorreria a mudança social, como seriam resolvidos conflitos na comunidade ou nacionais, como seriam feitas adaptações à mudança de condições ambientais? E como sustentaríamos os significados compartilhados que possibilitam a vida de nossa sociedade complexa? Como, em suma, nossa sociedade, tal como a conhecemos, sobreviveria?

CAPÍTULO 12

Sistemas de mídia que despontam

Nas décadas seguintes ao aparecimento da televisão, testemunhamos o surto de um impressionante número de tecnologias das comunicações que alvoroçaram a imaginação dos que buscaram usá-las para criar novos sistemas de mídia. Sabemos que somente sob alguns aspectos os novos sistemas de mídia realmente evoluirão para se tornar nossos veículos de massa de um futuro não demasiadamente distante.

Iniciamos este capítulo com um exame das tecnologias de informação com mais probabilidade de serem incorporadas a novos sistemas de mídia. Algumas delas, tais como computadores pessoais e *grandes computadores* já são presenças familiares de nosso ambiente mas não foram ainda transformados com sucesso em sistemas de mídia nacional. Outras, como a televisão a cabo básica e a transmitida por satélite, já se acham desenvolvidas e têm significação para o futuro por poderem talvez ser adaptadas para atender a novas utilizações em novos sistemas de mídia. Outras ainda, como a televisão que tanto permite receber como transmitir e o videotexto, representam um gênero mais revolucionário de tecnologias interatuantes de comunicação que podem ou não ser transformadas com sucesso em mídia utilizada não só por organizações ricas ou poderosas, como também por pessoas comuns na vida cotidiana.[1]

Tal como nossos sistemas de mídia de massa contemporâneos são produtos de forças sociais que determinaram quais tecnologias sobreviveram e como foram convertidas em sistemas de mídia, assim também nossas mídias de massa futuras serão produtos de forças políticas, legais e outras de natureza social. Não saber de todas as forças sociais que poderão ser desencadeadas coloca-nos em estado de incerteza. Achamos que sabemos quais tecnologias serão empregadas, mas não sabemos que punhado das milhares de possíveis combinações e permutações realmente emergirão como veículos de massa. Concluímos este capítulo, assim, por onde começamos o livro: examinando paradigmas do pensamento social e como podem nos informar em nosso esforço para prever os sistemas de mídia do amanhã.

A INFLUÊNCIA DOS COMPUTADORES

O sempre crescente ritmo de evolução de tecnologias em novos sistemas de comunicação é uma das marcas características de nossa época. Enquanto foram precisos três séculos após a invenção da prensa para o jornal surgir como significativo meio de comunicação, passaram-se somente trinta e três anos (de 1888 a 1921) entre a descoberta por Hertz das ondas de rádio e o início de transmissões regulares de radiodifusão nos Estados Unidos. Analogamente, embora o primeiro computador eletrônico fosse construído em 1946 (baseado na tecnologia da válvula eletrônica), o *microchip*, que é o componente indispensável dos pequenos porém possantes computadores de hoje, não se achava disponível antes de 1971 (quando foi inventado por Marcian Hoff, Jr.). Agora bem conhecido, o desktop ou computador ''pessoal'' pode ser um componente fundamental de pelo menos alguns dos sistemas de comunicação do futuro. O grau com que o ritmo de evolução se acelerou pode ser ainda mais ressaltado ao notarmos que a comercialização em massa de computadores pessoais não começou antes de 1975!

Nos tempos iniciais, só grandes empresas, governos ou outros órgãos com um bocado de dinheiro e de espaço podiam utilizar imensos computadores baseados na tecnologia da válvula eletrônica. Na época, essas máquinas pareceram maravilhosas; podiam armazenar e processar o que era então uma quantidade espantosa de informações com velocidade igualmente espantosa. Eles também pareciam estranhos. Por exemplo, cientistas acostumados a passar semanas, até meses, derivando uma equação ou efetuando análises estatísticas viram-se de repente enfrentando a necessidade de mudar sua forma e ritmo de trabalho. Para fazer em minutos o que costumava levar semanas, e continuar competitivos com outros cientistas, tiveram de aprender como utilizar uma máquina informativa que parecia ter saído de um filme de ficção científica.

Computadores Pessoais

O período do processamento de dados baseado na maciça válvula eletrônica foi curto. Progressos rápidos na miniaturização e produção em massa de peças componentes produziram incríveis reduções das quantidades de espaço e dinheiro necessárias para se ser dono de um computador. Igualmente, rápidos avanços do software tornaram os computadores mais "amigáveis" com os usuários. Aproximadamente em meados da década de 1980, aproximadamente 15% dos lares norte-americanos tinham um computador.

Junto com uma veloz difusão do microcomputador — de 0 a 15% das casas americanas em aproximadamente uma década — vimos um incremento rápido de sua memória ou capacidade de armazenamento. A capacidade de armazenamento de números, letras ou outros caracteres isolados foi de 1.000 *bytes*, ou caracteres individuais de informação (1K em jargão de computadores), nas versões iniciais, para vários milhões de caracteres (diversos megabytes de RAM) no final da década de 1980. Assim, o proprietário doméstico ou operador dum pequeno negócio podia ter uma máquina em cima da mesa cujas capacidades e velocidade excedem as dos que foram encarados como maravilhas de alta tecnologia apenas uns vinte anos atrás.

Esta tendência indubitavelmente prosseguirá. Em breve, computadores pessoais terão memórias que lidarão com muito mais do que qualquer possível soma de informações capaz de ser gerada pelo dono de um computador doméstico. Contudo, tais aumentos permanecem importantes, particularmente se for para usar os aparelhos em requintados sistemas interatuantes de intercâmbio de informações. Falando de maneira geral, quanto maior a memória interna de um computador, tanto maior será o número de tarefas de comunicação e informação que poderá desempenhar. E, quanto maior o número de tarefas capazes de ser atendidas simultaneamente, tanto maior a versatilidade. Por conseguinte, a utilidade do aparelho aumenta como uma função de sua velocidade e capacidade de memória, até certo ponto.

Há indícios de que uma vez adquirido um computador, mesmo um com memória considerável, em breve surgem pressões para a compra de uma ou mais máquinas adicionais. Em muitos casos, outros que morem na mesma casa quererão fazer serviço que trouxeram do escritório, ou fazer contabilidade, correspondência, compra ou tarefas bancárias em casa. As crianças quererão os computadores para trabalhos de casa ou para recreação. Um único microcomputador, independente de sua velocidade ou capacidade, não pode atender a todas essas exigências. Famílias com vários computadores estão, por isso, se tornando cada vez mais comuns.

Juntamente com a realidade que ora se desenvolve de um mercado de massa para computadores pessoais, tornaram-se mais baixos os custos, por unidade, da memória do computador. Muito embora os computadores pessoais de alta capacidade não sejam baratos atualmente, o padrão de redução constante de custos sugere que, em futuro não muito distante, eles serão mais acessíveis. Um importante fator é o pseudocomputador ou ''clone''. Após um novo sistema ser criado pela IBM, ou um dos outros grandes criadores norte-americanos, aparecem dúzias de cópias baratas, sobretudo de países do Terceiro Mundo. Eles podem produzi-las baratas, não apenas com custos de mão-de-obra bem inferiores, como também por não terem tido de fazer o investimento inicial em pesquisa e criação. O resultado final é bom ou mau, dependendo da perspectiva de cada um. Os grandes fabricantes sofrem, mas computadores *clone* razoavelmente possantes estão acessíveis a famílias ou empresas que de outra forma não poderiam adquiri-los.

Todos estes aperfeiçoamentos sugerem veementemente que o rápido ritmo de difusão dos microcomputadores prosseguirá, e com ele a perspectiva crescente de se tornarem os computadores a pedra angular dos futuros sistemas de comunicação de massa. Nestas condições, há uma concordância generalizada em que pelo menos algumas das tecnologias bem-sucedidas de comunicação de massa do futuro serão baseadas em microcomputadores pessoais possuídos e operados por pessoas comuns que não sejam especialistas em informática. Os atuais 15% de lares norte-americanos com um computador pessoal ainda são uma minoria comparados com os que possuem receptores de rádio e televisão. Todavia, a curva é ascendente, e parecem realistas as projeções de que a *maioria* de lares norte-americanos terão um computador dentro aproximadamente de uma década.

Tal como a pessoa média do século XIX teve de desenvolver a habilidade de leitura a fim de utilizar o jornal, as pessoas hoje têm de se tornar ''alfabetizadas em computador'' antes de os veículos baseados em computador poderem emergir e ter sucesso. E tal como a evolução do sistema de educação pública foi crucial para as pessoas aprenderem a ler, assim o é hoje indispensável o sistema de ensino público para o desenvolvimento da alfabetização em computadores de massa. O nível de habilidade para usar veículos baseados em computador, com o nível de habilidade na leitura e na escrita exigido para usar jornais, é realmente quase que mínimo. As pessoas não precisam tornar-se programadores de computador assim como leitores de jornais também não têm de se tornar repórteres ou redatores.

A despeito de exigências de habilidade tão baixas, é amiúde assustador para as pessoas, especialmente adultas, terem de aprender novas maneiras de fazer coisas. Pelo fato de muitas crianças estarem adquirindo familiaridade com o uso de microcomputadores, no decorrer de seus estudos na escola primária e na secundária, cria-se uma inversão de papel etário entre adultos e seus filhos. A tendência tradicional de os pais serem mais hábeis do que as crianças acerca das tradicionais tecnologias informativas sobre como trabalhar, brincar e sobreviver, vem sendo frequentemente invertida. As crianças não só adquirem a satisfação psicológica que acompanha o saber usar computadores antes que seus pais o façam, como também as crianças menores antes dos irmãos e irmãs mais velhos. A frustração destas relações ''descompassadas'' é evidente nos rostos de muitos alunos de 3º grau quando, em casa nas férias, sofrem a indignidade de serem tratados como dinossauros por seus irmãos e irmãs escolados em matéria de computador. Tais disjunções na vida de família e no trabalho são aspectos comuns, mas temporários, das revoluções na comunicação.

Os Computadores na Economia de Serviços

Embora a posse de computadores pessoais ainda não tenha atingido seu ponto culminante na curva de difusão, de uma forma ou outra as transações com computadores de uma ou outra maneira se tornaram parte da vida quotidiana para virtualmente todos os membros da sociedade moderna. As sociedades modernas são comumente chamadas de ''sociedades da informática'', rótulo que resume uma transformação maciça da economia, com a sociedade industrial, caracterizada pela produção em massa de bens tangíveis como carros e aço, cedendo lugar a uma sociedade cuja economia se baseia na produção e distribuição de serviços de informação. Estes abrangem serviços legais, governamentais, de viagem, recreativos, médicos, gerenciais, financeiros e, é claro, científicos e educacionais. Os sistemas de informação e comunicação baseados em computadores, tanto micro como grandes, foram importantes na criação desta economia estruturada num serviço de informações.

Considerável proporção de nossa população entra em contato diário com grandes computadores, quer se dê ou não conta disso. Esses contatos com sistema de comunicação ''de massa'' não o são na acepção tradicional de transmissão em mão única de notícias, divertimento, e assim por diante, mas implicam grande número de pessoas que transmitem e recebem vários gêneros de informação relativos a negócios e serviços. Através da sociedade, estabelecimentos comerciais, indústrias, órgãos do governo, instituições educativas, e outras organizações, operam seus próprios sistemas de computadores ou participam de sistemas de cotas de tempo.

Cotas de tempo é um acordo para utilização de um grande computador junto com muitos outros usuários. Sob muitos aspectos, é um título que está saindo de moda. À medida que a memória e os sistemas de funcionamento dos grandes computadores estão se tornando cada vez mais sofisticados, a uma dada empresa pode ser reservada parte determinada da memória para seus arquivos (dados básicos). Ela pode também realizar suas operações sem ter de fazê-lo em determinada fração do horário. Com a utilização de *modems*, dispositivos que possibilitam a utilização de linhas telefônicas ou cabos de fibra óptica para enviar e receber mensagens, os usuários agora têm apenas de instalar ou alugar um terminal de transmissão e recepção que os ligue com seu "espaço" no computador central.

Para transmissão e recepção "on-line", o usuário envia mensagens para o computador teclando-as num terminal. Ao mesmo tempo que a informação é recebida por um computador situado a quilômetros de distância, até em outra cidade ou país, a informação também é exibida no monitor de televisão do usuário. Viajantes, por exemplo, se acostumaram a lidar com agentes de reserva das empresas aéreas ligados a um computador central que está geralmente localizado em outra cidade. Os agentes de venda de passagens teclam suas informações num terminal ligado por linhas telefônicas, um sistema de micro-ondas, ou até por transmissão via satélite, ao computador que a seguir vasculha todas as informações sobre horários que tem armazenadas para ver se há vaga no voo desejado. Se o agente transmitiu a solicitação adequadamente, uma resposta imediata é enviada do computador e apresentada visualmente no monitor do agente. Quando o viajante chega ao destino desejado, o contato com computadores quase certamente prosseguirá. Um cartão de crédito permite uma chamada telefônica para a casa ou escritório; um carro alugado pode ter sido reservado e o crédito do cliente verificado por meio de um computador, e até o metrô para o hotel pode ser operado por computador. Analogamente o recepcionista do hotel poderá verificar a reserva e o cartão de crédito, e quando o viajante estiver confortavelmente instalado no quarto do hotel, poderá encomendar um filme ou providenciar para ser acordado "falando" com um computador.

Não são apenas viajantes que têm contato frequente com serviço pessoal que processa informações por intermédio do computador de sua organização ou por um sistema de participação. Um número sempre crescente de aspectos da rotina da vida cotidiana envolvem tais contatos — atividades tão variadas como ir ao supermercado, fazer uma compra numa loja de departamentos com cartão de crédito, receber uma multa no trânsito, votar, conseguir licença para um bichinho de estimação, receber um cheque, depositar dinheiro no banco, ou inscrever-se em um curso.

A difusão rápida deste tipo de relacionamento indireto com uma variedade de computadores grandes, médios e pequenos representa mudança de vulto nos processos de comunicação pelos quais se processam os assuntos da vida do dia a dia. Pouco mais de uma década atrás, as pessoas dependiam sobretudo de outras para cuidar de transações transmitidas por meio de registros em papel, dentro de organizações ou por via postal. Agora, indivíduos, organizações e sociedades inteiras têm frequentemente de depender de outras pessoas em novas ocupações de informação que dependem de suas redes de terminais e computadores. Esta crescente dependência da vida econômica e social dos serviços de informação baseados em computador fica dolorosamente evidente quando as atividades são interrompidas devido a um mau funcionamento do computador.

Estes espetaculares desenvolvimentos no crescimento das redes computadorizadas para enviar, receber e armazenar informações não representam comunicação *de massa* na acepção tradicional. De muitas maneiras, são simplesmente sucedâneos eletrônicos para outras formas de transmissão, armazenagem e recuperação, as baseadas em operação no papel, formulários, fichários, rearranjo interno de registros escritos, ou mediante emprego de correspondência. Não obstante, as novas redes *são* parte dos novos sistemas de comunicação de nossa sociedade e merecem a mais minuciosa atenção da parte de estudiosos e pesquisadores. Esta transformação dos sistemas de comunicação social exerce influência tanto em indivíduos quanto na sociedade como um todo, muito embora não sejam o que os eruditos da mídia usualmente têm em mente quando ponderam os ''efeitos'' da comunicação.

Uma influência evidente destas significativas mudanças do processamento das informações em nossa sociedade — sua maior velocidade, mais precisão e custos menores — foi uma importante alteração na composição de força de trabalho. Conquanto isto talvez não configure um ''efeito'' imediato da comunicação, é uma evidente decorrência das mudanças que estão ocorrendo. Um de tais efeitos é o *desemprego estrutural*, ou desemprego provocado por perda permanente de indústrias e ocupações. Neste caso, trabalhadores não são simplesmente deixados de lado até retornarem tempos melhores; pelo contrário, seus empregos ou ocupações desaparecem de todo, para nunca retornarem.

Devido a serem necessários bem menos burocratas, por exemplo, para preparar e processar registros escritos, numerosos cargos modestos da burocracia simplesmente desapareceram. Existem muitos outros exemplos menos evidentes ou visíveis. O esvaziamento da força de trabalho de escritórios nos Estados Unidos teve consequências assaz reais em atividades aparentemente desconexas como varejo (que agora tem de acomodar-se a novas distribuições de renda), fabricação (que talvez tenha de reduzir a produção de bens de consumo antes adquiridos pelos agora descolocados), divertimento (que agora pode ser um luxo para os de recursos reduzidos) e assim por diante. Tais deslocamentos econômicos influenciam indiretamente muitos setores do sistema social, incluindo a indústria da moda, várias importações de roupas mais baratas e bens de consumo vindos do estrangeiro, e até instituições educacionais que são sensíveis a mudanças da distribuição de renda na sociedade.

O desemprego estrutural criado — pelo menos em parte — pelas redes de computadores, integra a transição para uma economia de serviços de informação. Trabalhadores de macacão azul com salários elevados sentiram primeiro o impacto ao perderem seus empregos nas velhas usinas siderúrgicas e na indústria automobilística. Estão agora encontrando cada vez menos oportunidades de emprego porque seus cargos foram por assim dizer exportados, seja para trabalhadores de menores salários nas nações em industrialização do Terceiro Mundo ou para nações mais adiantadas em sua utilização eficiente das tecnologias baseadas em computadores. A perda de renda consumível não apenas gerou uma classe de desempregados deixados atrás da poeira da mudança, como igualmente criou dificuldades para todos os negócios que costumavam lhes atender os gostos e necessidades.

Do lado oposto da moeda, criaram-se novas profissões especializadas em torno da administração e do processamento de dados de negócios, industriais, comerciais e básicos. As pessoas dessas especialidades deparam-se com perspectivas e rendas cada vez maiores. Esse crescimento, por sua vez, exerce influência indireta nos negócios, inclusive nas organizações da mídia que proporcionam bens e serviços para clientes em melhor situação. Assim, ao passo que um tipo de negócio pode estar perdendo fregueses, outros estão ganhando.

Conquanto todas essas influências talvez sejam difíceis de rastrear, são bastante reais em suas consequências. No plano individual, uma pessoa por certo sente a influência — raiva, frustração, e perda da autoestima — quando se vê despedida por um computador que agora desempenha sua função. Por outro lado, para um indivíduo que conquistou diplomas mais elevados nos estudos de informática e um emprego altamente remunerado devido à crescente computadorização, há um ''efeito'' bem visível.

Tais influências são menos visíveis no plano societário. Para entendê-las, o estudioso da comunicação precisa encarar a sociedade como um sistema social em transição. Para isto, uma perspectiva funcional estrutural ajuda muito. Quer dizer, a estrutura da sociedade (força de trabalho, sistema de estratificação, instituição econômica etc.) está passando por mudança à medida que novos sistemas de informática e comunicação suplantam formas mais antigas. As funções ou atividades padronizadas dos novos sistemas geram pelo menos algum desequilíbrio ou instabilidade societária durante a fase de transição (desemprego, expansão e contração de vários órgãos de serviços e negócios, intensificando a impessoalidade nas relações humanas, e alterações em vários indicadores sociais). Contudo, em certo momento o equilíbrio é restaurado no que a sociedade se adapta às mudanças e os indivíduos encontram seus nichos no novo sistema.

Por outras palavras, análises deste gênero de efeitos indiretos podem ser abordadas no âmbito da uma estrutura funcional estrutural para descobrir a natureza das partes que surgem no sistema em mudança, onde estão ocorrendo disfunções, como estão sendo administradas, e que contribuição é feita para a sociedade como um todo pela nova mídia da comunicação.

Numa análise assim, mesmo o comportamento desviante precisa ser avaliado. Mudanças de nosso sistema de comunicação para processamento de informações básicas não acarretaram uniformemente conformismo e comportamento convencional. Durkheim e outros estudiosos clássicos prediriam que um certo teor de desvio é inevitável. Com efeito, não se precisa olhar para muito longe para descobri-lo. ''Picaretas'' espertos, com uma compreensão bem requintada de computadores, foram capazes de ''penetrar'' em arquivos eletrônicos com diversas finalidades. Esse gênero de atividade gerou reclamações exigindo legislação nova, dando aos advogados mais assunto para querelas! À parte tais exemplos, contudo, bem pouco se compreende acerca de como nossas novas redes de computadores estão modificando-nos. Nossos quadros de estudiosos da comunicação permanecem preocupados com questões mais tradicionais atinentes à mídia já consagrada.

Os Computadores e a Mídia de Massa

Será que o crescente emprego de computadores pessoais por indivíduos em casa e o uso extensivo de sistemas de informação baseados em computadores na sociedade bastarão para criar nova mídia de massa? Não parece provável. A fim de ter um novo sistema de comunicação *de massa*, o indivíduo médio teria de possuir tanto o equipamento quanto as habilitações para ser capaz de utilizar computadores na vida quotidiana tal como agora utilizamos outros veículos. Mesmo se a ''alfabetização com computadores'' se tornasse universal, e ainda que em toda casa houvesse um computador pessoal equipado com um acoplador de sorte a poder ser conectado com redes imensas, é difícil ver como um novo sistema de comunicação de massa poderia surgir somente dessa base.

A essência da comunicação de massa, como agora a conhecemos, é que comunicadores profissionais operam a mídia visando lucro, disseminando o conteúdo por audiências grandes e heterogêneas em bases mais ou menos contínuas. Uma rede de computadores, na qual as pessoas enviem mensagens umas para as outras, é um processo de todo diferente.

É difícil visualizar como um sistema assim poderia ser utilizado pela maioria de nossos cidadãos, como seria apoiado financeiramente, ou até que serviços forneceria para audiências vastas e heterogêneas. Sob muitos aspectos, ter pessoas batucando mensagens umas para as outras através de computadores domésticos apresentaria poucas vantagens sobre a rede telefônica de que já dispomos. Em ambiente de negócios, contudo, onde são importantes os registros de memorandos, mensagens e transações, haveria vantagens. Com efeito, sistemas intraorganizacionais deste gênero (p. ex., mala postal eletrônica baseada em computador) já se acham em uso. Mas para o usuário eventual, que redige mensagens para saudar parentes, tagarelar, marcar um encontro, ou indagar acerca do preço da borracha, uma rede imensa pareceria ter poucas vantagens com relação à telefônica já existente.

Uma possibilidade mais provável é a de a nova mídia de massa surgir pelo *acoplamento* de computadores com variantes modernas da televisão por cabo. Na verdade, a mídia experimental utilizando tal tecnologia já se acha em uso.

TELEVISÃO A CABO BÁSICA

Vimos no Capítulo 4 que a antena de televisão coletiva (CATV) foi criada em 1950 como forma de melhorar a recepção em zonas rurais que, devido à topografia (tal como serras ou afastamento geográfico), tivessem limitadas possibilidades de recepção da televisão pelo ar. A criação da televisão a cabo foi uma questão técnica relativamente simples e barata. Antenas receptoras foram instaladas no alto de regiões montanhosas para ampliar o alcance da recepção, e as transmissões foram feitas via cabo, da antena até as casas dos assinantes. A capacidade de canal e a qualidade da imagem foram aperfeiçoadas porque as transmissões a cabo não são relativamente afetadas pelas limitações de espaço aéreo e os problemas de interferência da convencional televisão pelo ar. O custo inicial de ligação das casas com a antena CATV foi relativamente modesto ao fazer os cabos coaxiais ''pegar carona'' nas linhas telefônicas existentes e utilizar o receptor de TV doméstico.

A despeito das vantagens da televisão a cabo, as taxas dos assinantes não cresceram exatamente muito. Em 1975, um quarto de século após sua invenção, só uns 12% das casas norte-americanas subscreviam um dos 3.550 sistemas de televisão a cabo. Conforme o grande número de companhias operadoras do sistema a cabo insinua, muitos analistas esperavam que a TV a cabo se difundisse muito mais rapidamente do que ocorreu. Observamos no Capítulo 4 que muita gente ficou desapontada com a programação da TV a cabo.

O paradigma de conflito ajuda-nos a entender uma razão ainda mais fundamental para seu ritmo de difusão mais lento de que se contava. Grupos de interesses que se viram ameaçados pelo surto do cabo foram capazes de provocar impedimentos políticos, legais e regulamentares a seu crescimento. A TV a cabo, por exemplo, era uma ameaça potencial para o sucesso econômico de três importantes redes comerciais. Diversas pessoas tentaram tornar a TV a cabo um veículo para programa comunitário local, oferecendo acesso gratuito aos seus recursos de produção e tempo disponível no ar. As redes comerciais, temendo pressões crescentes para proporcionarem seus próprios programas comunitários, assim como crescente competição pelas audiências, trataram de limitar a expansão da televisão a cabo. Estes e outros fatores sociais que efetivamente retardaram a difusão do cabo foram superados mais recentemente por dois acontecimentos posteriores: a invenção social da taxa extra ou pagamento do cabo em 1972, e a junção da tecnologia do satélite de comunicação com a tecnologia do cabo em 1975. Esses dois fatos se acham no fundo de certos acontecimentos que podem influir em nossa mídia futura, e merecem um breve exame.

TV a Cabo Transmitida por Satélite

Na convicção de que a TV a cabo se tornaria muito popular se fossem acessíveis a assinantes mais canais apresentando conteúdo interessante e original, a empresa Time, Inc. inaugurou o canal a cabo Home Box Office (HBO). Os analistas da empresa puseram fé na popularidade dos filmes como destaque da programação da HBO. Os primeiros anos da HBO foram decepcionantes, no entanto. Mostrou-se difícil conseguir os filmes mais atraentes, e problemas com a qualidade da transmissão geraram má recepção nas casas. Em consequência, as taxas de assinatura deixaram de crescer conforme esperado. O que inverteu a situação foi a decisão de alto risco de utilizar satélites de comunicação para transmitir a programação da HBO para sistemas de assinantes da TV a cabo.

A era dos satélites de comunicação comerciais nos Estados Unidos iniciou-se em 1974 com o lançamento do WESTAR I. No espaço de uma década, os satélites tornaram-se fundamentais para praticamente toda comunicação de massa, incluindo jornais, telefone e a mídia eletrônica. Custa milhões de dólares (no momento, 75 milhões) o lançamento de um satélite de comunicação. Contudo, esse investimento inicial se paga rapidamente, porque cada satélite tem cerca de duas dúzias de *transponders* a bordo que podem ser alugados cada um a usuários (como HBO) por aproximadamente um milhão de dólares anuais. (Um *transponder* é um recurso eletrônico que recebe uma transmissão de um ponto da superfície do globo, instantaneamente converte-se para uma frequência apropriada, amplifica-a, e devolve-a como um sinal de televisão de alta qualidade para um local indicado.) A antena necessária para receber o sinal de um *transponder* — a parabólica — tem a forma de um grande "pires", exemplos do qual podem ser observados ao redor da maioria das instalações atuais de comunicação. Pelo emprego de satélites, *transponders* e antenas parabólicas, os programas de televisão podem ser transmitidos instantaneamente, e com qualidade excelente, de praticamente qualquer ponto do hemisfério para outro qualquer. Com o emprego de sistemas especializados de satélites, as transmissões podem transpor oceanos ou mesmo ser mandadas para o outro lado do mundo.

A importância dos satélites de comunicação para o progresso das telecomunicações modernas é análoga à do telégrafo para o desenvolvimento do jornal. Tanto o telégrafo quanto o satélite superaram espetacularmente as limitações de distância, permitindo assim um alcance mais amplo tanto para a coleta de informações quanto para sua difusão. Desde que entraram em funcionamento sistemas de satélites, o ditado "É um mundo pequeno" assumiu novo significado dramático. Os repórteres são agora capazes de contribuir com cobertura de histórias junto com imagens televisadas diretamente do local. Estas podem ser transmitidas para um satélite de virtualmente qualquer ponto do globo e, a seguir, serem enviadas instantaneamente para instalações centrais de onde possam ser retransmitidas (talvez novamente via satélite) para audiências da mídia com inéditas proporções e distribuição.

Como um exemplo da evolução dos sistemas de mídia, mais satélites começaram a alterar a venerável indústria jornalística em sua constante refrega para enfrentar seus competidores em um ambiente mutável. Por exemplo, os satélites tornaram a criação de jornais nacionais, como o *US Today*, bem mais praticável. Anteriormente, os jornais podiam mandar o formato e o conteúdo de um ponto central para diversos pontos de recepção, mas o tempo e os custos financeiros para superar a grande distância tornavam um jornal nacional economicamente impraticável. A transmissão por satélite mudou tudo isso.

Outra alteração na indústria jornalística contribui com mais um exemplo do processo de mudança evolutiva adaptativa: o uso de serviços telegráficos via satélite. Em Los Angeles, por exemplo, um serviço de noticiário de televisão análogo à United Press (UP) e à Associated Press (AP), com seus serviços impressos, se acha atualmente funcionando. Repórteres dos jornais afiliados observam o noticiário em telas de vídeo operadas pelo serviço de notícias, tal como leriam as mensagens da AP ou UP a fim de obter as histórias. Ainda é cedo demais para saber se esta invenção terá sucesso ou que consequências haverá na qualidade e penetração da cobertura jornalística. Não obstante, é um bom exemplo de uma nova indústria surgida como resultado dos satélites de comunicação. Também esclarece como nossa mais antiga forma de comunicação de massa encontrou meios de utilizar novas tecnologias para sobreviver em um mundo dominado pela mais nova mídia eletrônica.

Na ocasião em que surgem novas tecnologias, é preciso imaginação e disposição para correr riscos a fim de transformá-las em novos ou mais bem adaptáveis sistemas de mídia. Como salientamos anteriormente, a Time, Inc. acelerou a criação da televisão a cabo ao fazer considerável investimento financeiro exigido para arrendar um identificador de satélite e ter a imaginação para ver como essa tecnologia poderia ser utilizada. Essa foi uma jogada particularmente audaciosa quando se considera que o canal pago, via cabo, deles estava perdendo dinheiro. A transmissão por satélite forneceu deveras qualidade de transmissão bastante aperfeiçoada com relação aos sistemas anteriores de micro-ondas. A combinação de filmes melhores e mais recentes, com transmissão melhor, provavelmente responde pelo aumento do sucesso da HBO desde 1975. Ted Turner, outro ousado inovador, e dono de uma estação de TV de Atlanta,* demonstrou que não só podia fazer a TV a cabo gerar lucro, mas também que podia fazê-lo com a programação de noticiário de sua bem-sucedida Rede de Notícias a Cabo. As dúvidas acerca da possibilidade de a TV a cabo paga ter sucesso num mercado acostumado a receber TV ''de graça'', foram assim postas de lado.

O sucesso da televisão a cabo paga com sobretaxa acelerou o ritmo de difusão da TV a cabo para assinantes. Dois fatores parecem ter criado o efeito positivo dos serviços extratarifa. Um foi o atrativo de uma variedade de programação de alta qualidade, não interrompida por comerciais. O desejo de ter acesso a essa programação motivou um crescente número de moradores urbanos e rurais a desistirem do cabo básico e assinar o serviço com tarifa extra. Outro fator foi o aumento de lucratividade da TV a cabo em geral. Isso proporcionou às companhias que operavam com cabo o capital necessário para estender mais cabos e, assim, expandir a dimensão da população com potencialidade para ser assinante. Como resultado, muito mais residências estavam prontas e aptas a mudar para a TV a cabo a partir da simples recepção pelo ar.

Segundo observamos, levou quase vinte e cinco anos para a técnica de cabo básica ser adotada por 12% das moradias norte-americanas. Após

* Trata-se da CNN (Cable News Network), rede de notícias a cabo. (N.T.)

a implantação da televisão a cabo extratarifa via satélite, levou apenas dez anos (1975-1985) para essa percentagem triplicar. O gráfico da Figura 12.1 mostra o surto espetacular do ritmo de difusão da TV a cabo. Em 1986, perto de 50% das residências norte-americanas haviam se tornado assinantes da TV a cabo, havia aproximadamente 40 serviços de cabo extratarifa que se podia comprar, e havia até de 70 a 100 canais de cabo disponíveis em algumas (não em todas) regiões. De modo geral, portanto, a chegada do há muito esperado surto da televisão a cabo acarretou mais ampla escolha para as audiências e proporcionou maior número de distribuidores para as empresas que produzem filmes e outro material suscetível de ser exibido na televisão.

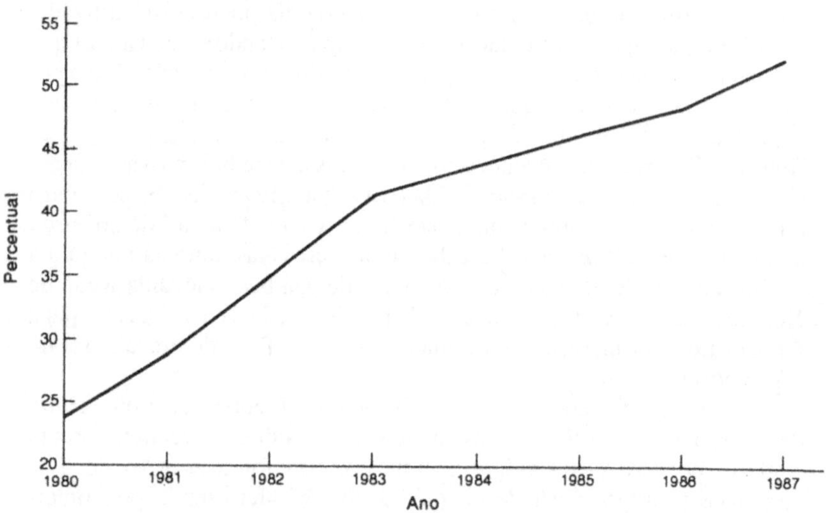

Figura 12.1. Moradias com TV a cabo: percentagem das moradias norte-americanas com televisão a cabo.

Fonte: Cabletelevision Advertising Bureau Inc., conforme adaptado do Wall Street Journal.

Sistemas de Satélite para Transmissão Direta

Além das vantagens dos satélites de comunicação para televisão a cabo e de rede, os usuários (inclusive muitas firmas) também se beneficiaram através do que foi denominado sistemas de satélite para transmissão direta (DBS). A paisagem americana está cada vez mais pontilhada por antenas parabólicas em pátios ou no alto de casas (cerca de um milhão em 1985). A vantagem primordial de se ter acesso direto a transmissões por satélite é poder captar um número enorme de canais de transmissão (120 na última contagem) sem ter de pagar a uma companhia de TV a cabo ou a quem quer que seja por serviços de transmissão.

Tanto o tamanho quanto o custo (aproximadamente 2.500 dólares em 1985) de antenas parabólicas para casas estão caindo, tornando provável que o número de sistemas domésticos cresça. Entretanto, a ''carona'' talvez não dure muito. Os interesses econômicos das transmissoras, que têm de pagar para alugar serviços de transmissão pelo satélite, são ameaçados quando os donos de tais antenas recebem gratuitamente suas transmissões.

O paradigma de conflito uma vez mais entra em jogo como forma de analisar conflitos entre transmissoras, operadores de sistemas de transmissões diretas e audiências. Primeiro, as transmissoras fizeram um esforço malsucedido para proibir legalmente as pessoas de interceptarem transmissões de televisão via satélite. Não conseguindo ganhar isso nos tribunais, as transmissoras estão buscando deter a proliferação de parabólicas para receber a imagem do satélite, ao embaralharem suas transmissões de modo a que os donos de antenas parabólicas não possam recebê-las sem comprar ou alugar um aparelho para desembaralhá-las. Como tal embaralhamento afetará o ritmo de difusão do satélite doméstico ainda está por ser visto, mas a teoria do conflito básico prediria que algumas modificações da indústria transmissora surgirão dessas contendas.

A criação dos sistemas de cabo-satélite e de transmissão direta do satélite apresenta muitos problemas novos e cria tumulto nos setores regulador e econômico da indústria da mídia. Sob múltiplos aspectos, isso lembra os primeiros dias do rádio. Questões fundamentais surgiram então, tais como: quem é dono das transmissões por satélite? Como atores, e outros integrantes da indústria da mídia, podem receber remuneração por seu trabalho ou suas criações, sob a forma de resíduos ou outros benefícios econômicos? Será desfeito o predomínio das três redes comerciais? A propriedade do sistema de mídia ficará mais centralizada no futuro? Pelo fato de tanto o sistema a cabo como o via satélite continuarem a se transformar, estas e muitas outras perguntas provavelmente não serão respondidas de qualquer forma permanente em futuro próximo.

SISTEMAS DE COMUNICAÇÃO INTERATIVOS

Outro progresso significativo capaz de ajudar nossa futura mídia é a criação de tecnologias de comunicação interatuantes.[2] Interatuação em geral refere-se a processos de comunicação que assumem certos traços da comunicação interpessoal. Nesta, transmissor e receptor alternadamente se revezam no papel de comunicador, cada um recebendo realimentação imediata e plena sob a forma de mensagens verbais e não verbais. A comunicação de massa convencional não é interatuante, pois o fluxo da comunicação unilateral não permite a membros da audiência fornecer, ou aos comunicadores de massa receber, plena e imediata retroalimentação. O comunicador de massa não sabe o que a audiência está fazendo, pensando ou sentindo, e o integrante da audiência não pode expressar espanto, tristeza, raiva, excitação ou qualquer outra reação à fonte. Tradicionalmente, isso tem sido uma das principais características da comunicação de massa.

A reação recíproca também significa controle mútuo sobre o fluxo do conteúdo da comunicação. Por exemplo, em comunicação interpessoal os participantes podem influir na natureza de uma conversa mudando de assunto ou demonstrando reprovação àquilo que o parceiro está dizendo. Nenhuma "nova" tecnologia de comunicação de massa sequer chegou ainda perto dessa valiosa interatividade da comunicação interpessoal, mas até certo ponto a diferença está começando a tornar-se indistinta.

Sistemas Baseados no Telefone

Há diversas tecnologias baseadas no telefone atualmente em uso por empresas, universidades e outras comunidades residenciais e profissionais destinadas a permitir às pessoas conferenciar vendo imagens uma da outra. Outro meio de ligar pessoas é por mensagens remetidas de um lado para outro por pessoas que teclam mensagens em terminais de computador. Essas tecnologias são encaradas por muita gente como melhoramentos do telefone convencional, por permitirem a mais de duas pessoas, em mais de dois locais, comunicarem-se entre si. A teleconferência auditiva (que não é novidade) exige que os participantes estejam todos disponíveis ao mesmo tempo. Na teleconferência via computador, contudo, as mensagens podem ser remetidas e recebidas sem os participantes estarem todos presentes em seus respectivos locais na mesma hora. A teleconferência, é claro, permite a dois ou mais parceiros empenhados em comunicação se verem e ouvirem simultaneamente.

Cada um destes sistemas utiliza tecnologias um tanto diferentes. Linhas telefônicas ligam pessoas em uma teleconferência áudio, e essas linhas ligadas a computadores unem os usuários em uma teleconferência computadorizada. Teleconferência vídeo é mais complicada: exige salas tipo estúdio, ligadas por cabo e equipadas com um monitor, microfones e uma câmara de televisão. São requisitos que a tornam muito cara e, compreensivelmente, esta modalidade de comunicação não se acha amplamente disseminada pela população em geral. Além disso, há provas de que muita gente resistiria a uma tecnologia (tal como o videofone) que permite a outros vê-las — especialmente quando mal ou parcamente vestidas ou, de outro jeito, ''não apresentáveis''. Assim, o telefone comum provavelmente permanecerá conosco no futuro previsível.

Mídia Interatuante Baseada no Telefone

Da mídia interatuante, destinada a ser usada por grupos grandes e diversos, comparáveis à audiência da mídia de massa convencional, a televisão em dois sentidos via cabo é a mais óbvia. A televisão em dois sentidos a cabo é um prolongamento do sistema de televisão a cabo comum discutido anteriormente neste capítulo. Ele não só excitou esperanças e temores de analistas sociais, como também foi experimentado em certo número de cidades pelo mundo afora.

A criação da televisão a cabo em duas mãos, como a sua predecessora em mão única, tem sido lenta. A tecnologia é simples mas relativamente cara. Duas linhas com cabo domésticas são instaladas, uma para receber transmissões (como na de cabo único) e outra para enviar transmissões. O primeiro sistema de TV a cabo em dois sentidos dos Estados Unidos, ''Qube'', foi criado em 1977 pela Warner-Amex e instalada em Columbus, estado de Ohio, oferecida como uma opção a par da televisão a cabo básica. Não era de fato muito requintada. Cada residência-assinante tinha um teclado eletrônico. Após um pedido da estação para indicar se gostou ou não de uma transmissão anterior, pode-se fazer uma escolha entre um número limitado de opções vistas na tela (algo parecido com um teste de múltipla escolha) e então enviar mensagem de volta ao computador central. As mensagens de volta eram rapidamente processadas de sorte a que os espectadores pudessem conhecer o resultado. Em uma situação de funcionamento típica, ensinavam-se os clientes ligados ao sistema como registrar sua opinião ou preferência apertando um número de 0 a 9. Uma vez computadas pelo aparelho, as respostas podiam ser exibidas de volta nas casas dos assinantes ou ser tratadas como uma pesquisa de preferências para seleção do material a incluir em futuras programações.

Um aspecto mais provocante desta nova forma de comunicação bidirecional foi estar equipada com um dispositivo de controle capaz de determinar que programa estava sendo recebido nas casas de assinantes do sistema Qube quando o aparelho se achava ligado. Este aspecto possibilitou obter informação praticamente instantânea para computar *índices de audiência* de programas (isto é, de todas as casas assinantes do Qube, a percentagem assistindo a um determinado programa).

A monitoração deste tipo indiscutivelmente contribuiu com informações economicamente valiosas para a Warner-Amex, mas também teve seu lado negativo. Gerou uma verdadeira preocupação acerca da privacidade das pessoas em sua própria casa. Analistas interessados nas conseqüências políticas e sociais de novas tecnologias viram nisso o primeiro passo da marcha das tecnologias de comunicação rumo à coleta de informações que os assinantes desejariam manter para si mesmos. Os assinantes não poderiam evitar a monitoração exceto desligando o televisor. A Warner-Amex prometeu a seus clientes do Qube que as informações individuais não estariam disponíveis para mais ninguém, inclusive estudiosos das comunicações de massa, e parece ter cumprido a promessa. Contudo, uma decisão ética firme pode ceder diante de uma oportunidade para obter lucro. Não se precisa de muita imaginação para ver como até esse limitado tipo de informação poderia ser mal utilizado — por exemplo, para identificar espectadores de "pornografia", ou para organizar e vender listas baseadas em preferência por esportes, moda, religião ou orientação política.

A experiência do Qube não foi coroada de sucesso financeiro. A Warner-Amex perdeu cerca de 30 milhões de dólares entre 1977 e 1984. Uma razão para a perda foi a maioria das casas ligadas não quererem participar em nenhuma das oportunidades de ação recíproca oferecidas durante uma semana comum. Uma interpretação de sua não participação no que era uma novidade de oportunidade para "responder ao seu televisor" talvez tenha sido a natureza muito limitada do que poderiam dizer. Registrar opiniões e preferências comprimindo um número em um teclado quando outros controlam as opções de perguntas e respostas parece-se com ser um respondente de levantamentos intermináveis (e possivelmente insensatos); registrar um desejo de fazer uma pergunta de alguém sobre um programa falado de TV com que você, afinal, pode conversar pelo telefone é um bocado de trabalheira que não produz uma forma de comunicação muito divertida. O retardo entre expressar um desejo, e de fato se empenhar num diálogo, assim como os limites sensoriais impostos pela tecnologia (p. ex., assinantes só podem ser ouvidos ao passo que funcionários podem ser vistos e ouvidos) ajudam a explicar a ausência de atração generalizada dessa forma de diálogo indireto. O limite para a Warner-Amex foi reduzirem fortemente a dose de programação interatuante oferecida no sistema Qube.

Nem todos os sistemas assim sofreram o mesmo destino. A televisão em duas mãos de direção foi instalada como parte fundamental de sistemas interatuantes de informação e comunicação mais requintados no Japão (1978), Inglaterra (1982) e França (1984). Os mais adiantados e complexos desses sistemas, tal como o operado pelo Ministério de Correios, Telefonia e Telégrafos em Biarritz, na França, empregam cabo de fibra óptica em vez do fio de cobre usado para fazer as ligações a cabo convencionais. Tubos de fibra óptica consistem num certo número de minúsculos tubos de vidro maleável (como um fio de cabelo humano) que transmitem impulsos de luz gerada por lasers ou diodos emitindo luz. Mensagens enviadas por tal meio óptico não interferem nas mensagens eletrônicas empregadas em televisão, rádio, telefones portáteis ou de automóveis, e outros aparelhos de comunicação eletrônica. Por consistir em muitos filamentos, e não num fio único, o cabo de fibra óptica pode transportar maior número de mensagens do que as que podem ser enviadas pelo cabo convencional.

Residências em Biarritz e outras "cidades com fiação" acham-se equipadas com um sistema que combina TV em cores, telefone e um microcomputador. Os membros de uma mesma família podem utilizar o sistema de diversas maneiras — televisão a cabo de duas mãos, videotexto (descrito abaixo), ou telecompras. O considerável investimento feito pelo governo, necessário para instalação desses sistemas, foi feito com a esperança de gerar empregos e capacitação nacional na economia baseada em informática da sociedade moderna.

Como foi o caso com o Qube, os críticos em breve se preocuparam com as possíveis consequências políticas. Temeram que tal tecnologia pudesse ser empregada por governos para "vigiar" cidadãos particulares. A prática habitual de guardas de segurança controlar fregueses em lojas e visitantes em museus ou outros lugares públicos podia ser ampliada para o lar. O videofone, por exemplo, poderia ser utilizado de forma reminiscente da "tela-tela" de Orwell* com o Grande Irmão verificando que todos os monitores de TV estejam ligados o tempo todo para vigiar o que as pessoas estão fazendo na "privacidade" de suas próprias casas.

O controle da seleção de programas no sistema Qube é levado bem mais longe pela possibilidade de se usar telas de vídeo domésticas que não possam ser controladas nem sequer desligadas por membros da família. Esta possibilidade tecnológica, tanto quanto sabemos, não se tornou realidade, porque forças sociais, políticas e legais agem contra isso. O que preocupa alguns é que tais forças sociais possam se enfraquecer a tal ponto que essas tecnologias venham a ser empregadas pela polícia, órgãos do governo ou outros a fim de obter informações acerca de indivíduos e famílias, suscetíveis de serem empregadas para controlar seu comportamento. A despeito destes aspectos inquietantes, parece quase certo que alguma forma de "escuta" da comunicação do ambiente doméstico surgirá, se bem que ainda não esteja clara sua forma exata.

---

* Referência ao romance *1984* de George Orwell. (N.T.).

Videotexto

Um sistema que já foi parcialmente aceito nos Estados Unidos é o videotexto, que não é exatamente uma nova tecnologia. Ele é simplesmente uma nova combinação de algumas das tecnologias que já examinamos. Mayer (1986) definiu assim o videotexto: "Qualquer sistema eletrônico de ação recíproca que possibilita aos usuários enviar e receber dados de computadores ou outros equipamentos que utilizem videotexto por meio de um terminal capaz de exibir texto e imagens."[3] O hardware básico ou equipamento de que os assinantes de videotexto precisam é um aparelho de TV acoplado a um teclado (ou computador pessoal com um monitor de vídeo) ligado por telefone (ou cabo) a um centro de processamento de dados. O videotexto proporciona um fluxo de informações em duas mãos com o qual o usuário pode solicitar e receber um repertório de serviços de informações mantido por uma empresa de videotexto. Os assinantes passam a ser, com efeito, usuários de uma quota de tempo de um computador e podem, a pedido, receber respostas quase imediatas para suas solicitações do serviço de informações. Os serviços abrangem notícias, resultados desportivos, extratos bancários, boletins da bolsa de valores e o tempo, e até compras pelo catálogo. O repertório de serviços corresponde a códigos numéricos ou outro gênero de código constante do teclado do assinante. Uma vez acionado o pedido, as informações adequadas armazenadas no computador central são convocadas para aparecerem no monitor de vídeo do computador pessoal do usuário ou na tela do televisor doméstico.

As vantagens do videotexto — sua diversidade de serviços de informação e suas características de interatuação em dois sentidos — levam muita gente a predizer sua rápida difusão. Algumas empresas agiram com base nessas predições ao fazerem o considerável investimento para iniciar serviços de videotexto (p. ex., Knight-Ridder e Times-Mirror). Fatores sociais e econômicos uma vez mais provaram que as previsões estavam erradas. Devido à maneira pela qual os sistemas de videotexto foram projetados para o mercado norte-americano, as vantagens para um usuário de ser capaz de controlar a oportunidade e o conteúdo da informação recebida foram ultrapassadas pelas desvantagens de tornar-se um assinante de videotexto.

Uma desvantagem e obstáculo evidente para a adoção do videotexto foi o custo da assinatura. Nos sistemas de videotexto norte-americanos, por exemplo, os assinantes têm de comprar um receptor especial custando centenas de dólares. Este obstáculo foi superado por algumas companhias de videotexto (tal como H&R Block's CompuServe) que usa o centro de processamento doméstico como receptor. Deve ser lembrado, todavia, que apenas 15% das casas norte-americanas atualmente possuem um computador pessoal, e muitos deles carecem de acoplador necessário para ligar seu centro de processamento via linhas telefônicas ao sistema de videotexto.

Outra forma de superar o problema de custo seria simplesmente fornecer gratuitamente receptores às pessoas, tática empregada com sucesso pelo governo francês. O sistema de videotexto Teletel, de propriedade do governo francês, tem sido vitorioso em grande parte devido ao governo subsidiá-lo na ordem de 2 a 3 milhões de dólares anuais. O governo não apenas proporcionou gratuitamente o equipamento, como também investiu dinheiro e esforço para ligar seu sistema de videotexto ao sistema telefônico, que é também do governo. Os franceses impulsionaram a utilização pelo público de seu sistema ao converter as listas telefônicas num serviço de videotexto. Esperava-se que o medo do público de usar computadores seria reduzido ao adquirirem o baixo nível de habilidade necessário para localizar um número de telefone via lista do videotexto. Uma vez superada esta barreira, seria mais provável o público utilizar outros serviços de videotexto. A ampla utilização desses serviços adicionais poderia amortizar ou pagar todos os custos do investimento original e, a longo prazo, dar um lucro para o governo francês.

Conquanto o veredicto ainda não esteja de todo conhecido, parece que a jogada do governo francês está dando certo. Somente quatro anos após iniciar-se o programa, a renda básica proporcionada pelo uso do serviço de ajuda da lista do videotexto, mais a renda da utilização de três serviços de videotexto adicionais, levou as autoridades a prever recuperação total dos custos da cessão de quase 2 milhões de terminais de videotexto. O insucesso inicial do videotexto nos Estados Unidos e em outros países (tal como na Inglaterra, onde o videotexto foi experimentado pela primeira vez) talvez se deva ao fato de falta do apoio econômico proporcionado pelos franceses. Em outras palavras, um fator social decisivo na implantação do videotexto é a receptividade dos governos aos novos sistemas de mídia.

Como forma de comunicação, o videotexto também tem alguns inconvenientes materiais que podem levar as pessoas a resistir à sua adoção, ainda que não tenham de pagar soma substancial pelo equipamento necessário. Por exemplo, os usuários têm de ficar defronte do receptor para fazer a chamada e receber informação. À parte considerações econômicas, se a mesma informação estiver disponível através de um veículo mais portátil, tal como um jornal ou o rádio, as pessoas podem declinar do uso do videotexto, a despeito de sua ação recíproca. Podem optar por veículos que possam ser utilizados em qualquer parte, dentro ou fora de suas casas.

Outro problema difícil a resolver antes de o videotexto ser provavelmente adotado maciçamente nos Estados Unidos diz respeito a minúcias entre as informações que sejam por demais gerais e as por demais específicas. O videotexto oferece a vantagem de um serviço de informação personalizada no sentido de os usuários só poderem solicitar o que querem de um amplo arsenal de bases de informação; podem ter maior *controle* sobre o conteúdo do que recebem do que na situação de mão única da comunicação de massa. Todavia, muita coisa da informação disponível talvez nunca seja de interesse de um usuário (p. ex., boletins da bolsa de valores, relatórios de acidentes com jogadores de futebol norte-americano ou as últimas piadas). Ou, se a informação que lhe interessa não receber a devida profundidade para atender às suas necessidades. Pessoas que podem investir para adotar o videotexto provavelmente o farão se lhes for oferecido um serviço sob medida para atender a suas necessidades de informação, tanto em extensão quanto em profundidade. O problema aqui é que serviços de informação especializada não podem existir sem suficiente número de pessoas dispostas a pagar por elas. Talvez haja tão poucos que careçam de um determinado tipo de informação que manter a base de dados não seja economicamente viável. Por exemplo, uma base de dados fornecendo as últimas informações acerca de oportunidades para a pesca de trutas e as probabilidades de sucesso em várias regiões do país encontraria entusiastas entre os dedicados a esse esporte, mas o número total de usuários, em âmbito nacional, pode ser apenas de uns poucos milhares, enquanto os custos para conseguir e atualizar as informações pode ser bastante elevado.

Não há uma resposta clara para este problema, salvo alguma forma alternativa de financiamento de bases de dados para informações especializadas. Presentemente, o maior serviço de videotexto nos Estados Unidos, CompuServe, só tem ainda 275.000 assinantes, e muitos são homens de negócios, e não residências.

Transformando Tecnologias Interativas em Sistemas de Mídia

Um dos problemas mais difíceis, ao se tentar avaliar o significado de novas tecnologias, é fazer predições exatas acerca de suas probabilidades de serem transformadas em sistemas de comunicação de massa. Um avanço tecnológico por si só não garante que se formará um sistema de comunicações em torno dele. Alguns aparentemente destinados a conduzir a sistemas requintados de comunicação, que seriam prontamente adotados pelo público, não conseguiram popularidade. Por exemplo, possibilidades técnicas levaram observadores a prever uma difusão bem mais rápida da televisão a cabo e do videotexto em duas mãos de direção do que o que ocorreu até hoje nos Estados Unidos.

Tanto homens de negócios quanto eruditos da comunicação tentam imaginar por que certas tecnologias se desenvolvem com sucesso ao passo que outras nunca chegam a pegar. Também procuram entender as condições que levam à adoção rápida ou lenta. O jornal e o telefone levaram um bocado de tempo para evoluir, ao passo que o filme, o rádio e a televisão se difundiram prontamente. O que houve acerca destes determinados veículos, e quais foram as condições da sociedade na época, que levaram a diferentes ritmos de adoção?

Geralmente, pois, é claro que a nossa mais nova tecnologia será ou não transformada em sistemas que entrarão em uso generalizado devido à influência da família, do sistema político, de considerações econômicas, escolas, exigências dos militares, e outras circunstâncias que modelaram nossos atuais sistemas de mídia de massa. Esta conclusão aponta uma vez mais para uma das questões críticas do estudo da comunicação de massa que foi levantada no Capítulo 1: *Qual é o impacto de uma sociedade em sua mídia de massa?* Somente pelo estudo intenso do ambiente social e da maneira pela qual ele modela a mídia, será possível prever que tecnologias têm probabilidade de se tornarem sistemas maduros de comunicação de massa.

Ao tentar prever os sistemas de mídia viáveis do futuro e como incorporarão algumas das inovações tecnológicas revistas anteriormente, podemos ficar tranquilamente confiantes sobre apenas um número limitado de conclusões. Uma é que o computador pessoal muito provavelmente desempenhará papel crescente, sejam lá quais forem os sistemas interatuantes que vingarem. Uma segunda, contudo, é que — até o conteúdo de tais sistemas poder ser mais chegado aos interesses, necessidades e metas pessoais de vasto número de cidadãos comuns, e ao mesmo tempo permanecer financeiramente viável — é improvável que o videotexto ou seus quase aparentados cresçam rapidamente. Paralelamente, os satélites encontrarão emprego cada vez maior. Associados ao cabo, prometem expandir o número de canais acessíveis à família comum. O problema aqui é de conteúdo, não de custo. Se mais de cem canais *estivessem* à disposição de todo televisor, o que seria mostrado? Com poucas e escassas exceções, o cabo é presentemente uma mescla de programas variando de qualidade estética baixa para mais baixa. É desconcertante, para muitos observadores sérios do sistema norte-americano de comunicações de massa, darem- se conta de que brilhantes novas tecnologias que estão sendo criadas provavelmente serão utilizadas para dobrar ou triplicar a quantidade de luta livre, jogos de adivinhação, música de rock e novelas acessíveis à família comum.

Há toda razão para crer que a mídia bem-sucedida do futuro — seja qual for sua base tecnológica — funcionará baseada nos mesmos princípios como as do passado. Numa sociedade onde a motivação do lucro é altamente valorizada, e o sistema econômico básico é o capitalismo, afigura-se improvável uma mudança radical daquela base. A nova mídia provavelmente será apoiada pela publicidade (como no caso de jornais, rádio e televisão hoje em dia ou por pagamento direto como é o caso da TV a cabo, de serviços extraordinários, de livros e do cinema). Isto quer dizer que seu conteúdo tem de produzir uma audiência de milhões que os anunciantes pagarão para atingir, ou uma audiência menor de gente que encare o conteúdo tão indispensável a seus objetivos pessoais que se mostre disposta a pagar.

Todas estas considerações apontam diretamente para as dependências da mídia individual examinadas no capítulo anterior. O desafio para criadores de novas tecnologias é conceber sistemas de mídia que não só atendam às metas de compreensão, orientação e divertimento dos indivíduos, mas que o façam de forma melhor que a das alternativas mais tradicionais. Não é fácil ''construir uma ratoeira melhor''. Sistemas de mídia bem-sucedidos do futuro terão de oferecer melhor combinação de conteúdo, comodidade, custo e acessibilidade do que as pessoas já dispõem nas televisões, rádios, cinema, estéreos, jornais, livros e revistas. Projetistas de novos veículos devem também levar em conta limitações institucionais. Têm de conceber sistemas compatíveis com as ordens econômica e política e outras instituições predominantes.

A mídia subsidiada pelo governo, por exemplo, pode funcionar em certas sociedades (p. ex., videotexto na França), mas não em outras. As tradicionais instituições norte-americanas geram resistência ao envolvimento do governo na posse e funcionamento de sistemas de mídia, e por isso tal solução se afigura improvável nos Estados Unidos. Por conseguinte, seja lá o que for que o futuro nos traga em matéria de aparelhagem, os sistemas de mídia emergentes sem dúvida apresentarão a maioria dos traços de nossa mídia de massa do passado. Por outras palavras, uma sociedade de fato modela sua mídia, independentemente do requinte da tecnologia disponível em dado momento.

Num plano mais teórico, os paradigmas examinados no Capítulo 1 também ajudam a entender por que parte dos sistemas de comunicação de massa se tornarão realidade e outra parte não. Também nos sensibilizam para diferentes tipos de forças sociais que provavelmente afetarão as chances de uma determinada tecnologia ser convertida em um sistema de mídia.

Do ponto de vista da análise funcional estrutural, as tecnologias que deverão sobreviver e prosperar como sistemas de mídia são as que atendam a necessidades societárias de estabilidade, integração e produção eficientes. Portanto, tecnologias que facilitam a cooperação entre os vários segmentos da sociedade e ajudem a controlar ameaças à estabilidade ou ao equilíbrio (p. ex., conflito e desvio) são funcionais, e devem, portanto, evoluir para sistemas de comunicação de massa.

O paradigma de conflito oferece uma visão bastante diferente, qual seja a de que as tecnologias que virarão sistemas de comunicação de massa são as resultantes do choque de grupos poderosos. Por outras palavras, a forma pela qual tais tecnologias são transformadas em sistemas de comunicação é através de um processo dialético de conflito entre grupos, cada um deles promovendo o sistema que melhor atenda a seus interesses econômicos e políticos. Este processo é evidente nos embates históricos entre promotores da televisão a cabo e de rede, ou mesmo nas presentes disputas entre donos de antenas parabólicas para transmissão direta e os de estações de TV a cabo.

Dentro da perspectiva do paradigma evolucionário, tecnologias que melhor atendam as necessidades de adaptação de nossa sociedade evoluirão para novos sistemas de mídia. Por exemplo, à medida que nossa sociedade se torne cada vez mais complexa, ficará crescentemente mais árduo mantê-la unida com modelos tradicionais de comunicação interpessoal e de massa; por conseguinte, novos sistemas de mídia terão de ser criados para preencher este vazio e garantir a sobrevivência. Novos sistemas de mídia poderão ter sucesso, por exemplo, ao contribuírem para a solução de problemas gerados pela transição fundamental para uma economia de serviços informatizada ou igualmente por mudanças fundamentais na ordem econômica mundial. A questão é qual dos diversos novos veículos de comunicação mais facilitam nossa capacidade para adaptação ao nosso mundo mutável, interna e internacionalmente. Qual, por exemplo, contribui para o tipo de sistemas de comunicação e intercâmbio internacionais necessários ao bem-estar de um mundo cada vez mais complexo, em que a sobrevivência das espécies é tornada problemática por armas nucleares, escassez de recursos naturais e deficiente comunicação entre os povos?

Quando novos veículos se converterem em sistemas de comunicação firmemente estabelecidos, os antigos veículos de massa enfrentarão seus próprios problemas de adaptação. Segundo vimos na evolução histórica de jornais, cinema, rádio e televisão, quando os veículos "novos" viram "velhos", sua sobrevivência depende de sua capacidade de descobrir novas maneiras de proporcionar serviços que audiências comprem ou governos apoiem.

O paradigma interatuante simbólico também nos sensibiliza para questões de mudança, mas a preocupação é maior com indivíduos do que com as preocupações societárias ou globais dos teóricos evolucionistas. Uma consideração relevante para um interatuante simbólico seria como os novos sistemas de mídia ajudam os indivíduos em seus esforços coletivos para criarem significados num mundo ambíguo e mutável. No capítulo anterior, examinamos o significado de nosso mundo complexo, ambíguo e permanentemente mutável na evolução das relações de dependência individual com a mídia de massa. Para o interatuante simbólico, a mais importante delas é a dependência crônica face à mídia para manter nossas realidades subjetivas atualizadas de forma a acompanhar o ritmo do mundo mutável que nos cerca. Esperar-se-ia, por conseguinte, que as pessoas criassem as mais sólidas relações de dependência com novos sistemas de mídia que deem melhor conta do recado de ajudá-las a se manterem a par do que está ocorrendo e, mais relevante, do que isso significa. Em outras palavras, os criadores de novas tecnologias que concebem novos sistemas de comunicação que atendem às *dependências de compreensão dos indivíduos têm boa probabilidade de sucesso.*

Uma consideração correlata é a capacidade da nova mídia de gerar os significados e culturas simbólicas compartilhadas, indispensáveis à comunicação real entre diversos povos e nações. O fato de as economias nacionais estarem dando lugar a uma economia mundial significa que grupos e nações poderosos buscarão novos veículos de comunicação que proporcionem um sistema de comunicação mundial, uma nova "ordem mundial de informação". Muitos teóricos do conflito que contemplam esses acontecimentos incorporam preocupações simbólicas interatuantes quando apontam para o fato de que as culturas simbólicas e realidades sociais do mundo que poderiam ser construídas e difundidas por tais sistemas de comunicação, também poderiam ser mais importantes do que o poderio militar. O antigo adágio de que "a pena é mais forte do que a espada" é a premissa clássica simbólico-interatuante de que os que controlam os veículos de comunicação, de que dependemos para construir nossas realidades subjetivas, também podem controlar nosso comportamento. Resta ver se os que controlam a nova mídia podem empregar e a empregarão para criar harmonia mundial ou dominação mundial, ou ambas.

Finalmente, o paradigma cognitivo chama a atenção para os efeitos dos novos sistemas de mídia sobre as crenças, sentimentos e comportamento dos indivíduos. Presumivelmente, estas tecnologias que têm efeitos "desejáveis", segundo julgado pelos próprios indivíduos e por detentores do poder, têm maior probabilidade de ser desenvolvidas dentro dos sistemas de comunicação. Nas sociedades, por exemplo, onde a mídia depende de publicidade como fonte de renda, uma tecnologia tem maior probabilidade de virar sistema de mídia se puder ser usada por grande número de pessoas para alcançarem seus objetivos pessoais. Em sociedades onde a mídia é controlada e operada por governos, o determinante mais importante talvez sejam os efeitos que potenciais sistemas de comunicação possam ter para moldar as crenças, sentimentos e comportamento dos indivíduos para com o Estado. Isto seria especialmente verdadeiro em sistemas políticos rigidamente controlados.

De muitas maneiras, por conseguinte, os paradigmas clássicos, social e comportamental, ao menos nos dão orientações sobre os fatores que carecem de exame a fim de se predizer quais de muitas novas tecnologias constituirão os sistemas de mídia do futuro. Até que ponto tais tecnologias estão se difundindo ou estão sendo adotadas é de interesse considerável para os estudiosos da comunicação.

O desafio que temos diante de nós é realizar o gênero de pesquisa com a base teórica exigida para se predizer com precisão que tecnologias emergirão ou não como novas formas de comunicação de massa. Um problema ainda mais desafiador é determinar quais paradigmas gerais têm maior validade na identificação precisa dos fatores sociais que afetam a probabilidade de uma dada tecnologia evoluir para um sistema de mídia de massa.

Notas

Capítulo 1
Etapas da Evolução da Comunicação Humana (p.17-60)

1. W. W. Howells, ''Neanderthal Man: Facts and Figures'', in *Proceedings of the Ninth International Congress of Anthropological and Etnographical Sciences*, Chicago, 1976. Ver também E. Trinkhaus e W. W. Howells, ''The Neanderthals'', in *Scientific American* 241 (1979): 118-133.
2. Robert Finn, ''Origins of Speech'', in *Science Digest*, Agosto 1985, p.52-55.
3. Philip Lieberman, ''The Evolution of Human Speech: The Fossil Record'', in *The Biology and Evolution of Language* (Cambridge, Mass.: Harvard University Press, 1984), p.287-329. Muitas das deduções expostas neste capítulo foram extraídas desta fonte.
4. O relacionamento entre linguagem e pensamento foi profundamente consagrado em campos tais como antropologia, linguística, filosofia, psicologia e sociologia. Ver, por exemplo: Benjamin L. Whorf, *Language, Thought, and Reality*, org. J. B. Caroll (Cambridge, Mass.: M.I.T. Press, 1956); George Herbert Mead, *Mind, Self and Society*, org. Charles Morris (Chicago: University of Chicago Press, 1934); e J. Bronowski, *The Origins of Knowledge and Imagination* (New Haven, Conn.: Yale University Press, 1978).
5. Charles F. Hockett, ''The Origin of Speech'', in *Scientific American* 203(1960): 89-96.
6. Excelente discussão da mídia e das mudanças em sociedades antigas é encontrada em Harold A. Innis, *Empire and Communications* (Toronto: University of Toronto Press, 1972). Ver especialmente p.14.
7. Edwin Emery, *The Press and America* (Englewood Cliffs, N.J.: Prentice Hall, 1972).
8. Charles Horton Cooley, *Social Organization* (Boston: Charles Scribner's Sons, 1909), p.63.
9. *Ibid.*, p.64.
10. *Ibid.*, p.65.
11. Para definições e discussões pormenorizadas sobre *mídia*, *mídia de massa*, *comunicação humana* e *comunicação de massa*, ver Melvin L. DeFleur e Everette E. Dennis, *Understanding Mass Communication* (Boston: Houghton Mifflin, 1981), p.6-23.
12. Estes resumos fazem um pouco mais do que esboçar as ideias básicas de cada paradigma de forma introdutória. Cada um é, com efeito, um conjunto complexo de propostas que gerou ampla controvérsia. As referências citadas a propósito de cada um contribuem

com pontos de admissão para a exploração da expressiva bibliografia ligada a cada paradigma.

13. *The Republic of Plato*, trad. de Frances M. Cornford (Londres: Oxford University Press, 1954).

14. Auguste Comte, *The Positive Philosophy*, trad. de Harriet Martineau (Londres: George Bell and Sons, 1915); ver vol. 2; Herbert Spencer, *The Principles of Sociology* (Nova York: D. Appleton, 1898).

15. Bronislaw Malinowski, "Anthropology", in *Encyclopedia Britannica*, First Supplementary Volume (Londres and Nova York, 1926), p.132-33; A. R. Rackliffe-Brown, *Structure and Function in Primitive Society* (Glencoe, Ill.: Free Press, 1956).

16. Robert K. Merton, *Social Theory and Social Structure* (Glencoe, Ill.: Free Press, 1949), cap. 1, p.19-84.

17. Spencer, *The Principles of Sociology.*

18. J. D. Y. Peel, "Spencer and the Neo-Evolutionists", in *Sociology*, May 1969, p.173-91; reimpresso em R. Serge Penisoff *et al.*, *Theories and Paradigms in Contemporary Sociology* (Itasca, Ill.: F. E. Peacock, 1974), p.188-209.

19. Thomas Hobbes, *Leviathan* (Oxford: James Thornton, 1881). Primeira edição em 1651.

20. Karl Marx and Friedrich Engels, *The German Ideology* (Nova York: International Publishers, 1947); Herbert Marcuse, *Reason and Revolution: Hegel and the Rise of Social Theory* (Boston: Beacon Press, 1960).

21. Ralf Dahrendorf, "Toward a Theory of Social Conflict", in *Journal of Conflict-Resolution* 2, n. 2 (June 1958): 170-83.

22. John Locke, *An Essay Concerning Human Understanding*, org. Peter Niditch (Oxford: Clarendon Press, 1975), p.402. Publicada pela primeira vez em 1690.

23. "Intellectual Antecedents and Basic Propositions of Symbolic Interactionism", in Jerome G. Manis e Bernard N. Meltzer, *Symbolic Interaction: A Reader in Social Psychology* (Boston: Allyn and Bacon, 1978), p.1-9.

24. Cooley, *Social Organization*, George Herbert Mead, *Mind, Self, and Society*, Introdução de Charles W. Morris (Chicago: University of Chicago Press, 1934).

25. Manis and Meltzer, *Symbolic Interaction.*

26. Por exemplo, ver H. J. Eysenck, *The Biological Basis of Personality* (Springfield, Ill.: Charles C. Thomas, 1967); e M.D. Schwartz, *Physiological Psychology* (Englewood Cliffs, N.J.: Prentice-Hall, 1973).

27. Um dos clássicos é Wolfang Köhler, *The Mentality of Apes* (Nova York: Harcourt Brace Jovanovich, 1925). Uma abordagem provocante é a de R. Audrey, *The Territorial Imperative* (Nova York: Atheneum, 1966); a mais típica das obras contemporâneas é D. N. Daniels, M. F. Gilula e F. M. Ochberg, *Violence and the Struggle for Existence* (Boston: Little, Brown, 1970).

28. Os clássicos abrangem John B. Watson, *Psychology from the Standpoint of a Behaviorist*, 2ª ed. (Filadélfia: Lippincott, 1919); Ivan P. Pavlov, *Conditioned Reflexes* (Nova York: Oxford University Press, 1927); e B.F. Skinner, *Behavior of Organisms* (Nova York; Appleton-Century-Crofts, 1938). Mais recentes são H. Rachlin, *Introduction to Modern Behaviorism* (San Francisco: Freedman, 1970); Albert Bandura, *Principles of Behavior Modification* (Nova York: Holt, Rinehart and Winston, 1969); e uma obra mais significativa para estudantes de Comunicação: Albert Bandura, *Social Learning Theory* (Englewood Cliffs, N.J.: Prentice-Hall, 1977).

29. A fonte clássica é Sigmund Freud, *Outline of Psychoanalysis*, edição *standard* (Londres: Hogarth Press, 1970). Mais recentes são G. S. Blum, *Psychodynamics: The Science of Unconscious Mental Forces* (Belmont, Calif.: Wadsworth, 1966) e K. Menninger e P. S. Holzman, *Theory of Psychoanalytic Technique*, 2ª ed. (Nova York: Basic Books, 1973).

30. O paradigma cognitivo é um desenvolvimento da psicologia *gestalt* da década de 1920, com teorias de campo apresentadas durante os anos 30, e uma grande bibliografia contemporânea de psicologia social experimental. Dentre as obras mais expressivas das últimas décadas estão Leon Festinger, *A Theory of Cognitive Dissonance* (Stanford, Calif.: Stanford University Press, 1957); J. W. Brehm e A. R. Cohen, *Explorations of Cognitive Dissonance* (Nova York: Wiley, 1962); R. P. Abelson *et al.*, org., *Theories of Cognitive Consistency:. A Sourcebook* (Chicago: Rand McNally, 1968); D. J. Bern, *Beliefs, Attitudes, and Human Affairs* (Belmont, Calif.: Brooks-Cole, 1970); e L. Berkowitz, org. *Advances in Experimental Social Psychology* (Nova York: Academic Press, 1974).

Capítulo 2
O Aparecimento da Imprensa de Massa (p.61-77)

1. Eric Barnouw, *Mass Communication* (Nova York: Holt, Rinehart, and Winston, 1956), p.7.
2. Para um excelente resumo das funções da comunicação de massa hoje em dia, inclusive ''vigilância'', ver Charles R. Wright, *Mass Communication: A Sociological Perspective* (Nova York: Random House, 1959), p.17-23.
3. Edwin Emery e H. L. Smith, *The Press and America* (Englewood Cliffs, N.J.: Prentice-Hall, 1954), p.415-16.
4. Ver, por exemplo, H. Earl Pemberton, ''The Curve of Culture Diffusion Rate'', in *American Sociological Review* 20, n. 4 (Agosto 1936): 547-56; Stuart C. Dodd, ''Diffusion is Predictable: Testing Probability Models for Laws of Interaction'', in *American Sociological Review* 20, n. 4 (Agosto 1955): 392-401; Everett M. Rogers, *Diffusion of Innovations* (Nova York: Free Press of Glencoe, 1962), p.152-59.
5. Os dois estudos seguintes de pesquisa tratam diretamente deste tópico: Bernard Berelson, ''What Missing the Newspaper Means'', in *Communication Research, 1948-1949*, organizado por P.F. Lazarsfeld e F.N. Stanton (Nova York: Haeper & Brothers, 1949), p.111-129; Penn Kimball, ''People Without Papers'', in *Public Opinion Quarterly* 23, n.3 (Outono 1959): 389-98.

Capítulo 3
O Desenvolvimento do Cinema (p.78-100)

1. Martin Quigley, Jr., *Magic Shadows: The Story of the Origin of Motion Pictures* (Washington, D.C.: Georgetown University Press, 1948), p.18-20.
2. Helmut Gernsheim e Alison Gernsheim, *The History of Photography from the Earliest Use of The Camera Obscura in the Eleventh Century Up to 1914* (Londres: Oxford University Press, 1955). Ver especialmente cap. 1; ''The History of the Camera Obscura'', p.1-19.
3. Quigley, *Magic Shadows*, p.29-35.
4. Uma reprodução desta famosa obra se tornou disponível recentemente. Ver John Baptist Porta, *Natural Magick*, org. Derk J. Price (Nova York: Smithsonian Institute for Basic Books, 1957).
5. *Ibid.*, p.364-365.
6. Quigley, *Magic Shadows*, p.48-61.
7. *Ibid.*, p.85-97.
8. Josef M. Eder, *History of Photography* (Nova York: Columbia University Press, 1945), p.209-245, 263-264, 316-321.
9. Robert Taft, *Photography and the American Scene* (Nova York: Macmillan, 1938, p.3).

10. *Ibid.*, p.48.
11. *Ibid.*, p.55-62.
12. *Ibid.*, p.76.
13. *Ibid.*, p.384-404.
14. Quigley, *Magic Shadows*, ver especialmente caps. 15 e 16.
15. Richard Griffith e Arthur Mayer, *The Movies* (Nova York: Simon and Schuster, 1957), p.1-8.
16. *Ibid.*, p.19.
17. *Ibid.*, p.113-119.

Capítulo 4
O Estabelecimento da Mídia Irradiada (p.101-139)

1. Gleason, L. Archer, *History of Radio to 1926* (Nova York: American Historical Society, 1938).
2. John Baptista Porta, *Natural Magick*, org. Derek J. Price (Nova York: Smithsonian Institute for Basic Books, 1957).
3. Monroe Upton, *Electronics for Everyone*, 2ª ed. rev. (Nova York: American Library Association, 1962), p.137.
4. S. G. Sturmey, *The Economic Development of Radio* (Londres: Gerald Duckworth, 1958), p.17.
5. Archer, *History of Radio*, p.91.
6. *Ibid.*, p.112-113.
7. *Ibid.*, p.312.
8. Girard Chester, Garnet R. Garrison, e Edgar Willis, *Television and Radio*, 3a. ed. (Nova York: Appleton-Century-Crofts, 1963), p.24.
9. Alfred N. Goldsmith e Austin C. Lescarboura, *This Thing Called Broadcasting* (Nova York: Henry Holt, 1930), p.279.
10. *Billboard Magazine*, Fevereiro 22, 1986, p.32.
11. *Newsweek*, Julho 10, 1970, p.42.
12. *Time*, Julho 10, 1979, p.40.
13. *Time*, Outubro 15, 1979, p.86.
14. *Newsweek*, Abril 26, 1982, p.72.
15. *Consumer Reports*, Maio 1982, p.236.
16. *Newsweek*, Janeiro 1930, 1984, p.57.
17. *Forbes*, Novembro 19, 1984, p.41.

Capítulo 5
Os Veículos de Mídia como Sistemas Sociais (p.140-159)

1. *The Republic*, trad. de Frances M. Cornford (Londres: Oxford University Press, 1954), p.68-69.
2. Exemplos de tais alegações são Herbert Blumer e Philip Hauser, *Movies, Delinquency and Crime* (Nova York: Macmillan, 1933), e Frederick C. Wertham, *Seduction of the Innocent* (Nova York: Rinehart, 1954). Este último é uma acerba acusação contra as histórias em quadrinhos.
3. Henry David Thoreau, *Walden, Or Life in the Woods* (Boston e Nova York: Houghton Mifflin, 1854), 2:148-49.
4. Samuel Clemens, *Mark Twain's Speeches* (Nova York: Harper and Brothers, 1923), p.47.

5. Citado em Milton Ellis, Louise Pond e George W. Spohn, *A College Book of American Literature* (Nova York: American Book, 1939), 1:704.
6. Harry J. Skornia, ''Television and the News: A Critical Appraisal'', in *Mass Media and Mass Man*, org. Alan Casty, 2ª ed. (Nova York: Holt, Rinehart & Winston, 1973), p.214-24.
7. Carl G. Hempel, ''The Logic of Functional Analysis'', in *Symposium on Sociological Theory*, org. Llewellyn Gross (Nova York: Harper & Brothers, 1959), p.280.
8. Stan Opotowsky, *T.V.: The Big Picture* (Nova York: Collier Books, 1962).
9. Melvin L. DeFleur e Everett E. Dennis, *Understanding Mass Communications*, 3ª ed. (Boston: Houghton Mifflin, 1988), p.500-501.
10. Ver, por exemplo, Bradley S. Greenberg, ''The Content and Context of Violence in the Mass Media'', in *Violence and the Media*, org. Robert K. Baker e Sandra J. Ball (Washington, D.C.: Government Printing Office, 1969), p.423-49.
11. Baker e Ball, *Violence and the Media*, p.330-33.
12. *Ibid.*, p.151-59.
13. Émile Durkheim, *The Division of Labor in Society*, trans. George Simpson (Nova York: Free Press of Glencoe, 1964).

Capítulo 6
A Sociedade de Massa e a Teoria da Bala Mágica (p.163-184)

1. Shearon A. Lowery e Melvin L. DeFleur, *Milestones in Mass Communication Research*, 2ª ed. (White Plains, N.Y.: Longman, 1988). Ver cap. 1.
2. Auguste Comte, *The Positive Philosophy*, trad. Harriet Martineau (Londres: George Bell and Sons, 1915), 2:289. Publicada inicialmente na França entre 1830 e 1842.
3. *Ibid.*, p.292.
4. *Ibid.*, p.293.
5. *Ibid.*
6. Herbert Spencer, *The Principles of Sociology* (Nova York: D. Appleton, 1898), p.452-62. Publicada primeiro na Inglaterra em 1876.
7. Ferdinand Tönnies, *Community and Society (Gemeinschaft und Gessellschaft)*, trad. e org. Charles P. Loomis (East Lansing: Michigan State University Press, 1957), p.47. Publicada inicialmente em alemão em 1887.
8. *Ibid.* p.65.
9. Émile Durkheim, *The Division of Labor in Society*, trad. George Simpson (Nova York: Free Press of Glencoe, 1964). Publicada inicialmente na França em 1893.
10. *Ibid.*, p.62-63.
11. *Ibid.*, p.129.
12. *Ibid.*, p.130.
13. *Ibid.*, p.131.
14. *Ibid.*, p.137.
15. *Ibid.*, p.206.
16. *Ibid.*, p.353.
17. *Ibid.*, p.361.
18. Ver, por exemplo, o bem conhecido tratamento de ''massa'' por Herbert Blumer, que é ainda encarado como a clássica definição moderna do conceito: Herbert Blumer, ''Elementary Collective Behavior'', in *New Outline of the Principles of Sociology*, org. Alfred McClung Lee (Nova York: Barnes and Noble, 1939), p.185-89.
19. Leonard Broom and Philip Selznick, *Sociology*, 2ª ed. (Evanston, Ill.: Row, Peterson, 1959), p.38. A citação dentro do trecho é de Kimball Young, *Sociology* (Nova York: American Book, 1949), p.24.

20. Tönnies, *Community and Society*, p.47.
21. George Sylvester Viereck, *Spreading Germs of Hate* (Nova York: Horace Liveright, 1930), p.153-54.
22. Harold D. Lasswell, *Propaganda Technique in the World War* (Nova York: Alfred A. Knopf, 1927), p.220-21.
23. Elihu Katz e Paul Lazarsfeld, *Personal Influence* (Glencoe, Ill.: Free Press, 1954), p.20.
24. Lasswell, *Propaganda Technique*, p.221.
25. Katz e Lazarsfeld assinalam que os que temiam a mídia como artifícios potencialmente insidiosos se controlados por homens maus e os que a aplaudiam como um meio benéfico para melhorar a democracia estavam admitindo um grau enorme e semelhante da força da mídia. Ver Katz e Lazarsfeld, *Personal Influences*, p.15-17.

Capítulo 7
Teorias de Influência Seletiva (p.185-218)

1. W. W. Charters, *Motion Pictures and Youth* (Nova York: The Macmillan Company, 1934). Este é um sumário e uma panorâmica dos estudos do Fundo Payne, um programa de pesquisa em escala grande levado a cabo no final da década de 1920.
2. R. J. Hernstein e E. G. Boring, *A Source Book in the History of Psychology* (Cambridge, Mass.: Harvard University Press, 1965).
3. Edwin G. Boring, *A History of Experimental Psychology* (Nova York: The Century Company, 1929). Esta é a mais completa obra no gênero, que expõe os fundamentos filosóficos da disciplina.
4. Hermann Ebbinghaus, *Memory*, trad. H. A. Ruger and C.E. Bussenius (Nova York: Teacher's College, 1913). Publicado primeiro em alemão em 1885. As curvas de aprendizagem e esquecimento expostas nessa obra ainda são encaradas como guias válidos do funcionamento da memória humana.
5. Edward L. Thorndike, ''Animal Intelligence: An Experimental Study of the Associative Process in Animals'', in *Psychological Monographs* 2, n. 8 (1898).
6. B.F. Skinner, *The Behavior of Organisms* (Nova York: D. Appleton Century, 1938). O título desta obra revela a estrutura comparativa dentro da qual foi levada a cabo grande parte da pesquisa pioneira sobre aprendizagem. A meta era desvendar as leis da aprendizagem aplicáveis a todos os organismos vivos, incluindo os seres humanos.
7. R.M. Yerkes e S. Margolis, ''The Method of Pavlov in Animal Psychology'', in *Psychological Bulletin* 6 (1909), 257-73. Ver também Ivan R. Pavlov, *Conditioned Reflexes*, trad. G.V. Aurep (Londres: Oxford University Press, 1927). Publicado inicialmente em russo.
8. Para um bom resumo desta área da psicologia, ver J.W. Donahue e M.G. Wessells, *Learning, Language, and Memory* (Nova York: Harper & Row, 1980).
9. William McDougall, *Introduction to Social Psychology* (Londres: Methuen, 1908).
10. William I. Thomas e Florian Znaniecki, *The Polish Peasant in Europe and America*, 2ª ed., vol. I (Nova York: Knopf, 1927), p.22.
11. Melvin L. DeFleur e Frank R. Westie, ''Attitude as a Scientific Concept'', in *Social Forces* 42 (Outubro 1963), 17-31.
12. As experiências com filmes na Segunda Guerra Mundial são apresentadas em Carl Hovland, Arthur A. Lumsdaine e Fred D. Sheffield, *Experiments on Mass Communication* (Princeton, N.J.: Princeton University Press, 1949); o programa de pesquisa de Yale está citado na totalidade em Carl Hovland, Irving Janis e Harold H. Kelly, *Communication and Persuasion* (New Haven, Conn.: Yale University Press, 1953).
13. Ver Allen E. Liska, *The Consistency Controversy: Readings on the Impact of Attitudes on Behavior* (Nova York: John Wiley and Sons, 1975).

14. Gustave Le Bon, *The Crowd: A Study of the Popular Mind* (Nova York: The Viking Press, 1960). Publicada originariamente na França em 1895, traduzida em 1896, a obra já tivera vinte e nove edições em 1922.
15. Émile Durkheim, *Suicide* (Nova York: The Free Press, 1951). Primeiramente publicada em francês em 1897. Esta obra representou um importante ponto de inflexão da sociologia. Foi o primeiro estudo quantitativo em escala grande de uma forma específica de ação.
16. George A. Lundberg, ''Statistics in Modern Social Thought'', in *Contemporary Social Theory*, org. H.E. Barnes e F. Becker (Nova York: Appleton-Century, 1940), cap. 6.
17. Para um relato interessante da evolução das principais técnicas e teorias estatísticas durante o século XIX, ver James W. Tankard, *The Statistical Pioneers* (Cambridge, Mass.: Shenkman Publishing Company, 1984).
18. Frederic Le Play, *Les Ouvriers Européens* (Paris: 1879). Uma tradução em inglês aparece em C. Zimmerman e M. Frampton, org., *Family and Society* (Nova York: Van Nostrand, 1935).
19. Para uma explicação mais pormenorizada da natureza e importância das subculturas em sociedades modernas, ver Melvin L. DeFleur *et al.*, *Sociology: Human Society* (Nova York: Random House, 1984), p.164-72.
20. Exemplos de estudos pioneiros são: Douglas Waples, Bernard Berelson and Franklin R. Bradshaw, ''Why They Read'', in *What Reading Does to People* (Chicago: Chicago University Press, 1940); Bernard Berelson, ''What Missing the Newspaper Means'', in Paul Lazarsfeld e Frank Stanton, org. *Communications Research, 1948-49* (Nova York: Harper and Brothers, 1949); Herta Herzog, ''Motivations and Gratifications of Daily Serial Listeners, *in* Paul Lazarsfeld e Frank Stanton, *Radio Research. 1942-1943* (Nova York: Duell, Sloan, and Pearce, 1944). Estes estudos e várias outras obras da década de 1940, baseadas em fatores de influência seletiva e importantes na perspectiva de costumes e gratificações estão reproduzidas em Wilbur Schramm, *The Process and Effects of Mass Communication* (Urbana, Ill.: University of Illinois Press, 1954).
21. Um bom resumo desta panorâmica, sua bibliografia e suas limitações são apresentadas em Werner J. Severin e James W. Tankard, Jr., *Communication Theories*, 2ª ed. (Nova York: Longman, 1988), p.300-310.
22. Harold D. Lasswell, ''The Structure and Function of Communication in Society'', in *The Communication of Ideas*, org. Lymon Bryson (Nova York: Harper and Brothers, 1949), p.37-51.
23. Paul F. Lazarsfeld, Bernard Berelson e Hazel Gaudet, *The People's Choice* (Nova York: Duell, Sloan, and Pearce, 1944).
24. Elihu Kats, ''Communications Research and the Image of Society: Convergence of Two Research Traditions'', in *American Journal of Sociology* 65, n. 5 (1960), 436.
25. Lazarsfeld, Berelson e Gaudet, *The People's Choice*, p.150.
26. Excelente resumo desse processo consta de Elihu Katz, ''The Two-Step Flow of Communication: An Up-to-Date Report'', *Public Opinion Quarterly* 21, n. 1 (Spring 1957), 61-78.
27. Uma obra definitiva sobre liderança da opinião e questões correlatas é a de Everett M. Rogers e F. Floyd Shoemaker, *Communication of Innovations: A Cross-Cultural Approach* (Nova York: The Free Press, 1971).

Capítulo 8
Socialização e Teorias de Influência Indireta (p.219-245)

1. *The Republic of Plato*, trad. Frances MacDonald Cornfield (Londres: Oxford University Press, 1941), p.66-92.

2. Para uma declaração clássica sobre o significado do processo, ver John A. Clausen org., *Socialization and Society* (Boston: Little, Brown, 1968).
3. Robert A. Levine, *Culture, Behavior, and Personality* (Chicago: Aldine Publishing Company, 1973). Ver especialmente p.61-68.
4. Sigmund Freud, *An Outline of Psychoanalysis* (Nova York: W.W. Norton, and Company, 1949.)
5. Albert Bandura, *Social Learning Theory* (Englewood Cliffs, N.J.: Prentice-Hall, 1977).
6. *Ibid.*, p.13.
7. Os mais primitivos relatos de modelagem extensiva do comportamento mostrados em filmes foram parte dos estudos do Fundo Payne. Particularmente, os estudos qualitativos em grande escala de Herbert Blumer mostraram a enorme extensão com que os jovens da época adotaram os maneirismos, estilos de fala, comportamentos ostensivos, e até as modas passageiras de vestir dos astros. Ver Herbert Blumer, *The Movies and Conduct* (Nova York: The Macmillan Company, 1933). Para outros relatos assaz conhecidos, ver: Albert Bandura, *Aggression: A Social Learning Analysis* (Englewood Cliffs, N.J.: Prentice-Hall, 1973); R. M. Liebert, J. M. Niele e E. S. Davidson, *The Early Window: The Effects of Television on Children and Youth* (Nova York: Pergamon Press, 1973).
8. Allen Liska, *The Consistency Controversy: Readings on the Impact of Attitudes on Behavior* (Nova York: John Wiley and Sons, 1975).
9. Charles Horton Cooley, *Human Nature and the Social Order* (Nova York: Schocken Books, 1964), p.184. Publicado pela primeira vez em 1908.
10. Melvin L. DeFleur, *Theories of Mass Communication*, 2ª ed. (Nova York: David McKay, 1970), p.129; ver também p.129-139.

Capítulo 9
Comunicação de Massa e a Construção do Significado (p.246-289)

1. W. Barnett Pearce e Vernon E. Cronen, *Communication, Action, and Meaning: The Creation of Social Realities* (Nova York: Praeger, 1980), p.13-14.
2. Thomas Hobbes, *Leviathan* (Nova York: E.P. Dutton and Company, 1950), p.21-22. Publicado pela primeira vez em 1651.
3. A.E. Taylor, *Socrates* (Nova York: Anchor Books, 1960).
4. J.A. Stewart, *The Philosophy of Plato* (Nova York: Oxford University Press, 1909).
5. Entre eles se achava o *pragmatismo*, que sustenta que tanto o significado quanto a verdade de uma ideia são uma função de seu resultado prático, e *operacionismo*, que especifica que o significado de um conceito consiste nos passos que se tem de dar para observá-lo ou mensurá-lo.
6. Stewart, *The Philosophy of Plato*, p.1.
7. *The Republic of Plato*, trad. Frances MacDonald Cornfield (Nova York: Oxford University Press, 1958). Ver p.227-235.
8. Hobbes, *Leviathan*, p.23.
9. John Locke, *An Essay Concerning Human Understanding* (Oxford: Clarence Press, 1975), p.402. Publicado primeiramente em 1690.
10. Um notável sumário dos problemas e conceitos tratados pela linguística moderna pode ser encontrado em Stephen W. Littlejohn, ''Theories of Language and Nonverbal Coding,'' in *Theories of Human Communication* (Belmont, CA: Wadsworth, Publishing Company, 1983), p.77-86.

11. Os mais importantes fundadores da linguística antropológica foram: Edward Sapir, *An Introduction to the Study of Speech* (Nova York: Harcourt Brace, 1921); e Benjamin Whorf, *Language, Thought, and Reality* (Nova York: John Wiley and Sons, 1956).

12. Pioneiros nessas tentativas foram: Charles Horton Cooley, *Human Nature and the Social Order* (Nova York: Schocken Books, 1964), publicado inicialmente em 1908; e George Herbert Mead, *Mind, Self and Society* (Chicago: University of Chicago Press, 1934).

13. Edward Sapir, ''The Status of Linguistics as a Science'', in *Language* 5 (1929), 209.

14. Charles Horton Cooley, *Human Nature and the Social Order* (Nova York: Charles Scribner's Sons, 1902), 118-119.

15. *Ibid.*, p.184.

16. George Herbert Mead, *Mind, Self, and Society: From the Standpoint of a Social Behaviorist*, org. Charles W. Morris (Chicago: University of Chicago Press, 1934).

17. Max Scheler, *Die Wissenssoziologie und die Gesellschaft* (Berna: Franke 1960). Publicado primeiramente em 1925.

18. Peter L. Berger e Thomas Luckman, *The Social Construction of Reality: A Treatise on the Sociology of Knowledge* (Nova York: Doubleday, 1963). Para ensaios que combinam as perspectivas da sociologia e da interação simbólica, ver Aaron V. Cicourel, *Cognitive Sociology: Language and Meaning in Social Interaction* (Nova York: The Free Press, 1974).

19. E. Tory Higgins, C. Peter Herman, e Mark P. Zanne, orgs., *Social Cognition: The Ontario Symposium* (Hillsdale, N.J.: Lawrence Erlbaum Associates, 1981).

20. *Ibid.*, p.ix.

21. Frederick C. Bartlett, *Remembering* (Cambridge: Cambridge University Press, 1934).

22. Shelley E. Taylor e Jenifer Crocker, ''Schematic Basis of Social Information Processing'', in Higgins, Herman e Zahne, *Social Cognition*, p.91.

23. Walter Lippmann, *Public Opinion* (Nova York: Macmillan, 1922).

24. Kurt Lang e Gladys Engel Lang, ''The Unique Perspective of Television and Its Effect: A Pilot Study'', in *American Sociological Review* XVII, p.3-12.

25. Ver *To Establish Justice, to Insure Domestic Tranquility*, Final Report of the National Commission on the Causes and Prevention of Violence (Nova York: Award Books, 1969).

26. Surgeon General's Scientific Advisory Committee on Television and Social Behavior, *Television and Growing Up: The Impact of Televised Violence* (Washington, D.C.: U.S. Government Printing Office, 1971).

27. George Gerbner, ''Violence in Television Drama: Trends and Symbolic Functions'', in G.A. Comstock e E.A. Rubinstein, orgs., *Television and Social Behavior, Vol. I, Media Content and Control* (Washington, D.C.: U.S. Government Printing Office, 1971).

28. George Gerbner e Larry Gross, ''Living with Television: The Violence Profile'', in *Journal of Communication* 26 primavera, 1976), 173-199.

29. Anthony N. Doob e Alen E. MacDonald, ''Television Viewing and Fear of Victimization: Is The Relationship Causal?'', in *Journal of Personality and Social Psychology* 37, n. 2 (1979), 170-179.

30. Maxwell E. McCombs e Donald L. Shaw, ''The Agenda-Setting Function of the Mass Media'', in *Public Opinion Quarterly* 1972, p.176-187.

31. Donald L. Shaw e Maxwell E. McCombs, *The Emergence of American Political Issues: The Agenda-Setting Function of the Press* (St. Paul, Minn.: West Publishing Company, 1977).

32. Melvin L. DeFleur e Everette E. Dennis, *Understanding Mass Comunication* (Boston: Houghton Mifflin, 1988). Ver especialmente capítulos 1 e 2, p.4-86.

33. James A. Inciardi, ''Beyond Cocaine: Basuco, Crack, and Other Coca Products''. Tese apresentada à Reunião Anual da Academia de Ciências da Justiça Criminal, St. Louis, Missouri.

34. Essas funções da mídia foram pela primeira vez explanadas em Melvin L. DeFleur e Timothy G. Plax, ''Human Communication as a Bio-Social Process'', Acapulco, México, 1980.

Capítulo 10
Estratégias Teóricas para Persuasão (p.290-312)

1. Ver Gerald R. Miller, ''Persuasion'', in Charles R. Berger e Steven H. Chaffee, org., *Handbook of Communication Science* (Newbury Park, Cal.: Sage Publications, 1987), p.446-483.
2. Victoria O'Donnell e June Kable, *Persuasion: An Interactive-Dependency Approach* (Nova York: Random House, 1982), p.9. Ver também Charles U. Larsen, *Persuasion, Reception and Responsibility* (Belmont, Cal.: Wadsworth Publishing Company, 1986), p.8.
3. Marvin Karlins e Herbert I. Abelson, *Persuasion: How Opinions and Attitudes Are Changed* (Nova York: Springer Publishing Co., 1970), p.2.
4. Miller, ''Persuasion'', p.447-448.
5. Leo Festinger, *A Theory of Cognitive Dissonance* (Stanford, Cal.: Stanford University Press, 1957).
6. John Phillip Jones, *What's in a Name? Advertising and the Concept of Brands* (Lexington, Mass.: D. Heath and Company, 1986), p.141.
7. Jones, *What's in a Name?* p.142.
8. Everett M. Rogers e J. Douglas Storey, ''Communication Campaigns'', in Berger e Chaffee, *Handbook*, p.841.
9. Miller, ''Persuasion'', p.453.
10. O incidente e o significado desta mudança na estratégia da propaganda são extensamente descritos em Robert Lacey, *Ford: The Man and the Machine* (Nova York: Ballantine Books, 1986), p.297-299.

Capítulo 11
Teoria de Dependência do Sistema de Mídia (p.315-346)

1. Para uma recapitulação da teoria de dependência do sistema da mídia, ver: S.J. Ball-Rokeach, ''The information Perspective'', documento apresentado à Reunião Anual da American Sociological Associaton, Montreal, 1974; S.J. Ball-Rokeach e M.L. DeFleur, ''A Dependency Model of Mass Media Effects'', in *Communication Research* 3 (1976); 3-21; S.J. Ball-Rokeach e J.W. Grube, *The Great American Values Test: Influencing Behavior and Belief Through Television* (Nova York: Free Press, 1984); S.J. Ball-Rokeach, ''The Origins of Individual Media System Dependency: Sociological Framework'', in *Communication Research* 12 (1985), 485-510; S.J. Ball-Rokeach e M.G. Cantor, orgs., *Media. Audience and Social Structure* (Beverly Hills, Cal: Sage, 1986).
2. Ball-Rokeach, Rokeach e Grube, J.W., *The Great American Values Test.*
3. K. Guthrie, A. Grant e S.J. Ball-Rokeach, ''Media Dependency, Televison Shopping and Television Shoppers: Theoretical Significance and Empirical Test'', ICA paper, 1988.
4. Isto é uma dimensão da ''audiência ativa'' que merece atenção.
5. Ball-Rokeach, Rokeach e Grube, *The Great American Values Test.*
6. Ver Ball-Rokeach, ''Origins of Individual Media System Dependency'', para uma discussão mais ampla.

7. D.S. Solomon, ''Health campaigns on television'', in D. Pearl, L. Bouthilet, J. Lazar, orgs., *Television and Behavior: Ten Years of Scientific Progress and Implications for the Eighties*, vol. 2, p.308-321 (Rockville, MD: NIMH, 1982).
8. P. Tannenbaum, org., *The Entertainment Functions of Television* (Hillsdale, N.J.: Erlbaum, 1980).
9. Para uma discussão das características de uma ''situação de exposição natural da mídia'', ver Ball-Rokeach, Rokeach, e Grube, *The Great American Values Test*, cap. 4.
10. Ver Ball-Rokeach, ''Origins of Individual Media System Dependency''.
11. S.J. Ball-Rokeach, ''From Persuasive Ambiguity to a Definition of the Situation'', in *Sociometry* 36 (1973): 378-89.
12. P. Clarke e S. Evans. *Coverins Campaings: Journalism in Congressional Elections* (Stanford, Cal.: Stanford Univ. Press, 1983).
13. J.L. Stewart, ''The Commodification of Sport'', in Ball-Rockeach e Cantor, *Media, Audience: and Social Structure*, 1986, p.174-88.

Capítulo 12
Sistemas de Mídia que Despontam (p.347-373)

1. Para uma descrição pormenorizada das novas tecnologias e seus usos atuais na sociedade norte-americana, ver Melvin L. DeFleur e Everette E. Dennis, ''The Continuing Revolution in Technology'', in *Understanding Mass Communication* (Boston: Houghton Mifflin, 1988), p.245-267.
2. Para uma análise ampla do significado destas ''novas'' formas de comunicação, o que os autores denominam formas de comunicação *telelógicas*, em contraste com a forma dialógica de comunicação interpessoal e a forma monológica da comunicação de massa tradicional, ver S. J. Ball-Rokeach e K. K. Reardon, 1988, ''Telelogic, dialogic, and monologic communication: A comparison of forms'', in R. P. Hawkins, S. Pingree e J. M. Wiemann, orgs., *Rethinking Communication Research*. Beverly Hills, CA: Sage.
3. Mayer, R. M. 1986. O sistema francês de videotexto: história de sucesso do ''Edsel'' dos anos oitenta? Documento não publicado. Family and Consumer Studies, University of Utah.

Índice de nomes e assuntos